数字化

平台战略：
理论与实务

彭毫 罗珉◎著

Digital Platform Strategy: Theory and Practice

经济管理出版社
ECONOMY & MANAGEMENT PUBLISHING HOUSE

图书在版编目（CIP）数据

数字化平台战略：理论与实务/彭毫，罗珉著 . —北京：经济管理出版社，2021.4
ISBN 978 - 7 - 5096 - 7930 - 2

Ⅰ.①数… Ⅱ.①彭… ②罗… Ⅲ.①商业模式—数字化—研究 Ⅳ.①F71

中国版本图书馆 CIP 数据核字（2021）第 068226 号

组稿编辑：胡　茜
责任编辑：胡　茜　杜奕彤
责任印制：张莉琼
责任校对：张晓燕

出版发行：经济管理出版社
　　　　　（北京市海淀区北蜂窝 8 号中雅大厦 A 座 11 层　　100038）
网　　　址：www. E - mp. com. cn
电　　　话：（010）51915602
印　　　刷：唐山昊达印刷有限公司
经　　　销：新华书店
开　　　本：720mm × 1000mm/16
印　　　张：19. 5
字　　　数：372 千字
版　　　次：2021 年 8 月第 1 版　　 2021 年 8 月第 1 次印刷
书　　　号：ISBN 978 - 7 - 5096 - 7930 - 2
定　　　价：88. 00 元

前　言

根据中国互联网络信息中心《第 45 次中国互联网络发展状况统计报告》，截至 2020 年 3 月，我国网民规模 9.04 亿，互联网普及率达 64.5%。国家统计局电子商务交易平台调查显示，2019 年全国电子商务交易额为 34.81 万亿元①，在 GDP 总额中的占比超过 35%。

事实上，在当下的社会经济生活中，数字化平台所扮演的角色正在改变产业竞争蓝图。当下，绝大多数产业中的市场竞争，已经不再是厂商组织之间的竞争，而是各个互联网平台的数字化平台战略之间的竞争。数字化平台使包括非专业平台提供商在内的新进入者为平台用户提供内容、商品、服务或资本成为可能。通过匹配供应商和用户，平台支持市场交流并创造新的市场机会。

在实践中，数字化平台已经成为移动互联网时代推动经济和社会发展的重要的厂商组织形态，并代表着一种新兴商业模式的兴起。数字化平台经营模式是当今许多规模最大、增长最快、破坏力最强的厂商组织成功的基础，这些厂商组织涵盖了阿里巴巴（Alibaba）、腾讯（Tencent）、百度（Baidu）、苹果（Apple）、谷歌（Google）、脸书（Facebook）、亚马逊（Amazon）、微软（Microsoft）、易趣（eBay）、爱彼迎（Airbnb）等，它们通过实施数字化平台战略实现了高速增长，成为世界 500 强的中坚力量。

从某种意义上说，这些科技型公司的数字化平台战略，代表了新一轮数字信息技术发展和商业模式创新对实体经济与互联网数字化经济的深度融合，并推动了传统企业的数字化转型和消费者行为的升级，为经济与社会发展注入了新动能。然而，初创企业实施数字化平台战略具有非常高的风险。据 CVsource 数据库和清科数据库统计，互联网行业的风投成功退出率仅有 12.4% 和 13.9%，相比其他大多数行业普遍偏低，而事实上绝大多数互联网企业在获得风投或天使投资的青睐前，便已经失败，因而互联网公司的创业成功率远远低于这个水平。根

---

① 《中国信息报》（网络版），http://www.zgxxb.com.cn。

据 IT 桔子①统计，近五年死亡的互联网公司接近 5600 家，近 65% 的企业三年之内死亡，超过 1/3 的初创企业仅存活了两年，超过八成的初创企业从未获得过投资，甚至很多人认为互联网产品的存活率不足 1%②。历史的经验告诉我们，实施大规模的由信息技术（IT）和信息通信技术（ICT）推动的数字化平台战略举措在各组织中的成功率很低。例如，一些研究指出，企业系统的实施失败率高达 90%。

当下，人们所熟悉的传统战略管理理论、商业模式的构建方法已经远离现实的经济生活，而且随着实践的发展，这种疏远效应越来越强烈与明显。实践表明，数字化平台战略及其商业模式正在改变市场竞争的游戏规则和竞争赛道，已经对现有战略管理理论构成了挑战。在许多行业中，市场竞争已经从产品和服务竞争持续地迁移到基于平台的竞争（Platform – Based Competition），这是由产品、服务和活动的分包化和模块化，软件嵌入、消费需求的异质化，无处不在的移动互联网以及日益增加的专业化需求驱动的，而这些专业化需求正每时每刻、不断地注入消费者彰显自我存在的个人特性；新颖而强大的数字技术、数字化平台和数字基础设施的出现，在很大程度上改变了创新和创业精神；数字化平台战略除了为初创企业的创新者和企业家提供新的机会，也推动了在位平台企业商业模式的创新和竞争战略或竞争赛道的变革，它已经充分地证明了数字技术对价值创造和价值获取具有更广泛的影响。

信息技术（IT）和信息通信技术（ICT）的发展已经将软件产业的计算机辅助技术转化为许多非技术产业的平台架构，过去能够为消费者提供良好服务的、以产品为基础的厂商竞争战略，在基于平台的市场（Platform – based Markets）中已经被数字化平台战略所取代。人们所熟悉的以产品为基础的市场中的单个厂商组织或集团化厂商组织的战略管理理论，在当下基于平台的市场中，却可能成为厂商组织的阿喀琉斯之踵（Achilles' Heel）。我们在调研中发现，在 2020 年之前，中国智能手机生产厂商竟然没有一家公司制定和实施数字化平台战略，有的厂商想要制定和实施数字化平台战略，却缺少理论的指导，因为传统的战略管理理论是建立在产品和服务竞争基础上的，而不是以数字化平台为基础的战略管理理论。人们对厂商组织如何实施数字化平台战略的经验理解，仍然是支离破碎的。正如美国管理学家 Hess 等（2016）所指出的那样："学术界最近的工作主要关注于为数字化转型战略的某些方面提供指导。"

厂商组织的基于平台业务的战略管理理论，需要一种完全不同于传统厂商组织的战略管理思维。我们认为，大多数旧的战略管理理论可能仍然具有生命力，

---

① https：//www.itjuzi.com/deathCompany.

② http：//www.nowamagic.net/librarys/veda/detail/2460.

其商业模式也可能仍然是一个好模式，但是它们背后的许多经济理论假设，在数字化平台经营环境下正逐渐变得不能成立。虽然人们津津乐道地讲述着阿里巴巴、腾讯、亚马逊、苹果、谷歌和脸书等互联网超级科技巨星的轶事，但很少有观察家去分析这些互联网超级巨星成功背后的更广泛的战略管理理论、组织结构形式、技术架构、价值创造和价值获取的机制，以及平台与平台生态系统的治理机制。

本书作者之一——彭毫博士对数字经济的价值创造模式具有浓厚的兴趣。彭毫博士本科就读于西南财经大学金融学院货币银行专业，早在 2009 年，本科三年级的他就在《当代经济管理》上发表了《论网络经济的收益递增法则》、在《经济管理》上发表了《知识管理的日、美范式比较》这两篇论文。彭毫博士在 2017 年和 2018 年分别应邀前往香港浸会大学和香港科技大学研究平台的搜寻与匹配机制、数据挖掘和算法，因而他对平台的技术架构和数据接口、内容界面、工具界面和价值界面等有较深的研究。本书另一位作者——罗珉教授是国内资深的管理学研究者，主要从事组织理论与企业经营战略研究，在管理学前沿理论研究方面多有建树。罗珉教授对管理哲学、后现代管理理论、组织间关系理论、价值星系、战略联盟等中观组织、价值创造与商业模式的研究颇受学术界称道。我们在 2020 年 7 月合作出版了专著《平台生态：价值创造与价值获取》，受到学术界与企业实际工作者的广泛好评。

2020 年 8 月，在天津财经大学召开的中国企业管理研究会网络治理专业委员会年会上，罗珉教授应邀在大会上做了主题报告"数字化经营：工商管理学科课程内容变革纲要"。该报告指出，尽管数字化经营以及由此产生的平台商业模式创新对企业的经营管理具有巨大的影响，但迄今为止，工商管理多个学科的课程内容对这些发展的关注，却出人意料地少之又少。该报告认为，从某种意义上说，自数字化经营以及由此产生的平台商业模式创新出现以来，工商管理学科正遭遇自科学管理理论诞生以来的"百年变局"，数字化经营模式严重威胁着工商管理学科研究人员与高等院校教师的职业生涯。该报告强调，工商管理多个学科的课程内容都亟须进行重大改变，以适应特定商业领域企业平台化经营模式的变革。报告认为，平台化经营以及由此产生的平台商业模式创新变革所涉及的课程有：战略管理、组织理论、市场营销、信息系统（IS）、人力资源管理（HRM）、创新和运营管理。

罗珉教授的主题报告引起了学术界，特别是高校教授们的高度关注，不少资深的战略管理学者希望彭毫和罗珉两位学者能够先行推出有关数字化平台战略的专著性教科书，以应对高等院校博士研究生与硕士研究生战略管理课程课堂教学的需要。这些资深的战略管理学者一致认为，战略管理课程内容的变革，需要增加数字化平台战略的内容，这既是发展工商管理学科的需要，也是企业实践对战略管理学术界提出的新要求，这些内容同时还是战略管理学者下一步要进行的学术研究的重点课题。

事实上，我们在合作出版了专著《平台生态：价值创造与价值获取》之后，并没有停止研究的步伐，只不过是对研究的重点进行了一些调整，从对平台生态系统的研究转向对数字化平台战略的研究，其中特别关注创新型数字化平台战略。我们一直在北京、深圳、武汉、上海与成都多地进行实地调研，并对数字化平台企业的高层人员进行访谈。这些实地调研和高层人员访谈为构筑和丰富本书的内容提供了基础素材。

事实上，平台组织或平台生态系统的经营模式缺少战略管理的理论指导，其商业模式、价值创造和价值获取的机制仍然处于一种碎片化的状态，这需要重新构建一种基于数字化平台或平台业务的战略管理理论。因此，本书旨在探讨数字化平台战略的各种形式、实施数字化平台战略的行为，这对制定和实施数字化平台反垄断政策具有重要价值，因而本书具有极强的理论与实践价值。

本书的主要内容如下：第一章为解释平台经营的战略管理理论。本章分别从产业组织学派的网络效应理论、互联企业完全资源基础观、数字化平台经营的租金理论、数字化平台经营的平台架构理论和数字化增长战略或平台增长战略视角等方面，解释了厂商组织实施平台化经营的战略行为，构成了本书的基础理论。第二章为数字化平台战略的主体。本章主要讨论数字化平台的概念、数字化平台的类型，强调不同的数字化平台具有不同的平台架构与维度特征，对数字化平台进行了分类，有利于根据平台的特征模式和特点建立针对不同的数字化平台类型的平台竞争战略。最后，本章讨论了数字化平台对平台战略的推动作用与挑战。第三章为平台竞争战略。本章讨论平台竞争战略的双重视角——产业组织理论视角与工商管理视角；平台竞争战略的发展；平台竞争战略框架，即本书的数字化平台战略的架构体系；从单一平台市场的竞争转向多平台市场的竞争所面临的问题。第四章为平台开放战略。本章主要讨论平台开放的含义与特点、平台开放的程度与方式；以谷歌作为案例研究对象，讨论智能手机操作系统的开放性问题；以脸书为案例研究对象，讨论交易型平台转向混合型平台的开放问题；阐述平台开放战略的类型，这部分内容也涉及当前全球互联网反垄断的部分实践问题。第五章为平台启动战略。本章主要讨论平台启动与间接网络效应、平台启动的策略和平台的天棚战略。本章通过阐述 Twitter 社交网络服务平台的"播种"、脸书（Facebook）的微市场启动、微信支付（WeChat Pay）的平台启动等，说明了平台启动战略中的难点与要点。第六章为互补性平台战略。本章主要讨论互补性概念与平台的竞争优势、互补性平台战略的内涵与外延、间接网络效应与互补性资产以及数字化平台的互补性战略决策。本章分别从单一平台宿主、多平台宿主、平台提供商与平台互补商等多个视角来讨论互补性平台战略，力图得出互补性平台战略的全貌。第七章为平台包络战略。本章主要讨论平台包络的含义、平台包络是平台演化与市场竞争的产物、平台包络的类型和平台包络决策等方面的问题。本章的贡献并不仅是讨论了平台包络的经济学意义与实践价值，构建了平台包络的类型学，更重要的是构建出垄断形式的类型学，为平台反垄断政策的制定提供了重要的理论基础与实际的典型案例。第八章为平台分岔战略。本章主要讨论平台的开放性与平台分岔、开源之战与平台分岔、平台分岔战略与反分岔战略，以及不兼容性与分岔、碎片化和分裂的关系，指出分岔、碎片化和分裂正是持续不兼容性的结果。本章认为，在实践中，软件与平台的持续不兼容、平台间竞争和标准扩散，都可能使具有网络效应的市场出现分岔、碎片化和分裂现象，这种现象具有经济学意义与实践价值，并以小米和亚马逊为案例研究对象，讨论了平台分岔战略与反分岔战略。第九章为数字化平台治理战略。本章主要讨论平台治理概念的内涵与外延、数字化平台治理的关键性决策、平台治理与实质选择权和平台监管等方面的问题。本章强调，数字化平台治理的可持续性是需要在理论与实践两个方面进一步研究的重要课题。这涉及平台倡导者如何确保平台各方参与，如何激励应用程序开发者在单个或多个平台上开发，多边数字化平台的广泛采用是否引发与这些平台的数字化能力相关的权利、监管等重大问题的变化。第十章为数字化业务转型与战略。本章主要讨论数字化转型的概念和意义、数字化转型的过程、数字化转型战略等问题。严格地说，数字化业务转型与战略并不属于数字化平台战略的范畴，而是属于组织变革（Organizational Change）领域的研究内容，但数字化业务转型与战略同数字化平台战略有非常密切的关系，因而将其纳入本书进行讨论。

我们写作这本书，是因为我们相信数字化平台经营模式和数字化平台战略将改变厂商组织的经营模式、战略思维与战略类型，并对社会经济生活产生不可逆转的重大影响。数字化平台驱动的经济转型正在为整个社会，以及为创造财富和服务于人类的厂商组织和其他组织带来巨大的利益。同时，数字化平台战略正在对传统意义上的战略管理理论和企业经营模式进行彻底的变革。我们希望新兴的数字化平台经营模式和数字化平台战略能够帮助平台市场新进入者、在位数字化平台、市场监管者和决策者，驾驭数字化平台和数字化平台战略，构建新的价值创造与价值获取模式，以迎接当今充满挑战的社会经济生活新格局。

彭毫　罗珉

2021 年 1 月于成都光华园

目　录

第一章　解释平台经营的战略管理理论 ………………………… 1

　第一节　产业组织学派的网络效应理论 ……………………… 2

　第二节　互联企业完全资源基础观 …………………………… 4

　第三节　数字化平台经营的租金理论 ………………………… 9

　第四节　数字化平台经营的平台架构理论 …………………… 13

　第五节　数字化增长战略或平台增长战略视角 ……………… 16

　第六节　本章小结 ……………………………………………… 19

第二章　数字化平台战略的主体 ………………………………… 28

　第一节　数字化平台的概念 …………………………………… 29

　第二节　数字化平台的类型 …………………………………… 35

　第三节　数字化平台对平台战略的推动作用与挑战 ………… 43

　第四节　本章小结 ……………………………………………… 45

第三章　平台竞争战略 …………………………………………… 54

　第一节　平台竞争战略的双重视角 …………………………… 54

　第二节　平台竞争战略的发展 ………………………………… 64

　第三节　平台竞争战略框架 …………………………………… 67

　第四节　案例研究 ……………………………………………… 75

　第五节　本章小结 ……………………………………………… 79

第四章　平台开放战略 …………………………………………… 90

　第一节　平台开放的含义与特点 ……………………………… 90

　第二节　平台开放的方式与程度 ……………………………… 95

第三节 案例研究 ·· 101

第四节 平台开放战略的类型 ···································· 107

第五节 对平台开放战略的评价 ································· 110

第六节 本章小结 ·· 112

第五章 平台启动战略 ·· 119

第一节 平台启动与间接网络效应 ······························ 119

第二节 平台启动的策略 ··· 123

第三节 平台的天棚战略 ··· 133

第四节 案例研究 ·· 135

第五节 本章小结 ·· 140

第六章 互补性平台战略 ·· 145

第一节 互补性概念与平台的竞争优势 ························· 145

第二节 互补性平台战略的内涵与外延 ························· 150

第三节 间接网络效应与互补性资产 ··························· 152

第四节 数字化平台的互补性战略决策 ························· 155

第五节 本章小结 ·· 161

第七章 平台包络战略 ·· 169

第一节 平台包络的含义 ··· 170

第二节 平台包络是平台演化与市场竞争的产物 ··············· 175

第三节 水平包络 ·· 179

第四节 垂直包络 ·· 183

第五节 平台包络与反包络决策 ································· 192

第六节 本章小结 ·· 194

第八章 平台分岔战略 ·· 201

第一节 平台的开放性与平台分岔 ······························ 202

第二节 开源之战与平台分岔 ···································· 206

第三节 平台分岔战略与反分岔战略 ··························· 212

第四节 不兼容性与分岔、碎片化和分裂 ······················ 219

第五节 本章小结 ·· 227

第九章　数字化平台治理战略 ································· 234

　第一节　平台治理概念的内涵与外延 ················· 234

　第二节　数字化平台治理的关键性决策 ·············· 236

　第三节　平台治理与实质选择权 ····················· 244

　第四节　平台监管 ································· 248

　第五节　本章小结 ································· 252

第十章　数字化业务转型与战略 ····················· 262

　第一节　数字化转型的概念和意义 ················· 263

　第二节　数字化转型的过程 ························· 271

　第三节　数字化转型战略 ··························· 282

　第四节　本章小结 ································· 287

第一章 解释平台经营的战略管理理论

当下，人们认识到平台化经营模式、数字化平台与平台生态系统正在改变产业竞争蓝图。当下，绝大多数产业中的市场竞争，已经不再是厂商组织与厂商组织之间的竞争，也不再是战略联盟与战略联盟之间的竞争，而是数字化平台与数字化平台之间的竞争，或者说是平台生态系统与平台生态系统之间的竞争。

厂商组织的基于数字化平台的战略管理理论，需要一种完全不同于传统厂商组织的战略管理的理论、思维模式与战略形式。虽然人们津津乐道地讲述着阿里巴巴、腾讯、亚马逊、苹果、谷歌和脸书等互联网科技巨星的轶事，但很少有观察家去分析这些互联网科技巨星成功背后的更广泛的战略管理理论、思维模式、战略形式、组织结构形式、平台技术架构、价值创造和价值获取的机制，以及数字化平台战略与平台生态系统的治理机制。

事实上，数字化平台或平台生态系统的经营模式缺少战略管理的理论指导，其商业模式、价值创造和价值获取的机制仍然处于一种碎片化的状态，这需要重新构建一种基于数字化平台或平台业务的战略管理理论。

从目前学术研究的状况看，管理学术界没有建立起统一的数字化平台战略理论体系，虽然对数字化平台的研究盛况空前，但仅碎片化地解释了厂商组织为什么要实施数字化平台战略，"零散""碎片化"和"错综复杂"可以说是数字化平台战略管理理论研究状况的真实写照。学术界解释厂商组织实施平台化经营的战略理论主要有以下几个。

第一节 产业组织学派的网络效应理论

一、产业组织学派的平台战略理论概述

20 世纪 80 年代以来，网络效应的概念被产业组织经济学家们广泛研究。从产业组织理论视角看，经济学家试图解释在平台和平台生态系统的环境中存在直接和间接的网络效应，以及依托于平台生态系统和主导平台的竞争优势所形成的数字化平台战略（Farrell & Saloner, 1985；Katz & Shapiro, 1986；Shapiro, 1999；Parker & Van Alstyne, 2005, 2016；Eisenmann, 2007；Rysman, 2009；Shy, 2011；Evans & Schmalensee, 2015）。产业组织经济学家研究了电子商务、社交网络、用户生成内容（Users Generation Content, UGC）和视频游戏等许多消费类数字化平台，认为消费者更看重其他用户网络庞大、产品种类繁多的互补产品。这种"网络效应"为数字化平台实施平台战略提供了有利的机会，这些数字化平台可以利用这些驱动力来创建占市场主导地位的、具有高度竞争能力的核心平台。

产业组织理论将平台视为促进双边或多边市场用户之间交流的"管道"（Conduits）（Evans, 2003；Rochet & Tirole, 2006；Rysman, 2009）。平台的用户或节点是"参与网络互动的独立行动者——个人和/或公司"（Eisenmann, 2007）。

产业组织理论强调数字化平台与参与者的互动受到网络效应和平台中介连接的具体环境的影响（Rochet & Tirole, 2003；Suarez, 2005；Evans & Schmalensee, 2007；Eisenmann et al. , 2006）。厂商组织实施数字化平台战略时，必须把关注点放在平台价值对用户的益处方面，当它取决于与之互动的其他用户的数量时（Farrell & Saloner, 1985；Katz & Shapiro, 1986；Eisenmann et al. , 2006），直接网络效应就产生了；这种价值可以通过间接网络效应来增加，一个数字化平台的"边"（Side）可以从"另一边"（The Other Side）的规模和特点中受益（Evans, 2003；Rochet & Tirole, 2003；Hagiu, 2014；Boudreau & Jeppesen, 2015）。产业组织经济学家将注意力集中在双边市场中可观察到的间接网络效应上，他们主要关注一组互补性的兼容技术之间需求的相互依赖性，以及竞争在平台生态系统环境中的表现（Evan, 2003；Rochet & Tirole, 2006；Armstrong, 2006；Evans & Schmalensee, 2008）。数字化平台战略的核心基点是，由于使用中的网络效应

（Katz & Shapiro，1986）和不断增加的供给报酬（Arthur，1989），平台受到正反馈循环效应（Positive Feedback Cycle）的影响：数字化平台的用户数量越多，第三方开发者或互补者引入更多互补产品的动机越大，反之亦然（Gupta et al.，1999；Cusumano & Gawer，2002）。

产业组织理论强调，一个数字化平台的用户安装基数，或者活跃用户采用的数量，将影响互补品开发者的选择，而互补品的可用性反过来又对消费者的采用决策产生积极影响，从而进一步增加了用户采用数量。因此，互补者投资和支持某一特定平台的战略决策，可能会受到该平台网络效应存在强度的影响。互补品提供者通过考虑平台庞大的用户群，会发现自己更适合在哪个主导平台上开发互补品。产业组织理论的研究表明，由于存在网络效应，"赢家通吃"（Winner - Take - All，WTA）的结果在一些平台中介网络（Platform - Mediated Networks）中是可能出现的，这些平台因为拥有最多用户并获得网络效应，所产生的"市场倾斜"（Tips The Market），对其是有利的（Katz & Shapiro，1994；Shapiro & Varian，1999；Eisenmann et al.，2006）。当平台用户的多宿主成本（与多个平台关联的成本）很高且对差异化功能的需求有限时，"赢家通吃"的结果在平台中介网络中尤其显著（Hagiu，2009）。

需要指出的是，网络效应是产业组织理论中的数字化平台战略理论的基础，并认为网络效应决定了数字化平台的竞争优势，强调平台中介网络之间的竞争主要是由用户采用和互补品提供驱动的，虽然有少数研究集中于了解如何吸引多方加入平台（Gawer，2014），但产业组织理论的数字化平台战略理论与经济模型都侧重于平台定价战略（Parker & Van Alstyne，2005；Rochet & Tirole，2003，2006；Clements & Ohashi，2005；Rysman，2009；Evans et al.，2006），他们认为，数字化平台战略通常会采用折扣战略作为其主要的竞争战略，通过大幅折扣补贴平台的一方，以吸引另一方加入。

二、对产业组织学派平台战略理论的评价

我们认为，产业组织理论的数字化平台战略理论不能全面地解释数字化平台与平台生态系统竞争优势的来源：

首先，在数字化平台产业中，正反馈循环和赢家通吃现象并不是数字化平台战略的内生性变量（Endogenous Variables），它们仅仅是数字化平台战略衍生的结果，是数字化平台战略的外生性变量（Exogenous Variables），因而产业组织经济学家低估了特定厂商组织试图战略性地操纵网络效应的重要性（McIntyre & Subramaniam，2009，2017）。

其次，网络效应具有二元（Duality）的特性，即网络效应对厂商组织实施数字化平台战略的影响在给定的网络情境中可能存在，也可能不存在。因此，研究网络效应的经验方法通常侧重于少数互联网科技企业，其衡量指标相对粗糙，如用户总装机基数或用户采用数的多少，基于此确定数字化平台战略和平台增长的驱动力，本身并不科学。大量的研究表明，网络动力学是非常复杂的，平台生态系统参与者之间交互的相对强度和结构，可能比在给定情境中网络效应的绝对存在更具说服力（Suarez，2005；McIntyre & Subramaniam，2009；Afuah，2013）。

最后，产业组织经济学家关于间接网络效应的研究将数字化平台战略视为一个"黑箱"（Black - box），只关注可用的互补品数量对市场结果的影响（Srinivasan & Venkatraman，2010）。这种方法实际上不仅排除了数字化平台战略定位的选择，而且忽略了数字化平台与互补者关系的其他属性（McIntyre & Subramaniam，2017）。例如，数字化平台确保互补者内容分发的独家协议，平台提供商制定的界面规则"私人定制"（Private Ordering）的特点，数字化平台从大型的、占主导地位的要素互补者那里获得支持等，这些对平台的成功产生的作用可能远远超出互补品的绝对数量。

第二节　互联企业完全资源基础观

一、合作战略与基于资源的竞争优势

20 世纪 80 年代初以来，战略管理学者们一直在观察厂商组织间战略联盟扩散和增加的重要性（Gulati，1998；Gulati，Nohria & Zaheer，2000；Hagedoorn，1993，1995）。厂商组织间战略联盟（Interfirm Alliance）是指厂商组织之间进行资源交换或共享，共同开发或提供产品、服务或技术的自愿安排（Gulati，1998）。由于战略联盟扩散形成了商业生态系统或平台生态系统，研究人员开始关注这些生态系统对其成员厂商组织绩效的影响。商业生态系统或平台生态系统的研究集中在诸如生态系统形成的动机、参与生态系统的厂商组织身份、合作伙伴的选择、生态系统的管理、治理结构或生态系统构成的决定因素，生态系统中的学习和动态，以及生态系统的绩效等方面。

进入 2010 年后，平台生态系统研究逐步扩展到平台战略理论或数字化平台战略理论方面，这些研究有别于将竞争作为战略的主线，而将合作战略视为异常、侧重于厂商组织间竞争的传统厂商组织战略管理理论。平台战略理论或数字化平台战略理论将平台生态系统的竞争优势和竞合战略作为重点，并做出了不同的假设（Gulati，1998，1999；Gulati，Nohria & Zaheer，2000；Lavie，2006；Wagner & Weitzel，2007）。美国得克萨斯大学奥斯汀分校教授 Lavie（2006）将这种理论称为互联企业的战略管理理论（Strategic Management of the Interconnected Firm），而所谓的互联企业包括扩散的战略联盟、商业生态系统、数字化平台或平台生态系统。

传统厂商组织战略管理的主流理论与新兴的平台战略理论或数字化平台战略理论之间的差距，使数字化网络环境下的竞争优势问题成为一个悬而未决的问题。传统的资源基础观等理论无法解释数字化平台如何在与平台参与伙伴保持频繁和多重合作关系的环境中获得竞争优势（Barney，1991；Wernerfelt，1984）。在平台生态系统条件下，互联企业完全资源基础观（Complete RBV of the Interconnected Firm）的研究重点是互联企业所获得的基于资源的竞争优势，将平台生态系统的资源性质与竞争优势联系起来。

二、互联企业完全资源基础观的平台战略理论

互联企业完全资源基础观认为，平台生态系统的资源能够产生李嘉图租金（Ricardian Rent）和准租金（Quasi Rents）（Conner，1991；Peteraf，1993）。互联企业完全资源基础观强调，在平台生态系统条件下，平台提供商及其平台生态系统参与成员可以依靠诸如产权保护和因果模糊等隔离机制（Isolating Mechanism），来保护共同开发和共享的资源免受外部模仿（Dyer & Singh，1998）。首先，平台生态系统为参与成员提供了获取资源利益的机会，而不必获取资源本身，因此可模仿性本身就不那么重要。其次，通过与平台提供商的互动，参与成员会暴露在开发专有资源的路径依赖过程中，因此从参与成员的角度来看，这种路径依赖过程变得不具有因果关系的模糊性和社会复杂性。最后，通过积极主动的学习，参与成员可以内化平台生态系统的资源（Resource Internalization）（Hamel，1991）。因此，资源的独特性将更少地取决于资源的性质，而更多地取决于平台提供商与平台生态系统参与成员之间关系的性质。

可以看出，互联企业完全资源基础观超越了传统资源基础观的基本假设。按照传统资源基础观的假设，创造价值的资源是由焦点公司（Focus Firm）拥有和控制的（Amit & Schoemaker，1993；Barney，1991）；企业外部资源与企业绩效之间唯一的关联类型是竞争性的，而非合作性的。根据传统资源基础观的基本假设，有价值的资源是不可交易和不可完全转移的（Nontradable and Imperfectly Mobile），这可能是正确的，但传统资源基础观没有承认资源的直接共享和与这些资源相关的利益的间接可转让性（Indirect Transferability）。在平台生态系统条件下，数字化平台必须拥有或完全控制产生竞争优势的资源的基本假设所得的结果

是不正确的。传统资源基础观强调了资源异质性的重要性，即企业通过以独特方式组合多种不同资源的能力来获得竞争优势（Adegbesan，2009），这个观点是正确的，但拥有或控制资源并不是获得竞争优势的必要条件（Lavie，2006）；传统资源基础观的所有权假设（Proprietary Assumption）认为，资源是限制在独立公司边界内的，并不构成合作环境。这里我们可以发现，这种所有权假设是按照传统资源基础观最初制定竞争战略（而非合作战略）的假设而产生的，而平台提供商或平台倡导者制定的平台互补、平台开放等战略主要是合作型战略，而非敌对性竞争战略，因而传统资源基础观的所有权假设妨碍了对数字化平台竞争优势的准确评估。另外，根据传统资源基础观成果预算制（Results Based Budgeting）的基本原理，一个组织的价值只应基于其内部资源的贡献。我们认为，在平台生态系统条件下，数字化平台竞争优势的评估不仅要以平台提供商或平台倡导者的资源为基础，还要以平台生态系统参与者的互补性资源禀赋（Complementary Resource Endowment）为基础。尽管越来越多的证据表明了平台生态系统参与者的互补性资源对数字化平台竞争优势的贡献，但大多数研究都是间接的，没有提供一个总体的理论框架来解释网络资源与数字化平台绩效之间的这种重要关系。

互联企业完全资源基础观认为，数字化平台的竞争优势与平台绩效是平台资源、平台参与者的互补性资源和公共政策环境之间互动的结果。因此，数字化平台参与成员之间的互动是一种合作型的互动。在这种互动中，平台参与者的互补性优势资源实际上可以对数字化平台的绩效做出重要贡献。美国经济学家 Teece（1986）认为，组织内互补资源之间的共同专业化（Cospecialization）可能会对平台的竞争优势与绩效产生有益的影响，学者们在对互联企业竞争优势与绩效的研究中，借鉴厂商资源基础观的思想对这一观点进行了论证（Powell & Dent‐Micallef，1997；Somaya，Williamson & Zhang，2007）。

已有证据表明，通过数字化平台参与成员之间的直接互动转移的互补性资源对数字化平台的绩效具有相当大的影响。这些资源可以称为扩展数字化平台的机会集（Opportunity Set）的网络资源（Gulati，1999）。需要指出的是，由于支持战略资产特质和资源固定性的论点，互联企业完全资源基础观仍然认为，授予竞争优势的资源必须受到平台边界的限制。但问题是平台边界并非是固定的，而是一直处于移动和漂移状态的，因而互联企业完全资源基础观关于资源固定性的论点，在实践中是站不住脚的。

我们认为，传统资源基础观将厂商组织视为独特的资源组合（Penrose，1959；Wernerfelt，1984；Barney，1991）。如果将这种观点放在数字化平台环境下，平台边界就应当是通过将平台生态系统资源与环境机会相匹配来动态确定的，这些机会既有吸引力，又有利于平台生态系统参与者利用其资源获得竞争优势。因此，平台边界是设定在平台生态系统资源组合价值最大化的极点上的。美国管理学家 Santos 和 Eisenhardt（2005）认为，在基于数字技术的生态系统中，生态系统参与者的能力和权力是"协同的"（Synergistic），这意味着"组织行为体可以以一种更有利的方式，用一种边界概念来解释另一种边界概念"。他们解释说，根据平台边界的定义，在以数字技术为基础的生态系统中，创新和相互依存至关重要，"可以在互补的产品/市场领域部署资源，以确保采用重点组织的行业标准"。我们发现，Santos 和 Eisenhardt（2005）的平台边界概念隐含着资源的影子。他们引述了英特尔公司（Intel）的案例，说明英特尔公司如何在芯片组等市场上开发资源，这些资源与英特尔公司的主要微处理器市场以及其定义的接口互补，这有助于提高英特尔公司对互补者和购买者的影响力。这个案例表明，作为一个数字化平台，开发者不仅可以利用平台本身的技术资源，而且也可以对作为平台的外部资源加以利用。

有趣的是，瑞典管理学家 Ghazawneh 和 Henfridsson（2013）在对苹果（iPhone）平台的研究中指出，平台边界本身可以理解为一种资源，他们认为平台边界设计问题应当有针对性地解决维持平台控制和同时刺激第三方开发者的互补应用。我们发现，截至 2013 年，谷歌（Google）发布了 108 个 API，并一直在不断增加开放式 API。谷歌以开放式 API 的形式开发和共享特定的软件代码，实质上是把平台边界作为一种资源，以鼓励独立软件开发人员利用谷歌的众多网络服务，并将其纳入自己的网络服务中——谷歌互补创新（Google Complement Innovation）。例如，谷歌（Google）几乎对所有流行的消费产品都提供了 API，除了 Google 地图、YouTube 等，还包括谷歌应用程序（Google Apps）、谷歌分析（Google Analytics）、博客（Blogger）、谷歌基础（Google Base）、谷歌图书搜索（Google Book Search）、谷歌日历（Google Calendar）、谷歌代码搜索（Google Code Search）、谷歌地球（Google Earth）、谷歌电子表格（Google Spreadsheets）、谷歌笔记本（Google Notebook）和 Picasa 网络相册（Picasa Web Albums）。特别是，Google Data API 允许程序员创建从 Google 的服务中读写数据的应用程序。就数字平台而言，"开放式 API"代表着平台边界的不断延伸，同时它们也是开发人员的关键资源。

互联企业完全资源基础观强调，正如共享资源（Shared Resources）在战略联盟中被利用的（Exploited）一样（Lavie，2006），开放式数字化平台的开放性会使平台及其共享资源较易受到外部利用活动或外部剥削活动（External Exploit Activity）的攻击。数字化平台可以通过访问开放或接入开放（Access Openness）和资源开放（Resource Openness）这两种开放方式，以促进创新和价值创造（Boudreau，2010）。这两种开放式数字化平台有两种共享资源：共享的互补资源和共享知识产权的平台核心资源。平台所有者可以通过建立边界资源（Boundary Resources）（如 API 和 App Store）向第三方参与者开放访问，并允许其为平台开发互补品（Ghazawneh & Henfridsson，2013）。此外，为了促进与互补者的合作，平台所有者可以使用开源许可边界资源来开放和共享平台的核心资源。然而，这些资源具有数字化特性，它们较易被复制、反向工程或破坏，并且竞争对手也可以将其作为敌对战略的一部分加以利用。

三、对互联企业完全资源基础观平台战略理论的评价

我们认为，互联企业完全资源基础观过于看重基于资源的数字化平台竞争优势，但基于资源竞争优势所形成的平台隔离机制存在两方面的问题：一是存在着资源优势并拥有能力的数字化平台公司，并不一定能进入所有能进入的市场（Grant，2008）；二是如果仅仅从资源角度来研究需求端，并不能发现消费者的购买决策是如何做出的。但互联企业完全资源基础观将平台生态系统的资源性质与竞争优势联系起来的观点，是非常有价值的。

我们发现，数字化平台的开放性意味着"平台所有者或平台提供商自愿放弃对资源的控制"，这似乎挑战了传统资源基础观（RBV）的理论假设，这意味着平台所有者或平台提供商应该连接而非控制有价值的、稀有的和不可模仿的（VRI）资源。数字化平台的出现，要求传统的由资源束组成的模块化企业通过加入平台生态系统来开放其部分资源基础，从而获得竞争优势。模块化企业通过加入平台生态系统获得的好处体现在：一是开放资源降低了模块化企业的成本基础，增强了竞争优势；二是当平台生态系统对模块化企业的专有资源的需求强烈增多时，模块化企业可以显著地改善它们创造价值的效能；三是模块化企业可以通过开放来重塑市场格局，以削弱竞争对手，在高度竞争的平台市场环境下，尤为显著（Alexy et al.，2018）。

我们认为，应当从不完全竞争（Imperfect Competition）和市场不完全（Market Imperfection）的角度出发，研究数字化平台和平台生态系统的竞争优势。事实上，数字化平台和平台生态系统正是市场不完全的产物。市场不完全在商品市场表现为商品的特异性、服务的差异性、信息的非对称性、商标或媒介的独特性、特殊的市场技能等形式；在要素市场表现为互补性的资产联盟、独特的生产和交易要素、特殊的交易搜寻与匹配的管理技能（利用云计算、大数据和人工智能来实现）、资本市场上的便利性以及受价值专属制度保护的技术方面的差异等。除此之外，市场的不完全还表现为供给端和需求端的范围经济以及不同数字化平台在交易方式、支付与结算方式、物流等方面的差异。市场的不完全使少数数字化平台拥有了"先行者优势"（First – Mover Advantage）和"赢家通吃"（WTA）

的垄断优势，正是这些垄断优势的存在，使数字化平台可以跨越国界、跨越产业边界进行跨界经营，克服平台经营中为获取入口和流量而增加的巨额启动成本（Launch Cost）的制约，与传统的渠道型企业展开强有力的竞争。

在我们看来，在数字化平台中，只有平台生态系统参与者的特质才能创造出这种特有的竞争优势。具体地说，数字化平台特有的竞争优势主要来源于数字化平台特有的平台架构（Digital Platform-Specific Architecture）、数字化平台的专属性资产（Digital Platform-Specific Assets）、知识分享惯例（Knowledge-Sharing Routines）、互补性资源与能力（Complementary Resources and Capabilities）和有效治理机制（Effective Governance Mechanism）。数字化平台的参与者在建立这种特定关系的过程中，不仅获得了关键性资源，而且使这些专属性资产和互补性资源深深地镶嵌于数字化平台的各种资源、组织惯例及平台界面规则中。我们强调，通过平台生态系统参与者进行专用性投资，并通过平台倡导者以独特的方式进行整合，这是数字化平台竞争优势的重要来源。

第三节　数字化平台经营的租金理论

一、关系观与平台经营的租金理论

解释平台化经营的租金理论（Rent Theory）主要来自于组织间关系理论的关系观（The Relational View）（Dyer & Singh，1998）。关系观认识到资源基础观对研究联盟伙伴或平台生态系统参与者对战略联盟或数字化平台竞争优势的影响的贡献和局限性，认为建立一个有效的战略联盟或平台生态系统治理结构，以及促进生态系统范围内知识和信息共享的厂商间惯例（Interorganizational Routine）的演变，也在产生关系租金方面发挥了作用。

关系观阐述了共同价值创造的机制。关系租金是指必须通过合作方或平台参与者的共同努力所创造的超过厂商组织（包括平台提供商）独立单干所得之和的利润，是经济租金的一种类型。关系租金是通过具有专属性的关系投资产生的，是以组织间价值创造的要素和机制为基础的。因此，关系租金是在战略联盟或平台生态系统一级累积的，不能提供私人利益。与承认私人利益和共同利益作用的战略管理理论（Hamel，1991；Khanna，Gulati & Nohria，1998）不同，关系观强调联盟伙伴或平台生态系统参与者不能独立产生共同利益，共同利益来源于战略联盟或平台生态系统。

关系观补充了资源基础观，认为关键资源可以跨越厂商组织的边界，战略联盟或平台生态系统不仅赚取李嘉图租金和准租金，还赚取与联盟伙伴或平台生态系统参与者共同产生的关系租金（Relational Rents）。这种关系租金来源于焦点厂商组织或平台提供商或平台倡导者致力于战略联盟或平台生态系统的特定关系资产，以及它们的资源与合作伙伴的资源之间的互补性（Dyer & Singh，1998；Anand & Khanna，2000；Lavie，2006）。因此，关系观不仅来源于资源基础观，也来源于跨行为成本经济学（Cross Behavior Cost Economics）。所谓的跨行为成本是指联盟或平台生态系统要达到某个目的，所耗费的有意识的行为努力。这种行为成本不是单个厂商组织（包括平台提供商）所耗费的有意识的行为努力，而是在战略联盟或平台生态系统一级产生的。

我们认为，数字化平台或平台生态系统由于密集互补品提供商、模块化厂商的互补性资源，在创造和满足用户独特需要的特定价值活动上具有独特的竞争优势，或者拥有独特的资源或能力，因而能够创造出高于平均水平以上的报酬，即经济学家所称的超额利润或经济租金（Teece et al.，1997）。这种经济租金包括：①平台提供商获取的超额租金是一种"连接红利"（Linkage Dividend），这是因为数字化平台提供商并不一定通过直接销售产品赚钱，不重点追逐产品销售红利，而是把产品或服务当成一个聚合顾客的入口，在与用户不断地进行价值协同和价值互动中为用户创造持续的价值，从而获得收益（罗珉、李亮宇，2015）。②互补性厂商、模块化厂商获取的超额租金是由提供独特资源要素所带来的专属租金（Appropriate Rent），即这种租金来源于以独特、专属、增值的方式组合的不同技术、知识或资产，从而获得超过标准附加性质的收益，其中对一种产品的需求可以驱动对另一种产品的需求。例如，消费者对手机的需求可以驱动对各种应用程序软件的需求。这种独特资源要素能够通过数字化平台进一步放大其价值，它可能是一种"瓶颈资产"（Bottleneck Assets），但这些资产并不容易识别，且可能随着时间的推移而发生变化。严格地说，这些经济租金都是准租金，即数字化平台的互补品提供商进入平台经营的模式，可以看成是某种生产要素和资源要素的投入，这些要素从长期看是可变的，而在短期中却是固定的。这些要素不能轻易地从现有的用途中退出，而转到收益更高的其他用途中去，也不能从其他相似的生产要素中得到补充，是一种沉没成本（Sunk Cost）。在现实经济生活中，人们往往把平台公司的这种要素投入称为"烧钱"。这些要素的报酬在某种程度上类似于经济租金，所以被称为"准租金"。

由于在特定的市场中平台提供商或平台倡导者具有特有的优势和动态能力、数字化平台具有特有的架构优势和稀缺性资源要素，所以市场在一定程度上出现了扭曲（Distortions），如消费外部性（Consumption Externalities）产生的扭曲，类似于 2009 年诺贝尔经济学奖得主 Spence（1975）的质量选择垄断模型（Model of a Quality – choosing Monopolist）中的斯宾塞扭曲（Spence's Distortions）。数字化平台特有的竞争优势对这种扭曲的影响取决于数字化平台产生的外部性程度和网络效应，从而形成了从产品或服务市场、市场要素配置到市场结构等多个方面的市场不完全（Market Imperfection）。平台提供商或平台倡导者、互补品提供商、模块化厂商等所有的平台生态系统参与者，都可以在这个不完全市场中展现各自的特有优势，可以凭借特有优势影响市场价格，获取超额租金。相反，传统市场中的厂商组织间往往是资源、能力高度同质化，信息完全对称，完全竞争，长期均衡，作为市场参与者的厂商组织就很难获取投资的超额回报。

二、数字化平台经营的租金类型

构建平台生态系统的平台提供商或平台倡导者基于资源的竞争优势可以划分为四个要素，分别对应于四种不同类型的租金：①内部租金；②适当的关系租金；③向内溢出租金；④向外溢出租金。

内部租金（Internal Rent）。"内部租金"一词是指李嘉图租金和源自平台提供商或平台倡导者内部资源的准租金的组合（Peteraf，1993）。李嘉图租金是资源稀缺的结果，在短期内限制了资源的供应，而准租金则是指平台提供商或平台倡导者从其专业资源或知识中获得的附加值以及相对于其他企业从类似资源中获得的附加值。在平台生态系统中，不仅需要考虑平台提供商或平台倡导者内部资源互补性的贡献，还需要考虑平台参与者或平台互补者之间资源互补性的贡献。平台提供商或平台倡导者可以通过获取平台参与者的互补资源来放大和利用自身资源的价值。应当注意，内部租金不同于关系租金，关系租金依赖于平台生态系统参与者之间的互补性，为平台生态系统创造共同利益，而内部租金则是由平台提供商或平台倡导者独家享有的私人利益。

适当的关系租金（Appropriated Relational Rent）。美国杨百翰大学教授 Dyer 和 Singh（1998）将关系租金定义为联盟伙伴通过组合、交换和共同开发特殊资源而获得的共同利益。在平台生态系统中，这种类型的租金不能由任何一个平台参与者或平台互补者单独产生，因此被传统资源基础观所忽略。关系租金是从平台生态系统中的关系特定资产、知识共享程序、互补性资源和有效治理机制中提取的。它们只能从平台提供者、平台参与者或平台互补者有意承诺并共同拥有的资源中提取，因此，它们涉及平台提供商或平台倡导者与平台参与者或平台互补者的共享资源。关系租金对平台生态系统的贡献取决于这些共享资源的总价值。

向内溢出租金（Inbound Spillover Rent）。Lavie（2006）从资源的视角，将竞争优势视为基于平台提供商或平台倡导者自身资源产生的私人利益和平台生态系统参与伙伴共享资源产生的共同利益。此外，在平台生态系统中，另一种私人利益完全来自网络资源，涉及由于平台生态系统参与伙伴共享和非共享资源而产生的意外收益。这种向内溢出租金通常与战略性互补协作的平台参与者之间的横向协作有关。在向内溢出租金的情况下，平台提供商或平台倡导者的竞争优势取决于数字化平台特定因素决定了平台出于非预期目的，以非自愿方式从平台参与伙伴的共享资源中提取租金的能力；平台特定因素和平台参与伙伴特定因素都决定了从平台参与伙伴的非共享资源中分配溢出租金的可能性。

向外溢出租金（Outbound Spillover Rent）。在平台生态系统参与者的资源受到向外溢出租金的占用时，平台提供商或平台倡导者的资源也会受到非预期的泄露或溢出，从而使平台生态系统参与者受益，这种向外溢出租金的情况多发生在平台互补者具有多宿主（Multi – home）的情况下。一般来说，平台生态系统参与者的机会主义行为越显著，其议价能力和吸收能力越强，平台提供商或平台倡导者对共享资源和非共享资源的向外溢出租金的损失越大。由于保持了兼容性，作为平台生态系统的互补者开发应用程序的多宿主成本是微乎其微的，因此，他们的动机是"多宿主"（Armstrong，2006；Rochet & Tirole，2003）；而平台提供商或平台倡导者使用的隔离机制越强，其非共享资源产生的向外溢出租金的损失越小。因此，向外溢出租金的存在，会削弱平台提供商或平台倡导者的竞争优势。

三、对数字化平台经营租金理论的评价

我们认为，在开放式数字化平台环境下，竞争优势主要通过提取关系租金来实现，这与坚持资源是有价值的、稀有的、不可仿效的、不可替代的资源基础观（Barney，1991）或信息系统能力观（Bharadwaj，2000；Wade & Hulland，2004）所强调的竞争优势来源是完全相反的。正如共享资源（Shared Resources）在战略联盟中被利用一样（Lavie，2006），在开放式数字化平台条件下，有两种共享资源：共享的互补资源和共享知识产权的平台核心资源。平台所有者可以通过建立边界资源（Boundary Resources）（如 API 和 App store）向第三方参与者开放访问，并允许其为平台开发互补品（Ghazawneh & Henfridsson，2013）。

在我们看来，平台互补（如 App）可以视为平台共享互补资源。这与平台战略的合作视角是一致的（Boudreau，2011；Eisenmann et al.，2006），也呼应了平台竞争优势依赖互补性和网络效应的理论观点（Koch & Windsperger，2017；Sun & Tse，2009）。作为一种绑定资源的应用商店和 API，用于收集用户数据，这表明边界资源在提取内部租金方面起着中心作用，能够从共享资源的互补中提取适当关系租金（Lavie，2006）。例如，谷歌在广告业务中使用专有的机器学习

算法，它依赖于通过各种平台 API 收集的数据。正如 Lavie（2006）所指出的那样，共享资源可以产生溢出租金的单边累积（Unilateral Accumulation of Spillover Rents），其中一方获得私人利益（Private Benefits）。在开放式数字化平台环境中，用于共享的受众更大，与受众的距离也更近，因此平台所有者更难控制。其中，利用宿主共享资源的平台分岔者（Platform Foker）可能会形成单边租金提取机制（Unilateral Rent - extraction Mechanism），从而产生平台宿主的负外溢租金和平台分岔者的正外溢租金。这充分证明，边界资源在提取（或抑制）所有四种租金方面起着关键作用，它是开放式数字化平台竞争优势的关键决定因素。正如谷歌安卓系统（Google's Android）和苹果 iOS 系统（Apple's iOS）在同一市场上的平行成功所表明的那样，在提取正租金和抑制负租金之间取得平衡可以通过多种方式实现。苹果最大限度地利用自有资源进行内部租赁，通过规避开放，其不仅从应用程序互补品（App Complements）中获取了关键的适当关系租金，还使自己免受了外部溢出租金的影响。相比之下，谷歌则采取了更开放的平台策略，寻求最大化的适当关系租金，但同时也暴露出通过平台分岔实现的向外溢出租金的威胁。

解释平台化经营的租金理论认为，数字化平台或平台生态系统的竞争优势来源于内部资源和网络资源的组合。如果仅仅根据平台提供商或平台倡导者内部资源进行评价，并不能够准确地评估出数字化平台的竞争优势。事实上，平台提供商或平台倡导者特有的因素、平台生态系统参与者或互补者特有的因素和基于关系的特有因素，在确定从平台提供商或平台倡导者的内部资源和平台生态系统参与者的网络资源中获取的租金类型和幅度方面，发挥了作用。

第四节　数字化平台经营的平台架构理论

一、技术创新视角与平台架构

解释数字化平台经营的平台架构理论特别关注创新型数字化平台的竞争优势，它将数字化平台广泛地视为促进创新的技术架构（Technical Architecture）（Gawer，2014），平台倡导者和互补者在平台技术架构基础上进行创新，并将平台架构视为数字化平台进行价值创造与价值获取的关键。早期的技术管理研究者将平台视为可以通过添加和删除特性来修改的系统（Wheelwright & Clark，1992），现在的平台架构理论研究者利用工程设计中的原理，将数字化平台描述为模块化系统（Baldwin & Clark，2000；Schilling，2000；Baldwin & Woodard，2009；Gawer，2007，2009，2014），通过将复杂系统分解成离散的组件与标准化交互界面，促进了整个数字化平台的创新（Simon，1962；Langlois，2002；Gawer，2014），因而学者们将平台或平台架构视为"创新生态系统"（Innovation Ecosystems）（Adner & Kapoor，2010；Tee & Gawer，2009），在这个创新生态系统中，平台架构是其他平台参与厂商开发互补产品或服务的基础（Gawer，2009，2014）。学者们的研究集中在某一类特定的技术平台，以及平台倡导者和他们的互补者之间的相互依赖性方面。

在这种视角下，数字化平台或平台架构包括平台倡导者和所有使数字化平台对消费者更有价值的互补品提供商（Ceccagnoli et al.，2012；Gawer & Cusumano，2008）。平台生态系统采用"枢纽和辐条"（Hub and Spoke）的形式，一系列外围厂商通过共享或开源技术和/或技术标准（对于与 IT 相关的平台，可以是编程接口或软件开发工具包）连接到中央平台。通过与平台的连接，互补者不仅可以产生互补性创新，还可以直接或间接地接触到平台的客户。例如，德国的思爱普（SAP）是全球顶尖的企业级软件供应商，其数字化平台架构不仅为超过 15000 家中国企业提供专业服务，更覆盖全球 42.5 万企业客户，向 2.2 亿云端用户提供服务。思爱普仅云解决方案就包含 100 多款覆盖所有业务职能部门，同时深入 26 个行业提供专有的企业管理解决方案，思爱普的互补者是与其数字化平台架构有关联的独立软件供应商（Ceccagnoli et al.，2012）。又如，PlayStation 已经成为索尼电子游戏领域的代言词，也是当今全球游戏界一块不可撼动的招牌。索尼 PlayStation 的成功不只限于旗下的 PS 系游戏机，更是包括了一连串的商业平台、互补品以及云端等，索尼的互补者就是为特定控制台生产视频游戏的开发人员（Cennamo & Santaló，2013）。因此，可以把数字化平台或平台架构视为"半管制市场"（Semi‑regulated Marketplaces），在平台倡导者的协调和指导下促进创业行动（Wareham et al.，2014），或是"多边市场"（Multi‑sided Markets），以实现不同用户群体之间的交易（Cennamo & Santaló，2013）。

二、平台架构理论的关键点

学者们强调，平台架构理论视角侧重于重点创新和支持创新的一组组成部分（上游）和互补部分（下游），并将数字化平台或平台架构视为"企业通过协作安排将其个人产品组合成一个连贯的、面向客户的解决方案"（Adner，2006）。因此，研究数字化平台或平台架构重点在于了解相互依赖的参与者如何互动，以创造和商业化有利于最终客户的创新，其结果是，如果平台架构或创新生态系统内的协调不足，创新将失败（Adner & Kapoor，2010；Adner，2012；Kapoor &

Lee，2013）。

平台架构理论研究者主要关注平台倡导者，尤其是他们如何吸引第三方互补者来刺激间接网络效应（Eisenmann，2007；Evans et al.，2008）。平台架构理论研究者通过强调平台的互补（Complements）等附加功能来扩展数字化平台或平台架构等一系列概念，平台的技术架构可以为其他互补品提供商建立起相关产品或服务的技术基础（Gawer & Cusumano，2002；Gawer & Henderson，2007），管理平台及其之间互补交互的界面（接口）概念规范地描述了平台架构（Tiwana et al.，2010）。这里，互补这个概念强调的是互补品提供商向一个数字化平台提供的商品和服务，而这些向共同客户提供互补品的独立供应商称为互补者（Complementors）（Yoffie & Kwak，2006；Boudreau & Jeppesen，2015），互补品提供商是数字化平台或平台架构不可或缺的参与者，平台通过间接网络效应提升核心产品对平台架构的价值，对平台参与者来说，在互补品提供商基于平台架构中的核心产品向平台提供互补品的情况下，平台参与者获得的价值比没有互补品的情况下更大（Brandenburger & Nalebuff，1996；Yoffie & Kwak，2006；Gawer，2009；Zhu & Iansiti，2012）。平台倡导者投入大量资源来吸引互补者加入他们的平台，反过来互补者投入资源并随着时间的推移为平台开发更多的互补品。这一研究领域的自然延伸是研究数字化平台或平台架构围绕界面做出的优化设计选择，这些选择允许更快、更系统的创新。

在平台的优化设计选择方面，平台架构理论研究者关注的是平台倡导者的决策，如平台界面的开放性或者是平台的开发战略。平台架构理论研究者对平台开放程度的研究，集中于开放平台和封闭平台之间的权衡（Gawer & Cusumano，2008；Eisenmann et al.，2006）。研究表明，在不同的情境下，不同的平台的开放程度不同，这涉及平台架构接口上信息的访问级别、访问成本和控制接口使用的规则等（Gawer，2014）。平台架构理论研究者关注如何通过吸引第三方互补者的创新能力来影响平台生态系统的创新（West，2003；Eisenmann et al.，2006；Lee & Mendelson，2008；Boudreau，2010；Baldwin & Von Hippel，2011）。研究发现，虽然开放接口通常会增加互补者的创新动力（Boudreau，2010），但过于开放会导致平台倡导者的收入和利润的损失（Eisenmann et al.，2006）。

平台架构理论研究者强调，平台生态系统内各方之间存在固有的相互依赖性，平台倡导者与互补方的关系是平台成功最为重要的资源（Venkatraman & Lee，2004）。因此，数字化平台采取促进和激励行为对第三方互补者提供更多的支持，是构建平台架构的重要战略举措。平台架构理论的研究集中于平台倡导者吸引应用程序开发人员的努力上，不仅包括创建技术质量更高的平台，而且还向他们提供简化开发过程以实现互补的工具包，这些工具包以基本培训的形式对开发人员赋能（Enabling）（Von Hippel & Katz，2002；Evans et al.，2006；Yoffie & Kwak，2006）。

三、对数字化平台经营平台架构理论的评价

应当指出的是，平台架构理论研究者采用间接网络效应和平台设计策略等核心概念来研究平台架构的竞争优势，主要通过案例研究和理论推理来关注平台倡导者或平台领导（Gawer & Cusumano，2002；Gawer & Henderson，2007）。因此，平台架构理论领域研究的局限主要在于，缺乏实证研究检验平台倡导者的平台设计决策如何影响互补者的战略选择，以及这些决策对平台架构的构建及后续成功的影响。与产业组织经济学和战略管理视角相类似，平台架构理论研究者将数字化平台视为一段时间内保持相对稳定的系统，因而对平台架构或创新生态系统及其演变的了解相对较少。

我们认为，高科技环境的变化日新月异，新兴技术不断涌现，这意味着平台技术架构是动态的，并随着时间的推移而不断发展（Gallagher & Park，2002；Clements & Ohashi，2005）。可以这样说，平台技术架构对平台竞争的演变尤为重要，它提供改进现有技术系统和设计新平台的机会（Bresnahan & Greenstein，1999），因而需要集中研究数字化平台如何在频繁的技术变革时期管理相互依赖性和互补性，以充分利用平台创新生态系统互补产品的组合。

第五节　数字化增长战略或平台增长战略视角

一、数字化增长战略概述

数字化增长战略或平台增长战略视角（Ansoff，1957；Verhoef et al.，2019；McIntyre & Srinivasan，2017；Rietveld & Eggers，2018）强调厂商组织在数字化平台经营环境下的竞争优势和持续经营能力，因而必须高度重视厂商组织如何从基于产品的经营思维转向基于数字化平台的战略思维（Zhu & Furr，2016），以及如何构建平台生态系统的竞争优势（Parker & Van Alstyne，2005；Gawer，2014）。

数字化增长战略视角认为，数字化平台经营模式是推动数字化增长战略或厂商组织的平台增长战略成功的力量，虽然这些令人印象深刻的数字化增长可能是由多种因素共同导致的，但其中的两个关键驱动因素是平台的高可扩展性和增强

的网络效应。数字化平台可以快速增长，并能应对越来越多的用户，包括客户、供应商、互补服务提供商（Eisenmann，Parker & Van Alstyne，2006）。平台经营模式（Platform Model）意味着一方用户数量的增长（如客户或供应商）会吸引另一方的用户，因为他们从平台的使用中获得了更高的效用，这是由于不断增加的间接网络效应产生了良性循环（Eisenmann et al.，2006）。因此，所有的增长战略中最突出的是数字化增长战略，厂商组织通过使用数字化平台获得增长（Broekhuizen et al.，2021；Parker et al.，2016）。数字化增长战略有利于在位厂商组织从传统的产品、市场发展战略转向数字化平台经营的增长战略（Verhoef et al.，2019），通过数字技术帮助厂商组织改变现有核心能力或开发新的核心能力，以获得新的竞争优势（Liu et al.，2011）。

战略管理学家们强调平台生态系统的竞争优势在很大程度上取决于数字化平台利用其互补者网络创造价值的能力（Adner & Kapoor，2010），以及随之而来的网络效应（Katz & Shapiro，1985）。因此，数字化增长战略视角研究的重点是解释诸如平台领导（Gawer & Cusumano，2002；Gawer & Henderson，2007）和战略视角的互补性（Cennamo & Santalo，2013；Kapoor & Lee，2013）等概念，并考察平台领导的战略选择对现有用户安装基础的影响（Afuah，2013；Fuentelsaz et al.，2015）。

数字化增长战略视角的研究关注平台领导获得竞争优势的战略行为，力图说明在位平台利用正反馈循环和赢家通吃，给最先进入平台市场的平台领导带来的网络效应和隔离机制的经济影响。在基本层面上，数字化增长战略视角试图从对网络市场竞争结果的市场结构解释，转向可能影响平台领导经营成败的驱动因素和战略行为方面的研究。数字化增长战略视角的研究专注于平台领导构建平台生态系统的定价战略、积极反馈的市场竞争战略，以及影响竞争优势的其他驱动因素，如平台启动战略和进入时机（Eisenmann，2006；Schilling，2002；Shapiro & Varian，1999）、厂商规模等平台领导的已有竞争优势（Sheramata，2004；Schilling，2002）、平台特征和平台的相对质量等（McIntyre，2011；Tellis et al.，2009；Zhu & Iansiti，2012）。

数字化增长战略视角关注平台市场的竞争，认为平台用户对平台增长潜力的预期会影响用户的采用选择，平台领导有强烈的动机暗示和调整用户对平台未来处于支配地位的潜力的预期（Chintakananda & McIntyre，2014；Fuentelsaz et al.，2015）。因此，数字化增长战略视角专注于平台领导选择的启动战略和进入时机对用户采用决策的影响，以吸引早期交互作用强的关键性用户社群，并将此作为衡量平台增长潜力的关键性指标。数字化增长战略视角认为，平台领导需要围绕进入时机制定更为稳健的平台战略，而不是急于取得先发优势地位（McIntyre &

Subramaniam，2009）。数字化增长战略视角也试图说明新兴的平台如何与在位平台竞争，如新平台如何使用播种和天棚用户（Seeding and Marquee Users）策略、微市场启动（Micro - market Launch）策略和借用（Piggybacking）策略等解决平台入口或平台启动问题（Evans & Schmalensee，2010）；同时还研究在位企业如何通过现有的安装基础保留其竞争优势（Schilling，2002；Sheremata，2004；Eisenmann et al.，2011）。美国管理学家 Sheremata（2004）和 Eisenmann 等（2011）采取了更为动态的观点，发现新进入者可以通过激进式创新，利用涉及多平台捆绑的平台包络战略（Platform Envelopment Strategy）跨越网络效应很强的主导平台，并取代在位数字化平台。

数字化增长战略视角认为，通过平台商业模式实现增长，可以发现数字化时代的安索夫增长矩阵（Ansoff，1957），形成新的增长主题和增长策略，从而拓宽安索夫增长矩阵（Ansoff's Growth Matrix）的概念（Verhoef et al.，2019）。从横向来看，即跨市场或跨行业增长，可以确定三种增长策略：①市场渗透策略（Market Penetration Strategy）；②（基于产品的）市场开发策略（Market Development Strategy）；③基于平台的市场渗透策略（Market Penetration Strategy Based on Platform）。前两个策略代表了安索夫（Ansoff）原创作品的两个传统维度。数字化平台可以利用其数字化技术和颠覆性技术（Christensen，1997），通过吸引从未消费过产品或传统替代品的非用户成为新客户，实现显著增长。第三种策略将由各种现有产品组成的数字化平台引入外部各方提供的新市场。从纵向上看，可以采用两种截然不同的增长策略：①产品开发策略，数字公司通常可以在数字化平台环境中更有效地开发和推出新产品，因为平台允许产品之间具有较强大的协同作用；②开发一个共创价值平台，通过授权允许外部用户在平台上执行某些活动共同创造价值（Cui & Wu，2016；Grönroos & Voima，2013）。

二、对数字化增长战略的评价

数字化增长战略视角的研究主要集中在个人用户（C 端）方面，对平台供给端（B 端）互补性的关注有限，没有研究互补者支持特定平台的动机的异质性和互补者的价值主张，以及互补者的战略选择对平台生态系统竞争优势和竞争结果的影响。

数字化增长战略视角的研究没有通过协调互补性属性和经验中存在异质性的事实，以互补者有能力利用平台倡导者提供的平台技术架构和资源支持多个同时存在的平台，说明互补者战略选择对平台生态系统竞争优势的影响。例如，对互补者的进入时机与进入方式对平台质量和功能的影响、平台与互补者之间的相互依赖关系的考察，并没有突破性的进展（McIntyre & Subramaniam，2009；Zhu &

Iansiti，2012）。

另外，数字化增长战略视角的研究基本上采用了静态或横截面的视角，并没有集中于平台互补者交互如何随着时间的推移而动态发展。同时，技术演进、新的平台架构的引入以及新跨界标准的出现在改变平台互补关系方面的作用也尚未得到系统的研究。

第六节　本章小结

厂商组织的管理者对数字化平台与平台生态系统本质的认知与假设，决定了他们如何去理解及管理数字化平台与平台生态系统的经营活动。在战略管理及产业组织经济领域中，数字化平台战略管理理论探讨的是数字化平台战略的本质及平台提供商或平台倡导者的战略行为，并为数字化平台与平台生态系统参与者制定平台战略提供指引。

就目前的学术研究状况看，数字化平台战略管理理论研究可以用"零散""碎片化"和"错综复杂"来形容，形成了众说纷纭、莫衷一是的研究格局。产业组织经济学早期的一些理论，现在已经不能够完全解释数字化平台战略的成因、结构与结果，而工商管理理论流派对数字化平台战略的解释却是一片盘根错节的"丛林"，导致解释数字化平台战略管理理论的视角众多，不同的理论流派从特定的视角进行了不同的解释。产业组织经济学家和工商管理学家们站在不同的立场上对数字化平台战略管理的研究，为发展平台战略管理理论做出了贡献。我们认为，不同的学术流派在不同的范式基础上阐述数字化平台战略管理理论的构成与结果，极大地促进了数字化平台战略管理理论问题的研究及知识的传播、积累和创新。

参考文献

［1］Adegbesan，J.（2009）On the origins of competitive advantage：Strategic factor markets and heterogeneous resource complementarity. *Academy of Management Review*，34（2）：463 –475.

［2］Adner，R.（2006）Match your innovation strategy to your innovation eco-system. *Harvard Business Review*，84（4）：98.

［3］Adner，R.（2012）*The wide lens：A new strategy for innovation.* New York：Portfolio Penguin.

[4] Adner, R., Kapoor, R. (2010) Value creation in innovation ecosystems: How the structure of technological interdependence affects firm performance in new technology generations. *Strategic Management Journal*, 31 (3): 306 – 333.

[5] Afuah, A. (2013) Are network effects really about size? The role of structure and conduct. *Strategic Management Journal*, 34 (3): 257 – 273.

[6] Alexy, O., West, J., Klapper, H., Reitzig, M. (2018) Surrendering control to gain advantage: Reconciling openness and the resource – based view of the firm. *Strategic Management Journal*, 39 (6): 1704 – 1727.

[7] Amit, R., Schoemaker, P. (1993) Strategic assets and organizational rent. *Strategic Management Journal*, 14 (1): 33 – 46.

[8] Ansoff, H. I. (1957) Strategies for diversification. *Harvard Business Review*, 35 (5): 113 – 124.

[9] Armstrong, M. (2006) Competition in two – sided markets. *RAND Journal of Economics*, 37 (3): 668 – 691.

[10] Arthur, W. B. (1989) Competing technologies, increasing returns, and lock – in by historical small events. *Economic Journal*, 99 (394): 116 – 131.

[11] Baldwin, C. Y., Von Hippel, E. (2011) Modeling a paradigm shift: From producer innovation to user and open collaborative innovation. *Organization Science*, 22 (6): 1399 – 1417.

[12] Baldwin, C. Y., Clark, K. B. (2000) *Design rules: The power of modularity.* Vol. 1. Cambridge, Massachusetts: MIT Press.

[13] Baldwin, C. Y., Woodard, C. J. (2009) The Architecture of Platforms: A Unified View. In Gawer, A. (Ed.), *Platforms, Markets and Innovation.* Cheltenham: Edward Elgar.

[14] Barney, J. (1991) Firm resources and sustained competitive advantage. *Journal of Management*, 17 (1): 99 – 120.

[15] Bharadwaj, A. S. (2000) A resource – based perspective on information technology capability and firm performance: An empirical investigation. *MIS Quarterly*, 24 (1): 169 – 196.

[16] Boudreau, K. J. (2010) Open platform strategies and innovation: Granting access vs. devolving control. *Management Science*, 56 (10): 1849 – 1872.

[17] Boudreau, K. J. (2011) Let a thousand flowers bloom? An early look at large numbers of software App developers and patterns of innovation. *Organization Science*, 23 (5): 1409 – 1427.

［18］Boudreau, K. J. , Jeppesen, L. B. （2015）Unpaid crowd complementors: The platform network effect mirage. *Strategic Management Journal*, 36 （12）: 1761 – 1777.

［19］Brandenburger, A. M. , Stuart, H. W. （1996）Value – based business strategy. *Journal of Economics & Management Strategy*, 5 （1）: 5 – 24.

［20］Bresnahan, T. F. , Greenstein, S. （1999）Technological competition and the structure of the computer industry. *Journal of Industrial Economics*, 47 （1）: 1 – 40.

［21］Broekhuizen, T. L. J. , Emrich, O. , Gijsenberg, M. J. , Broekhuis, M. , Donkers, B. , Sloot, L. M. （2021）Digital platform openness: Drivers, dimensions and outcomes. *Journal of Business Research*, 122 （1）: 902 – 914.

［22］Ceccagnoli, M. , Forman, C. , Huang, P. , Wu, D. J. （2012）Co – creation of value in a platform ecosystem: The case of enterprise software. *MIS Quarterly*, 36 （1）: 263 – 290.

［23］Cennamo C. , Santaló J. （2013）Platform competition: Strategic trade – offs in platform markets. *Strategic Management Journal*, 34 （11）: 1331 – 1350.

［24］Chintakananda, A. , McIntyre, D. （2014）Market entry in the presence of network effects: A real options perspective. *Journal of Management*, 40 （6）: 1535 – 1552.

［25］Christensen, C. M. （1997）. *The innovator's dilemma: When new technologies cause great firms to fail.* Boston, Massachusetts: Harvard Business School Press.

［26］Clements, M. T. , Ohashi, H. （2005）Indirect network effects and the product cycle: Video games in the U. S. , 1994 – 2002. *Journal of Industrial Economics*, 53 （4）: 515 – 542.

［27］Conner, K. R. （1991）A historical comparison of resourcebased theory and five schools of thought within industrial organization economics: Do we have a new theory of the firm? *Journal of Management*, 17 （3）: 121 – 154.

［28］Cui, A. S. , Wu, F. （2016）Utilizing customer knowledge in innovation: Antecedents and impact of customer involvement on new product outcomes. *Journal of Academy of Marketing Science*, 44 （4）: 516 – 538.

［29］Dyer, J. H. , Singh, H. （1998）The relational view: Cooperative strategies and sources of interorganizational competitive advantage. *Academy of Management Review*, 23 （4）: 660 – 679.

[30] Eisenmann, T. R. (2006) Internet companies' growth strategies: Determinants of investment intensity and long – term performance. *Strategic Management Journal*, 27 (12): 1183 – 1204.

[31] Eisenmann, T. R. (2007) *Managing networked businesses*. Note for Educators, 5 – 807 – 104, Boston, MA: Harvard Business School Publishing.

[32] Eisenmann, T. R. , G. Parker & Van Alstyne, M. W. (2006) Strategies for two – sided markets. *Harvard Business Review*, 85 (10): 92 – 101.

[33] Eisenmann, T. R. , Parker, G. , Van Alstyne, M. W. (2011) Platform envelopment. *Strategic Management Journal*, 32 (12): 1270 – 1285.

[34] Evans, D. S. , Schmalensee, R. (2008) Markets with two – sided platforms. *Issues in Competition and Law and Policy (ABA Section of Antitrust Law)*, 1 (28): 667 – 693.

[35] Evans, D. S. , Hagiu, A. , Schmalensee, R. (2006) *Invisible Engines: How Software Platforms Drive Innovation and Transform Industries*. Cambridge, Massachusetts: MIT Press.

[36] Evans, D. S. , Schmalensee R. , (2010) Failure to launch: Critical mass in platform businesses. *Review of Network Economics*, 9 (4): 1 – 26.

[37] Evans, D. S. , Schmalensee, R. (2007) *Catalyst code: The Strategies behind the world's most dynamic companies*. Boston, Massachusetts: Harvard Business School Press.

[38] Evans, D. S. (2003) Antitrust economics of multi – sided platforms. *Yale Journal of Regulation*, 20 (4): 325 – 381.

[39] Farrell, J. , Saloner, G. (1985) Standardization, compatibility, and innovation. *Rand Journal of Economics*, 16 (1): 70 – 83.

[40] Fuentelsaz, L. , Garrido, E. , Maicas, J. P. (2014) Incumbents, technological change and institutions: How the value of complementary resources varies across markets. *Strategic Management Journal*, 36 (12): 1778 – 1801.

[41] Gallagher, S. , Park, S. H. (2002) Innovation and competition in standard – based industries: A historical analysis of the U. S. home video game market. *IEEE Transactions on Engineering Management*, 49 (1): 67.

[42] Gawer, A. , Cusumano, M. A. (2008) How companies become platform leaders. *MIT Sloan Management Review*, 49 (2): 28 – 35.

[43] Gawer, A. , Henderson, R. (2007) Platform owner entry and innovation in complementary markets: Evidence from Intel. *Journal of Economics and Management*

Strategy, 16 (1): 1 –34.

[44] Gawer, A. (2009) *Platform, markets and innovation.* Cheltenham: Edward Elgar.

[45] Gawer, A. (2014) Bridging deffering perspectives on technological platforms: Toward an integrative framework. *Research Policy*, 43 (7): 1239 –1249.

[46] Gawer, A., Cusumano, M. A. (2002) *Platform leadership: How Intel, Microsoft and Cisco drive industry innovation.* Boston, Massachusetts: Harvard Business School Press.

[47] Ghazawneh, A., Henfridsson, O. (2013) Balancing platform control and external contribution in third – party development: The boundary resources model. *Information Systems Journal*, 23 (2): 173 –192.

[48] Grant, R. M. (2008) *Contemporary strategy analysis: Concepts, techniques, applications.* 6th ed. Malden, Massachusetts: Blackwell Publishing.

[49] Grönroos, C., Voima, P. (2013) Critical service logic: Making sense of value creation and co – creation. *Journal of the Academy of Marketing Science*, 41 (2): 133 –150.

[50] Gulati, R. (1998) Alliances and networks. *Strategic Management Journal*, 19 (4): 293 –317.

[51] Gulati, R. (1999) Network location and learning: The influence of network resources and firm capabilities on alliance formation. *Strategic Management Journal*, 20 (5): 397 –420.

[52] Gulati, R., Nohria, N., Zaheer, A. (2000) Strategic networks. *Strategic Management Journal*, 21 (SI): 203 –215.

[53] Gupta, S., Jain D., Sawnhey, M. (1999) Modeling the evolution of markets with indirect network externalities: An application to digital television. *Marketing Science*, 18 (3): 396 –416.

[54] Hagedoorn, J. (1993) Understanding the rationale of strategic technology partnering. *Strategic Management Journal*, 14 (3): 371 –385.

[55] Hagedoorn, J. (1995) Strategic technology partnering during the 1980s: Trends, networks, and corporate patterns in non – core technologies. *Research Policy*, 24 (2): 207 –231.

[56] Hagiu, A. (2009) Two – sided platforms: Product variety and pricing structures. *Journal of Economics and Management Strategy*, 18 (5): 1011 –1043.

[57] Hagiu, A. (2014) Strategic decisions for multisided platforms. *Sloan*

Management Review, 55 (2): 71 – 80.

[58] Hamel, G. (1991) Competition for competence and inter – partner leaning within international strategic alliance. *Strategic Management Journal*, 12 (1): 83 – 103.

[59] Kapoor, R., Lee, J. M. (2013) Coordinating and competing in ecosystems: How organizational forms shape new technology investments. *Strategic Management Journal*, 34 (3): 274 – 296.

[60] Katz, M. L., Shapiro, C. (1994) Systems competition and network effects. *The Journal of Economic Perspectives*, 8 (2): 93 – 115.

[61] Katz, M. L., Shapiro, C. (1986) Technology adoption in the presence of network externalities. *Journal of Political Economy*, 94 (4): 822 – 841.

[62] Katz, M. L., Shapiro, C. (1985) Network externalities, competition and compatibility. *American Economic Review*, 75 (3): 424 – 40.

[63] Khanna, T., Gulati, R., Nohria, N. (1998) The dynamics of learning alliances: Competition, cooperation, and relative scope. *Strategic Management Journal*, 19 (3): 193 – 210.

[64] Koch, T., Windsperger, J. (2017) Seeing through the network: Competitive advantage in the digital economy. *Journal of Organization Design*, 6 (1): 2 – 30.

[65] Langlois, R. N. (2002) Modularity in technology and organization. *Journal of Economic Behavior & Organization*, 49 (1): 19 – 37.

[66] Lavie, D. (2006) The competitive advantage of interconnected firms: An extension of the resource – based view. *Academy of Management Review*, 31 (3): 638 – 658.

[67] Lee, D., Mendelson, H. (2008) Divide and conquer: Competing with free technology under network effects. *Production & Operations Management*, 17 (1): 12 – 28.

[68] Liu, D. Y., Chen, S. W., Chou, T. C. (2011) Resource fit in digital transformation: Lessons learned from the CBC bank global e – banking project. *Management Decision*, 49 (10): 1728 – 1742.

[69] McIntyre, D. (2011) In a network industry, does product quality matter?. *Journal of Product Innovation Management*, 28 (1): 99 – 108.

[70] McIntyre, D., Subramaniam, M. (2009) . Strategy in network industries: A review and research agenda. *Journal of Management*, 35 (6): 1494 – 1517.

[71] McIntyre, D. P. , Srinivasan, A. (2017) Networks, platforms, and strategy: Emerging views and next steps. *Strategic Management Journal*, 38 (1): 141 – 160.

[72] Parker, G. G. , Van Alstyne, M. W. , Choudary, S. P. (2016) *Platform revolution: How networked markets are transforming the economy and how to mork for you.* New York: W. W. Norton and Co.

[73] Parker, G. G, Van Alstyne, M. W. (2005) Two – sided network effects: A theory of information product design. *Management Science*, 51 (10): 1494 – 1504.

[74] Parker, G. , Van Alstyne, M. W. (2016) Platform strategy. In M. Augier, D. J. Teece (Eds.), *The Palgrave Encyclopedia of Strategic Management.* New York: Palgrave Macmillan.

[75] Penrose, E. (1959) *The theory of the growth of the firm.* Oxford: Basil Blackwell.

[76] Peteraf, M. A. (1993) The cornerstones of competitive advantage: A resource – based view. *Strategic Management Journal*, 14 (3): 179 – 191.

[77] Powell, T. C. , Dent – Micallef, A. (1997) Information technology as competitive advantage: The role of human, business, and technology resources. *Strategic Management Journal*, 18 (3): 375 – 405.

[78] Rietveld, J. , Eggers, J. P. (2018) Demand heterogeneity in platform markets: Implications for complementors. *Organization Science*, 29 (2): 304 – 322.

[79] Rochet, J. , J. Tirole. (2003) . Platform competition in two – sided markets. *Journal of the European Economic Association*, 1 (4): 990 – 1029.

[80] Rochet, J. C. , Tirole, J. (2006) Two – sided markets: A progress report. *Rand Journal of Economics*, 37 (3): 645 – 667.

[81] Rysman, M. (2009) The economics of two – sided markets. *Journal of Economic Perspectives*, 23 (3): 125 – 143.

[82] Santos, F. M. , K. M. Eisenhardt. (2005) Organizational boundaries and theories of organization. *Organization Science*, 16 (5): 491 – 508.

[83] Schilling, M. A. (2002) Technology success and failure in winner – take – all markets: The impact of learning orientation, timing and network externalities. *Academy of Management Journal*, 45 (2): 387 – 398.

[84] Shapiro, C. (1999) The art of standards wars. *California Management Review*, 41 (2): 8 – 32.

[85] Shapiro, C. , Varian, H. R. (1999) *Information rules: A strategic guide*

to the network economy. Boston, Massachusetts: Harvard Business School Press.

[86] Sheremata, W. A. (2004) Competing through innovation in network markets: Strategies for challengers. *Academy of Management Review*, 29 (3): 359 –377.

[87] Simon H. (1962) The architecture of complexity: Hierarchic systems. *Proceedings of the American Philosophical Society*, 106 (6): 467 –482.

[88] Somaya, D., Williamson, I. O., Zhang, X. (2007) Combining patent law expertise with R&D for patenting performance. *Organization Science*, 18 (8): 922 –937.

[89] Srinivasan, A., Venkatraman, N. (2010) Indirect network effects and platform dominance in the video game industry: A network perspective. *IEEE Transactions on Engineering Management*, 57 (4): 6617 –6673.

[90] Suarez, F. (2005) Network effects revisited: The role of strong ties in technology selection. *Academy of Management Journal*, 48 (4): 710 –722.

[91] Sun, M. & Tse, E. (2009) The resource – based view of competitive advantage in two – sided markets. *Journal of Management Studies*, 46 (1): 45 –64.

[92] Tee, R., A. Gawer. (2009) Industry architecture as a determinant of successful platform strategies: A case study of the i – mode mobile Internet service. *European Management Review*, 6 (2): 217 –232.

[93] Teece, D. J., Pisano, G., Shuen, A. (1997) Dynamic capabilities and strategic management. *Strategic Management Journal*, 18 (7): 509 –533.

[94] Teece, D. J. (1986) Profiting from technological innovation: Implications for integration, collaboration, licensing and public policy. *Research Policy*, 15 (6): 285 –305.

[95] Tellis, G., Yin, E., Niraj, R. (2009) Does quality win? Network effects versus quality in high – tech markets. *Journal of Marketing Research*, 46 (2): 135 –149.

[96] Tiwana, A., Konsynski, B. & Bush, A. A. (2010). Research commentary – platform evolution: Coevolution of platform architecture, governance, and environmental dynamics. *Information Systems Research*, 21 (4): 675 –687.

[97] Venkatraman, N., Lee, C. H. (2004) Preferential linkage and network evolution: A conceptual model and empirical test in the U. S. video game sector. *Academy of Management Journal*, 47 (6): 876 –892.

[98] Verhoef, P. C., Broekhuizen, T., Bart, Y., Bhattacharya, A., Dong, J. Q., Fabian, N., Haenlein, M. (2019) Digital transformation: A multi-

disciplinary reflection and research agenda. *Journal of Business Research*, 122（8）：889－901.

［99］Von Hippel, E. , Katz, R. （2002）Shifting innovation to users via tool kits. *Management Science*, 48（7）：821－833.

［100］Wade, M. , Hulland, J. （2004）Review：The resource－based view and information systems research：Review, extension, and suggestions for future research. *MIS Quarterly*, 28（1）：107－142.

［101］Wagner, H. T. , Weitzel, T. （2007）Towards an IT production function：Understanding routines as fundamental for IT value creation. *Journal of Enterprise Information Management*, 20（4）：380－395.

［102］Wareham, J. , Fox, P. B. , Cano Giner, J. L. （2014）Technology e-cosystem governance. *Organization Science*, 25（4）：1195－1215.

［103］Wernerfelt, B. （1984）A resource－based view of the firm. *Strategic Management Journal*, 5（6）：171－180.

［104］West, J. （2003）How open is open enough?：Melding proprietary and open source platform strategies. *Research Policy*, 32（7）：1259－1285.

［105］Wheelwright, S. C. , K. B. Clark. （1992）*Revolutionizing product development：Quantum leaps in speed, efficiency and quality*. New York：Free Press.

［106］Yoffie, D. , Kwak M. （2006）With friends like these：The art of managing complementors. *Harvard Business Review*, 84（9）：88－98.

［107］Zhu, F. , Furr, N. （2016）Product platforms：Making the leap. *Harvard Business Review*, 94（4）：72－78.

［108］Zhu, F. , Iansiti, M. （2012）Entry into platform－based markets. *Strategic Management Journal*, 33（1）：88－106.

［109］罗珉, 李亮宇. （2015）互联网时代的商业模式创新：价值创造视角. 中国工业经济, （1）：95－107.

第二章　数字化平台战略的主体

当下，在互联网平台理论研究与厂商组织的经营实践中，人们都将数字化平台（Digital Platform）作为数字化平台战略的研究主体与实践主体。

数字化平台及其经营模式已经对厂商组织传统的以产品为基础的竞争战略提出了严峻的挑战（Henfridsson et al.，2014）。例如，微信（WeChat）、脸书（Facebook）等社交媒体平台深刻地改变了人们互动和分享经验的方式；谷歌的安卓（Android）和苹果的 iOS 等操作系统平台已经成为移动通信行业的重心；微信支付、支付宝（Alipay）、贝宝（PayPal）、苹果支付（Apple Pay）和 Square 等数字化支付平台正在扰乱金融业的竞争格局；滴滴（DIDI）、优步（Uber）、爱彼迎（Airbnb）和跑腿兔（TaskRabbit）① 等点对点数字化平台的出现创造了一种所谓的共享经济（Shared Economy）。这些事实充分地说明，数字化平台的崛起正深刻地改变市场竞争的性质，从根本上影响到厂商组织在数字市场上竞争的基本方式（Cennamo，2019）。

与此同时，数字化平台商业环境的发展对已有的以产品为基础的竞争战略理论、技术创新理论和产业组织理论的基本假设和命题构成严峻的挑战：以产品为基础的战略主体——单个厂商已经转变为以平台或数字化平台为基础的战略主体；平台或数字化平台既是一种产业组织形式或战略主体，也是市场，既是一种全新的创新型商业模式，也是厂商组织之间、厂商组织与消费者之间的一种全新的治理模式；数字化平台促进了消费者在线社区的发展，导致用户与厂商组织的互动关系发生显著变化（Spagnoletti et al.，2015）；厂商组织之间的竞争不再围绕如何控制价值链展开，而是围绕数字化平台吸引与平台相关的生成性活动（Generative Actions）展开（de Reuver et al.，2017）；数字化平台领导基于竞争

---

① 美国劳务外包网站跑腿兔（TaskRabbit），是一个劳务认领服务平台，一个基于生活的任务平台，用户可以提交自己不想去做的事，劳动者可以在网站上认领自己可以做的任务，赚取外快。公司最初的名字叫作 RunMyErrand，定位是"服务网络平台"。网站运作的原理是人们在网站上发布各种工作内容，跑腿者接下任务，完成任务后得到一定的报酬。

压力和创新动力等多种因素不断改变和扩大平台边界，以扩大平台领导或平台倡导者对平台生态系统成员的权力，无论这些成员是竞争对手还是互补者；数字化平台经营模式导致的平台边界转移，已经在多阶段竞争博弈中引发了竞争对手的连锁战略反应（Gawer，2015）；数字化平台的技术架构在移动领域的操作系统和浏览器（Pon et al.，2014）等多个层次上展开激烈的竞争，导致选择或指定战略主体适当的分析单元变得越来越困难；平台竞争战略与传统产品竞争战略的组件和商业逻辑已经发生了根本性的变化（Cusumano et al.，2019）。

第一节　数字化平台的概念

一、数字化平台概述

一般来说，有关数字化平台战略的研究都是围绕着平台价格战略、平台启动战略、平台开放战略和平台治理战略等平台竞争战略展开的。平台战略或平台竞争战略的研究主体是一个个具体的数字化业务平台，而非理论上的平台。

如果一个厂商组织专注于经营一个数字化业务平台，搭建出一个从事某项工作、某类软件、娱乐、社交、支付或交易所需要的业务运营平台，这样的运营性平台就称为平台型厂商、平台型企业、平台组织/平台公司，或者称为平台提供商（Platform Provider）、平台所有者（Platform Owners）、平台领导（Platform Leader）（Gawer & Cusumano，2002）和平台倡导者（Platform Sponsor）（Eisenmann，2008）。有些经济学家将这类平台称为双边市场平台（Two–sided Market Platform）（Rochet & Tirole，2006），也有经济学家将其称为市场中介者（Matchmakers）。他们认为数字化平台充当了多边市场之间的交换者，并且通过其产品或服务架构利用一个或多个市场，以使平台所有者或平台提供商从市场中介创造的附加价值中获利。在绝大多数情况下，人们习惯将数字化平台或平台组织（Platform Organization）简称为"平台"（Platform）。

最早提出平台组织概念的是意大利博洛尼亚大学管理学教授西波拉（Ciborra），1996 年他在美国的《组织科学》杂志上发表了《平台组织：重组策略、结构与惊喜》（*The Platform Organization：Recombining Strategies，Structures，and Surprises*），以意大利从事固定及移动电话通信服务和互联网服务业务的 Olivetti 公司为例，正式提出"平台组织"（Platform Organization）的概念，将其定义为"能在新兴的商业机会和挑战中构建灵活的资源、惯例和结构组合的一种组织结构"。

事实上，经济学家和管理学家们长期以来一直从非数字世界（Non - digital World）的角度来讨论非数字化平台（Non - digital Platforms）的概念。例如，传统的商场、市场就是一个平台，将消费者和商家连接起来；报纸也是一个平台，连接报纸订阅者和广告商。平台经营这种商业战略已经存在了很长一段时间，一些学者甚至将乡村做市商（Village Matchmaker）看成是一个原始平台（Original Platform）（Caillaud & Jullien，2003；Evans，2003）。美国管理学家 Moore 等（1997）主张构建商业生态系统，强调厂商的战略思维应当从竞争导向转向围绕共同利基（Common Niche）的竞合导向。20 世纪 80 年代以来，法国经济学家 Rochet 和 Tirole（2003，2006）研究了双边市场中的市场力量，根据 20 世纪 90 年代经济学家们对美国信用卡反垄断案例的分析，提出了双边市场的想法。高尔（Gawer）和库苏马诺（Cusumano）于 2002 年出版了一本颇具影响力的商业书籍，内容是公司如何通过平台组织展开经营活动和市场竞争。近几年来，美国管理学家 Tiwana（2014）、美国经济学家 Evans 和 Schmalensee（2016）和美国管理学家 Parker 等（2016）的著作重点讨论了数字化平台，提出了数字化平台事实上正在改变整个厂商组织的经营方式的问题，对数字化平台如何塑造厂商组织的商业模式提供了多种研究视角。随着产业创新管理（Industrial Innovation Management）的研究（Gawer，2014；Thomas et al.，2014）和产业组织经济学的研究（Parker & Van Alstyne，2005）中的基本假设越来越正式化，平台战略和平台竞争战略的相关研究正在走向成熟。研究表明，数字化平台与非数字化平台在多个方面有着显著的不同（Yoo et al.，2010）。

产业创新管理学派（Industrial Innovation Management School）将平台视为稳定的核心和可变的外围（Baldwin & Woodard，2009）。从这个角度来看，一个平台可以根据其生产经营过程的范围分为：①内部平台，这类平台可以使厂商组织内部的子单位重组；②供应链平台，协调外部供应商围绕一个装配商（往往是焦点厂商）展开经营；③行业平台，平台领导可以汇集来自互补者的外部能力（Gawer，2014）。在供应链平台和行业平台中，平台不仅提供了一个稳定的核心，而且在不同的用户群体之间起着中介作用。需要注意的是，产业创新管理学派定义的平台，既包括了数字化平台，也包括了非数字化平台。这种平台概念意味着平台可以通过模块化为分布式开发和重组创新提供机会（Henderson & Clark，1990；Baldwin & Clark，2000）。但产业创新管理研究通常假设模块化是由一个超拱形的设计层次结构控制的（Clark，1985），因而这种假设并不一定适用于数字化平台（De Reuver，Sørensen & Basole，2017）。

我们认为，无论是从理论研究还是从平台经营实践上看，平台战略的研究主体与实践主体都应当是数字化平台。然而，当前的理论研究对数字化平台的定义多种多样。一方面，数字化平台可以定义为纯技术性的产品，其中平台是一个可扩展的代码库，平台生态系统包括互补该代码库的第三方模块（Tiwana et al.，2010；Boudreau，2012）。另一方面，数字化平台也可以定义为包含技术元素（软件和硬件）以及相关组织流程和标准的社会技术集合（Sociotechnical Ensembles）（Tilson et al.，2012）。

到目前为止，有关数字化平台的概念基本上是基于对苹果（Ghazawneh & Henfridsson，2013；Eaton et al.，2015）和谷歌（Tilson et al.，2012）等成功案例的事后研究开发出来的。理论研究认可的是瑞典约克平国际商学院（Jönköping International Business School）信息学系教授 Ghazawneh 和 Henfridsson（2015）建立在 Tiwana 等（2010）基础上的数字化平台定义："数字化平台是基于软件的外部平台，由基于软件的系统的可扩展代码库所组成，该系统提供与之交互操作的模块共享的核心功能，以及它们进行交互操作的接口。"

二、本书对数字化平台的理解

从平台生态系统出发，我们认为数字化平台由一系列以可扩展数字技术为核心、以互补创新生态系统（Complementary Innovation Ecosystem）为基础的模块化厂商组成，它可以提供互补创新性的产品、技术或者服务。这种互补创新生态系统是平台倡导者与多个厂商组织或应用程序开发者基于经济上的供求关系，以互补创新与价值创造为目标所形成的一种不断进化、不断变异的产业组织形式。这个定义说明：

（1）从技术架构视角看，数字化平台是一组产品或服务的技术集合，以及提供该产品或服务的底层功能的集合，作为一个平台，个人或组织都可以利用这个平台来增强其操作灵活性，进行互补创新与价值创造。数字化平台也采用分层模块化架构，允许任何层独立地创新流动产品边界（Yoo et al.，2010）。一般来说，开放式数字化平台架构可以建模为一个"堆栈"（Stack），即分层结构（Layered Structure），由若干个主要组件组成，这些组件都可能涉及多个模块。这些组件包括一个（稳定的）数字核心、上面和周围的（变化的）互补资产，以及连接两者的接口（Baldwin & Woodard，2008；Tiwana et al.，2010）。从这个意义上看，数字化平台可以定义为可扩展的数字核心（Extensible Digital Core），与第三方互补（De Reuver et al.，2018）。互补资源可以是物理资源（如新设备）或数字和无形资源（如新应用程序）。当互补的部分与平台的核心相结合时，平台"捆绑包"（Bundle）对用户的价值将大于其单独的部分（Gawer & Henderson，2007；Nalebuff & Brandenburger，1996）。数字化平台隐含的理论逻辑是资源基础观（Resource – Base View，RBV）和动态能力观（Dynamic Capability

View)，也就是说数字化平台一方面是有价值的、稀有的和难以复制的资源运行体（Barney，1991），另一方面它可以促进个人或厂商组织快速灵活地重组、重用其他资源（Winter，2003）。

（2）数字化平台的一个显著特点是具有开放应用程序接口（Application Program Interface，API）的特征。应用程序接口又称应用编程接口，是一组定义、程序及协议的集合，通过 API 接口实现数字化平台软件之间的通信，API 的一个主要功能是提供通用功能集。API 同时也是一个中间件，为各种数字化平台提供数据共享。在程序设计的实践中，应用编程接口的设计首先要使数字化平台软件系统的职责得到合理划分。良好的接口设计可以降低系统各部分的相互依赖，提高组成单元的内聚性，降低组成单元间的耦合程度，从而提高系统的可维护性和可扩展性。

平台开放是指放宽对平台技术的使用、开发和商业化的限制（Boudreau，2010）。数字化平台是用户与数字化平台硬件与软件系统之间的接口，用户通过数字化平台的帮助，可以快速、有效、安全、可靠地操纵数字化平台系统中的各类资源，进而处理自己的程序。为使用户方便地使用数字化平台，数字化平台向用户提供了如下两类开放接口：

1）用户接口：数字化平台专门为用户提供了"用户与数字化平台的接口"，通常称为用户接口。该接口支持用户与数字化平台进行交互，即用户请求数字化平台提供特定的服务，而数字化平台则把服务的结果返回给用户。

2）程序接口：数字化平台向应用程序开发人员提供了"程序与数字化平台的接口"，简称程序接口，又称应用程序接口 API。应用程序开发人员在编程时会使用该接口，系统和应用程序通过这个接口，可在执行任务时访问系统中的资源和取得数字化平台的服务，它也是程序能取得数字化平台服务的唯一途径。大多数数字化平台的程序接口由一组系统调用（System Call）组成，每一个系统调用都是一个能完成特定功能的子程序。

开放 API，就是开放应用程序编程接口。数字化平台不能靠限制用户离开来留住用户，开放的架构反而增加了用户的黏性。在 Web 2.0 的浪潮到来之前，开放的 API 甚至源代码主要体现在桌面应用上，越来越多的 Web 应用面向开发者开放了 API。具备分享、标准、去中心化、开放、模块化的 Web 2.0 站点，在为使用者带来价值的同时，更希望通过开放的 API 让数字化平台提供的服务拥有更大的用户群和服务访问数量。数字化平台推出基于开放 API 标准的产品和服务后，无须花费力气做大量的市场推广，只要提供的服务或应用出色易用，其他数字化平台就会主动将开放 API 提供的服务整合到自己的应用中。同时，这种整合 API 带来的服务应用，也会激发更多富有创意的应用产生。要对外提供统一的

API 接口，需要向对开发者开放资源调用 API 的平台提供开放统一的 API 接口环境，以帮助使用者访问平台的功能和资源。

需要注意的是，正如共享资源（Shared Resources）在战略联盟中被利用一样（Lavie，2006），数字化平台的开放性会使平台及其共享的边界资源较易受到外部利用活动或外部剥削活动（External Exploit Activity）的攻击。

（3）数字化平台是一组边界资源共享的数字资产集合。这些资产集合包括软件工具、组件、流程、知识、人员及其关系。开放式数字化平台有两种共享的边界资源：一种是共享的互补资源，另一种是共享知识产权的平台核心资源。这些资源由于具有数字化特性，所以它们可以很容易地被复制、反向工程或破坏，并且可以被竞争对手作为敌对性竞争战略的一部分加以利用。例如，亚马逊创建了其专有的 Fire 操作系统平台（Amazon Fire OS Platform），该平台占用了谷歌 Android 开源项目（Android Open Source Project，AOSP）的开放平台核心。此外，亚马逊不仅复制了 Android 的核心，而且还将开发共享以供分发的互补的应用程序。

英国华威商学院（Warwick Business School）教授 Henfridsson 和 Bygstad（2013）建议，为了更好地理解数字化创新型平台的动态，战略分析的核心单元不应是平台的核心，而应是平台的边界资源（Boundary Resources）。按照瑞典管理学家 Ghazawneh 和 Henfridsson（2013）的定义，边界资源作为具体的工具和条例，可以公平地管理参与者的行为和贡献。边界资源包括与开放性相关的软件工具，如 API 和软件开发工具包（Software Development Kits，SDKs），以及管理资源开放性的专用法规，如开放源代码许可证。边界资源为数字化平台参与者之间的资源交流、知识转化与互补创新与价值创造，提供了更为广阔的空间和更加自由的环境，促进了平台提供商和应用程序开发者之间的公平关系。而传统平台创新管理研究将平台所有者视为交易型平台的核心，认为其是一个管理多个互补者的关键组织（Iansiti & Levien，2004）。英国伦敦政治经济学院教授 Eaton 等（2015）认为，应当把创新型平台动态概念化为分布式参与者，这些参与者共同调整边界资源，因而平台战略分析的核心单元是平台的边界资源。我们认为，数字化平台的分布式特征可能导致分布式环境中的多重继承，这意味着没有一个拥有平台核心并决定平台设计层次的所有者（Henfridsson et al.，2014）。

我们认为，将边界资源作为一种分析单位，是在创新型平台参与者呈高度分布性状态下安排使用的。在这种高度分布性状态下，独立的平台参与者利用数字或分层模块化安排的机会和限制，实际参与创新（Yoo et al.，2010；Eaton et al.，2015）。每个参与者都可以参与基础技术的局部优化，拥有知识产权，并在分布式和递归调整安排（Distributed and Recursive Tuning Arrangements）中调整边界资源（Eaton et al.，2015）。这种数字创新的安排将在以下几个方面被接受并利用：①平台参与者将开发更多的 App 等数字人造物（Digital Artefacts）（Tilson et al.，2010；Leonardi et al.，2012；Kallinikos et al.，2013）；②平台计算能力的指数增长，更快的网络、廉价的存储和功能日益强大的中间件层次的开发，允许快速开发全新的服务（Brynjolfsson & McAfee，2014）；③无中央控制分布式架构的创新型平台，允许独立参与者进行更复杂的行为，并产生紧急副作用。例如，独立参与者的行为可能导致新的社会类别和控制点的出现，并对现有社会类别和控制点提出挑战（Tilson et al.，2010）。

（4）数字化平台具有分布式特征，且与各种组织及人员、市场和技术交织在一起。随着数字化平台被整合到更大的数字基础设施中，数字化平台变得越来越复杂（Evans & Basole，2016），参与开发应用程序的人员也越来越多。数字化平台的生成性（Generativity）催生了指数级增长的应用程序开发者生态系统，从而创造出比任何传统的跨组织信息系统都大几个数量级的平台战略的主体对象（Sørensen & Landau，2015）。

（5）数字化平台包含各种模块，这些模块扩展了软件产品的功能（Sanchez & Mahoney，1996；Baldwin & Clark，2000）。这些模块可被视为"附加软件子系统"（Add‐on Software Subsystems）（Tiwana & Konsynski，2010），通常以第三方开发者设计和开发的应用程序的形式出现。数字化平台依赖于模块化设计（Baldwin & Clark，2000），由一组具有标准化接口的模块组成，这些模块可以以多种方式组合进而生成替代产品或平台功能。

美国哈佛大学商学院教授 Baldwin 和 Clark（2000）提出了六种用于创建替代设计的模块化运算符（Modular Operators）。这些运算符（包括它们的组合）是拆分、替换、扩充、排除、反转和移植。例如，安卓（Android）是在 Linux 内核上构建的，它通过内核头文件集成额外的功能（即扩展平台）。每一个设备制造商都通过引入额外的功能进一步调整安卓堆栈（Android Stack）。Ghazawneh 和 Henfridsson（2013）将此类应用定义为"作为应用程序、服务或系统提供给最终用户的可执行软件块"。

（6）数字技术意味着数字化平台上的数据的同质化（Homogenisation of Data）、可编辑性（Editability）、可重复编程性（Reprogrammability）、分布性（Distributedness）和自我参照性（Self‐referentiality）（Yoo et al.，2010；Kallinikos et al.，2013；De Reuver，Sørensen & Basole，2017）。

第二节　数字化平台的类型

一、数字化平台类型概述

已有的研究表明，不同的数字化平台具有不同的平台架构与维度特征，对数字化平台进行分类，有利于根据平台的特征模式和特点建立不同的数字化平台类型的平台竞争战略（Constantinides et al.，2018；de Reuver et al.，2018）。

意大利管理学家 Cennamo（2019）将数字化平台分为三种类型：多边交易市场平台（Multi–sided Transaction Market Platform）、互补创新市场平台（Complementary Innovation Market Platform）和信息市场平台（Information Market Platform）。

所谓的多边交易市场平台是指这类市场平台专注于连接不同边的交易，典型的交易平台有淘宝、京东、亚马逊网上市场（Amazon Marketplace）、易趣（eBay）、滴滴打车和优步（Uber）等。所谓的互补创新市场平台是指这类市场平台是一个旨在促进互补参与者创新平台生态系统和向最终用户提供综合产品的平台，如华为的应用市场平台、亚马逊的移动软件操作系统（Amazon Fire OS）、苹果 iOS 和谷歌安卓（Android）操作系统等。Cennamo（2019）认为，互补创新市场平台包括三个核心要素：平台核心（The Platform Core）、边界资源（Boundary Resources）和互补品（Complements）。这些元素与用户和互补者一起构成了平台生态系统。平台生态系统的独特竞争优势在于其能够提供整合特定互补物的协调结构（Jacobides et al.，2018）。所谓的信息市场平台是指这类市场平台促进了用户的信息搜索和交换，如百度搜索（Baidu）、微信（WeChat）、推特（Twitter）、脸书（Facebook）和谷歌搜索（Google）等。

我们认为，数字化平台通常由平台领导运营（Gawer & Cusumano，2008），它扮演着枢纽或中心控制点的角色，围绕这个中心或中心控制点形成了用户和互补者的多层面生态系统（Multi–level Ecosystem）（Thomas et al.，2014）。平台领导通常是平台核心的所有者，从技术上讲，平台核心指的是一个创新性的平台架构（Platform Architecture）和可扩展的代码库，第三方的互补品，以及它们之间操作的接口（Baldwin & Woodard，2008；Reuver et al.，2017；Tiwana et al.，2010）可以添加到其中。互补是为平台用户提供价值创造内容的（如应用程序）单独单元；平台边界资源是指各种各样的接口和支持资源，包括 API、软件开发工具包（Software Development Kits，SDKs）和使互补者能够为平台提供增值互补的市场（Ghazawneh & Henfridsson，2013）。在一个数字化平台生态系统中，互补品是在公平交易（Arm's Length Transaction）的情况下进行创新的，这意味着平台核心和互补品之间的接口不仅是技术设计规则（Baldwin & Clark，2000），而且成为事实上的边界资源。

德国慕尼黑工业大学（Technische Universität München）教授 Hermes 等（2020）将数字化平台分为两种类型：创新型平台（Innovation Platforms）和交易型平台（Transaction Platforms）。

创新型平台"由共同的技术构建块组成，所有者和生态系统合作伙伴可以共享，以创建新的互补产品和服务，例如智能手机应用程序……"（Cusumano et al.，2019）。创新型平台包含三个关键要素：平台核心、边界资源和互补品，这些要素涉及平台生态系统。平台核心通常由平台提供商拥有，并被描述为一个可扩展的代码库，它为模块化服务提供基本功能（Tiwana et al.，2010）。每个模块化服务都是一个能够扩展平台核心功能的软件子系统（Baldwin & Woodard，2009）。边界资源是接口和支持资源，例如，应用程序编程接口（API）、软件开发工具包和在线市场，这些资源允许平台领导者通过与外部互补者共同创造价值来协调互补创新（Hein et al.，2019b）。虽然互补者是开发应用程序或硬件的参与者，但互补者指的是单个应用程序或硬件本身（Hein et al.，2019a）。而交易型平台作为两个或多个用户组之间的中介，为用户共享、交易或访问各种商品和服务提供便利（Cusumano et al.，2019）。这些平台通过允许不同用户组的交互来创造价值（Hermes et al.，2019；Rochet & Tirole，2003）。通常，用户的价值会随着平台另一端的用户数量的增加而增加（Caillaud & Jullien，2003），这一现象被称为间接网络效应（De Reuver et al.，2017）。虽然交易型平台的概念可以在各种非数字商业模式中找到，但却是数字技术使这类平台得以有效扩展（Hermes et al.，2020）。

美国麻省理工学院斯隆管理学院教授 Cusumano 等（2019）在《平台经营：数字化竞争、创新和权力时代的战略》一书中认为，平台经营模式的发展对数字化平台业务的战略、经济和技术管理构成挑战。他们将数字化平台分为三种类型：创新型平台（Innovation Platforms）、交易型平台（Transaction Platforms）和混合型平台（Hybrid Platforms）。

二、创新型平台

所谓的创新型平台指的是平台倡导者（Platform Sponsor①）或平台提供商

---

① Sponsor 和 Sponsorship，英文原意是赞助、发起、倡议、倡导、发起人、赞助商、倡导者等。

（Platform Provider）与供给端互补品提供商（如软件开发者）和需求端用户（如软件使用者）为提供新产品和服务，基于共同的技术所构建的平台，在这种平台中，软件开发的传统委托代理关系被应用程序开发者、互补品提供商和平台提供商之间的公平交易关系所取代（Tiwana & Konsynski，2010；Ghazawneh & Henfridsson，2013；Eaton et al.，2015），平台的价值创造来源于平台和互补品提供商之间的互动，平台参与各方的价值获取则是通过平台渠道实现的。创新型平台中较为知名的有美国的客户关系管理（CRM）解决方案软件供应商 Salesforce 的 CRM 平台、谷歌（Google）的安卓系统（Android）、微软（Microsoft）的 Windows、会聚全球最多的应用程序开发者的商业平台 GitHub 等。

需要注意的是，创新型平台的平台倡导者或平台提供商的职责是精心编排和管理一个由应用程序开发者、互补品提供商和需求端用户组成的生态系统（Evans，Hagiu & Schmalensee，2006；Teece，2007），平台倡导者或平台提供商应突出平台围绕平台生态系统创新驱动的角色功能（Cusumano & Gawer，2001）。

从技术视角看，平台倡导者一般是平台架构的构筑者（Architect of Platform Architecture），是该项平台技术的倡议者和赞助商，赞助（Sponsor）之意是指它们往往要向其他互补者和模块化厂商开放应用程序接口（API）和源代码（Source Code），以帮助和支持这些厂商开发兼容性应用软件，进而扩大平台生态系统的阵容。平台倡导者必须擅长创造平台技术、信息与知识，构建一种创新型的平台架构和平台生态系统实现供给端和需求端的资源配置，通过平台的价值商店（Value Shop）为顾客提供完整系统的顾客解决方案。平台倡导者不仅组织多方交易主体参与交易，而且还提供一种充分开放的平台技术，使平台外围企业或个人能够提供配套或辅助产品或服务（Cusumano，2011）。

美国哈佛大学商学院教授 Eisenmann（2008）对平台技术架构的"倡导者"（Sponsor）和平台应用程序的"提供商"（Provider）进行了区分。他认为，平台倡导者拥有控制平台技术的权利并设计平台界面规则（Interface Rules）。应用程序提供商则有直接的客户关系。例如，微软（Microsoft）和谷歌（Google）发起各自的 Windows 和安卓（Android）平台架构（Platform Architecture），作为平台参与者的应用程序提供商和互补品供应商需要使用平台架构和系统资源为用户提供产品、服务和应用程序，惠普（HP）、华为（Huawei）和三星（Galaxy）则为客户体验该平台提供所需的硬件。

创新型平台战略必须解决供应商与用户之间的搜寻、匹配和交易，这一过程的结果使创新型平台产生足够大的间接网络效应。创新型平台最显著的特点是：创新型平台自身并不创造价值，而是为平台参与者的价值创造提供最基础的运行条件、基础设施或环境。例如，我们使用的各种操作系统，无论是个人电脑的

Windows 操作系统，还是智能手机安装的谷歌安卓操作系统或苹果的 iOS 操作系统，都提供最基本的服务、运行条件和运行环境，可以运行他人开发的程序。

在美国商业杂志 *Fast Company* 2012 年评选出的企业排行榜中，排在前四位的厂商组织分别是苹果（Apple）、脸书（Facebook）、谷歌（Google）和亚马逊（Amazon）（Fast Company，2011）。这四家公司都被称为"平台"或平台型公司，它们都是双边市场中的创新型平台，有学者将这种创新型平台称为"四人帮"（The Gang of Four）（Visnjic & Cenammo，2013）。其中，谷歌的安卓操作系统（Google Android OS）平台和苹果的 iOS 操作系统（Apple iOS）平台是公认的移动通信行业的创新型平台。在现实经济生活中，苹果（Apple）、谷歌（Google）、亚马逊（Amazon）、微软（Microsoft）等巨型科技公司就是创新型平台的典型代表。

由于创新型平台面临的技术不确定性更大，技术复杂程度更高，创新生态更加复杂，所以创新型平台常常呈现出多层次、多平台的产业组织结构形式，如英特尔、亚马逊和微软都是个人电脑市场的创新型平台；创新型平台提供的产品往往是中间品，而交易型平台提供的产品多为面向消费者的最终产品，这也使创新型平台更难以设计有效的商业模式使其从创造的价值中获利（Teece，2018）。因此，创新型平台往往较交易型平台更难以成功，目前创新型平台主要出现在手机和计算机操作系统、软件系统、云计算等少数领域，而交易型平台则几乎涉及所有的行业。此外，由于创新型平台市场具有更高的市场进入壁垒和流动性壁垒，所以从总体上看，创新型平台的人员规模、研发投入、销售收入和市场价值较交易型平台也更高（Cusumano et al.，2019）。

三、交易型平台

所谓交易型平台指的是作为撮合卖家与买家的中媒人、牵线搭桥的人或中介人（Matchmakers）的数字化平台，或在线促进作为平台参与者的个人或厂商组织分享信息、交易产品或提供服务的平台。交易型平台的生态价值主要是降低由供应者和最终用户间的信息不对称产生的搜索成本、匹配成本等交易费用。因此，学术研究中往往把这种中介不同用户群体（如买家和卖家）的交易型平台称为双边市场平台（Two Sided Platform）或多边平台（Multi – sided Platform）（Boudreau & Hagiu，2009）。双边市场平台将两个不同的群体聚集在一起或进行匹配（Match），其中一个群体的价值随着另一个群体参与者数量的增加而增加，从而产生间接网络效应（Evans，2003；Eisenman et al.，2006）。美国管理学家 Evans（2003）强调了交易型平台作为一个中介机构的必要性，即可将一个群体为另一个群体创造的外部经济性内在化。关于双边市场的产业组织经济学文献研究了交易型平台的各种类型与现象，包括电子商务平台、医疗卫生平台等。当一个产品的可取性或功能性取决于其可获得的互补产品的数量时，就会产生网络效应（Katz & Shapiro，1985）。多边平台将多个用户组聚集在一起，而一边用户的价值取决于另一边用户价值的大小（Hagiu，2014），多边平台通常用于描述协调两个或多个代理组之间交互的产品、服务、系统或组织（Evans et al.，2006；Rochet & Tirole，2003），通过协调用户组之间的交互作用，平台产生并获得了网络效应。因此，多边市场平台往往是指具有多个群体相互作用的有意识的安排（Rochet & Tirole，2003；Boudreau & Hagiu，2009；Evans & Schmalensee，2013）。

当交易型平台将多个用户组聚集在一起时，会产生所谓的网络效应或网络外部性。网络外部性（Network Externalities）意味着一种平台技术的有用性随着其用户群的增加而增加（Katz & Shapiro，1985；Shapiro & Varian，1998）。平台参与者应用水平的提高可以触发正反馈循环，从而进一步提高平台技术的有用性（Arthur，1989）。一般情况下，如果交易型平台的价值取决于同一用户群中的用户数量，即产品价值因其他人购买、连接或使用交易型平台提供的相同平台或服务而增加，则网络外部性是直接的。当一个交易型平台对一边参与者（如用户）的价值取决于另一边参与者（如互补品提供商）的参与时，会出现间接网络效应（Evans & Schmalensee，2010；Gawer & Cusumano，2008；Roson，2005）。直接网络效应的例子是通信平台和社交网络服务平台，如果更多的终端用户加入这个平台，社交网络服务平台就变得更有价值；当交易型平台的价值取决于不同用户组中的用户数量时，网络外部性是间接的。例如，如果有更多的应用程序开发者为游戏机开发游戏，那么视频游戏机对消费者来说就更具有价值。因此，交易型平台应该具有一定的参与者与互补品厚度（Complement Thickness）（Roth，2008），以发挥其良好的平台功能，吸引足够多的参与者相互交流。对交易型平台来说，贡献者/参与者的临界数量是确保平台有足够程度的间接网络效应所必需的量。为了吸引越来越多的参与者，平台必须具有可扩展性和可伸缩性，以防止平台在参与者与互补品厚度增加时出现信息拥塞进而导致市场失灵。交易型平台需要不断发展才能适应新的市场条件、新的环境或新的技术条件（Cusumano，2010）。

与人们想象不一样的是，虽然有些平台市场具有竞争性平台的某些特征，但不会造成高度激烈的市场竞争。例如，社交网络服务平台虽然具有高度竞争性平台的某些特征，但这个市场由于用户之间交互的密切，平台与用户之间黏性极强，反而使潜在的进入者很难进入。同样道理，亲子平台也具有高度竞争性平台的某些特征，并且是一个高度细分的小众市场，但用户之间的交互关系密切，用户之间共享育儿经验，互相推荐婴幼儿食品、衣物和各种用品，甚至团购入驻平台的微商的产品，微商比较容易识别和分离出长尾用户群体，从而导致微商与用户之间黏性极强，最终形成以消费者意愿为基础的隔离机制。

应当指出，交易型平台往往是高度竞争性平台，在这种平台中，产品与服务同质化程度较高、用户具有多宿主性。在平台创建的初期，除了先行优势显示出隔离机制外，平台厂商几乎没有技术优势形成有效的市场区隔，以彰显平台经营的差异性。这种高度竞争性平台在电子商务平台市场、外卖市场和共享单车市场较为常见。高度竞争性平台之间的竞争，主要集中于存在着大规模需求端或供给端的规模经济（Large Demand or Supply Economies of Scale）和需求端的范围经济（Demand Economies of Scope）的市场中，如电子商务平台市场上淘宝与京东、苏宁之间的竞争，餐饮外卖市场上饿了么与美团外卖之间的竞争，共享单车市场上摩拜与美团、哈罗、青柠单车等之间的竞争。在这类市场上，互补品厂商一般都具有来自供给端的规模经济优势和来自需求端的范围经济优势，产生了极强的网络效应，形成了用户吸引用户的市场格局，有利于资本实力更强、具有先行优势的公司，如电子商务网站的淘宝、亚马逊等平台。但是，用户需要支付更高的多宿主成本（High Multi - homing Costs），降低了最终用户跨越两个平台的能力，迫使这些最终用户只能选择该领域中的一个平台。

交易型平台的平台提供商一般称为平台领导（Platform Leader）或平台管理者（Platform Manager）。从厂商战略和经营视角看，平台领导是该平台的核心厂商（Focus Firm）、平台资源的整合者和协调者（Integrator and Coordinator）。平台领导意指这种厂商组织除了具备一般平台的属性外，还具有平台生态系统的领导地位及功能（Brusoni & Prencipe，2009；Cennamo & Santalo，2013；Cusumano & Gawer，2002；Eisenmann et al.，2009；Eisenmann，Parker & Van Alstyne，2011；Gawer & Cusumano，2008）。平台领导是在平台生态群落中拥有领导能力的特定组织，其领导行为驱动着该平台生态群落围绕着特定平台技术展开行业层次的创新（Cusumano & Gawer，2001）。一般来说，交易型平台从事的是一种具体业务的服务，如社交网络服务平台提供的是信息服务，电子商务平台提供的是网上的商品交易与服务。交易型平台是平台界面规则和基础设施的连接点，它们促进了平台参与者之间的互动。交易型平台提供了作为互补性产品和服务的基础性模块。

亚马逊网上市场（Amazon Marketplace）、易趣（eBay）、淘宝（Taobao）、天猫（Tmall）和拼多多等电子商务网站就是较为典型的交易型平台，它们为卖家与买家搭起桥梁，这种平台实质上就是撮合卖家与买家的中媒人、牵线搭桥的人或中介人（Matchmakers）。近几年非常流行的两本英文著作《中媒人、牵线搭桥的人或中介人：多边平台的新经济学》（*Matchmakers：The New Economics of Multi-*

sided Platforms）和《平台革命：网络市场如何改变经济以及如何为你工作》（*Platform Revolution：How Networked Markets Are Transforming the Economy and How to Make Them Work for You*）讨论的就是这种互联网交易型平台。这类"网上交易平台"，就是将过去的线下交易，变为通过第三方的交易平台在互联网上进行交易。用户通过交易型平台找到自己需要的产品，从而进行交易，网上交易平台所提供的产品或服务是包罗万象的。当然，平台型企业也包括了社交网络平台：它们将消费者、自媒体、广告商以及软件开发人员等会聚在一起，实现价值共享。交易型平台具有多种形态，如微信（WeChat）、脸书（Facebook）等社交网络服务平台改变了人们互动和分享经验的方式。交易型平台还包括了从数字技术到金融（如众筹网站 Kickstarter）、出租车出行（如 Uber）和医疗保健（如 Patients-LikeMe）等跨行业颠覆性交叉平台，它们都是由数字化平台的商业逻辑推动的（de Reuver et al.，2017）。

交易型平台的技术复杂度相对较低，其平台生态通常是单层的，也不需要像创新型平台那样需要进行大规模的无形资产与固定资产投资。事实上，交易型平台战胜传统产业的一个重要优势，正是避免了大量的固定资产投资和存货（Parker et al.，2016）。但是，这类平台本身缺乏利基专业化（Niche Specialization）的基础，只有平台内部作为互补品提供者的微商能够细分出微小的利基市场（Niche Market），可以得到生存和发展。竞争的结果是资本实力更强、具有先行优势的公司形成赢家通吃的市场格局（Eisenmann et al.，2006）。除非平台具有独特的技术优势，互补品质量足够高，或者最终用户等待新质量流的意愿足够高，新的平台进入者才有可能克服现有平台在网络效应方面的优势（Zhu & Iansiti，2012）。当然，新的平台进入者还可以通过识别独特和服务不足的长尾用户群体（Long Tail User Group），构建一个小众市场来避免直接的平台竞争（Suarez & Kirtley，2012）。

交易型平台的主要竞争策略是限制平台用户的多宿主性（Multi - homing）。当用户在多个平台上进行类似同类型的交互时，就会出现多宿主性问题。例如，一个自由职业者在两个或多个服务营销平台上展示自己的资历，一个音乐迷在多个音乐网站上下载、存储和共享音乐，一个汽车驾驶员同时是优步和滴滴两个平台的签约司机，这些都体现了平台经济的多宿主现象。平台业务寻求阻止多宿主，是因为当用户放弃一个平台而转向另一个平台时，转换成本过低或根本没有，这将有助于用户切换平台。数字化平台及其所有者阻止多宿主性的核心手段，就是提高用户的转换成本，让用户支付更高的多宿主成本（High Multi - homing Costs），从而降低用户跨越两个平台的能力，迫使用户只能选择该领域中的一个平台。

四、混合型平台

所谓的混合型平台（Hybrid Platforms）兼具创新型平台和交易型平台的特点。从市场中介视角看，混合型平台能够提供支持市场架构的基础设施，由一组共享的经济规则定义，如许可证（Licence）、平台参与者之间的协议（Agreement）、权利和交易定价条款（Rights and Transaction Pricing Terms）（Bakos & Katsamakas，2008；Eisenmann，2008；Eisenmann et al.，2006），以及匹配使用系统资源进行交易的买方和供应商的系统所构成（Hagiu & Wright，2015）。在现实经济生活中，阿里巴巴（Alibaba）、腾讯（Tencent）、脸书（Facebook）和亚马逊（Amazon）等厂商组织就是混合型平台的代表，它们兼具创新型平台和交易型平台的特点。混合型平台可以为不相关的参与者提供互补服务和产品（Gawer，2009），代表了一种特别有效的协作架构（Collaboration Architecture），旨在利用系统创新的潜力（Maula et al.，2006；Teece，1996）。

从某种意义上说，混合型平台是非常特殊的企业制度形式（Thomas，Autio & Gann，2014；Thomas & Autio，2014；Sharapov，Thomas & Autio，2013）：混合型平台是相互依存的经济参与者之间进行创新、交易和交流的场所；混合型平台可以采取不同的组织形式，从物理形态的交易平台（如社交网络服务平台、用户生成内容型平台、电子商务平台、支付平台等）到虚拟技术软件平台的组合（Gawer，2009）。Cusumano 等（2019）认为，当今全球产业的发展趋势是越来越多的厂商组织正朝着混合型平台转型。

我们认为，混合型平台具有外部性（Externality）、创新性（Innovation）、多宿主性（Multi - homing）、价格杠杆效应（Leverage Effect on Price - making）、协同创新效应（Collaborative Innovation Effect）等特征（Cusumano & Gawer，2001；Cusumano，2011）。

当下，数字化平台在中国与美国得到了高速发展。但严格地说，美国较突出的是创新型平台；中国具有优势的平台主要是交易型平台，但被称为"中国互联网三巨头"的百度、阿里巴巴和腾讯整体上既不属于交易型平台，也不属于创新型平台，而是一种交易型平台特征较为明显的混合型平台。中国厂商组织在源代码、工具软件、数据库、操作系统、产业运营软件、企业级应用软件、科学计算、人工智能、物联网技术（IoT）和工业互联网等大型基础软件领域都远远落后于美国，缺乏具有全球竞争优势的创新型平台，反映出国内学者对创新型平台的研究不够。

第三节 数字化平台对平台战略的
推动作用与挑战

随着数字化平台的崛起，平台市场激烈的竞争推动了数字化平台战略的发展。由于数字化平台生态系统具有分布式特性，所以数字化平台对平台竞争战略的发展具有极大的挑战性（Henfridsson et al. , 2014），对推动商业环境变迁和商业模式创新提出了更大的理论与实践挑战。随着数字化平台被整合到更大的数字基础设施中，数字化平台变得越来越复杂（Evans & Basole, 2016）。

数字化平台推动了新技术、新的组织和人类行为模式的共同发展，这种持续的生成性张力可能会持续下去。从技术角度来看，互联网领域应用的开放标准减少了用户对数字化平台的需求。如果组件可以基于开放和通用的标准进行交互，那么就没有必要通过数字化平台来增加利用的复杂性。与此同时，谷歌（Google）、脸书（Facebook）、亚马逊（Amazon）、易趣（eBay）和阿里巴巴（Alibaba）、腾讯（Tencent）等平台提供商正在将互联网分割成事实上的封闭领域。因此，虽然开放标准能够在没有中间平台的情况下实现开放式交互，但它们也能通过这些数字化平台创造事实上的垄断（Eaton et al. , 2015）。

数字化平台正变得越来越复杂，增强了平台之间的集成。例如，脸书（Facebook）和许多其他平台提供了用于享有其他服务的开放授权（Open Authorization, OAuth)① 身份服务。使用脸书开放授权（Facebook OAuth）意味着在线购物平台可以访问使用脸书的用户的数据（Facebook Data），这意味着数字化平台正在转变为更广泛的数字基础设施中的组件。应用程序接口（API）被组合混搭在一起，以创建全新的数字服务和产品（Evans & Basole, 2016）。另一个例子是操作系统，它正在被浏览器取代以访问第三方内容（Pon et al. , 2014）。

与非数字系统相比，数字基础设施的生成性和控制性之间或稳定性和增长性之间的矛盾关系，导致了不同的和更快的创新轨迹（Tilson et al. , 2010）。为了长期生存，数字化平台也必须具有可生成性和可进化性。一些平台策略旨在对数字化平台进行基础设施建设，比如脸书开放授权（Facebook OAuth）认证平台。因此，数字化平台战略设计的科学研究应该阐明数字化平台提供商如何塑造平

---

① OAuth 协议为用户资源的授权提供了一个安全、开放而又简易的标准。与以往的授权方式不同的是 OAuth 的授权不会使用第三方触及的用户账号信息（如用户名与密码），即第三方无须使用用户的用户名和密码就可以申请获得该用户资源的授权，因此 OAuth 是安全的。

台，使其满足动态竞争标准。

平台思维的出现和由此产生的"平台经济"，要求研究数字化平台对厂商组织及其商业模式以及整个商业环境的变革性和破坏性的影响（Parker et al.，2016）。先前的研究表明，由于商业环境日益全球化、复杂化并相互关联，平台生态系统思维对战略决策者变得尤为重要（Basole，2014）；厂商组织不再孤立，价值是由多个贡献实体共同创造和共同交付的；需要新的理论和模型来捕捉、解释和预测数字化平台潜在的破坏性。实践表明，在数字化平台上，价值创造基于不同参与者（如内容提供商和用户）之间的交互。数字化平台被视为价值交换的枢纽（Hubs for Value Exchange）（Eloranta & Turunen，2016），它促进了直接和跨平台的网络效应（McIntyre & Srinivasan，2017）。

数字化平台的价值创造受到许多因素的影响，因而需要做出多种选择，包括平台治理（Tiwana，Konsynski & Bush，2010；Gawer，2014）、平台之间的竞争（Rochet & Tirole，2003；Van Alstyne，Parker & Choudary，2016）、平台的开放性（Parker & Van Alstyne，2008；Eisenmann，Parker & Van Alstyne，2009）、平台的利用互补性与管理相互依赖性（Agarwal & Kapoor，2017），以及质量和消费者期望的管理方式（Zhu & Iansiti，2012）。同时，数字化平台需要不断地平衡各方创造的价值和各方获取的价值（Zhu & Iansiti，2012）。

随着平台市场的发展，当下的数字化平台主要运用两种逻辑在市场中竞争：一是"赢家通吃"的逻辑，这取决于平台用户和互补者的规模；二是独特性，这取决于平台架构的质量以及数字化平台提供服务的范围（Cennamo，2019）。因此，进行数字化平台战略设计时必须考虑每一个厂商的竞争逻辑。

应当看到，平台生态系统倡导的平台开放性对在位数字化平台构成了战略挑战。平台资源越是被公开和广泛地提供给第三方，现有平台的新进入者就越容易利用这些资源。平台倡导者面临"生成张力"（Generativity Tension）。在这种生成张力中，互补创新的数量不断增加可能会降低互补产品的质量（Cennamo & Santaló，2019；Ghazawneh & Henfridsson，2013）。为了激发创新能力，平台所有者被迫让他们的平台接受互补创新。然而，在这个过程中，谷歌安卓（Google Android）等平台也暴露在"平台分岔"（Platform Forking）中，诸如小米的米柚（Miui）移动操作系统和亚马逊的 Fire 操作系统（Amazon Fire OS）等竞争平台就可以利用安卓平台的核心资源和互补资源建立自己的竞争性平台（Karhu et al.，2018）。这意味着数字化平台的进入者可以寻求利用在位数字化平台的资源，克隆出一个类似平台，来发展自己的平台市场。这些新兴平台直接进入数字化平台市场，并在很大程度上省去平台的前期投资，直接利用在位数字化平台的核心资源与边界资源。在这种情况下，竞争逻辑将从"赢家通吃"（WTA）逻辑，转换为"切蛋糕而不烤蛋糕"（Slicing the Cake without Baking It）的逻辑。

数字化平台战略设计研究的最后一个问题是如何处理开发中的多角色环境。鉴于数字化平台由多个组件组成，这些组件处于不同参与者的控制之下，因此不存在一个单一的平台提供商。相反，多个参与者试图共同影响和塑造平台的战略。甚至规模差异很大的应用程序开发人员也通过利用博客圈的集体力量或通过数字技术绕过控制点，对平台的战略设计和重新设计产生了影响（Eaton et al.，2015）。应当指出的是，应用程序开发的平台战略设计框架是建立在多边市场和平台经济的特定特征之上的，而传统的以厂商组织为中心的商业模式设计指南往往忽略了这一点。因此，我们需要战略设计理论，需要考虑由具有不同目标的多个分布式参与者反复塑造和重新定义的平台和平台战略的真正含义。

第四节　本章小结

当下，数字化平台已经发展成为一种市场经营的主导模式，在各种产品和服务的用户和生产者之间组织市场（McIntyre & Srinivasan，2017；de Reuver et al.，2017），因而也成为数字化平台战略的实施主体。

数字化平台使参与者能够跨市场连接其资源与用户，通过互补性和网络效应创造价值。因此，与数字化平台相关的战略设计与选择对于价值创造至关重要。

先前学术界关于平台经营的研究，构成了数字化平台不断变化的平台战略的雏形，特别是关于多边市场的特点和网络效应对平台战略的影响的研究［有关综述见 McIntyre 和 Srinivasan（2017）］。此外，学者们还强调了平台参与者在数字化平台战略中的不同角色和价值偏好（Cennamo，2016）。这些研究表明，数字化平台经营不仅需要领导力，更需要新的数字化平台战略（Van Alstyne，Parker & Choudary，2016），并以此为基础，重新设计整体商业模式和平台生态系统。

数字化平台的增长依赖于数字资源的生成性和平台对互补创新的开放性，这些特征通常会产生强大的网络效应。赢家通吃的竞争逻辑虽然可以保护在位数字化平台免受竞争，但随着平台市场的发展，特别是创新型平台开放性的提升（Eisenmann et al.，2009），在位数字化平台容易受到进入者平台竞争性战略的影响，进入者在获得价值的同时，还可以省去平台基础设施建设和价值创造方面的前期投资。这种情况说明，平台竞争的"赛道"（Platform Racing）正在发生变化，竞争性平台或进入者平台可以通过复制部分在位数字化平台资源、按照关键边界资源开发的平台赛道，利用现有平台生态系统的资源获取价值，构建出新的数字化平台战略。

参考文献

[1] Agarwal, S., Kapoor, R. (2017) Two faces of value creation in business ecosystems: Leveraging complementarities and managing inter – dependencies. Working Paper, Wharton School of the University of Pennsylvania, Philadelphia.

[2] Arthur, W. B. (1989) Competing technologies, increasing returns, and lock – in by historical small events. *Economic Journal*, 99 (394): 116 – 131.

[3] Bakos, Y., Katsamakas, E. (2008) Design and ownership of two – sided networks: Implications for internet platforms. *Journal of Management Information Systems*, 25 (2): 171 – 202.

[4] Baldwin, C. Y., Clark, K. B. (2000) *Design rules: The power of modularity.* Vol. 1. Cambridge, Massachusetts: MIT Press.

[5] Baldwin, C. Y., Woodard, C. J. (2009) The Architecture of Platforms: A Unified View. In Gawer, A. (Ed.), *Platforms, Markets and Innovation*. Cheltenham: Edward Elgar.

[6] Baldwin, C. Y., Woodard, C. J. (2008) The architecture of platforms: A unified view. Working Paper, Boston, Massachusetts: Harvard Business School.

[7] Barney, J. B. (1991) Firm resources and sustained competitive advantage. *Journal of Management*, 17 (1): 99 – 120.

[8] Basole, R. C. (2014) Visual business ecosystem intelligence: Lessons from the field. *IEEE Computer Graphics and Applications*, 5 (1): 26 – 34.

[9] Boudreau, K., A. Hagiu. (2009) Platform rules: Multisided platforms as regulators. In Gawer, A. (Ed.), *Platforms, markets, and innovations*, Cheltenham: Edward Elgar.

[10] Boudreau, K. J. (2010) Open platform strategies and innovation: Granting access vs. devolving control. *Management Science*, 56 (10): 1849 – 1872.

[11] Boudreau, K. J. (2012). Let a thousand flowers bloom? An early look at large numbers of software App developers and patterns of innovation. *Organization Science*, 23 (5): 1409 – 1427.

[12] Brusoni, S., Prencipe, A. (2009) Design rules for platform leaders. In Gawer, A. (Ed.), *Platforms, Markets And Innovation*. Cheltenham: Edward Elgar.

［13］Brynjolfsson, E. , McAfee, A. （2014） *The second machine age：Work, progress, and prosperity in a time of brilliant technologies.* New York：W. W. Norton & Company.

［14］Caillaud, B. , Jullien, B. （2003） Chicken & egg：Competition among intermediation service providers. *RAND Journal of Economics*, 34 （2）：309 – 328.

［15］Cennamo, C. , Santalo, J. （2013） Platform competition：Strategic trade – offs in platform markets. *Strategic Management Journal*, 34 （11）：1331 – 1350.

［16］Cennamo, C. （2016） Building the value of next – generation platforms：The paradox of diminishing returns. *Journal of Management*, 44 （8）：3038 – 3069.

［17］Cennamo, C. （2019） Competing in digital markets：A platform – based perspective. *Academy of Management Perspectives*, 28 （7）：325 – 346.

［18］Cennamo, C. , Santaló, J. （2019） Generativity tension and value creation in platform ecosystems. *Organizational Science*, 30 （3）：617 – 641.

［19］Ciborra, C. U. （1996） The platform organization：Recombining strategies, structures, and surprises. *Organization Science*, 7 （2）：103 – 118.

［20］Clark, K. B. （1985） The interaction of design hierarchies and market concepts in technological evolution. *Research Policy*, 14 （5）：235 – 251.

［21］Constantinides, P. , Henfridsson, O. , Parker, G. G. （2018） Introduction – Platforms and infrastructures in the digital age. *Information Systems Research*, 29 （2）：381 – 400.

［22］Cusumano, M. A. （2010） . *Staying power：Six enduring principles for managing strategy and innovation in an uncertain world.* London：Oxford University Press.

［23］Cusumano, M. A. , A. Gawer, D. B. Yoffie. （2019） *The business of platforms：Strategy in the age of digital competition, innovation, and power.* New York：HarperCollins.

［24］Cusumano, M. A. , Gawer, A. （2001） Driving high – tech innovation：The four levers of platform leadership. Massachusetts Institute of Technology, Center for ebusiness@ MIT Working Paper, 142.

［25］Cusumano, M. A. （2011） Technology strategy and management：Platform wars come to social media. *Communications ACM （Association for Computing Machinery）*, 54 （4）：31 – 34.

［26］De Reuver, M. Sørensen, C. , Basole, R. C. （2017） The digital platform：A research agenda. *Journal of Information Technology*, 33 （2）：124 – 135.

［27］ Eaton, B. D. , Elaluf – Calderwood, S. , Sørensen, C. , Yoo, Y. (2015) Distributed tuning of boundary resources: The case of Apple's iOS service system. *MIS Quarterly*, 39 (1): 217 – 243.

［28］ Eisenmann, T. (2008) Managing proprietary and shared platforms. *California Management Review*, 50 (4): 31 – 53.

［29］ Eisenmann, T. R. , Parker G. , Van Alstyne, M. W. (2009) Opening platforms: How, when and why? In Gawer, A. (Ed.), *Platforms, markets, and innovations*, Cheltenham: Edward Elgar.

［30］ Eisenmann, T. R. , Parker, G. , Van Alstyne, M. W. (2011) Platform envelopment. *Strategic Management Journal*, 32 (12): 1270 – 1285.

［31］ Eisenmann, T. R. , Parker, G. , Van Alstyne, M. W. (2006) Strategies for two – sided markets. *Harvard Business Review*, 85 (10): 92 – 101.

［32］ Eloranta, V. , T. Turunen. (2016) Platforms in service – driven manufacturing: Leveraging complexity by connecting, sharing, and integrating. *Industrial Marketing Management*, 55 (2): 178 – 186.

［33］ Evans, D. S. , Hagiu, A. , Schmalensee, R. (2006) . *Invisible engines: How software platforms drive innovation and transform industries*. Cambridge, Massachusetts: MIT Press.

［34］ Evans, D. S. , Schmalensee, R. (2010) Failure to launch: Critical mass in platform businesses. *Review of Network Economics*, 9 (4): 1 – 26.

［35］ Evans, D. S. , Schmalensee, R. (2016) *Matchmakers: The new economics of multisided platforms*. Boston, Massachusetts: Harvard Business Review Press.

［36］ Evans, D. S. , Schmalensee, R. (2013) The antitrust analysis of multi – sided platform businesses. Paper No. 623. The Law School, The University of Chicago.

［37］ Evans, P. C. , Basole, R. C. (2016) Revealing the API ecosystem and enterprise strategy using visual analytics. *Communications of the ACM*, 59 (2): 23 – 25.

［38］ Evans, Y. D. S. (2003) Antitrust economics of multi – sided platforms. *Yale Journal of Regulation*, 20 (4): 325 – 381.

［39］ Gawer, A. , Cusumano M. A. (2008) How companies become platform leaders. *MIT Sloan Management Review*, 49 (2): 28 – 35.

［40］ Gawer, A. , Henderson, R. (2007) Platform owner entry and innovation in complementary markets: Evidence from Intel. *Journal of Economy Management Strategy*, 16 (1): 1 –34.

[41] Gawer, A. (2014) Bridging deffering perspectives on technological platforms: Toward an integrative framework. *Research Policy*, 43 (7): 1239 –1249.

[42] Gawer, A. (2015) . What drives shifts in platform boundaries: An organizational perspective. *Academy of Management Proceedings*, (1): 13765.

[43] Gawer, A. , Cusumano, M. A. (2002) *Platform leadership: How Intel, Microsoft, and Cisco drive industry innovation.* Boston, Massachusetts: Harvard Business School Press.

[44] Gawer, A. (2009) *Platform, markets and innovation.* Cheltenham: Edward Elgar.

[45] Ghazawneh, A. , Henfridsson, O. (2013) Balancing platform control and external contribution in third – party development: The boundary resources model. *Information System Journal*, 23 (2): 173 –192.

[46] Ghazawneh, A. , Henfridsson, O. (2015) A paradigmatic analysis of digital application marketplaces. *Journal of Information Technology*, 30 (3): 198 – 208.

[47] Hagiu, A. (2014) . Strategic decisions for multi – sided platforms. *MIT Sloan Management Review*, 55 (2): 71.

[48] Hagiu, A. , Wright, J. (2015) Multi – sided platforms. *International Journal of Industrial Organization*, 43 (11): 162 –174.

[49] Hein, A. , Schreieck, M. , Riasanow, T. , Setzke, D. S. , Wiesche, M. , Böhm, M. , Krcmar, H. (2019a) Digital platform ecosystems. *Electronic Markets*, 30 (1): 87 –98.

[50] Hein, A. , Setzke, D. S. , Hermes, S. , Weking, J. (2019b) The influence of digital affordances and generativity on digital platform leadership. Proceedings of the 40th International Conference on Information Systems, Munich, Germany.

[51] Henderson, R. M. , Clark, K. B. (1990) Architectural innovation: The reconfiguration of existing product technologies and the failure of established firms. *Administrative Science Quarterly*, 35 (1): 9 –30.

[52] Henfridsson, O. , Bygstad, B. (2013) The generative mechanisms of digital infrastructure evolution. *MIS Quarterly*, 37 (3): 907 –931.

[53] Henfridsson, O. , Mathiassen, L. , Svahn, F. (2014) Managing technological change in the digital age: The role of architectural frames. *Journal of Informa-*

tion Technology, 29 (1): 27 - 43.

[54] Hermes, S., Böhm, M., Krcmar, H. (2019) Business model innovation and stakeholder exploring mechanisms and outcomes of value creation and destruction. Proceedings of the 14th International Conference on Wirtschaftsinformatik, Siegen, Germany.

[55] Hermes, S., Kaufmann - Ludwig, J., Schreieck, M., Weking, J., Böhm, M. (2020) A Taxonomy of Platform Envelopment: Revealing Patterns and Particularities. 26th Americas Conference on Information Systems, 14 May.

[56] Iansiti, M., Levien, R. (2004) *The keystone advantage: What the new dynamics of business ecosystems mean for strategy, innovation and sustainability.* Boston, Massachusetts: Harvard Business School Press.

[57] Jacobides, M. G. Cennamo, C., Gawer, A. (2018) Towards a theory of ecosystems. *Strategic Management Journal*, 39 (8): 2255 - 2276.

[58] Kallinikos, J., Aaltonen, A., Marton, A. (2013) The ambivalent ontology of digital artifacts. *MIS Quarterly*, 37 (2): 357 - 370.

[59] Karhu, K., Gustafsson, B., Lyytinen, K. (2018) Exploiting and defending open digital platforms with boundary resources: Android's five platform forks. *Information Systems Research*, 29 (2): 479 - 497.

[60] Katz, M. L., C. Shapiro. (1985) Network externalities, competition and compatibility. *American Economic Review*, 75 (3): 424 - 40.

[61] Lavie, D. (2006) The competitive advantage of interconnected firms: An extension of the resource - based view. *Academy Management Review*, 31 (3): 638 - 658.

[62] Maula, M. V., Keil, T., Salmenkaita, J. P. (2006). Open innovation in systemic innovation contexts. In Chesbrough, H., Vanhaverbeke, W., West, J. (Eds.), *Open innovation: Researching a new paradigm.* Oxford University Press.

[63] McIntyre, D. P., Srinivasan, A. (2017) Networks, platforms, and strategy: Emerging views and next steps. *Strategic Management Journal*, 38 (1): 141 - 160.

[64] Nalebuff, B. J., Brandenburger, A. M. (1996) *Co - opetition: A revolution mindset that combines competition and cooperation.* London: HarperCollins Business.

[65] Parker, G. G., Van Alstyne, M. W. (2005) Two - sided network effects: A theory of information product design. *Management Science*, 51 (10):

1494 – 1504.

［66］Parker, G. G. , Van Alstyne, M. W. （2008）Managing platform ecosystems. Proceedings of the 29th International Conference on Information Systems, Paris, France, December 14 – 17.

［67］Parker, G. G. , Van Alstyne, M. W. , Choudary, S. P. （2016）*Platform revolution: How networked markets are transforming the economy and how to make them work for you.* New York: W. W. Norton & Company, Inc.

［68］Pon, B. , Seppala T. , Kenney M. （2014）Android and the demise of operating system – based power: Firm strategy and platform control in the post – PC world. *Telecommunications Policy*, 38 （6）: 979 – 991.

［69］Reuver, M. , De Sørensen, C. , Basole, R. C. （2017）The digital platform: A research agenda. *Journal of Information Technology*, 33 （2）: 124 – 135.

［70］Rochet, J. , J. Tirole. （2003）Platform competition in two – sided markets. *Journal of the European Economic Association*, 1 （4）: 990 – 1029.

［71］Rochet, J. C. , Tirole, J. （2006）Two – sided markets: A progress report. *Rand Journal of Economics*, 37 （3）: 645 – 667.

［72］Roson, R. （2005）Two – sided markets: A tentative survey. *Review of Networks Economics*, 4 （2）: 142 – 160.

［73］Roth, A. E. （2008）What have we learned from market design? . *The Economic Journal*, 118 （527）: 285 – 310.

［74］Shapiro, C. , Varian, H. R. （1998）*Information rules: A strategic guide to the network economy.* Boston, Massachusetts: Harvard Business School Press.

［75］Sharapov, D. , Thomas, L. D. , Autio, E. （2013）Building ecosystem momentum: The case of AppCampus. Academy of Management Entrepreneurship Exemplars Conference.

［76］Spagnoletti, P. , Resca, A. , Lee, G. （2015）A design theory for digital platforms supporting online communities: A multiple case study. *Journal of Information Technology*, 30 （3）: 364 – 380.

［77］Suarez, F. , J. Kirtley. （2012）Dethroning an established platform. *Sloan Management Review*, 53 （4）: 35 – 41.

［78］Sørensen, C. , Landau, J. （2015）Academic agility in digital innovation research: The case of mobile ICT publications within information systems 2000 – 2014. *Journal of Strategic Information Systems*, 24 （3）: 158 – 170.

［79］Teece, D. J. （1996）Firm organization, industrial structure, and technological innovation. *Journal of Economic Behavior & Organization*, 31 （2）: 193 – 224.

[80] Teece, D. J. （2007）. Explicating dynamic capabilities: The nature and microfoundations of （sustainable） enterprise performance. *Strategic Management Journal*, 28 （13）: 1319 – 1350.

[81] Teece, D. J. （2018） Profiting from innovation in the digital economy: Enabling technologies, standards, and licensing models in the wireless world. *Research Policy*, 47 （8）: 1367 – 1387.

[82] Thomas, L. D. W. , Autio, E. , Gann, D. M. （2014） Architectural leverage: Putting platforms in context. *The Academy of Management Perspectives*, 28 （2）: 198 – 219.

[83] Thomas, L. D. W. , Autio, E. （2014） The processes of ecosystem emergence. Academy of Management Annual Conference.

[84] Tilson, D. , Sørensen, C. , Lyytinen, K. （2012） Change and control paradoxes in mobile infrastructure innovation: The Android and iOS mobile operating systems cases. In 45th Hawaii International Conference on System Science （HICSS 45）, Maui, HI.

[85] Tilson, D. , Lyytinen, K. , Sørensen, C. （2010） Digital infrastructures: The missing IS research agenda. *Information Systems Research*, 21 （4）: 748 – 759.

[86] Tiwana, A. , （2014） *Platform ecosystems: Aligning architecture, governance, and strategy*. Waltham, Massachusetts: Morgan Kaufmann.

[87] Tiwana, A. , Konsynski, B. , Bush, A. A. （2010） Research commentary – platform evolution: Coevolution of platform architecture, governance, and environmental dynamics. *Information Systems Research*, 21 （4）: 675 – 687.

[88] Tiwana, A. , Konsynski, B. （2010） Complementarities between organizational IT architecture and governance structure. *Information Systems Research*, 21 （2）: 288 – 304.

[89] Van Alstyne, M. , Parker, G. G. , Choudary, S. P. （2016） Pipelines, platforms, and the new rules of strategy. *Harvard Business Review*, 94 （4）: 54 – 63.

[90] Visnjic, I. , Cenammo, C. （2013） The gang of four: Acquaintances, friends or foes? Towards an integrated perspective on platform competition. ESADE Working Papers Series, Available from ESADE Knowledge. https: //www. esade-knowledge. com.

［91］ Winter, S. G. (2003) Understanding dynamic capabilities. *Strategic Management Journal*, 24 (10): 991 – 995.

［92］ Yoo, Y. , Henfridsson, O. , Lyytinen, K. (2010) Research commentary – The new organizing logic of digital innovation: An agenda for information systems research. *Information Systems Research*, 21 (4): 724 – 735.

［93］ Yoo, Y. , Lyytinen, K. , Thummadi, V. , Weiss, A. (2010) Unbounded innovation with digitalization: A case of digital camera. Conference Paper In Annual Meeting of the Academy of Management, January.

［94］ Zhu, F. , Iansiti, M. (2012) Entry into platform – based markets. *Strategic Management Journal*, 33 (1): 88 – 106.

第三章 平台竞争战略

当下，数字技术的不断增长推动了数字化平台的快速增长。信息收集和交换、无摩擦价值交换（Frictionless Value Exchange）和网络效应（Afuah, 2013; Katz & Shapiro, 1994），是数字化平台经营模式的关键组成部分。数字化平台经营模式可以大幅度降低信息存储、处理和通信成本，减少信息限制，持续地推动数字化平台业务的增长（Altman et al., 2015; Brynjolfsson & McAfee, 2014）。

数字化平台具有分布式特性，随着平台被整合到更大的数字基础设施中，数字化平台变得越来越复杂（Evans & Basole, 2016）。这对数字化平台竞争战略的制定提出了严峻的挑战（Henfridsson et al., 2014），但更为重要的是，商业环境的动荡和快速变化，对数字化平台竞争战略的制定和实施提出了更大的挑战。

当下，数字化平台正在改变所有行业，数字化平台竞争战略已经成为一个颇具挑战性的研究对象，因为它与平台生态系统的分布性和生成性，以及众多的厂商组织、平台市场和数字技术交织在一起。随着数字化平台创新规模的指数级增长、平台架构的日益复杂，以及数字化平台向不同行业的扩展，对数字化平台竞争战略研究的新挑战将会不断出现。

第一节 平台竞争战略的双重视角

简单地说，平台竞争战略反映了平台领导或平台倡导者为平台市场竞争定位而做出的一系列综合性选择，这是一个可以普遍接受的战略定义（Hambrick & Frederickson, 2001）。本书所指的平台，除非特别说明都指数字化平台。我们认为，所谓的平台竞争战略，实质上是指数字化平台（Digital Platform）及其经营模式所采取的竞争战略，或者说是某个具体的交易型平台或创新型平台的经营战略或竞争战略。

美国管理学家 Parker 和 Van Alstyne（2016）认为，平台竞争战略是对一个网络化业务平台的召集、鼓动或调动，以便在给定的市场中进行扩展和运营。而业务平台（Business Platform）是规则和基础设施的连接点，它们促进了平台参与者之间的互动。在交易型平台中，由于平台的基本功能是为买卖双方或多方提供作为互补产品和服务的基础模块，因而平台竞争战略必须对用户与应用程序和互补品供应商进行匹配，后者使用系统资源直接进行交易，通常会受到网络规模和网络效应的影响。

事实上，平台竞争战略从一开始就存在着厂商经营理论（Business Theory，BT）和产业组织经济学（Industrial Organization Economics，IOE）两方面的平台竞争战略，这是不同的学者站在不同的角度对平台进行定义所形成的，导致了平台概念和平台竞争战略的双重视角。

一、产业组织经济学把平台视为一个多边市场，定价和开放性是多边市场平台的关键战略选择

产业组织经济学（IOE）广泛关注作为双边市场平台关键战略选择的定价和开放性，其最终目标是在单一市场范围内获得网络效应和赢得直接竞争对手。

从产业组织经济学意义上看，平台是连接两个或更多特定群体，为他们提供互动机制，满足所有群体的需求，并从中收取中介服务费的经济组织。从这个意义上看，平台是以双边或多边网络外部性为特征的经济组织。这种双边网络外部性并不取决于相同用户群体的消费状况，而是取决于相异但又相容、处于市场另一边的用户群体的消费状况，即市场中一边用户的消费决策会影响到市场中另一边用户的消费决策。换言之，在决定采用平台的过程中，平台对应的另外一边平台的网络规模就是一种质量参数。用户的消费决策取决于双边（或多边）在一个平台上的互动，这种互动受到特定的网络外部性的影响，突出表现在：平台上卖方越多，对买方的吸引力越大，同样卖方在考虑是否使用这个平台的时候，平台上买方越多，对其的吸引力也越大。

产业组织经济学将平台概念化为一组规则和架构（Rules and Architecture），是用于连接两个或多个经济实体的集（Set），并协调它们之间的交互和事务（Rochet & Tirole，2003，2006）。因此，产业组织经济学视角是将平台视为一个多边市场。

法国经济学家 Rochet 和 Tirole（2002）提到了多边市场，他们研究了 20 世纪 90 年代美国信用卡提供商市场的无附加费用和交换费用，该文发展出第一个描述双边市场现象的计量经济学模型。Rochet 和 Tirole（2003）对双边/多边市场（Two/Multi-sided Market）给出了经济学的定义：双边（更一般的说是多边）市场是一个或几个允许最终用户交易的平台，通过适当地对各方收取费用使双边（或多边）保留在平台上。

Rochet 和 Tirole（2002）的观点很快得到了 Caillaud 和 Jullien（2003）、Rochet 和 Tirole（2003）及 Anderson 和 Coate（2005）等的补充，他们共同研究了多边市场数字化平台的竞争情况。

产业组织经济学（IOE）代表性的平台定义主要有：平台由技术架构和规则组成，允许多边市场中不同的用户群体受管制地参与——互动和/或交易（Rochet & Tirole，2003，2006；Evans，2003；Evans & Schmalensee，2008，2013，2016）。代表性平台有共享经济平台的优步（Uber）和爱彼迎（Airbnb）；电子商务平台的易趣（eBay）、阿里巴巴（Alibaba）和亚马逊（Amazon）；社交网络服务平台的 You Tube、推特（Twitter）、脸书（Facebook）和微信（WeChat）。平台是平台领导者创建/组织的由所有参与者组成的网络，供参与者交互和/或交换价值，并使用数据使两者进行最佳匹配，每一种相互作用于不同的"边"（Parker & Van Alstyne，2005；Parker et al.，2016）。代表性平台有众筹平台的 Kickstarter[①] 和 Indiegogo[②]。平台是由平台领导者、用户组和其他创造和提供价值的服务伙伴组成，是高度易受"同边"和"跨边"网络效应影响的平台生态系统（Hagiu，2006，2009，2014；Zhu & Liu，2016；Seamans & Zhu，2014；Boudreau & Jeppesen，2015；Rysman，2009；Landsman & Stremersch，2011）。代表性平台有全球职场社交平台领英（LinkedIn）、全球知名婚恋交友平台 Match.com 和全球最早、规模最大的招聘平台 Monster.com。

观察以上所列举出来的代表性平台可以看出，这些平台主要是从事 to C 业务的消费类和生活服务类的交易型平台。

从某种意义上说，产业组织经济学的研究将平台概念化为多边市场，强调市场不同"边"之间产生的网络效应，即一边参与平台的收益取决于另一边的规模（Armstrong，2006）。产业组织经济学认为，这种网络效应可以塑造产品定价策略和解释平台市场竞争的本质。网络效应可以是同边的（直接）或跨边的（间接）。双边市场涉及两种类型截然不同的用户，每一类用户通过共有平台与

---

① Kickstarter 是一个众筹网站，于 2009 年 4 月在美国纽约成立，专为具有创意方案的企业筹资。Kickstarter 网站致力于支持和激励创新性、创造性、创意性的活动。网络平台面向公众集资，让有创造力的人可能获得他们所需要的资金，以使他们实现梦想。Kickstarter 平台的运作方式相对来说比较简单而有效，该平台的用户一方是有创意渴望进行创作和创造的人，另一方则是愿意为他们出资的人，助力新发明、新创作、新产品的出现。Kickstarter 网站的创意性活动涉及音乐、网页设计、平面设计、动画等方面所有影响他人的活动。

② Indiegogo 成立于 2008 年，总部位于旧金山，是美国较早的众筹平台之一。截至 2019 年底，Indiegogo 已在全球覆盖超过 220 个国家和地区，实现 80 万个项目成功上线发布，筹集总金额达 15 亿美元。

另一类用户相互作用而获得价值（Wright，2004）。当参与平台的用户受益于同一边的其他用户数量时（Parker & Van Alstyne，2005；Rochet & Tirole，2003），也会产生同样的副作用，可能是正面的，也可能是负面的。当平台一边（或一组）的用户的利益取决于另一边的规模（另一组中的用户数量）并且这种影响是单向的或双向的（如易趣和淘宝上的买家和卖家数量）时，就会产生跨边网络效应（Hagiu & Wright，2011）。

我们认为，所谓的双边（或多边）市场是指该市场存在一个或几个平台运营商，他们同时向具有不同诉求的终端用户提供具有锁定特性的产品或服务，这些产品或服务对一部分用户的购买决策会影响到另一部分用户的决策。双边市场表明，两边参与者需要通过中间层或平台进行交易，而且一边参与者加入平台的收益取决于另一边加入该平台的参与者的数量（Armstrong，2004），这样的市场称作双边市场（Two‑sided Markets）。也就是说，平台所处的市场通常是双/多边市场。按照维基百科（Wikipedia）给出的定义：双/多边市场也被称为双/多边网络（Two/Multi‑sided Networks），即在市场上存在着两个或两个以上互相提供网络收益的独立用户群体的经济网络。研究表明，很多重要的产业都是基于双边市场的平台运行的。如配对市场的就业中介、婚姻中介等；支付市场的借记卡和信用卡等；搜索引擎市场的谷歌（Google）、雅虎（Yahoo）、百度（Baidu）等；电子商务交易市场的淘宝、京东、亚马逊（Amazon）等。

一般来说，平台所处的双/多边市场具有以下特性，这些特性对平台竞争战略的制定有至关重要的影响：①存在两组参与者之间的网络外部性，即市场间的网络外部性或双边网络外部性。自美国经济学家 Katz 和 Shapiro（1985）开始，有大量的研究关注市场内的网络外部性问题（Network Externalities）①。但在某种情况下，如媒体产业，网络外部性发生在两个市场之间，在某一特定市场上生产的产品的效用随着该市场对另一市场所生产的产品的需求数量而变化，反之亦然，这就称作双边网络外部性（Two‑sided Network Externalities）。②采用多产品定价方式。中间层或平台必须为它提供两种产品或服务同时进行定价。

双边市场在现实世界中较为广泛地存在。许多传统产业如媒体、中介业、信用卡和支付系统都是典型的双边市场。随着信息通信技术的迅速发展与广泛应用，多种新型的双边市场形式逐渐出现，如 B2B 和 B2C 电子交易市场、门户网

---

① 网络外部性的概念最早是由美国经济学家 Jeffrey Rohlfs（1974）提出的，他指出网络外部性是需求方规模经济的源泉。当一种产品对消费者的价值随着其他使用者数量的增加而增加时，就说明这种产品具有网络外部性。Katz 和 Shapiro（1985）对网络外部性进行了较为正式的定义：随着使用同一产品或服务的用户数量的变化，每个用户从消费此产品或服务中所获得的效用也发生变化。网络外部性广泛存在于电信、航空等领域，是传统经济学中的外部性在网络系统中的表现。但需要注意的是，传统经济学研究的是市场内的网络外部性问题，而非双边网络外部性问题。

站等，这就为平台的发展提供了大量的机会和商业模式创新的空间。

产业组织经济学关于平台竞争战略的研究，主要集中在平台如何通过一个平台市场内一边用户的生态系统和另一边互补内容提供商的生态系统的架构进行价值创造与价值获取（Eisenmann, Parker & Van Alstyne, 2006; Eisenmann et al., 2011; Evans, 2003; Gawer & Cusumano, 2002; Gawer, 2009; Rochet & Tirole, 2006）。产业组织经济学强调应理解平台市场中网络效应的竞争动态，并重点关注和解释利用网络效应的竞争战略（如定价战略和开放性战略）对单个平台市场内竞争程度的影响（Caillaud & Jullien, 2003; Clements & Ohashi, 2005; Hagiu, 2009; Rochet & Tirole, 2006; Rysman, 2009）。

产业组织经济学的平台竞争战略认为，市场中存在的间接网络效应加速了在同一市场上运营的数字化平台之间的竞争（Rysman, 2009）。平台之间激烈的竞争将导致"赢家通吃"（Winner Takes It All）的局面，即一家数字化平台获得市场主导地位，并利用其庞大的客户群来抵御新进入者。特别是当平台市场的特点是用户存在高转换成本时，间接网络效应阻止多用户宿主情况的出现（即单个用户同时加入多个平台的情况），从而使在位数字化平台免受竞争（Farrell & Saloner, 1985; Katz & Shapiro, 1985; Klemperer, 1987）。这意味着数字化平台之间激烈的竞争，会产生一个占据市场主导地位的平台，而这个平台市场是一个倾斜性的市场（Tip in Market）。平台竞争战略强调，要克服平台市场的进入壁垒，有抱负的平台提供商必须提供革命性、创新性的商业模式与平台功能（Henderson & Clark, 1990; Bresnahan & Greenstein, 1999），并破坏现有市场竞争格局。基于这些原因，数字化平台市场通常是通过连续的赢家通吃竞争战役演变而来的（Evans & Schmalensee, 2001），最终优质的新平台将取代旧平台（Eisenmann et al., 2011）。

不可否认，产业组织经济学将网络效应作为双边市场平台战略选择的关键因素，在定价战略和开放性战略的分析方面简洁有力，其最终目标是在单一市场范围内获得网络效应和赢家通吃的效果。我们认为，产业组织经济学的平台竞争战略有助于我们理解双边市场的独特性，以及平台为什么、如何创造价值，并如何成为市场中的核心平台。

但是，产业组织经济学的平台竞争战略存在两个明显的不足：一是对平台的竞争优势而言，网络效应仅仅只是一个外生性变量，并不能解释平台竞争优势存在的内在原因；二是产业组织经济学的平台竞争战略只提供了双边市场整体现象的静态图像，未能对平台及其市场的演变提供令人满意的解释。这主要是因为产业组织经济学的平台竞争战略只关注单一的"核心"平台市场，而很少关注相邻市场竞争平台的潜在竞争，因而无法解释平台包络、平台分岔和平台分裂等多平台竞争的现象。

二、厂商经营理论把平台视为一个创新的场所，平台竞争战略的多样性是由平台的内生性因素所决定的

厂商经营理论（Business Theory，BT）认为，在移动互联网经济生活中，数字技术和互联网催生了一种既是交易场所，又是共享数据库的新型创新场所——平台或数字化平台。一些管理学家声称，数字化平台很快将成为管理者和公司的"现实"（Hagiu & Yoffie，2009；Iyer & Davenport，2008）和"任何产品都可以成为平台"（Sviokla & Paoni，2005）。

厂商经营理论的平台竞争战略认为，由于商业模式的创新，平台竞争当下已经超出了单一平台市场的界限，应当把平台视为"超平台市场"（Supra - platform Market）中的一个创新场所。平台竞争优势是由每一个数字化平台所具有的独特的、基于多样竞争策略组合的技术架构和市场架构构建的（Cennamo，2019）。平台市场演化及其对价值创造和价值获取的重大影响，为理解行业架构动态发展（Jacobides，Knudsen & Augier，2006；Pisano & Teece，2007）和商业模式创新（Amit & Zott，2001；Casadesus - Masanell & Ricart，2010）奠定了基础。要从理论上推导出这些商业模式创新的竞争含义，应当使用多市场接触理论（The Multi - market Contact Theory）来分析单一的"核心"平台市场和相邻平台市场的潜在竞争关系，重点关注平台参与者的多宿主性和复杂性，平台参与各方资源的互补性与相互依赖性，平台技术、平台架构和平台治理的复杂性等影响平台竞争优势的内生性因素。

厂商经营理论的平台竞争战略受到产品系列理论、市场中介视角和商业生态系统视角三个方面的影响，反映出厂商经营理论的平台竞争战略是这些理论和视角的组合。产品系列理论（Product Line Theory）认为，平台是一个组件包（A Bundle of Components）（Bresnahan & Greenstein，1999），一个由单独开发的技术组成的系统（Cusumano & Gawer，2002），或者是一个不断发展的技术系统中的子系统（Gawer & Henderson，2007）。产品系列理论将平台概念化为一组共享的组件、技术和其他资产，以模块化架构的形式排列，以形成或充当创新的场所（Gawer & Cusumano，2002）。

可以这样说，产品系列理论深受产品开发理论的影响。在产品开发理论（Product Development Theory）看来，"平台"一词往往指的是计算机硬件或软件的操作环境，由一组固定的和一些互补的元素所构成（Tushman，1998），常常也泛指从事某项工作、娱乐、社交或交易所需要的环境或条件，开发者通过界面（Interface）及构成要素使平台参与者之间进行信息交流或交易（Greenstein，

1998）。

产品系列理论认为，一系列关于产品设计和开发的广泛研究（McGrath，1995；Robertson & Ulrich，1998；Krishnan & Gupta，2001；Meyer & Lehnerd，1997）已经确立了平台作为模块化技术（或产品）架构的基本概念，这个技术（或产品）架构涉及核心组件的共享集和外围组件的可变集。这样的模块化架构能够重用共享资源（组件或资产），进而在生产和创新中实现范围经济（Scope Economy）（Gawer，2014）。模块化通过减少模块之间的相互依赖性来促进创新，从而简化了以界面形式表达的相互连通性规则（Interconnectivity Rules）（Baldwin & Clark，2000）。通过开放界面（West，2007），平台使拥有更多异质知识和能力的更广泛的实体参与互补创新（Gawer & Cusumano，2002）。

产品系列理论代表性的平台定义主要有：平台是由一套共享的技术、组件、工具和服务组成的，通常采用模块化结构，为开发互补性产品奠定服务基础（Gawer & Cusumano，2002，2008，2014；Gawer，2014；Ianisiti & Levien，2004；Zhu & Iansiti，2012）。平台（核心组件）以及互补产品（外围组件）构成了用户/客户的价值主张（Adner，2006，2017；Adner，Chen & Zhu，2016）。平台是一个具体的架构（Architecture），是一个产品/服务/方便广大用户交流的基础架构的设计。平台是一系列产品共同使用的组件（Boudreau，2010），其核心部分是由构成产品架构的元件与界面所组成的体系（Mukhopadhyay et al.，2015）。

产品系列理论强调架构设计、界面和模块化，这些观点深受哈佛大学商学院Baldwin 和 Clark（2000）的影响，其平台竞争战略理论在逻辑上也呼应了资源基础观，强调厂商组织对关键资源的控制，以获得卓越的市场竞争优势。

市场中介视角强调，平台有助于协调买卖双方的努力（Bresnahan & Greenstein，1999），充当了价值交换枢纽的角色（Economides & Katsamakas，2006）。

从市场中介视角看，平台提供了支持市场架构的基础设施，由一组共享的经济规则定义，如协议、权利和交易定价条款（Bakos & Katsamakas，2008；Eisenmann，2008；Eisenmann et al.，2006），以及匹配使用系统资源进行交易的买方和供应商的系统所构成（Hagiu & Wright，2015）。平台可以为不相关的参与者提供互补服务和产品（Gawer，2009），代表了一种特别有效的协作架构（Coordination Architecture），旨在利用平台生态系统创新的潜力（Maula et al.，2006；Teece，1996）。

这种市场中介平台最显著的特点就是：平台自身并不创造价值，而是为价值创造提供最基础的运行条件、设施或环境，因而可以将平台视为是一种增值平台（Proliferating Platform）。例如，我们使用的各种操作系统，无论是个人电脑的Windows 操作系统，还是智能手机安装的谷歌安卓操作系统或苹果 iOS 操作系统，都为运行他人开发的应用程序提供最基本的条件和环境。这种平台一般被称为软件平台、创新型平台，也有学者将其称为平台产品。又如，亚马逊（Amazon）、易趣（eBay）、淘宝（Taobao）等交易类型的电子商务平台，它们为卖家与买家搭起桥梁，这种平台实质上就是撮合卖家与买家的中媒人、牵线搭桥的人或中介人（Matchmakers）。

我们认为，从市场中介视角看，平台是指具有高度组织结构柔性和战略弹性的、能够通过促成双边或多边交易，并从中获取收益的第三方界面系统（The Third Interface System）或经济主体（Economic Entity）（Eisenmann et al.，2006），平台功能可以由第三方扩展，并受网络效应的影响（Eisenmann et al.，2011；Evans et al.，2006；Parker & Van Alstyne，2000，2005）。这个第三方界面系统或经济主体连接核心价值的创造者和用户两端，它自身并不直接参与核心价值的创造，但它为用户进行核心价值创造提供了一个必不可少的可触可感的现实世界和物理的虚拟空间。

应当说明的是，平台作为一个市场中介人（Matchmakers）连接核心价值的创造者和用户两端，一般情况下它不直接参与核心价值的创造，这类只承担中介人角色的平台提供商往往称为"纯平台"（Pure - platform）或"纯粹的玩家"（Pure - plays），如淘宝（Taobao）、优步（Uber）和爱彼迎（Airbnb），这些平台完全依赖于平台配对机制（Platform Matchmaking Mechanism）进行价值获取（Evans & Schmalensee，2016）。但也有一些平台，它们在继续经营更传统的业务的同时，也引入一个或多个基于平台的业务，如亚马逊网上市场（Amazon Marketplace）、京东电子商务平台等就是以典型的平台分销商模式（Typical Reseller Model）来销售商品，同时允许其他厂商组织或微商销售其产品（Hagiu & Wright，2015）。它既是核心价值的创造者和用户的中介人，又有直接参与核心价值创造的自营项目，这类平台以市场中介人角色为主、以自营项目为辅，因而我们仍然认为其具有不直接参与核心价值创造的特点。

商业生态系统视角认为，将平台视为一个商业生态系统更为可取。该视角强调，平台由一系列以商业生态系统（Business Ecosystem）为基础的模块化企业组成，可以提供互补性的产品、技术或者服务。平台是一个或多个企业或组织基于经济上的供求关系，以价值创造为目标所形成的一种不断进化、不断变异的组织（Gawer，2009）。Gawer（2014）认为，平台生态系统的参与者包括平台领导（Platform Leadership）、互补品提供商（Complementors）、终端用户（End - users）等，它们是与平台直接产生互动关系的行为主体。

商业生态系统视角认为：基于平台的生态系统由平台领导者和开发（或共同创建）互补产品和服务的实体（客户）组成（Casadesus - Masanel & Halaburda，

2014；Casadesus–Masanel & Yoffie，2007；Yoffie & Kwak，2006）。基于平台的生态系统的治理是平台的责任（Nambisan & Sawhney，2007，2011；Nambisan & Baron，2013；Lusch & Nambis，2015；Zahra & Nambisan，2011，2012）。平台领导者为生态系统成员提供一个或多个价值分配（获取）机制（Parker & Van Alstyne，2018；Eisenmenn，Parker & Van Alstyne，2011；Ceccagnoli et al.，2012；Huang et al.，2013；Boudreau，2010，2012）。

　　我们认为，平台或数字化平台是平台生态系统（Platform Ecosystem）的一个组成部分，往往称为第三方（平台方），平台生态系统除平台这个参与者之外，还包括买方、卖方等。所谓的第三方，是指参与产品或服务交易的买卖双方之外的第三方，这个第三方并不直接参与交易，但它为参与交易的买卖双方提供必不可少的设施和条件，它就是市场中介人。这个第三方并不拥有商品和服务的所有权，但它们促进了商品和服务的交易（Hagiu & Yoffie，2009），通过促进买卖双方之间的交易来突破市场瓶颈（Hagiu，2006），平台作为匹配使用系统资源进行交易的买方和供应商的系统（Hagiu & Wright 2015），通过搜寻与匹配机制提高市场效率，如提高交易量、资源配置效率和改善供求关系等，为买卖双方创造价值。平台是平台生态系统中的市场中介者，促进多边市场之间的交换，并且通过其产品或服务架构利用一个或多个市场，以使平台所有者可以从市场中介创造的附加价值中获利。因此，人们往往把第三方界面系统或经济主体看成是平台领导（Platform Leadership）或数字化平台本身，买方就是终端用户（End–users）、顾客（Consumer）和消费者（Customer），卖方就是各种微商（Small Business）、互补品提供商（Complementors）或模块化企业（Module Business）。需要注意的是，平台组织是平台的领导公司，一般称为平台领导、平台提供商或平台所有者，有时也称为平台生态系统的基石公司（Keystone Firm）（Iansiti & Levien，2004）或经济催化剂（Economic Catalyst）（Evans & Schmalense，2007）。

　　厂商经营理论描述了平台业务构成与架构在平台竞争战略中的重大作用（Cennamo & Santalo，2013；Parker & Van Alstyne，2005；Rochet & Tirole，2003）。我们认为，这种架构视角在理解（数字）资源的作用及其在价值创造和获取中的联系方面非常有用，可以使人们更清楚地认识到价值创造的业务体系或商业模式，但它也可能使我们无法更深入地理解平台架构和平台治理在数字创新中的复杂和动态作用。在我们看来，从产品或平台架构（或以工件为中心）的角度定义的平台"价值空间"（Value Space）是有限的或不完整的。从平台生态系统的角度看，生态系统框架可以更全面地解释价值创造与价值获取的价值空间和相关元素，并可能丰富将平台视为一个创新的场所对数字创新中的价值创造和价值获取的作用的见解。

从生态系统视角看平台，具有以下优点：①平台作为一种生态系统，可以视为由一组扮演不同角色的、反映互补性的行动者组成，这些行动者在其活动和结果中具有高度的相互依赖性；②生态系统视角引导我们加强对行动者动机和行为的关注，特别是关注不同参与者之间的一致性（Alignment）（Adner，2017），从而关注他们的合作或协作行为（追求一个焦点价值主张）；③生态系统视角可以概念化价值创造和价值获取的演变，让我们更精确地理解平台业务构成和商业模式。例如，参与者（或机构）层面的变化、互补性资源层面的变化以及价值路径的变化将影响平台价值创造和价值获取的演变，解释价值创造和价值获取框架中的一些概念，并导致市场支配和权力的理论逻辑的演变，这已经引起了平台研究者的广泛注意。

部分学者认为，应当将平台视为"创新生态系统"（Innovation Ecosystems）（Adner & Kapoor，2010；Tee & Gawer，2009），在这个创新生态系统中，平台是其他公司开发互补产品或服务的基础（Gawer，2009，2014）。学者们可以集中研究某一类技术平台或平台倡导者和互补者之间是如何构建出创新生态系统的。

厂商经营理论平台竞争战略的代表性平台有苹果的 iOS、谷歌的 Android、微软的 Xbox①、索尼的 PlayStation②、福特汽车的 SYNC③、通用电气（GE）的 Predix④ 和全球农业机械巨头约翰·迪尔公司的 JD Link⑤ 等平台，这些平台主要从事的是 to B 业务，但也不排除对个人的 to C 业务。

厂商经营理论的平台竞争战略强调，应当将产品系列、市场中介和商业生态系统三种逻辑通过平台的作用结合在一起，通过厂商组织的模块化互补性资产、服务和技术（Hagiu & Yoffie，2009），为更广泛的业务网络或生态系统提供协调结构（Cusumano & Gawer，2002；Gawer & Cusumano，2008）。

---

① Xbox 是由美国微软公司创造并所有的电子游戏品牌。产品包括家用游戏机硬件、游戏制作与发行服务、线上游戏服务和内容订阅服务。

② PlayStation（简称 PS）是日本索尼公司著名的游戏机系列，中文意为"游戏站"。PS 已经推出的版本有 PS、PSone、PSX、PS2、PSP、PS3、PSV、PSV TV、PS4、PS5。

③ 福特 SYNC，即专为手机和数字媒体播放器配备的福特车载多媒体通信娱乐系统，由福特与微软和马牌分担，微软贡献了软件/操作系统，马牌提供了硬件与系统集成，于 2007 年亮相北美国际车展。早期的 SYNC 系统主要致力于通过蓝牙、USB 等方式将用户的手机、播放器等设备集成到车载信息终端上来，此后，SYNC 增加了车辆健康状态检测和自动接通紧急救援电话的功能。最新的 SYNC 则集成了交通监测、导航与信息功能，为驾驶者连通一切驾驶途中所需要的信息。

④ Predix 是通用电气（GE）推出的针对整个工业领域的基础性系统平台，是一个开放的平台，它可以应用在工业制造、能源、医疗等各个领域。

⑤ 约翰·迪尔公司主要通过农机、设备上的 JD Link 平台实现设备与设备、设备与操作者之间的互联、协作及监控，通过 My John Deere 社区实现设备、操作者、专家以及分销伙伴间的资源整合和信息分享。自动导航是精准农业系统的基础、核心，为了保障导航的精准性，约翰·迪尔成为唯一一家拥有自己的纠偏卫星网络的农业公司，而"绿色之星"（Green Star）是其应用最广的导向系统之一。

第二节　平台竞争战略的发展

对平台概念认识的不一致，导致产业组织经济学和厂商经营理论对平台生态系统和平台竞争战略的研究有极大的不同。

一、平台经济学的平台竞争战略

当下，有关平台经济的一般经济学理论已经初步成型，其中平台经济学家 Rochet 和 Tirole（2003）、Armstrong（2004）及 Caillaud 和 Jullien（2003）等对平台经济学（Platform Economics）的研究做出了开创性贡献。自这些开创性的论文发表以来，平台经济学与产业组织经济学的研究逐渐融合，导致学术界对平台的研究兴趣急剧上升。

产业组织经济学的研究包括平台经济学、产业组织、厂商的市场进入策略、平台启动与运营策略、网络效应与平台寿命周期、网络效应与市场营销策略等方面。产业组织经济学平台竞争战略研究重点涉及网络效应、平台定价策略和收入分享策略等方面。平台竞争战略研究关注的关键性概念和构造有：多边市场平台，包括同边（直接）网络效应和跨边（间接）网络效应；平台治理，包括多方（用户群体）的管制参与、平台参与者之间的互动/交易规则（界面规则）、平台参与者各方匹配；平台的价值获取，包括定价策略和收入分享等。

需要指出的是，网络效应是产业组织理论经济模型和平台竞争战略的基本前提，因而平台竞争战略的核心就是通过吸引不同群体进入平台来组建平台生态系统。之后，各方群体在平台上开展互动合作，发挥整体网络效应，从而实现共赢。弗里德曼（2006）认为，平台竞争战略更提倡平行开放的互动，而非封闭垂直的控制。这种思想也促使厂商组织从 to B 的价值链向 to C 的价值网发展（Bovet & Marha，2000），从而推动厂商组织商业逻辑的转变。虽然有少数学者的研究集中于了解平台领导如何吸引多方加入平台（Gawer，2014），但产业组织经济学大多数的平台竞争战略模型都侧重于平台定价（Parker & Van Alstyne，2005；Rochet & Tirole，2003，2006；Clements & Ohashi，2005；Rysman，2009；Evans et al.，2006）。

我们认为，产业组织经济学的平台竞争战略研究主要关注平台间竞争和交叉补贴（Cross-subsidisation）的融资动态（Rochet & Tirole，2003）、平台间的定价动态以及成为主导平台的竞争问题（Eisenmann et al.，2006）。产业组织经济学平台竞争战略研究的焦点是经济力量如何使多边市场不同于其他的市场安排。对定价策略和融资动态的兴趣是产业组织经济学平台竞争战略研究的一大特点，而非创新动力。虽然这一系列的平台竞争战略研究对理解定价和融资问题有很大帮助，但这些研究并没有打开必要的技术"黑匣子"，以了解平台的生成性和其他创新动力。

二、厂商经营理论的平台竞争战略

厂商经营理论的研究包括产品系列与产品开发、平台架构与技术管理、平台设计、中观层组织理论（Meso – level Organizational Theory）、价值创造与价值获取、平台生态系统、厂商的平台战略与商业模式等方面。厂商经营理论平台竞争战略研究重点涉及平台的设计界面、平台核心和外围部件、平台架构、平台互补者的构成、业务系统的构建等，主要关注：平台生态系统的协调，包括决策权的分配、平台参与的架构、共同的世界观和共同的集体身份、平台创新的杠杆、共享知识产权（IP）和知识产权的管理、向互补者分配（财务）奖励/价值等；平台的作用和平台战略，包括平台领导和互补、管理相互依赖性与互补性、平台领导战略（如技术领导）、创新一致性和互补性战略（如多宿主）等。

从某种意义上说，厂商经营理论的平台竞争战略和产业组织经济学的平台竞争战略可以看成是基于平台竞争战略的厂商经营理论和基于平台竞争战略的产业组织经济学。我们认为，应当将这两个视角结合起来，以推动平台竞争战略的发展。

我们的观点是，平台竞争战略应当以基于平台竞争战略的厂商经营理论为基本理论架构，辅以基于平台竞争战略的产业组织经济学的内容。这是因为产业组织经济学的平台竞争战略始终围绕网络效应展开，这是整个产业组织经济学平台竞争战略研究的基本前提，但网络效应产生的正反馈循环和赢家通吃现象，并不是平台生态系统竞争优势的内生性变量（Endogenous Variables），它们仅仅是平台生态系统竞争优势衍生的结果，是平台生态系统竞争优势的外生性变量（Exogenous Variables）。

平台竞争战略研究应当采用间接网络效应、平台领导、平台与参与者之间的互补、管理相互依赖性与互补性、平台设计策略等影响平台竞争优势的内生性变量和核心概念，来分析数字化平台或平台生态系统的竞争优势。从当前的研究情况看，大多数的研究主要通过案例研究和市场竞争理论推理来构建平台生态系统竞争优势（Gawer & Cusumano，2002；Gawer & Henderson，2007）。

三、平台竞争战略研究的局限

当前数字化平台或平台竞争战略研究的局限主要在于：

一是缺乏足够的实证研究来检验平台领导的平台设计决策如何影响互补者的战略选择，以及这些决策对平台生态系统的影响。

二是与产业组织经济学视角相类似，平台竞争战略研究者往往将平台视为一段时间内保持相对稳定的系统，因而对平台生态系统演变的了解相对较少。

三是早期的平台竞争战略对多平台市场和多平台市场平台竞争战略关注不够。例如，早期的平台竞争战略往往以单一平台用户体验为目标，是一种以用户体验为导向的单一平台市场模式。早期的平台竞争战略的重心是平台启动、平台开放性、平台架构、平台互补者的构成、业务系统的构建和平台生态系统的协调等问题，主要关注的是平台启动战略、平台开放战略、平台治理战略等。特别是在中国的交易型平台中，往往以这种平台竞争战略为主。随着平台市场从单一核心市场向多平台市场的转变，平台竞争战略的重心开始从单一平台市场的平台竞争战略向多平台市场的平台竞争战略转变。应当看到，在平台发展的不同阶段，所运用的平台竞争战略有所不同，各个阶段的平台竞争战略在目标和市场模式上存在着极大的不同，且在不同的产业平台市场上的平台竞争战略也有所不同。

四是早期的平台竞争战略对创新型平台竞争战略关注不够，仅关注交易型平台竞争战略。事实上，交易型平台竞争战略的指导思想是，注重单一平台市场的用户体验，更多强调的是通过平台架构，解决平台互补者的构成和商业模式创新等问题，实现平台生态系统的协调和参与各方的互补与协同。在创新型平台或混合型平台中，由于平台从其单一核心的主场市场（Home Market）扩展到相邻平台市场（Adjacent Market），平台领导往往需要通过跨平台互补，来寻求进一步提升用户体验。

五是早期的平台竞争战略并不关注敌对性平台竞争战略，如平台包络战略、平台分岔战略和平台分裂战略，而这些战略的实施范围包括主场市场与相邻市场在内的多平台市场。今天，人们关注敌对性平台竞争战略，是因为平台包络战略有可能重合或导致数字化平台对相邻市场的包络；平台分岔战略有可能导致数字化平台在相邻市场对类似平台的代码克隆、软件克隆或平台克隆；平台分裂战略也称为平台碎片化（Fragmentation）战略，即平台市场出现类似平台技术的多版本的平台。这些平行包络、平台分岔和平台分裂导致多平台市场的融合和超平台市场的出现，呈现出不同的平台参与者的共存现象：平台之间既有激烈的市场竞争，又有高度的业务合作，共同推动商业模式创新。

我们认为，高科技环境日新月异，新兴技术不断涌现，这意味着平台技术架构是动态的，平台市场是不断扩展的，并随着时间的推移而不断发展（Gallagher & Park，2002；Clements & Ohashi，2005）。可以这样说，平台技术架构和平台市场的变化对任何一个数字化平台生态系统竞争优势的演变都尤为重要，因为它们从客观上提供了改进现有技术系统和设计新平台的机会（Bresnahan & Greenstein，1999），因而需要集中研究平台领导如何在频繁的技术变革时期管理平台的相互依赖性和互补性，以及跨平台互补性，以充分利用平台生态系统的互补产品组合。

第三节　平台竞争战略框架

一、平台战略分层与平台价值创造模式

尽管数字化平台战略非常复杂，但并没有改变战略管理理论关于战略分层（Strategy Stratification）的思想，互联网巨型科技公司需要确定发展哪些平台技术，发展多少个平台，发展哪种类型的业务平台，这些平台之间有无关联性和互补性，平台之间有无实现跨平台互补，如何协调各个平台的发展，采用何种组织结构形式等，这需要制定公司总体的平台发展战略，属于公司层平台战略（Corporate – level Platform Strategy）的范畴；公司下属的每个数字化平台如何规划自己的业务、如何与竞争对手进行市场竞争，这需要制定每个平台的竞争战略（Platform Competitive Strategy），属于经营层平台战略（Business – level Platform Strategy）的范畴；公司发展需要在各个职能领域内采用什么手段、什么措施，这需要制定诸如技术发展战略、财务战略、融资战略等多个子战略（Sub – strategies），属于职能层战略（Functional – level Strategy）的范畴。

我们认为，平台与平台之间竞争的形态与平台所有者具有的多层业务生态系统（Multi – layered Business Ecosystem）的动态互动（Dynamic Interaction）有关。包括苹果、谷歌（Google）的母公司字母表控股公司（Alphabet）、微软、亚马逊、阿里巴巴、腾讯在内的巨型互联网平台所有者一般都采用"伞形控股公司"（Umbrella Company）的组织结构形式，与所有权相对应的是伞形数字化平台结构形式。例如，谷歌的母公司字母表控股公司（Alphabet）旗下有谷歌（Google）、YouTube、Nest 等多家平台，阿里巴巴旗下有淘宝商城（Taobao）、天猫商城（Tmall）、支付宝（Alipay）、饿了么等多家平台，腾讯旗下有 QQ、微信（WeChat）、微信支付（WeChat Pay）、微盟等多家平台，这些巨型互联网科技公司构建了操作系统生态、搜索生态、交易生态、社交生态、娱乐生态、游戏生态和支付生态等多种生态系统，这些生态系统之间存在着大量的互动活动，导致平台战略变得异常复杂（Teece，2012）。

当下，学术界对多平台互联网巨型科技公司公司层平台战略的研究甚少，学术研究和管理实践主要集中于经营层平台战略或平台竞争战略，而平台竞争战略涉及平台经营模式。

按照美国著名权变组织理论家 Thompson（1967）以长程连接技术、密集技术、中介技术分类的价值配置分析理论（The Value Configuration Analysis），工业经济时代厂商组织价值创造主要有三种模式：美国战略管理理论家 Porter（1985）的价值链（Value Chain）经营模式、挪威管理学家 Stabell 和 Fjeldstad（1998）的价值商店（Value Shop）经营模式与价值网（Value Network）经营模式。

Porter（1985）的"价值创造理论"认为，厂商是顾客价值（Customer's Value）的主要创造者，厂商通过一连串的价值活动组合，单方面创造产品与服务的价值。因此，他提出了考察厂商竞争优势并寻求改善厂商组织素质的基本工具——价值链（Value Chain）。他将厂商价值活动区分为"基本活动"与"支援活动"两部分，其中基本活动是指对最终商品有贡献的部分，如厂商组织的原材料进货、制造和产成品出货、物流、营销、售后服务等"产供销"环节；支援活动则是间接性的辅助活动，对厂商组织的价值创造有很大的帮助，如厂商组织的基础设施创建、人力资源管理、技术发展、财务活动等。应当指出，Porter 的"价值创造理论"是一种经典的价值链线性思维模式。

Stabell 和 Fjeldstad（1998）进一步发展了"价值创造理论"，他们提出了价值商店（Value Shop）与价值网（Value Network）两种价值创造的经营模式。相对于价值链通过生产端（供给端）一连串投入来创造价值，价值商店指的是由解决特定的顾客问题来为顾客创造价值，因而这种价值创造模式也称为"顾客解决方案"商业模式；而价值网的经营战略则是靠中介技术来连接上下游厂商和顾客，促进顾客的交换为顾客创造价值。

我们认为，从平台价值创造模式看，大多数平台经营模式可以称为网上价值商店模式（Network Value Shop Model）。在这种模式下，交易型数字化平台依靠互联网中介技术将无限多的 B 端的厂商和 C 端的顾客聚合在互联网平台上，通过网上价值商店来解决特定的顾客需求问题，为顾客创造价值，B 端的厂商是利用密集技术生产产品的提供者。网上价值商店是互联网时代市场的高度集中，完全不同于工业经济时代的市场特性。通过平台经营，可以产生更强的直接和间接网络效应，克服转换成本（Switching Costs）和多宿主成本（Multi - homing Costs）给市场集中带来的压力。

平台经营模式，可以最大限度地利用平台市场独有的外部性（Externality）、战略弹性（Strategic Flexibility）、多宿主性（Multi - homing）、长尾（The Long

Tail)、价格杠杆效应（Leverage Effect on Price – making）、协同创新效应（Collaborative Innovation Effect）等属性（Cusumano & Gawer，2001；Cusumano，2011），为数字化平台创造市场价值。因此，在平台市场上竞争的数字化平台需要基于清晰的指导方针来制定平台竞争战略，以利用平台经营特有的属性。

二、平台竞争战略类型与分析架构

在众多学者看来，平台竞争战略并非是一个单一的战略，而是一个统称，包含了许多的平台竞争战略类型。

Gawer 和 Cusumano（2002）认为，平台竞争战略包括确定平台经营范围，即平台经营的哪些技术或哪些产品由平台自己提供，哪些由外部主体提供；平台产品技术，即平台的技术架构、模块化程度、界面开放程度等；平台与互补品提供商的关系，即竞争与合作关系管理；内部组织，即组织结构和文化四个方面。

美国纽约大学斯特恩商学院（NYU Stern School of Business）教授 Schilling（2009）认为，平台竞争战略主要围绕获得三方面的竞争优势而展开：①提高平台本身的功能性和技术绩效；②扩大用户基础；③增加互补品的规模和多样性。

Zhu 和 Iansiti（2009）在进行平台和网络效应和利益分析时，提出了绑定和利益分析等多个平台战略。中国社科院学者张小宁（2014）按时间把平台战略分为进入期、构建期、包围期和创新期，并分别定义为平台进入战略、平台构建战略、平台包围战略和平台创新战略。平台进入战略主要是指企业要打破壁垒进入市场就需要推出革命性的功能与服务。平台构建战略主要是指维持和建立双边网络，形成网络效应所采取的一系列措施。平台包围战略主要是指平台提供者进入新的市场，通过平台绑定的方式分享用户资源利用原有平台的网络效应。平台创新战略主要是指产业技术创新方式呈现出以"平台"为中心的特征，系统成员利用技术平台、工具平台或服务平台提升自身的绩效水平。其中，模块化创新是产品创新的主要方式，即把产品分解成多个模块，通过模块创新达到产品创新的目的。

美国管理学家 Parker 和 Van Alstyne（2016）认为，平台战略包括启动战略（Launch Strategy）、开放战略（Open Strategy）、治理战略（Governance Strategy）和竞争战略（Competitive Strategy）。

对于平台竞争战略的架构，不同的学者有不同的看法。

芬兰拉彭兰塔理工大学（Lappeenranta University of Technology）工商与管理学院教授 Tura 等（2018）从平台设计框架（Platform Design Framework）视角提出了一个更加综合的平台战略框架，该框架包括：平台设计、价值创造逻辑、平台生态治理和平台竞争四个维度。其中，平台设计是确定平台生态的参与者，包括平台生态作为多边市场包括哪些"边"的参与者，每一个"边"上允许具有什么特征的参与者加入平台；价值创造逻辑指的是平台企业需要明确各类参与者的价值主张和收入来源（重点是网络效应驱动的价值形成和收入）；平台生态治理指的是平台生态中各类决策权的配置，包括平台的所有权结构（是独占还是多个主体共同所有）以及由谁承担平台生态的主导者角色；平台竞争包括平台生态构建、平台生态在市场需求中的定位以及平台的创新和升级。

Cusumano 等（2019）提出了新的平台竞争战略框架，包括扩大网络效应，即扩大需求端用户基础和吸引互补品；防止用户的多平台宿主化；防止平台市场碎片化（Fragmentation），即在平台市场上出现类似平台技术的多版本平台；提高平台的进入壁垒四个方面。

意大利路易吉·博科尼商业大学 Cennamo（2019）认为，经济的数字化正在改变竞争的性质，影响到厂商组织在数字市场上竞争的基本方式。他所提出的基于平台的数字化市场竞争观强调，每一个平台都有自己独特的特性，应当从平台规模和平台特性（Platform Size and Platform Identity）这两个战略维度对竞争对手平台进行比较，这有助于理解数字市场竞争的本质，并能够解释偏离主流竞争理论预测的独特竞争动态。

中国社会科学院中小企业研究中心学者贺俊（2020）将平台竞争战略分为互补品、平台提供者、平台所有者三个层面的平台竞争战略，认为这种分类有利于推进平台竞争策略间的交互影响、竞争策略组合的管理学合理性、平台竞争的动态性、瓶颈性平台的技术经济特征等前沿问题的研究，并有利于在中国情境下通过引入赶超情境和制度变迁情境，对既有的创新平台竞争理论进行拓展。

三、平台竞争战略架构

我们认为，所谓平台竞争战略是平台领导或平台倡导者对平台的类型、业务模式、启动、发展等所进行的全局性筹划或谋划。平台竞争战略涉及平台之间的竞争与垄断情况，平台在市场结构的作用（市场定位），交易结构和交易合约设计与交易成本的确定，需要对不同类型平台的发展模式与竞争机制进行比较分析，并提出相应商业模式设计的建议。

我们认为，平台竞争战略的架构必须从多平台市场的现实市场情况出发进行构建。在多平台市场上，互补已经从单一平台的互补转向了多平台互补或跨平台互补；数字化平台的经营活动中既有竞争，也有合作，平台与竞争者的关系是一种竞合关系（Co-opetition Relationship）。平台的竞合关系表现为平台与平台之间的竞争与合作、平台与合作伙伴之间的竞争与合作等多种形态，并伴随平台经营的全过程；多平台市场上大量出现的平台包络、平台分岔和平台分裂现象预示着平台之间的竞争往往是敌对性竞争；多平台市场上出现了融合和超平台市场，呈现出不同的平台参与者共存的现象：平台之间除了激烈的市场竞争，跨平台互补和高度业务合作也是平台发展的一种主流趋势，这种跨平台互补和业务合作，共同推动平台的商业模式创新。因此，平台竞争战略主要包括竞合性平台战略（Co - opetition Platform Strategy）、互补性平台战略（Complementary Platform Strategy）和敌对性平台战略（Hostile Platform Strategy）三种竞争战略。

　　竞合性平台战略主要包括平台的开放性战略与平台启动战略，与互补性平台战略和平台治理战略有密切的关系。竞合性平台战略强调竞争中合作的重要性，强调了平台战略制定的互动性和系统性，有效克服了传统企业战略过分强调竞争的弊端，为数字化平台战略管理理论研究注入了崭新的思想。竞合性平台战略的核心逻辑是共赢，反映了竞合性平台战略以博弈思想分析各种商业互动关系，以为平台所有参与者建立起公平合理的合作竞争关系为重点。互补性平台战略强调厂商组织之间的合作，特别是平台领导或平台倡导者与互补品提供商之间的合作，通过互补来创造和获取更大的价值。因此，互补性平台战略总体上属于合作逻辑，而非竞争逻辑。敌对性平台战略包括平台包络战略与平台分岔战略，具体可以分为平台分岔、平台包络和平台分裂等敌对性平台竞争战略。需要指出的是，从严格意义上说，平台治理战略属于组织治理（Organizational Governance）的研究领域，不属于平台竞争战略的范畴，但它会对平台竞争战略的制定产生较大的影响；而数字化业务转型战略属于组织变革（Organizational Change）的研究领域，它的主旨指向厂商组织的观念与战略行为的变革，不属于平台竞争战略的范畴，但在实践中，这个战略往往与平台竞争战略同时制定，并相互配合。

　　将平台竞争战略分为互补性、敌对性和竞合性三种平台战略，是因为这三种平台战略各自需要解决的核心问题与战略逻辑各不相同，如表 3 - 1 所示。这种战略分类框架不仅可以全面面对交易型平台、创新型平台和混合型平台所有的平台竞争问题，而且能够最大程度地避免影响平台竞争优势各个维度的交叉和战略要素之间交互的问题。此外，这种框架还有助于识别多平台市场边界和竞争领域因采用互补性平台战略、敌对性平台战略或竞合性平台战略所导致的市场融合情况。当然，这三种平台战略都涉及单一平台市场与多平台市场中平台启动、平台定价、平台开放、平台治理、平台竞争与合作、平台包络、平台分岔、平台资源配置与资源组合、平台改变经营规模和经营范围、平台场景等具体的战略与策略问题。

　　需要指出的是，平台的深度、宽度和黏性战略并没有被概括进互补性、敌对性和竞合性三种平台战略，但它们也属于数字化平台竞争战略的重要组成部分，它们更多地从平台的经营范围、数量与规模、互补品厚度和用户黏性等方面来体现平台竞争战略。

表3-1 平台竞争战略的架构

	互补性平台战略 (Complementary Platform Strategy)	敌对性平台战略 (Hostile Platform Strategy)	竞合性平台战略 (Co-opetition Platform Strategy)
核心问题	互补品种类、数量与质量的最大化，对多平台互补或跨平台互补进行选择	防止平台分岔、平台包络和平台分裂等敌对性竞争情况的出现	通过与互补者合作形成平台独特的竞争优势，并使平台与在位厂商的解决方案有所区别
战略逻辑	互补性与管理相互依赖性，是整个平台战略的核心问题	获得平台包络权，成为生态系统的平台领导；防止机会主义的新进入者利用平台开放性改变平台赛道，利用现有生态系统的资源获取价值	平台领导通过与互补性企业合作获得平台竞争优势或战略价值

资料来源：本书作者创建。

一般认为，增加数字化平台的深度和宽度，进而增加平台的厚度（Thickness）是构建平台隔离机制（Platform Isolating）的重要举措。对电商类平台来说，如淘宝、京东、亚马逊（Amazon）、易趣（eBay）等平台在生态系统业务开发端增加交易平台和交易流量，是其成功扩张的关键。增加平台的深度和宽度主要有两种方法：

一是以增加平台参与者之间的互动数量和规模来扩大平台的规模经济，这需要改善平台的深度（Depth of the Platform）（Evans et al.，2008），即改善现有参与者的功能和服务，增加平台卖家（微商）的厚度（Business Thickness）来加强规模经济。例如，淘宝、京东、亚马逊（Amazon）等电商平台普遍采用客户推荐、评级、质量集中控制等手段，扩大了平台功能；又如，易趣网（eBay）收购支付平台贝宝（PayPal），引入新的支付体系和机器人售货系统，扩大了平台流量和销售额。这种深度战略（Depth Strategy）吸引了平台参与的新成员，同时满足所有参与者在平台上表达当前需求的诉求。从另一个视角看，深度也增加了平台参与者的转换成本（Switching Costs），从而提高了忠诚度。转换成本通过平台参与者的学习曲线（Learning Curve）和经验效应（Experience Effect）得到加强：参与者在这一过程中学会使用平台、熟悉平台、抓住平台并习惯平台。

二是平台通过引入新的长期关系式的合作伙伴，如能够提供独特互补品的厂商，从而为平台带来新的增量产品和服务，进而扩大平台范围经济的宽度，这通常也被称为平台的广度战略（Breadth Strategy）（Evans et al.，2008）。这意味着平台能够吸引更多的参与者和消费群体。宽度或广度还包括通过创造或满足交易平台的新需求或机会而产生的转换成本。增加宽度和广度是使平台具有多边性，或改进其先前多边性的想法。因此，在平台经营的扩张阶段，所有数字化平台都会变成双边平台或多边平台。

四、平台的深度、密度和黏性战略

需要指出的是，深度和宽度增加了平台的厚度，如果平台战略制定与实施得当，深度战略和广度战略可以通过竞争性平台阻碍或阻止竞争对手进入市场。深度加上宽度，可以提前锁定竞争对手未来可能拥有的大部分经济租金空间，从而为竞争对手增加进入壁垒。这个壁垒包括消费者意愿、转换成本、成员的技术锁定、对基础设施的大量投资、后发劣势等，可使平台上创造的战略空间几乎不可逾越，导致竞争对手最终只能进行正面价格竞争或横向进入系统（侧面竞争）。

平台黏性战略（Platform Stickiness Strategy）的核心是要构建平台 C 端的终端用户、B 端的应用程序开发人员和互补品提供商积极使用平台的模式。我们更关心的是，随着时间推移积极使用的变化（增加或减少）。根据红色皇后效应（The Red Queen effect）①，竞争对手技术解决方案进步速度的提高，会给在位平台增加生存的压力（Barnett & Hansen，1996）。红色皇后效应导致在位平台与竞争对手都很难率先成为主导平台，这意味着一个平台必须提供更多的厂商剩余（Firm Surplus）和消费者剩余（Customer Surplus）以保持其黏性不会下降，反而随着时间的推移增加。一个随着时间推移黏性变得越来越强的平台，其终端用户、应用程序开发人员和互补品提供商都将随着平台经营的发展获得更多的经济剩余。平台之间的竞争越激烈，保持和提高平台黏性的门槛就越高。

一般来说，提高平台终端用户黏性的办法主要有：

（1）应用程序开发人员黏性与最终用户黏性相关，提高平台终端用户黏性必须专注于提高应用程序开发人员的黏性，这是提高平台终端用户黏性最有效的方法，因为增加应用程序开发人员的黏性与增加终端用户的黏性，是同一"硬币"的两面。最终用户期盼平台功能和实用性的改进，这需要应用程序开发者不

---

① 红色皇后效应（The Red Queen effect）来自于《爱丽丝梦游仙境》一书，书中红色皇后说："你必须用力奔跑，才能使自己停留在原地。"其实际意义与中国俗语"逆水行舟，不进则退"相同。组织生态学中的红色皇后效应理论是由美国管理学家 Barnett 和 Hansen（1996）提出的。这个理论认为，如果组织失去了参与红色皇后演化的机会，从长期来看对组织是非常不利的。竞争是推动组织成长的重要因素，组织如果想要保持长期良好的成长态势，就必须积极地参与竞争，竞争会提高组织的设立率，并促使组织更好地演化和发展。红色皇后效应对组织设立、组织成长和组织死亡具有重要的影响。种群生态学（Population Ecology）上的红色皇后效应可定义为：在环境条件稳定时，一个物种的进化改进可能对其他物种的进化构成压力，种群间关系可能推动种群进化。

断创新。平台需要建立强有力的激励机制，让应用程序开发者更容易在自己的工作中创新，形成一个正反馈良性循环（Positive Feedback Virtuous Circle）：更多的用户吸引更多的应用程序开发人员提供功能更强大的应用程序，增加终端用户可使用的应用程序种类，这反过来又会吸引更多的最终用户加入平台中，从而形成一个以平台自身为基础的反馈循环。

如果数字化平台没有内生性创新机制与手段，仅仅依靠外部创新来获得成长，那平台就将面临增长停滞和衰亡。因此，平台所有者应当为应用程序开发人员提供一种有效的激励机制，这是平台所有者义不容辞的责任。

（2）基于消费者剩余最大化来实现最终用户锁定，而非强制锁定。强制锁定很少是可持续的，竞争平台通常可以找到绕过强制锁定的方法。非强制锁定不是通过强制或绑定合同来实现的，而是通过增加无法在平台生态系统之外复制的强制价值来实现的。

更有效和不易破解的非强制性锁定主要有三种：①不可移植的网络效应。不可移植的网络效应是指这种网络效应只属于特定平台，对竞争平台几乎没有价值。例如，苹果 iOS 中的 iMessage 信息传递功能允许平台用户之间进行交互，但在竞争平台上不能以相同的方式起作用，从而创建了一个用户锁定的功能。又如，全球免费语音沟通软件 Skype 用户如果在全球范围内有 100 个 Skype 联系人，任何人都很难说服这个用户放弃使用 Skype 平台，并迁移到另一个竞争性平台，即使竞争性平台可以提供相同甚至更优越的功能。因此，同边网络效应的平台设计更有可能增加终端用户的平台黏性。②个性化。平台要适应用户行为、偏好和特质，如用户常用的文字输入模式和词语等，使用户感到平台便于操作，且非常适合自己，这样终端用户就会坚持使用该平台。如果淘宝、天猫和京东等电子商务平台善于总结分析用户的需求偏好，并向用户推荐相关产品，满足用户的个性化需求，也能够增加终端用户的平台黏性。③降低最终用户的搜索成本。平台所有者必须让最终用户较容易地找到扩展平台应用场景的应用程序，使用户感到这些应用程序对自己很有价值。平台所有者的目标应该是帮助最终用户更有效地找到应用程序（Evans & Schmalensee, 2007）。

（3）本平台与竞争性平台是否具有互操作性，是一种战略性决策，这种选择随着数字化平台的发展而改变。当最终用户的需求和偏好更加异质化，且触发网络效果的阈值相对较低时，不兼容性更有利。实践表明，小众市场平台采用与竞争平台不兼容的战略，可以极大地提高终端用户平台的黏性。

第四节 案例研究

2018 年 4 月，阿里巴巴联合蚂蚁金服以 95 亿美元全资收购外卖平台饿了么，饿了么自此成为阿里阵营的一员，全面汇入阿里巴巴推进的新零售战略。由此，中国餐饮外卖市场开启了"双雄争霸"模式，饿了么和美团外卖的市场竞争日趋激烈。

王磊受命上任饿了么 CEO 后为饿了么制定了"成为本地生活服务核心入口"的战略。

但是，理想很丰满，现实很骨感，这两者之间总是存在巨大的差距。饿了么的核心经营业务是餐饮外卖，在其总收入中，外卖业务作为主营业务占总销售收入的 90% 以上。然而，2018 年初整个互联网餐饮外卖市场中，饿了么的市场占有率仅有 36%，离第一名美团外卖的 59% 还有不少距离。由此不难解读饿了么的平台入口战略，意味着饿了么要夺回市场，必须将市场占有率提高到 50% 以上。王磊认为，50% 是竞争的分水岭，过了 50%，饿了么就掌握了竞争的主动权。但这显然是饿了么在短期内无法达到的一个市场目标，饿了么的真实目标不应是餐饮外卖市场，而应是同城生活服务平台市场。

为了达成同城生活服务平台入口战略的目标，王磊采取了以下战略举措：

一是饿了么向市场投入 30 亿元，发动"夏季战役"。王磊多次指出，饿了么，包括整个阿里巴巴，做的都是平台生意，而平台生意就是通过服务商家来服务消费者。所以，30 亿元更多的是投在行业的升级上，包括市场投放、物流体系升级、商家服务体系升级等。其中，三四线城市是此次战役的核心战场。

二是改变饿了么在运营层面的组织架构，建立城市经理制和大中台的经营体系。在每个城市，饿了么设立一个城市经理，把交易和物流两条线合并起来，由城市经理统一管理和调动。不管城市前端出现任何问题，都可以找到唯一的负责人快速把问题解决掉。大中台的职能包括策略支持、数据支持、资源支持、运营政策制定等，它是前端的支持者、赋能者和协调者。

三是引入阿里巴巴一些好的管理方法，比如目标表、策略表和评估表的管理机制。

四是饿了么对商家赋能。饿了么学习淘宝的商家运营经验，对餐饮商家进行分层，然后针对不同层级的商家，给出不同的政策。饿了么借鉴天猫和淘宝的营销方法，丰富商家的营销选择。饿了么在打通与阿里巴巴商业生态系统的流量后，饿了么的商家也可以通过阿里巴巴的流量渠道，如口碑、支付宝、手淘、聚划算等营销。并且，饿了么还邀请优质的代运营商、餐饮地产商、技术供应商等加入饿了么平台，构建起一个商业生态圈，更好地给商家提供全方位的服务。

五是饿了么获得盒马、天猫超市、大润发、天猫小店、阿里健康等非餐饮外卖的阿里巴巴天棚伙伴的业务资源。饿了么通过这些天棚伙伴，一方面可以为阿里新零售打造"三公里理想生活圈"，蜂鸟的即时配送能力是核心基础设施；另一方面这些天棚伙伴业务资源的输入，可以帮助饿了么摊薄 300 多万名蜂鸟骑手的成本，同时也为实现成为本地生活服务核心入口的战略目标做准备。

六是阿里巴巴阵营已经积累了巨大的天棚用户群，饿了么快速发展阿里巴巴天棚用户群生态协同参与市场竞争。饿了么在不同层面、不同形式上，与阿里巴巴商业生态系统成员进行了深度协同。例如，手淘的"外卖"频道切换成"饿了么外卖"；水果、生鲜、药品、鲜花等非餐饮品类纳入饿了么的配送范围；全面升级天猫淘宝 88 会员体系，使饿了么与阿里生态各成员在会员、数据、流量上实现互通等。

数据显示，自饿了么实施"本地生活服务核心入口"战略以来，其借力天猫、淘宝、支付宝、阿里健康等生态资源，2018 年第二季度 APP 月活跃用户增速领跑全行业，新零售交易额增长 45%，增速远高于传统餐饮外卖市场。在 Analysys 易观发布的 2018 年第三季度《中国互联网餐饮外卖市场报告》中，饿了么成为统计周期内的领跑者，其 APP 月活跃用户数一路走高，9 月已经突破 6500 万人，超出第二名美团外卖 2000 万人之多。同时，随着饿了么融入阿里巴巴带动大批新零售商户加入，整体外卖市场交易规模同比增长达 119%。

需要指出的是，饿了么"本地生活服务核心入口"战略的成功实施，标志着饿了么已经从单纯的餐饮外卖市场玩家转型为同城生活服务的平台提供商。餐饮外卖市场玩家竞争至今，行业巨头们已然跳出"餐饮外卖"这一局限，着眼于完整的生态能力、商户的数字化、配送物流网络的进一步构建以及商业生态系统各个业务线的融合。饿了么和天猫超市均是阿里巴巴同城零售战略的重要板块，两者在 2018 年就实现了初步融合，这对饿了么未来实施同城零售战略，打下了坚实的基础。业内人士曾经评价称，双方合作有望实现 1 + 1 > 2 的资源整合效果。

2019 年 8 月，饿了么上线商超开放平台，覆盖全国 600 多座城市，并接入上万家大型超市和卖场；紧接着，盒马宣布，全国 21 城超过 150 家盒马门店全量上线饿了么。2020 年 7 月，饿了么品牌宣布战略升级，从送餐到送万物。这标志着饿了么的平台战略有所调整，在外界看来，这更像是一场同城零售战的前奏。2020 年 9 月 29 日，饿了么 CEO 王磊表示，2019 年通过饿了么物流体系完成的非餐饮订单增长 120%，2020 年饿了么还会继续加大对非餐饮订单的投入。紧接着，继盒马之后，天猫超市宣布正式接入饿了么，涉及"一小时到达""半小时到达"服务，覆盖商品超 2 万件。饿了么方面表示，一直在探索更多方式，提高消费者服务的丰富性。

饿了么打造同城生活服务的超级入口，主要有两方面原因：一是社会变化深刻影响着人们的生活方式。调研显示，大部分消费者的购物习惯正在改变，过去人们习惯于每周一次性大额采购，而现在，人们倾向于"按日补货，少量采购"的即时消费模式。二是饿了么主动打响同城零售战，这也是阿里巴巴一直在探索的新零售战略的扩展。2020 年 8 月，饿了么蜂鸟即时与银泰百货达成合作，升级"定时到达"服务。如今，天猫超市也正式接入饿了么配送服务，未来双方还将进一步丰富商品种类。

对消费者而言，采购生活所需将变得十分轻松便捷，可以实现一站式购买。点一点手机，各式商品随叫随到，连数码产品、美妆等产品都能像点外卖一样送到手中。

这个案例是从单一平台市场竞争转向多平台市场竞争的典型案例，饿了么CEO 王磊制定的饿了么"成为本地生活服务核心入口"战略，不是一个简单的平台入口战略，而是饿了么多平台市场竞争战略。现在分析如下：

第一，应当明确平台竞争战略的主体是饿了么，而非阿里巴巴。饿了么是一家 2008 年就进入餐饮外卖交易市场的在线外卖交易平台，主营在线外卖、新零售、即时配送和餐饮供应链等业务，多年的市场耕耘已经使饿了么积累了近 2 亿用户，并获得市场广泛认可，其已经在餐饮外卖交易市场形成了先行者优势（First-mover Advantage），这对餐饮外卖平台市场的新进入者构成不小的市场进入壁垒。

为什么在 2013 年 11 月美团网旗下网上订餐平台——美团外卖正式上线后，饿了么在餐饮外卖平台市场上落后于美团外卖，原因主要有两个：一是饿了么虽然是餐饮外卖平台市场的先行者，但它深耕的市场主要局限在上海和少数几个大城市，市场与市场开拓方面存在缺陷，这就可能给予美团外卖迅速做大的机会；二是面对饿了么市场进入壁垒，美团外卖凭借早期美团网的团购业务，积累了大量天棚用户（Marquee Customers）资源和评价口碑，这使美团进入餐饮外卖平台市场后，能够继续利用团购业务的用户基础，团购业务的用户就是美团外卖的天棚用户。截至 2019 年 6 月，美团外卖用户数达 2.5 亿，合作商家 200 多万家，活跃配送骑手超过 50 万名，覆盖城市 1300 个，日完成订单 2100 万个。与饿了么相比，美团外卖活跃用户数多，合作商家多，覆盖城市不仅囊括一二线城市，还包括许多的三四线城市，这是饿了么短期内无法实现的。

Content

所以，饿了么制定的不是餐饮外卖市场的平台竞争战略，而是本地生活服务市场的平台竞争战略，只不过比较突出入口战略而已。这充分说明，饿了么"成为本地生活服务核心入口"战略，是要换平台赛道（Platform Racing），即从餐饮外卖平台市场这个竞技场转向本地生活服务或同城生活服务平台市场这个竞技场上来。

第二，结合饿了么被阿里巴巴收购时的经营情况看，外卖业务占总销售收入的90%以上，饿了么的核心经营业务就是餐饮外卖。餐饮外卖平台市场就是饿了么的主场市场（Home Market），在市场占有率方面它与美团外卖存在着较大差距。对饿了么和美团外卖而言，本地生活服务平台市场只是一个相邻市场（Adjacent Market）。随着我国居民生活水平的提高和城镇化水平的提高，我国的生活服务类平台市场将有可能成为全球较大的交易型平台市场。而餐饮外卖平台市场可以看成是生活服务类平台市场中的一个子市场。因此，阿里巴巴收购饿了么就可以通过饿了么这个成熟的平台架构和用户基础，尽快进入同城生活服务类平台市场。从这个视角看，饿了么本地生活服务市场的竞争战略实质上是一个平台包络战略（Platform Envelopment Strategy），即用饿了么这个平台去包络所有的本地生活服务平台业务，当然也包括美团外卖的本地生活服务平台业务。

第三，从平台竞争的逻辑看，如果饿了么仅在餐饮外卖平台市场与美团外卖竞争，这称为单一核心平台市场的竞争，它所遵循的平台竞争逻辑是网络效应和"赢家通吃"（Winner - take - all）的竞争逻辑；如果饿了么与美团外卖的竞争从餐饮外卖这个单一核心平台市场的竞争转向本地生活服务市场的多平台竞争，网络效应和"赢家通吃"的平台竞争逻辑就可能转换为"切蛋糕而不烤蛋糕"（Slicing the Cake Without Baking It）的平台竞争逻辑，即饿了么完全可能利用阿里巴巴庞大的商业生态资源和用户资源，自己并不去发展各类同城生活服务项目，而是用饿了么平台去包络各类同城生活服务项目，迅速占领各类同城生活服务的平台市场。

第四，在阿里巴巴收购饿了么之后，饿了么可以将阿里巴巴已经积累的巨大天棚用户群变成饿了么的平台用户，同时可以借力支付宝、盒马、天猫、淘宝、大润发、天猫小店、阿里健康等非餐饮外卖的阿里巴巴天棚伙伴（Marquee Partners）的业务资源，实施本地生活服务业务的平台启动战略（Platform Launch Strategy）。

第五，饿了么从餐饮外卖平台市场进入同城生活服务类平台市场的战略属于阿里巴巴这个平台集团（Platform Conglomerate）内部的互补平台垂直包络战略。阿里巴巴不仅可以利用饿了么成熟的平台架构和用户基础，更重要的是可以利用垂直包络，从网络效应和赢家通吃动态竞争中获利，并从自我强化的数据反馈回路中获利。这意味着阿里巴巴可以利用一个平台的数据来改进另一个更优越的平台（Hermes et al.，2020）。阿里巴巴充分利用了平台集团竞争优势（Platform Conglomerate Advantages），使平台所有者能够在其核心平台上维持市场主导地位，并轻松建立新的同城生活服务类的主导平台（Dominant Platform），以利用更多数据并加强反馈回路（Khan，2016；Van Dijck et al.，2019），尽快提升同城生活服务类平台的市场份额。

第五节　本章小结

在现实经济生活中，商业生态系统的出现和各类数字化平台的创建，是平台所有者应对市场失灵的产物（De Vogeleer & Lescop，2011；Lescop & Lescop，2013，2016）。这些市场失灵可能是由信息不对称、经济主体无法有效互动、商业模式不完善、知识和信息流通不足、信息流通速度慢、一些厂商组织的战略性反生产行为（如市场掠夺）等造成的，这些市场失灵都会损害经济交易主体之间的互利互动，其结果是市场在经济主体之间的交流（商业发展）以及创新（技术发展）方面失去发展机会。

应当看到，数字化平台之间的竞争，形成了行业竞争与跨行业竞争、单一核心市场竞争与多平台市场竞争的复杂格局，并深刻地改变着全球产业发展的景观（landscape）（Tiwana，2014；Parker et al.，2016）。数字化平台之间的竞争，改变了用户与厂商组织的互动形式（Spagnoletti et al.，2015），使战略联盟形态的厂商组织间关系发生了变化，厂商组织间的传统委托代理关系被应用程序开发者、互补品提供商和平台提供商之间的公平交易关系所取代（Tiwana & Konsynski，2010；Ghazawneh & Henfridsson，2013；Eaton et al.，2015）。随着数字化平台被整合到更大的数字化基础设施中，数字化平台变得越来越复杂（Evans & Basole，2016）。数字化平台的生成性催生了指数级增长的应用程序开发者生态系统，从而创造出比任何传统的信息系统都大几个数量级的研究对象（Sørensen & Landau，2015）。随着数字化平台在技术架构的多个层次上展开竞争，例如移动领域的操作系统和浏览器（Pon et al.，2014），传统战略管理指定的分析单元变得越来越困难。

无论是新创数字化平台还是在位数字化平台（Incumbent Digital Platform），要想实施成功的平台竞争战略并成为平台市场的领导者，都必须使产品或服务附有一种价值易增加的技术功能和平台架构，制定能够突破产业痛点和用户需求盲点的平台竞争战略，协调内外部活动以适应环境变化，设计并监管"控制阀门"（Mandatory Gateway）来联结外围互补品厂商或个人。只有具备这些前提条件，数字化平台及其所有者才可能发挥其技术或商业优势，对外围互补品厂商或个人产生吸引力（Gawer & Cusumano，2002，2008；Choi & Phan，2012）。

成功的数字化平台及其所有者能够辨识产业的痛点和用户的需求盲点，通过构建数字化平台及其生态系统，并实施构建在市场功能基础上的平台竞争战略和独特的商业模式，充分利用市场发展机遇，应对市场失灵（Staykova & Damsgaard，2014；Kazan，Tan & Lim，2016；Kazan et al.，2016；Edelman & Geradin，2015；Lescop & Lescop，2016）。

参考文献

［1］Adner, R., Kapoor, R. (2010) Value creation in innovation ecosystems: How the structure of technological interdependence affects firm performance in new technology generations. *Strategic Management Journal*, 31 (3): 306 - 333.

［2］Adner, R. (2006) Match your innovation strategy to your innovation ecosystem. *Harvard Business Review*, 84 (4): 98.

［3］Adner, R. (2017) Ecosystem as structure: An actionable construct for strategy. *Journal of Management*, 43 (1): 39 - 58.

［4］Adner, R., Chen, J., Zhu, F. (2016) Frenemies in platform markets: The case of Apple's iPad vs. Amazon's Kindle. Harvard Business School Technology and Operations Management. Unit, Working Paper (15 - 087).

［5］Afuah, A. (2013) Are network effects really all about size? The role of structure and conduct. *Strategic Management Journal*, 34 (3): 257 - 273.

［6］Altman, E. J., Nagle, F., Tushman, M. L. (2015) Innovating without information constraints: Organizations, communities, and innovation when information costs approach zero. In C. Shalley, M. Hitt, J. Zhou (Eds.), *Oxford handbook of creativity, innovation, and entrepreneurship: Multilevel linkages*. Oxford: Oxford University Press.

［7］Amit, R., Zott, C. (2001) Value creation in e - business. *Strategic Management Journal*, 22 (4): 493 - 520.

［8］Anderson, S. P., Coate, S. (2005) Market provision of broadcasting: A welfare analysis. *Review of Economic Studies*, 72 (4): 947 - 972.

［9］Armstrong, M. (2006) Competition in two - sided markets. *RAND Journal of Economics*, 37 (3): 668 - 691.

［10］Bakos, Y. , Katsamakas, E. (2008) Design and ownership of two‐sided networks: Implications for internet platforms. *Journal of Management Information Systems*, 25 (2): 171–202.

［11］Baldwin, C. Y. , Clark, K. B. (2000) *Design rules: The power of modularity.* Vol. 1. Cambridge, Massachusetts: MIT Press.

［12］Barnett, W, P. , Hansen, M, T. (1996) The Red Queen in organizational evolution. *Strategic Management Journal*, 17 (SI): 139–157.

［13］Boudreau, K. , Jeppesen, L. (2015) Unpaid crowd complementors: The platform network effect mirage. *Strategic Management Journal*, 36 (12): 1761–1777.

［14］Boudreau, K. J. (2012) Let a thousand flowers bloom? An early look at large numbers of software App developers and patterns of innovation. *Organization Science*, 23 (5): 1409–1427.

［15］Boudreau, K. J. (2010) Open platform strategies and innovation: Granting access versus devolving control. *Management Science*, 56 (10): 1849–1872.

［16］Bovet, D. , Marha, J. (2000) From supply chain to value net. *Journal of Business Strategy*, 21 (4): 24–28.

［17］Bresnahan, T. F. , Greenstein, S. (1999) Technological competition and the structure of the computer industry. *Journal of Industrial Economics*, 47 (1): 1–40.

［18］Brynjolfsson, E. , McAfee, A. (2014) *The second machine age: Work, progress, and prosperity in a time of brilliant technologies.* New York: W. W. Norton & Company.

［19］Caillaud, B. , Jullien, B. (2003) Chicken & egg: Competition among intermediation service providers. *RAND Journal of Economics*, 34 (2): 309–328.

［20］Casadesus‐Masanell, R. , Hałaburda, H. (2014) When does a platform create value by limiting choice? . *Journal of Economics & Management Strategy*, 23 (2): 259–293.

［21］Casadesus‐Masanell, R. , Yoffie, D. B. (2007) Wintel: Cooperation and conflict. *Management Science*, 53 (4): 584–598.

［22］Casadesus‐Masanell, R. , Ricart, J. E. (2010) From strategy to business models and onto tactics. *Long Range Planning*, 43 (2): 195–215.

［23］Ceccagnoli, M. , Forman, C. , Huang, P. , Wu, D. J. (2012) Co‐creation of value in a platform ecosystem: The case of enterprise software. *MIS Quarterly*, 36 (1): 263–290.

［24］Cennamo, C. (2019) Competing in digital markets: A platform‐based perspective. *Academy of Management Perspectives*, 28 (7): 325 – 346.

[25] Cennamo, C., Santalo, J. (2013) Platform competition: Strategic trade – offs in platform markets. *Strategic Management Journal*, 34 (11): 1331 – 1350.

[26] Choi, B. C., Phan, K. (2012) Platform leadership in business ecosystem: Literature – based study on resource dependence theory (RDT). 2012 Portland International Center.

[27] Clements, M. T., Ohashi, H. (2005) Indirect network effects and the product cycle: Video games in the U. S. 1994 – 2002. *Journal of Industrial Economics*, 53 (4): 515 – 542.

[28] Cusumano, M. A., A. Gawer, D. B. Yoffie. (2019) *The Business of Platforms: Strategy in the Age of Digital Competition, Innovation, and Power.* New York: HarperCollins.

[29] Cusumano, M. A., Gawer, A. (2001) Driving high – tech innovation: The four levers of platform leadership. Massachusetts Institute of Technology, Center for ebusiness@ MIT Working Paper, 142.

[30] Cusumano, M. A. (2011) Technology strategy and management: Platform wars come to social media. *Communications ACM (Association for Computing Machinery)*, 54 (4): 31 – 34.

[31] De Vogeleer, E., Lescop, D. (2011) Plateformes, coordination et incitations. *Management & Avenir*, (46): 200 – 218.

[32] Eaton, B. D., Elaluf – Calderwood, S., Sørensen, C., Yoo, Y. (2015) Distributed tuning of boundary resources: The case of Apple's iOS service system. *MIS Quarterly*, 39 (1): 217 – 243.

[33] Economides, N., Katsamakas, E. (2006) Two – sided competition of proprietary vs. open source technology platforms and the implications for the software industry. *Management Science*, 52 (7): 1057 – 1071.

[34] Edelman, B. G., Geradin, D. (2015) Efficiencies and regulatory short-cuts: How should we regulate companies like Airbnb and Uber? . Harvard Business School NOM Unit Working Paper (16 – 026).

[35] Eisenmann, T. R. (2008) Managing proprietary and shared platforms. *California Management Review*, 50 (4): 31 – 53.

[36] Eisenmann, T. R., Parker, G., Van Alstyne, M. W. (2011) Platform envelopment. *Strategic Management Journal*, 32 (12): 1270 – 1285.

[37] Eisenmann, T. R., Parker, G., Van Alstyne, M. W. (2006) Strate-

gies for two – sided markets. *Harvard Business Review*, 85 (10): 92 – 101.

[38] Evans, D. , Schmalensee, R. (2001) Some Economic Aspects of Anti-trust Analysis in Dynamically Competitive Industries. Cambridge: National Bureau of Economic Research, Inc.

[39] Evans, D. S. , Schmalensee, R. (2016) *Matchmakers: The new economics of multisided platforms.* Boston, Massachusetts: Harvard Business Review Press.

[40] Evans, D. S. , Hagiu, A. , Schmalensee, R. (2006) *Invisible engines: How software platforms drive innovation and transform industries.* Cambridge, Massachusetts: MIT Press.

[41] Evans, P. C. , Basole, R. C. (2016) Revealing the API ecosystem and enterprise strategy using visual analytics. *Communications of the ACM*, 59 (2): 23 – 25.

[42] Evans, D. S. , Schmalensee, R. (2007) *Catalyst code: The strategies behind the world's most dynamic companies.* Boston, Massachusetts: Harvard Business Review Press.

[43] Evans, Y. D. S. (2003) Antitrust economics of multi – sided platforms. *Yale Journal of Regulation*, 20 (4): 325 – 381.

[44] Farrell J. , Saloner G. (1985) Standardization, compatibility, and innovation. *Rand Journal of Economics*, 16 (1): 70 – 83.

[45] Gallagher, S. , Park, S. H. (2002) Innovation and competition in stand-ard – based industries: A historical analysis of the U. S. home video game market. *IEEE Transactions on Engineering Management*, 49 (1): 67.

[46] Gawer, A. (2014) Bridging deffering perspectives on technological platforms: Toward an integrative framework. *Research Policy*, 43 (7): 1239 – 1249.

[47] Gawer, A. , Cusumano, M. A. (2008) How companies become platform leaders. *MIT Sloan Management Review*, 49 (2): 28 – 35.

[48] Gawer, A. , R. Henderson. (2007) Platform owner entry and innovation in complementary markets: Evidence from Intel. *Journal of Economics & Management Strategy*, 16 (1): 1 – 34.

[49] Gawer, A. , Cusumano, M. A. (2002) *Platform leadership: How Intel, Microsoft, and Cisco drive industry innovation.* Boston, Massachusetts: Harvard Business School Press.

[50] Gawer, A. (2009) *Platform, markets and innovation.* Cheltenham: Edward Elgar.

[51] Ghazawneh, A., Henfridsson, O. (2013) Balancing platform control and external contribution in third – party development: The boundary resources model. *Information System Journal*, 23 (2): 173 – 192.

[52] Hagiu, A., Yoffie, D. B. (2009) What's your Google strategy?. *Harvard Business Review*, 87 (4): 74 – 81.

[53] Hagiu, A., Wright, J. (2011) Multi – sided platform. Working Paper No. 12024. Harvard Business School.

[54] Hagiu, A., Wright, J. (2015b) Marketplace or reseller?. *Management Science*, 61 (1): 184 – 203.

[55] Hagiu, A. (2006) Pricing and commitment by two – sided platforms. *Rand Journal of Economics*, 37 (3): 720 – 737.

[56] Hagiu, A., Wright, J. (2015a) Multi – sided platforms. *International Journal of Industrial Organization*, 43 (11): 162 – 174.

[57] Hagiu, A. (2009) Two – sided platforms: Product variety and pricing structures. *Journal of Economics and Management Strategy*, 18 (5): 1011 – 1043.

[58] Hagiu, A. (2014) Strategic decisions for multisided platforms. *Sloan Management Review*, 55 (2): 71 – 80.

[59] Hambrick, D. C., Fredrickson, J. W. (2001) Are you sure you have a strategy?. *The Academy of Management Executive*, 15 (4): 48 – 59.

[60] Henderson, R. M., Clark, K. B. (1990) Architectural innovation: The reconfiguration of existing product technologies and the failure of established firms. *Administrative Science Quarterly*, 35 (1): 9 – 30.

[61] Henfridsson, O., Mathiassen, L., Svahn, F. (2014) Managing technological change in the digital age: The role of architectural frames. *Journal of Information Technology*, 29 (1): 27 – 43.

[62] Hermes, S., Kaufmann – Ludwig, J., Schreieck, M., Weking, J., Böhm, M. (2020) A Taxonomy of Platform Envelopment: Revealing Patterns and Particularities. 26th Americas Conference on Information Systems, 14 May.

[63] Huang, P., Ceccagnoli, M., Forman, C., Wu, D. J. (2013) Appropriability mechanisms and the platform partnership decision: Evidence from enterprise software. *Management Science*, 59 (1): 102 – 121.

[64] Iansiti, M., Levien, R. (2004) *The keystone advantage: What the new dynamics of business ecosystems mean for strategy, innovation and sustainability*. Boston, Massachusetts: Harvard Business School Press.

［65］Isckia, T. , Lescop, D. （2013）Platform – based ecosystems: Levera-ging network centric innovation In Ben Letaïfa, S. Gratacap, A. , Isckia, T. （Eds. ）, *Understanding Business Ecosystems: How Firms Succeed in the New World of Convergence.* Paris: De Boeck.

［66］Iyer, B. , Davenport, T. H. （2008）Reverse engineering Google's inno-vation machine. *Harvard Business Review*, 86（4）: 58 – 68.

［67］Jacobides, M. G. , Knudsen, T. , Augier, M. （2006）Benefiting from innovation: Value creation, value Appropriation and the role of industry architec-tures. *Research Policy*, 35（8）: 1200 – 1221.

［68］Katz, M. L. , Shapiro, C. （1994）Systems competition and network effects. *The Journal of Economic Perspectives*, 8（2）: 93 – 115.

［69］Katz, M. L. , Shapiro, C. （1985）Network externalities, competition and compatibility. *American Economic Review*, 75（3）: 424 – 440.

［70］Kazan, E. , Tan, C. W. , Lim, E. T. （2016）The logic of digital plat-form disruption. In The 37th International Conference on Information Systems.

［71］Kazan, E. , Wee Tan, C. , Lim, E. T. （2016）Towards a framework of digital platform competition: A comparative study of monopolistic & federated mobile payment platforms. *Journal of Theoretical and Applied Electronic Commerce Research*, 11 （3）: 50 – 64.

［72］Khan, L. （2016）Amazon's antitrust paradox. *Yale Law Journal*, 126 （3）: 710 – 805.

［73］Klemperer, P. （1987）Markets with consumer switching costs. *Quarterly Journal of Economics*, 102（2）: 375 – 394.

［74］Krishnan, V. , Gupta, G. （2001）Appropriateness and impact of plat-form – based product development. *Management Science*, 47（1）: 52 – 68.

［75］Landsman, V. , Stremersch, S. （2011）Multihoming in two – sided mar-kets: An empirical inquiry in the video game console industry. *Journal of Marketing*, 75（6）: 39 – 54.

［76］Lescop, D. , Lescop, E. （2016）The Apple Twist. *Digi World Economic Journal* （previously: *Communications and Strategies*）, （102）: 13 – 36.

［77］Lusch, R. F. , Nambisan, S. （2015）Service innovation: A service – dominant logic perspective. *MIS Quarterly*, 39（1）: 155 – 175.

［78］Maula, M. V. , Keil, T. , Salmenkaita, J. P. （2006）Open innovation in systemic innovation contexts. In Chesbrough, H. , Vanhaverbeke, W. , West, J.

(Eds.), *Open innovation: Researching a new paradigm.* Oxford: Oxford University Press.

[79] McGrath, M. E. (1995) *Product strategy for high technology companies.* Homewood, IL: Irwin.

[80] Meyer, M. H., Lehnerd, A. (1997) *The power of product platforms.* New York: The Free Press.

[81] Mukhopadhyay, S., Reuver, M. D, Bouwman, H. (2015) Effectiveness of control mechanisms in mobile platform ecosystem. *Telematics & Informatics*, 33 (3): 848 – 859.

[82] Nambisan, S., Baron, R. A. (2013) Entrepreneurship in innovation ecosystems: entrepreneurs' self – regulatory processes and their implications for new venture success. *Entrepreneurship: Theory and Practice*, 37 (5): 1071 – 1097.

[83] Nambisan, S., Sawhney, M. (2007) The global brain: Your road map for innovating faster and smarter in a networked world. wharton: wharton school publishing.

[84] Parker, G. G., Van Alstyne, M. W., Choudary, S. P. (2016) *Platform revolution: How networked markets are transforming the economy and how to make them work for you.* New York: W. W. Norton and Co.

[85] Parker, G., Van Alstyne, M. (2018) Innovation, openness, and platform control. *Management Science*, 64 (7): 3015 – 3032.

[86] Parker, G. G., Van Alstyne, M. W. (2005) Two – sided network effects: A theory of information product design. *Management Science*, 51 (10): 1494 – 1504.

[87] Parker, G. G., Van Alstyne, M. W. (2000) Internetwork externalities and free information goods. In proceedings of Second ACM conference Electronic Commerce (Association for Computing Machinery, New York), 107 – 116.

[88] Parker, G. G., Van Alstyne, M. W. (2016) Platform strategy. In M. Augier, D. J. Teece (Eds.), *The Palgrave Encyclopedia of Strategic Management.* New York: Palgrave Macmillan.

[89] Parker, G. G., Van Alstyne, M. W. (2000) Information complements, substitutes, and strategic product design. In proceedings of the twenty first international conference on information systems (Association for Information Systems, Atlanta), 13 – 15.

[90] Pisano, G. P., Teece, D. J. (2007) How to capture value from innovation: Shaping intellectual property and industry architecture. *California Management Re-*

view, 50 （1）: 278 –296.

［91］ Pon, B. , Seppala T. , Kenney M. （2014） Android and the demise of operating system – based power: Firm strategy and platform control in the post – PC world. *Telecommunications Policy*, 38 （6）: 979 –991.

［92］ Porter, M. E. （1985） *Competitive advantage: Creating and sustaining superior performance.* 1st ed. New York: Free Press.

［93］ Robertson, D. , Ulrich, K. （1998） Planning for product platforms. *MIT Sloan Management Review*, 39 （4）: 19 –32.

［94］ Rochet, J. , Tirole, J. （2003） Platform competition in two – sided markets. *Journal of the European Economic Association*, 1 （4）: 990 – 1029.

［95］ Rochet, J. C. , Tirole, J. （2002） Cooperation among competitors: Some economics of payment card associations. *Rand Journal of Economics*, 33 （4）: 549 –570.

［96］ Rochet, J. C. , Tirole, J. （2006） Two – sided markets: A progress report. *Rand Journal of Economics*, 37 （3）: 645 –667.

［97］ Rysman, M. （2009） The economics of two – sided markets. *Journal of Economic Perspectives*, 23 （3）: 125 – 143.

［98］ Sørensen, C. , Landau, J. （2015） Academic agility in digital innovation research: The case of mobile ICT publications within information systems 2000 – 2014. *Journal of Strategic Information Systems*, 24 （3）: 158 – 170.

［99］ Schilling, M. A. （2009） Protecting or diffusing a technology platform: Tradeoffs in appropriability, network externalities, architectural control. In Annabelle, Gawer, （Ed. ）, *Platforms, Markets and Innovation.* cheltenham: Edward Elgar.

［100］ Seamans, R. , Zhu, F. （2013） Responses to entry in multi – sided markets: The impact of Craigslist on local newspapers. *Management Science*, 60 （2）: 476 –493.

［101］ Shane Greenstein. （1998） Industrial economics and strategy: Conputing platform. *IEEE Micro*, 18 （5/6）: 43 –53.

［102］ Spagnoletti, P. , Resca, A. , Lee, G. （2015） A design theory for digital platforms supporting online communities: A multiple case study. *Journal of Information Technology*, 30 （3）: 364 –380.

［103］ Stabell, C. B. , Fjeldstad, Ø. D. （1998） Configuring value for competitive advantage: On chains, shops, and networks. *Strategic Management Journal*, 19 （3）: 413 –437.

［104］ Staykova, K. , Damsgaard, J. （2014） A model of digital payment infrastructure formation and development: The EU regulator's perspective. Proceedings 13th International Conference on Mobile Business (ICMB): London, 4 – 5 June.

[105] Sviokla, J., Paoni, A. (2005) Every product's a platform. *Harvard Business Review*, 83 (10): 17 – 18.

[106] Tee, R., A. Gawer. (2009) Industry architecture as a determinant of successful platform strategies: A case study of the i – mode mobile Internet service. *European Management Review*, 6 (2): 217 – 232.

[107] Teece, D. J. (2012) Next generation competition: New concepts for understanding how innovation shapes competition and policy in the digital economy. *Journal of Law Economics and Policy*, 9 (1): 97 – 118.

[108] Teece, D. J. (1996) Firm organization, industrial structure, and technological innovation. *Journal of Economic Behavior & Organization*, 31 (2): 193 – 224.

[109] Thompson, J. D. (1967) *Organizations in action: Social science bases of administrative theory*. New York: McGraw – Hill Book Company, 1967.

[110] Tiwana, A., Konsynski, B. (2010) Complementarities between organizational IT architecture and governance structure. *Information Systems Research*, 21 (2): 288 – 304.

[111] Tiwana, A. (2014) *Platform ecosystems: Aligning architecture, governance, and strategy*. Waltham, Massachusetts: Morgan Kaufmann.

[112] Tura, N., A. Kutvonen, P. Ritala. (2018) Platform design framework: Conceptualisation and application. *Technology Analysis and Strategic Management*, 30 (8): 881 – 894.

[113] Tushman, M., Murmann, P. (1998) Dominant designs, innovation types and organizational outcomes. *Research in Organizational Behavior*, 32 (2): 212 – 231.

[114] Van Dijck, J., Nieborg, D. B., Poell, T. (2019) Reframing platform power. *Internet Policy Review*, 8 (2): 1 – 18.

[115] Wright, J. (2004) One – sided logic in two – sided markets. *Review of Network Economics*, 3 (1): 42 – 63.

[116] Yoffie D., Kwak M. (2006) With friends like these: The art of managing complementors. *Harvard Business Review*, 84 (9): 88 – 98.

[117] Zahra, S. A., Nambisan, S. (2012) Entrepreneurship and strategic thinking in business ecosystems. *Business Horizons*, 55 (3): 219 – 229.

[118] Zahra, S. A., Nambisan, S. (2011) Entrepreneurship in global innovation ecosystem. *Academy of Marketing Science Review*, 4 (1): 4 – 17.

［119］ Zhu，F.，M. Iansiti.（2012）Entry into platform – based markets. *Strategic Management Journal*，33（1）：88 – 106.

［120］ Zhu，F.，Liu，Q. H.（2018）Competing with complementors：An empirical look at Amazon. com. *Strategic Management Journal*，39（10）：2618 – 2642.

［121］托马斯·弗里德曼.（2006）世界是平的：21世纪简史.何帆等译.长沙：湖南科学技术出版社.

［122］张小宁.（2014）平台战略研究评述及展望.经济管理，2014（3）：190 – 199.

［123］贺俊.（2020）创新平台的竞争策略：前沿进展与拓展方向.经济管理，2020（8）：190 – 208.

第四章　平台开放战略

数字化平台之间的竞争与平台开放性（Platform Openness）有关。开放性对于数字化平台的成功非常重要，因为它决定了平台如何充分利用外部用户的资源来匹配其内部能力（Thomas et al.，2014）。然而，评估开放性是一项具有挑战性的任务，因为用户的权衡、相互依赖和动态影响使预测和管理平台的演进变得更加困难（Gawer & Cusumano，2008；Thomas et al.，2014）。数字化平台开放战略强调平台竞争中平台开放的重要性，认为它有效克服了传统企业战略过分强调相对封闭的平台竞争的弊端，为数字化平台的竞争战略理论研究注入了开放式创新、竞争与合作的新思想。

已有的研究表明，数字化平台在实施过程中面临诸多的挑战和权衡问题（Cennamo & Santaló，2013，2015），特别是在处理不同程度的平台开放性方面（Hagiu & Wright，2018；Parker & Van Alstyne，2017；Thomas，Autio & Gann，2014），具体包括平台的开放程度如何、管理开放性的策略是什么及数据和信息共享的程度如何等问题。

平台竞争战略的重点就是平台开放战略（Platform Open Strategy）（Boudreau，2010；Eisenmann et al.，2009；Rysman，2009），平台开放的战略决策是决定开放式数字平台架构和治理方式的关键因素。平台开放的最初决定构成了开放式数字化平台架构的一部分，而对平台开放的持续调整则构成了平台治理的一部分（Schreieck et al.，2016）。

第一节　平台开放的含义与特点

一、平台开放的含义

双边或多边数字化平台向诸如互补品提供商和客户等外部用户开放平台业

务，以实现他们之间的互利性交易。数字化平台通过提供基础设施来促进这些交互，目的是为其不同的用户创造价值，同时为自己分配价值（Maffe & Ruffoni，2009）。数字通信技术的出现，使数字化平台通过平台开放能够吸引几乎无摩擦的用户进入平台并交易，并利用不断增长的用户群扩大网络效应（Eisenmann，Parker & Van Alstyne，2006）。从这个视角看，平台的开放性就是平台的生命力所在。

在平台经营的实践中，平台领导或平台倡导者采用相对开放的平台竞争战略，有利于吸引更多的应用程序开发商和互补品提供商进入平台生态系统，从而提高平台的专业经济性（Specialization Economy）和聚集经济性（Agglomeration Economy）（Boudreau，2010）。平台开放意味着开放平台业务模式，它能够提供明显的经济优势，因为平台开放允许平台倡导者将外部创新作为平台内部创新的互补（Chesbrough，2003）。

先前平台开放在谷歌搜索（Google）、微软操作系统（Microsoft）、谷歌安卓操作系统（Google Android）和索尼视频游戏（Sony）等信息密集型行业的创新型平台和混合型平台中非常流行，但现在开放式平台已经出现在航空航天（Lockheed Martin）、社交网络服务（微信）、食品香料（McCormick）、T恤（Threadless）、三维打印（MakerBot）和鞋子（NIKE）等交易型平台领域。在食品香料销售平台和鞋子销售平台这类交易型平台中，平台领导对第三方互补品提供商进行开放，互补品提供商开发的技术、配方、设计、蓝图或健身计划，是对平台领导提供的产品或服务的补充（Wacksman & Stutzman，2014）。

一般认为，平台开放性是指平台领导或平台倡导者放宽对平台技术的使用、开发和商业化的限制（Boudreau，2010）。

哈佛大学商学院教授 Eisenmann 等（2009）将平台开放性定义为"平台对不同角色的参与、开发或使用限制较少的程度，无论是对开发者还是最终用户"，并进一步明确："平台开放性是指：①在平台开发、商业化和运用的过程中不对参与者施加限制的程度；②其他合理非歧视性的限制，比如要求遵循技术标准或支付授权费。换言之，统一适用于所有潜在的平台参与者。"Eisenmann 等对平台开放性下的定义，实质上就是纯开放平台的定义。

上述具有代表性的平台开放性定义有两个维度：一是谁可以访问平台或谁可以接入平台；二是平台参与者在平台上可以做多少，即平台参与者受限制的程度如何。这两个维度说明了平台的"开放程度"，其范围是：①不限制参与其开发、商业化或使用；②任何限制（授权）是合理的，在接入要求、技术标准要求方面没有歧视性，或支付许可费用（Eisenmann et al.，2009）。

我们认为，Eisenmann 等的定义有助于理解平台对外部合作用户的开放性

（Thomas et al.，2014）。但这个定义侧重于平台的外部参与者，而忽略了平台的内部构成与类型。例如，平台开放性如何影响平台生态系统的构成，如何影响互补品提供商的选择、排列与优化等，如何影响平台产品类别和品牌的开放性，以及如何影响沟通和分销等市场战略决策（Kumar，George & Pancras，2008；Neslin et al.，2014）。实践表明，市场战略决策是平台商业模式的重要组成部分（Osterwalder & Pigneur，2010），其涉及产品类别和品牌开放性及沟通和交付产品渠道的变化，改变平台生态系统的构成，进而会对为客户创造价值的方式产生重要影响（Saghiri，Wilding，Mena & Bourlakis，2017）。

事实上，平台开放性源于一系列关于平台开放程度的决策，而这又取决于平台开放的对象是谁：①供应商。②客户。③互补服务提供商。④产品类别。⑤渠道。其决定了平台领导或平台倡导者是否寻求不兼容、兼容或某种类型的集成（Rysman，2009）。例如，信用卡提供商，如维萨信用卡（Visa）和美国运通信用卡（American Express），通过在同一家银行使用相同的 POS 设备操作（Rysman，2009），增加便利性，从而为银行、信用卡用户和商户带来价值。

如果以数字化平台开放对象作为平台维度划分的标准，平台开放维度如表4-1所示。

表4-1 数字化平台开放维度

开放性维度	行动	定义	亚维度	文献流	指导我们概念化的代表性出版物
对供应商的开放程度	供应商销售产品以平台为核心	供应商对平台的访问程度，以及他们在平台上被允许做什么	访问	平台采购	Boudreau（2010）；Eisenmann 等（2009）；Van Alstyne 等（2016）
对客户的开放程度	客户在平台上交易以获取或消费所交付的服务或产品	客户对平台的访问程度，以及他们在平台上被允许做什么	权限访问	平台采购市场细分：利基/大量市场	Hagiu 和 Wright（2018）；Masters 和 Thiel（2014）；Cennamo 和 Santalo（2015）
对互补服务商的开放程度	互补服务商销售非核心服务，以互补平台核心产品	互补服务提供商对平台的访问程度，以及他们在平台上被允许做什么	权限访问	客户共同创造平台采购	Balka 等（2014）；Cui 和 Wu（2016）；Eisenmann（2008）；Jacobides、Cennamo 和 Gawer（2018）；Ondrus 等（2015）

续表

开放性维度	行动	定义	亚维度	文献流	指导我们概念化的代表性出版物
对产品类别的开放程度	平台确定产品类别和项目的组成	对各种产品类别和项目开放	权限访问	平台采购类别管理，商品质量	Hagiu 和 Wright（2018）；Kumar 等（2008）；Oppewal 和 Koelemeijer（2005）；Sirohi 等（1998）
对渠道的开放程度	平台决定了分销和通信渠道的范围	开放性，通过多种通信和分发渠道与平台进行交互，并在它们之间无缝切换和执行功能	访问	全渠道管理	Emrich 等（2015）；Kleinlercher、Emrich、Herhausen、Verhoef 和 Rudolph（2018）；Wang 等（2015）

资料来源：Broekhuizen，T. L. J.，Emrich，O.，Gijsenberg，M. J.，Broekhuis，M.，Donkers，B.，Sloot，L. M.（2021）Digital platform openness：Drivers，dimensions and outcomes. *Journal of Business Research*，122：902 – 914.

二、平台开放的特点

平台开放战略涉及有关平台与竞争平台、平台和互补产品提供商之间关系的谋略或韬略。在平台竞争战略中，把平台的服务包络（Enveloped）成一系列计算机易识别的数据接口开放出去，供第三方开发者使用的行为，就叫作开放接口或创建应用程序编程接口（Open API），提供开放应用程序编程接口的平台战略就被称为平台开放战略（Platform Open Strategy）。

哈佛大学商学院教授 Eisenmann 等（2006）讨论了非数字化平台（Non – digital Platforms）的开放性问题，认为单就开放性方面而言，数字化平台与非数字化平台根本不同。就数字化平台而言，开放性不仅与平台领导或平台倡导者安排（如平台入口和出口规则）有关，还与诸如 API、应用商店和软件开发工具包（SDK）等技术的开放性有关。

在实践中，人们发现，平台的开放程度各不相同。苹果的 iOS 操作系统和谷歌的安卓（Google Android）操作系统（Benlian et al.，2015）、各种软件创新型平台、交易型平台、数字市场（Digital Market）（Ghazawneh & Henfridsson，2015）及支付平台（Ondrus et al.，2015）的开放程度就各不相同。例如，苹果向互补应用程序的供应商开放了移动操作系统，但排除了硬件生产商使用苹果 iOS 平台的可能性。平台领导或平台倡导者可以通过向独立的应用程序提供商授予访问权限来开放平台，从而促进围绕平台的互补组件市场的出现，或者通过放弃对平台本身的控制（如 Linux），释放出更大的价值。在厂商组织的实践中，向独立应用程序开发商提供更高级别的访问手持计算系统（Handheld Computing Systems）的权限，可以使新手持设备应用程序的开发速度提高 5 倍（Boudreau，2010）。

从本质上说，平台与平台竞争的主要驱动因素就是平台的开放性（Openness）。然而，对创新型平台的平台倡导者而言，平台开放战略是平台竞争战略的核心，而确定平台开放性程度是平台倡导者或平台领导需要面对的最重要和最复杂的战略决策问题（Hagiu & Lee，2011）。平台倡导者关于平台开放程度以及何时吸收开发人员的创新的决定，是平台竞争战略与生态系统构建的关键部分。这些决策推动用户采用平台，而平台倡导者利用开发人员进行生产功能的扩展（Parker & Van Alstyne，2017）。因为这个决策会影响平台架构和平台治理决策、平台的用户采用、应用程序开发者参与、互补品的提供、平台技术价值的货币化和平台监管，每个平台都试图有更多的用户、联合应用程序开发者（Chesbrough，2003；West，2003）和高质量的互补品提供商。

无论是通过内部开发还是外部收购，无论是强制还是非强制，诸如苹果（Apple）、思科（Cisco）、脸书（Facebook）、谷歌（Google）、英特尔（Intel）、美国三维打印机巨头 MakerBot、微软（Microsoft）和德国企业级软件巨头思爱普公司（SAP）等创新型平台或平台倡导者通常都会吸收生态系统的合作伙伴参与开发创新。例如，思科（Cisco）捆绑了出现在多个应用程序开发人员产品中的新网络功能。思科系统公司新兴市场技术集团首席技术官圭多·耶鲁（Guido Jouret）认为，"尽管应用程序开发人员不喜欢，但意识到它有利于生态系统"。又如，微软（Microsoft）吸收了诸如磁盘碎片整理、加密、流媒体和网络浏览等创新技术（Jackson，1999），然后打开了 API 以允许第三方访问这些新层。再如，三维打印机 MakerBot Replicator 是美国 MakerBot 公司于 2014 年 1 月国际消费类电子产品展览会（International Consumer Electronics Show，CES）① 上发布的 MakerBot 第五代产品之一，MakerBot Replicator 在可打印体积上比第四代三维打印机大 11%，并加入了无线和以太网功能，融合了云计算技术，不仅支持移动 APP 应用程序，也能通过 APP 应用程序实现打印的远程监控。MakerBot 的用户开发了一种新设计，以修复三维打印机的缺陷（Husney，2014）。经过测试，

---

① 国际消费类电子产品展览会（International Consumer Electronics Show，CES），简称国际消费电子展，每年 1 月在美国内华达州拉斯维加斯举行，由消费电子协会赞助。展览期间，会有许多新产品的预览或发布。国际消费类电子产品展览会是全球规模最大的消费科技产品交易会之一。当下，国际消费电子展已成为批发商、连锁零售商、开发商及有关厂商等世界级买家采购的理想场所，也是中国电子业厂商开拓美国乃至美国周边国家市场，了解国际最新电子行业趋势，掌握电子行业最新动态的有效渠道。

MakerBot 吸收并正式发布了新设计。

事实上，平台开放性和平台封闭性总是相对的，纯粹的开放平台（Pure Open Platform）和纯粹的私有平台（Pure Private Platform）都是不存在的（Gawer & Cusumano，2002；Schilling，2009；Eisenmann et al.，2009）。美国管理学家 Schilling（2009）从技术和经济两个层面定义私有平台和开放平台。纯开放平台指的是在技术上基于完全开放标准、在经济上没有任何知识产权保护和技术许可费用壁垒的平台。而纯私有平台满足两个规定性：一是在技术上与其他的系统不兼容，包括竞争者和互补品提供者在内的其他厂商在技术上不能生产兼容的产品和互补品；二是在经济上，平台型企业通过严格的专利、商业秘密或其他机制进行保护。因此，实际经济生活中的开放平台总是介于纯开放平台和纯私有平台之间。哈佛大学商学院教授 Eisenman 等（2009）所强调的平台开放性，实质上指的是纯开放平台。这里，限制是指软件的兼容性或技术许可收费，纯开放平台的软件版权选择了通用公共许可证（General Public License，GPL）[①]，纯开放平台强调软件共享，但并不意味着无偿公开源代码。

美国管理学家 Boudreau（2010）对互补品开放和竞争性平台开放进行了区分。他认为，平台对互补品开放的战略权衡发生在"采用"（Adoption）和"专属性"（Appropriability）之间，对互补品开放意味着用户采用数量可能增加，但同时可能降低平台的专属性；对竞争性平台开放的战略权衡发生在"多样性"（Diversity）和"控制权"（Control）之间，对竞争性平台开放的实质是平台本身控制权的开放，使其他主体可以对平台技术进行修改和完善（如开发者对开源软件进行改进以形成更完善的版本），平台技术会更加多样，但平台领导可能丧失对平台的控制权。平台对竞争性平台开放时，可能会培育更多的竞争对手，从而降低了平台的垄断性和专属性。

第二节　平台开放的方式与程度

一、平台开放的方式

平台开放需要平台所有者或倡导者确定一个开放标准和默认契约。这个标准规定了应用程序开发者开发的应用程序的技术性标准，而合同提供了激励和控制

[①] 通用公共许可证（General Public License，GPL）也称为"公共版权"或"著作权"，是诸多开源许可证中比较著名的一种。

应用程序开发者行为的机制。为了获得外部应用程序开发者资源的使用权，许多平台倡导者设计了违约合同，使通常被称为"无许可创新"（Permissionless Innovation）（Cerf，2012）的项目能够得到适当的激励，平台倡导人并不知道应用程序的开发者是谁，他们可通过为平台倡导人的平台进行生产做出回应。然而，违约合同可能会约束开发者的行为，比如推特（Twitter）对应用程序内广告的限制或苹果（Apple）对平台外购买应用程序的限制。

在平台经济学文献中，平台的开放性结构一般被理解为平台的"开放程度"，平台更加"开放"意味着平台对第三方参与、开发或跨越其不同角色使用的限制更少，无论是对应用程序开发人员还是最终用户都是如此（Eisenmann et al.，2009）。平台完全开放，即在平台级别缺乏控制，是一种完全不受限制的开放标准。

我们认为，选择最佳的平台开放程度，对于平台的倡导者至关重要（Boudreau，2010；Chesbrough，2003；Eisenmann et al.，2009；Gawer & Cusumano，2002；Gawer & Henderson，2007）。这一决定需要在平台创新增长和直接获得利润之间进行权衡（West，2003）。开放一个平台可以通过利用网络效应、减少终端用户对锁定的担忧以及刺激下游生产来刺激平台增长。在一般情况下，开放一个平台通常会降低用户转换成本，但会增加平台分岔（Platform Forking）和竞争的风险，并可能降低平台倡导者获取经济租金的能力。美国管理学家 Parker 和 Van Alstyne（2017）认为，基于开放程度的创新经验估计呈现"倒 U 形"（Boudreau，2010；Laursen & Salter，2005），这表明数字化平台及其所有者可以优化其开放程度。

数字化平台可以通过两种方式开放，以促进创新和价值创造（Boudreau，2010）：

一是访问开放或接入开放（Access Openness），即平台所有者或倡导者可以通过建立边界资源（Ghazawneh & Henfridsson，2013）向第三方参与者授予访问或接入权限。所谓接入开放是指通过向外部互补者提供与平台交互的专用资源，授予他们在平台上参与和开展业务的权限。例如，一个平台宿主（Platform Host）可以向第三方参与者提供平台接口，比如应用程序编程接口（API）和应用商店（App Store），允许外部应用程序开发人员为平台开发互补品，在平台上创建新的应用程序。这里，访问或接入是指第三方参与的访问或接入。

接入开放的重要意义是在平台生态系统内可以激发创新和价值创造，诱导互补者利用数字化平台创造附加价值，从而产生积极的网络效应（Parker & Van Alstyne，2005；Rochet & Tirole，2003）。在接入开放中，平台宿主可以通过收入分享（如销售或服务使用的百分比）或其他机制（如销售应用程序内的广告）提取部分创造价值。例如,用户每从苹果应用商店下载一个付费的应用程序,苹果公司将获得25%的应用程序销售收入,应用程序开发者将获得75%的应用程序销售收入。

当然,这种访问也可以单独开放给每个参与者(Karhu et al.,2014)。例如,在智能手机平台上,平台宿主除了授予应用程序开发者访问权限,还可以单独授予第三方应用商店提供商访问权限。为了接入开放,平台宿主可以创建从技术到管理的多个接口(Baldwin & Woodard,2008;Farrell & Saloner,1992;West & O'Mahony,2008)。例如,除了应用程序编程接口(API),谷歌安卓操作系统(Google Android)平台还包含一个硬件抽象层(Hardware Abstraction Layer,HAL)接口,用于集成设备的互补。

二是资源开放(Resource Openness),即平台所有者或倡导者在软件平台中开放源代码和平台的核心开源软件,许可第三方参与者利用边界资源来打开其核心平台资源(West,2003),以促进平台与互补者的合作。平台倡导者之所以进行资源开放,是因为平台宿主认为通过主动丧失相关知识产权(Forfeiting Related IPR)来开放平台的核心资源,对平台和平台倡导者是有利的(Boudreau,2010;West & Gallagher,2006)。例如,2007年谷歌在安卓开放源代码项目(Android Open-Source Project,AOSP)中开放了谷歌安卓(Google Android)平台的核心开源软件。美国南加州大学古尔特法学院(University of Southern California Gould School of Law)Barnett(2011)将这种形式的资源开放称为战略性丧失(Strategic Forfeiture)。战略性丧失意味着平台宿主(Platform Host)自愿丧失平台核心的知识产权,同时保留对平台其他部分的控制权,以收回开发核心技术的成本。例如,谷歌(Google)在安卓平台生态系统中的收入大部分来自于其搜索引擎、YouTube和其他服务的广告。

从这个视角看,具有可扩展的数字核心(Extensible Digital Core),并能够为第三方提供改进或互补服务的数字化平台,可以称为开放式数字化平台(Open Digital Platform,ODP)(De Reuver et al.,2018)。例如,谷歌安卓操作系统(Google Android)是开放式数字化平台的一个成功案例。据估计,安卓操作系统目前在移动电话操作系统市场占据80%~90%的份额,其应用商店拥有超过380万个应用程序,每年的应用程序下载量超过1000亿次(Karhu et al.,2018)。

在实际经济生活中,接入开放和资源开放这两种形式并不相互排斥,而是可以组合使用的,并以不同的方式作用于不同的参与者群体。

二、平台开放的程度

在实践中,平台开放的两种形式在平台宿主和其他平台参与者之间创建了两种不同类型的平台共享资源（Shared Resources）。在接入开放中，平台宿主（Platform Host）将访问权授予外部第三方互补者，这些互补者随后可以提交要在平台上运行的互补品（如应用程序）。接入是指参与的接入，互补品成为平台的第一种共享资源，表现为可以在平台上共享以供分发（Shared for Distribution）。互补品之所以能够共享以供分发，是因为互补者授予平台宿主"拥有"和分发应用程序的受限权利，同时和平台共同拥有该应用程序的知识产权。资源开放是指通过主动丧失平台资源的知识产权来开放平台的宝贵资源。资源开放创造了在平台上共享知识产权的第二种共享资源，平台所有者可以开放平台的代码库，许可第三方互补者共同拥有平台资源的知识产权。在这里，平台宿主通过使用开放源代码许可等方式主动丧失平台资源的知识产权。这两类共享资源的概念在战略联盟研究中称为"有意承诺并共同拥有的共享资源"（Lavie，2006）。

我们认为，数字化平台可以通过上述两种方式开放，创造两种不同类型的共享资源，以促进创新和价值创造。平台所有者或平台倡导者可以通过诸如 API 和应用商店（App Store）等建立边界资源（Boundary Resources）为第三方参与者开放访问，以允许其为平台开发互补品。为了促进与互补者的合作，平台所有者或平台倡导者可以使用开源许可边界资源来开放和共享平台的核心资源（Karhu，Gustafsson & Lyytinen，2018）。

应当看到，平台倡导者向第三方应用程序开发者开放平台知识产权，意味着平台倡导者放弃平台价值，但实践中却很难把握平台开放到什么程度较好。一方面，这些应用程序开发者可以将平台的应用程序扩展到最终用户，并可以通过征税使平台的倡导者获得收入。另一方面，开放导致平台倡导者对平台技术失去控制，会使其牺牲本来可能获得的直接利润，增加平台分岔（Platform Forking）的风险，并造成更激烈的竞争威胁。因此，共享技术不仅影响应用程序开发者的创新能力，而且影响平台倡导者的定价能力。

对平台倡导者来说，它有可能更倾向于采用封闭性战略（Closeness Strategy），直接从平台中获得利润，但由于不知道未来所有可能使平台增值的潜在开发者的价值，因而采用封闭战略并不一定有利。例如，史蒂夫·乔布斯（Steve Jobs）在 20 世纪 80 年代管理苹果公司的开放性方面失败。乔布斯主张向应用程序开发者收取软件开发工具包（SDK）的费用，这就限制了本来想在苹果平台上开发软件生产商的进入。

阿里巴巴控制客户访问权的战略之争

阿里巴巴（Alibaba）在发展初期，就努力寻找吸引用户和产生显著间接网络效应的方法。直到公司制定了一项政策，要求每位员工找到并列出可供某个人或商家出售的 20000 件商品，间接网络效应才出现"大爆炸"（Great Explosion）。由此产生的产品清单的增加，激发了双边需求和间接网络效应。阿里巴巴及其下属的消费品网站淘宝商城（Taobao）迅速成为增长较快的网购平台，吸引了想购买任何想得到产品的中国消费者。

在间接网络效应"大爆炸"之前，当阿里巴巴正努力吸引顾客流量时，首席执行官马云（Jack Ma）和他的团队做出了一个违背直觉的、风险极大的战略决策：阿里巴巴决定制造技术壁垒和采用封闭战略，以阻止互联网搜索引擎公司百度（Baidu）搜索他们的网站，而百度却是中国最大的互联网搜索引擎——被称为中国的谷歌。阻止百度的机器人程序在阿里巴巴搜索百度用户正在寻找的产品，这会切断大量潜在客户的来源，在阿里巴巴急需购物者的时候，这样做似乎有点疯狂，但事实表明，阿里巴巴首席执行官马云正在玩一个长期的战略"游戏"。

阿里巴巴不仅关注微商与消费者在淘宝平台上进行的购物互动，还关注通过投放产品广告来增加平台盈利的潜力，以使阿里巴巴在成为热门电子商务购物平台的同时，逐步成为一个购物广告平台。阿里巴巴决心保留对潜在购物者群体的控制权，因为不断涌现的购物者群体正逐步成为阿里巴巴的用户基础，这样阿里巴巴就可以单独推出针对这些购物者的广告，并向其销售产品。马云及其阿里巴巴团队将百度的机器人程序排除在阿里巴巴的上市名单之外，这是一种阻止百度托管面向消费者的广告的重大战略举措，这些广告最终都会直接面向中国网购用户，并且只会出现在阿里巴巴的平台上。

这个控制客户访问权的策略奏效了。随着阿里巴巴用户群的扩大，阿里巴巴逐渐取代百度成为中国最有价值的在线广告平台，这就好像易趣（eBay）或亚马逊（Amazon）已经找到了一种方法来获取谷歌（Google）现在享有的目标广告收入。由此产生的巨额收入，有助于解释为什么阿里巴巴仅在 2014 年公司上市的当年所获得的利润，就超过了亚马逊在其整个历史上获得的利润。

据《纽约时报》（New York Times）2010 年的一篇报道，美国财经记者大卫·巴尔博扎（David Barboza）承认，有许多专家表示，阿里巴巴是通过在线销售获得巨额利润的几家"快速增长的本土公司"之一。巴尔博扎写道：在未来"中国的互联网市场可能越来越像一个有利可图的封闭式集市"。巴尔博扎援引一位商业分析师的预测称："当中国企业走出国门时，他们会发现自己无法像在中国竞争时那样理解竞争对手。"（Barboza, 2010）

美国商业分析师布拉德·斯通（Brad Stone）在《商业周刊》（Business Week）上解释了中国互联网巨头阿里巴巴是如何突然对美国在互联网领域的主导地位构成有史以来第一次重大威胁的。布拉德·斯通讲述了阿里巴巴在中国超越易趣（eBay），成为全球企业中国商品的巨大来源，成功地为耐克和苹果等全球企业打开中国消费市场，以及迅速建立基础设施来挑战亚马逊和苹果的过程。斯通将阿里巴巴一系列的平台竞争行为称为"阿里巴巴入侵"（The Alibaba Invasion），并向全球互联网厂商发出了警告。他总结说："中国的互联网创业者正在为自己定位，以参与并赢得建立第一个真正的全球网络市场的竞争。"（Stone，2014）

阿里巴巴首席战略官曾鸣在2014年美国麻省理工学院平台战略峰会（The MIT Platform Strategy Summit）上，解释了阿里巴巴为什么拒绝强有力的竞争对手进入，因为这有助于改变市场格局，并使阿里巴巴至少有一部分显著的增长（Zeng，2014）。

从阿里巴巴控制客户访问权的案例中可以发现，从长远来看，控制用户是平台在生态系统中创造价值和为用户创造价值的主要方法，符合平台领导的利益。这一结果导致建立在资源价值论（Resource Value Theory）基础上的平台世界变型：数字化平台及其所有者不应期望，也不需要拥有其生态系统中所有的不可替代资源，但它应该寻求拥有价值最大的资源。这就是为什么阿里巴巴（而不是百度）在其平台上拥有搜索引擎，脸书（Facebook）（而不是谷歌）在其平台上拥有搜索引擎，以及微软（而不是一些外部软件开发商）在其平台上拥有Word、Power Point和Excel的原因。这些都是为大多数平台用户创造价值的关键资源，数字化平台及其所有者必须控制这些资源。将价值较低或更为利基的资源（Niche Resources）让渡给生态系统中的合作伙伴，并不会显著削弱平台本身的竞争地位（Parker et al.，2016）。

对平台倡导者来说，至少需要做出三个决策：

一是平台倡导者可以选择放弃平台知识产权（IP）。这有助于应用程序开发者进行创新，但困难的是，平台倡导者必须确定开放平台需要放弃多少直接利润，以及从应用程序开发者那里可得到多少回报，包括销售征税和激励创新所获得的回报。

二是平台倡导者可以选择吸收应用程序开发者的知识产权。这是将开发者的思维与想法传播到整个生态系统中。做出这个决策所产生的悖论是，吸收一项创新会降低平台倡导者对应用程序开发者的价值，但分发这个应用程序却会提高平台其他参与者获得的价值。

三是除了授予和接受知识产权，平台倡导者在技术风险和知识产权重复使用方面具有最佳选择。一般来说，技术风险影响创新实验，而平台倡导者知识产权（IP）的重复使用会推动创新。这意味着，应用程序开发者参与条款对研发具有"溢出效应"（Spillover Effect），会对下游的创新产生积极的影响，平台介导的溢出（Platform – mediated Spillover）将会通过持续的创新吸收和再分配过程，提高生态系统合作伙伴的生产能力，进而推动平台未来的价值获取（Parker & Van Alstyne，2017）。

在数字化平台的实践中，平台开放性是多维的，因为它可以以不同的方式授予多个参与者群体权限。传统上，平台开放性被视为平台参与者与平台宿主共享平台资源（即知识产权）的活动。这类活动最常见的是平台核心的开源许可（West，2003）。Eisenman 等（2008）认识到，平台宿主（如谷歌）向不同的平台参与者群体（包括用户、互补者和其他平台提供商）分别开放其数字化平台，从而扩大了平台开放性的概念。对互补者的开放侧重于通过接口开放访问，而对平台提供商的开放则更关注对平台核心资源的开放，比如谷歌安卓（Google Android）平台中的三星、华为和小米等。

通过平台开放战略，平台不仅能使用户简单访问 Web 网站，还可以进行复杂的数据交互，并将 Web 网站的数据交互转换为与操作系统等价的开发平台。第三方开发者可以基于这些已经存在的、公开的 Web 网站而开发丰富多彩的应用。从平台战略上讲，平台领导或平台倡导者需要选择开放哪些接口以及开放的程度（Gawer & Cusumano，2014）。开放接口或创建应用程序编程接口和提供软件开发工具包（Software Development Kits，SDKs），有利于开发人员创建应用程序，使外部各方更容易与平台组织合作。

第三节　案例研究

一、谷歌安卓系统的"开源"战争

谷歌安卓操作系统（Google Android OS）为数字化平台的平台开放战略提供了一个成功的案例。

美国管理学家 West 和 Wood（2013）在《进化开放生态系统：塞班平台的兴衰》（*Evolving an Open Ecosystem：The Rise and Fall of the Symbian Platform*）一文中介绍了塞班（Symbian）智能手机生态系统的案例，他们考察了塞班有限公司（Symbian Co. Ltd.），这家初创公司开发了一个强大的技术架构和服务范围广泛的第三方系统，与用于智能手机的塞班操作系统（Symbian OS）相辅相成。2000～2010 年，塞班操作系统（Symbian OS）在近 4.5 亿部手机中发布，成为这一时期最受欢迎的智能手机平台。然而，塞班有限公司对该平台的技术和市场控制受到其母公司诺基亚的限制，主要表现在诺基亚反对塞班（Symbian）的技术架构向诺基亚之外的其他应用程序开发商开放。

2007年6月，苹果联合创始人史蒂夫·乔布斯（Steve Jobs）发布第一款iPhone智能手机，触摸屏、无物理键盘、iOS操作系统，可在苹果应用商店（Apple App Store）里下载智能应用，从软件到硬件全部在苹果产业价值链中完成，乔布斯使iPhone和iOS操作系统形成了一个完美的闭环。

苹果iPhone和iOS操作系统横空出世后，苹果开始引领整个智能手机市场。乔布斯让所有竞争者望而生畏，他以强大的想象力与执行力开创了一个移动世界的新时代。即使是谷歌（Google）公司和安卓（Android）之父安迪·鲁宾（Andy Rubin），也对打败乔布斯构建的移动世界有心无力，苹果似乎是一个难以战胜的神话。

与苹果这样的强者对抗的办法，只有学习Linux之父林纳斯·托瓦兹（Linus Torvalds），借助开源和众人的力量，而封闭式系统恰巧就是个人英雄主义者乔布斯的阿喀琉斯之踵（Achilles' Heel）。

2007年11月5日，谷歌组建了开放手机联盟（Open Handset Alliance）[1]，邀请摩托罗拉（Motorola）、宏达电子（HTC）、LG、三星（Samsung）等手机厂商一起完善Android的生态，而英伟达（Nvidia）、德州仪器（Texas Instruments）、高通（Qualcomm）、华为（Huawei）和三星（Samsung）则提供客户体验安卓（Android）平台所需的硬件。

开放手机联盟以安卓操作系统（Android OS）为武器，向以"苹果"为首的实施平台封闭战略的苹果iOS操作系统、诺基亚塞班操作系统（Symbian OS）、微软的Windows mobile、黑莓操作系统（Black Berry OS）、Palm OS等发起了挑战。

由于安卓操作系统（Android OS）免费开放，且具有很强的兼容性，所以很快就招募到大量的应用程序联合开发者。正是得益于平台开放，安卓操作系统迅速吸引了智能手机、智能电视等厂商入局，丰富的应用软件使谷歌安卓操作系统更容易被智能手机制造商接受，并迅速成为行业标准，打败了有十几年根基的老

① 开放手机联盟（Open Handset Alliance）是美国谷歌（Google）公司于2007年11月5日主导并组建的一个全球性的联盟组织。这一联盟将会支持谷歌（Google）发布的手机操作系统或者应用软件，共同开发名为安卓（Android）的开放源代码的移动系统。开放手机联盟包括手机制造商、手机芯片厂商和移动运营商几类。谷歌（Google）、中国移动、T-Mobile、三星、高通、德州仪器等领军企业，将通过开放手机联盟携手开发安卓（Android）操作系统。开放手机联盟旨在开发多种技术，大幅削减移动设备和服务的开发和推广成本。安卓（Android）是一个完全整合的移动软件系统，包括一个操作系统、中间件、便于用户使用的界面以及各类应用。手机厂商和移动运营商可以自由定制安卓（Android），基于安卓（Android）平台的第一部手机于2008年下半年推出。2008年华为（Huawei）也加入了开放手机联盟。

牌手机诺基亚塞班操作系统（Symbian OS），超过苹果 iOS，成为全球第一大移动操作系统。

安卓操作系统的免费开放，是互联网世界历史上伟大的一次战争，与此相比的只有比尔·盖茨（Bill Gates）为软件和硬件开发人员开放 Windows 的那场战争。开放使微软凭借将软件、硬件生产商与消费者连接起来的优越能力，迅速成为主导桌面平台。这两场平台开放战争，参与者近百万，所涉金额超过万亿美元。从本质上看，手机操作系统的战争是平台开放战略与平台封闭战略的战争。

自 2007 年苹果 iPhone 智能手机问世开始，诺基亚的塞班操作系统（Symbian OS）逐渐失去市场份额。在智能手机应用程序开发商转向新 iPhone iOS 和谷歌的安卓平台（Google Android）之后，安卓操作系统和苹果 iOS 操作系统的两大平台生态系统逐渐形成，导致了塞班有限公司乃至塞班操作系统平台的消亡。

应当看到，诺基亚塞班操作系统败给谷歌安卓操作系统的一个关键因素，就是平台开放性。诺基亚塞班操作系统选择封闭战略，而谷歌安卓操作系统的基础是基于 Linux 平台的开源手机操作系统，谷歌选择通过非常开放的 A - pache 2.0 协议，将操作系统开源给全球应用程序开发者免费使用，使之与众多智能手机兼容。

谷歌在以安卓智能手机操作系统（Google Android OS）与苹果 iOS 操作系统、塞班操作系统竞争时，向应用程序开发者提供了 500 万美元的奖励，以激励这些应用程序开发商在社交网络服务和娱乐等十个类别中推出最好的应用程序。获奖者不仅能获得奖金，而且还会成为该应用程序领域的市场领导者，因此吸引了大量应用程序开发商和从平台上下载 APP 的用户。最终的结果是，多年的发展让安卓应用程序的生态，尤其是移动应用程序生态非常完善。

West 和 Wood（2013）强调平台领先地位和平台生态系统动态相关，尤其是在平台（本案例研究中为苹果 iPhone iOS 和谷歌 Android）激烈竞争时。这为复杂生态系统的进化提供了经验教训，也为不对称依赖（Asymmetric Dependencies）和分裂型平台领导（Divided Leadership）对平台生态系统成功的影响提供了借鉴。案例研究显示，平台生态系统具有价值创造和价值专属的二元性（Duality）特征。

我们认为，安卓操作系统提供了一个价值创造与价值获取的产业背景，在这个产业背景下，我们可以观察到谷歌安卓操作系统与苹果 iOS 操作系统是两个复杂程度不同的生态系统，但其应用程序开发者是在同一个行业背景下工作的。这种差异的产生，主要是由于苹果和谷歌在控制和管理各自生态系统时使用的策略不同。苹果的 iOS 平台战略通常被描述为一个封闭性平台战略，因为它强调对整个生态系统进行强有力的控制，目的是为用户提供高质量的用户体验（Ghazawneh & Henfridsson，2013）。最值得注意的是，苹果对苹果智能手机 iPhone 和 iOS 操作系统拥有所有权。相比之下，谷歌的平台战略将安卓作为开源操作系统，它允许安卓生态系统中的应用程序与华为、宏达电子（HTC）①、LG、摩托罗拉、小米和三星等各种原始设备制造商（OEM）提供的许多手机操作系统进行交互。因此，安卓生态系统中的应用程序开发公司与苹果 iOS 单一平台生态系统中的应用程序开发公司相比，是在相对复杂的多平台生态系统中运营的。这两个生态系统在产业实践中经历了多次平台转变，这使研究者能够从研究平台转向研究多平台生态系统对互补者的影响。

在我们看来，谷歌的开源手机操作系统安卓系统，内核是 Linux 平台的开源技术，其选择通过非常开放的 A－pache 2.0 协议开源给全球应用程序开发者免费使用，这是安卓操作系统被称为开源操作系统的原因。实际上，Linux Kernel 的维护者早已将安卓代码从其代码库中剔除，这就使安卓不可能靠 Linux 打上开源标签。安卓的开源名号，其实是谷歌为了对抗苹果的 iOS 系统，主动将安卓开源。换言之，安卓是否开源与 Linux 无关，而是谷歌选择了开源这种商业模式。从这个视角我们就能够认识到，平台开放战略，实质上是一种商业模式的选择。

安卓操作系统的案例表明，平台开放是决定平台成败的关键战略决策。平台开放始终是相对的，绝对的平台开放在现实经济生活中并不存在。这个世界上没有免费的午餐，如果有，一定会让用户在其他地方付费。

平台开放与平台封闭是一种两难权衡，任何失误的战略决策都可能产生严重后果，都会对数字化平台架构的构建与平台治理产生长远且深刻的影响。

二、脸书的兴起和聚友网的兴衰

在平台开放的实践中，脸书（Facebook）从一般社交网络服务平台转型为混合型平台，其平台开放性对脸书的高速发展发挥了重要作用，并直接导致聚友网在平台竞争中衰落。

社交网络服务平台聚友网（MySpace）于 2003 年 7 月推出，总部位于加州比弗利山庄。共同创始人为加州大学柏克莱分校校友汤姆·安德森（Tom Anderson）、南加州大学马歇尔商学院校友克里斯·德沃尔夫（Chris Dewolfe），以及一个小型应用程序设计师团队，克里斯·德沃尔夫任公司总裁与执行长。

聚友网是以音乐为重心的社交网络服务平台，为全球用户提供了一个集交友、个人信息分享、即时通信等多种功能于一体的互动平台。经过几年的高速发

---

① HTC，宏达国际电子股份有限公司，简称宏达电子，是一家位于中国台湾的手机与平板电脑制造商。其是全球最大的 Windows Mobile 智能手机生产厂商，全球最大的智能手机代工和生产厂商。HTC 系列手机搭载安卓（Android）系统和 Windows Phone 系统。

展，截止到 2007 年底，聚友网已拥有超过 2 亿名注册用户，并且以每天新增 23 万注册用户的速度继续增长，聚友网的 Alexa 网络流量[①]全球排名已经稳定在第六名。数据显示，每个聚友网注册用户的平均浏览页面数高达 30 以上，用户黏性极强。

早期的聚友网就具备多种平台功能，如即时通信、分类广告、视频回放、卡拉 OK 等。但由于聚友网平台功能的工程资源有限，常常导致用户体验不佳，致使用户频频吐槽（Gillette，2011）。

2005 年 7 月，澳大利亚传媒大亨鲁伯特·默多克（Rupert Murdoch）领导的新闻集团以 5.8 亿美元现金收购聚友网的母公司 Intermix Media，从而使新闻集团进入了网络新闻博客及网络社交领域，拥有了这个广受欢迎的社交网络服务平台与"生活方式门户网站"。

聚友网成立后就占据社交网络服务平台的主导地位，一直持续到 2008 年。新闻集团入主后的 2006 年初，聚友网在新闻集团董事长鲁伯特·默多克先生"全球化视野，本地化运作"的名言指引下，开始启动其全球化经营战略。到 2007 年底，其开通了加拿大、澳大利亚、新西兰、法国、英国、德国、意大利、西班牙、日本、印度等 20 个国家或地区的分站点。2007 年 4 月 27 日，完全本土化的聚友网中国分站高调上线，标志着聚友网正式进入中国互联网市场。到 2008 年初，聚友网成为世界上浏览量最大的社交网络服务平台，并在 2006 年 6 月超越谷歌成为了美国访问量最大的网站。

2005 年，脸书的会员人数开始激增，脸书平台开始从独家的".edu"域名向".com"域名开放。脸书并没有重蹈聚友网的覆辙，虽然它最初也是对外封闭的平台创新者，但它在 2006 年将平台开放给了网络用户。2007 年，脸书平台又向第三方应用程序开发者开放（Piskorski et al.，2012）。具体来说，脸书的平台战略重点是创建一个强大的、包括社交网络服务平台和软件平台在内的混合型平台，允许第三方开发人员构建新的应用程序。

在脸书平台向第三方应用程序开发者开放之前，聚友网一直在社交网络服务平台市场上处于领先地位，直到 2007 年 5 月脸书平台推出帮助应用程序开发者创建新的 APP 的措施，这两家社交网络服务平台的市场地位才开始产生重大逆转。志在拓展脸书平台能力的应用程序开发者迅速生根发芽（Simon，2012），这标志着脸书已经从社交网络服务平台转型为混合型平台，其软件平台复制了多个应用程序的功能，包括 Snapchat、Foursquare 和 Groupon（Manjoo，2012），通过新的应用程序编程接口（API）公开这些功能。到 2007 年 11 月，脸书社交服务

---

① Alexa 是一个重要的免费提供网站流量信息的公司，通过 Alexa 可以知道某个网站的流量信息，也可以将查询的结果与其他网站的数据比较。

网络平台上已经拥有超过 7000 款 APP（Rampell，2011）。

随着时间的推移，脸书最终推出了多种用于 Web 和移动应用程序开发的工具（Patterson，2015）。美国网络科技记者康斯汀（Constine）在对脸书重组其移动服务软件开发团队的报道中指出，与许多基于软件的创新型平台一样，脸书领导者经常将脸书的软件开发人员组织起来，分配给特定项目的应用程序开发团队，有时这些团队的任务仅仅只是维护脸书现有的产品和服务软件。然而，考虑到创新的压力和机会，脸书进行的软件开发大部分可以说只是对现有产品的增强，包括改进产品的特性，以及引入全新的产品。2008 年起，脸书平台一直居于社交网络服务平台领域的全球霸主地位。

相比之下，聚友网将所有的应用程序开发都保留在平台内部，直到 2007 年底，才开始认识到平台开放性的吸引力，并于 2008 年 2 月将平台开放给第三方应用程序开发商。但此时潮流已经转向，脸书平台的全球社交服务网络平台的霸主地位，已经不可动摇。到 2008 年 4 月，聚友网的用户数量和网络流量均被脸书全面超越。2008 年财政年度，聚友网的营业额仅为 8 亿美元。从 2008 年开始，聚友网的用户数量开始稳步下降，到 2012 年 6 月只拥有 2500 万独立访问者。2009 年 6 月聚友网有 1600 名员工，之后其进行了几轮裁员，在 2011 年 6 月其裁掉约 200 名员工。

2011 年 6 月，美国网络广告公司 Specific Media Group 和电影《社交网络》中脸书总裁马克·艾略特·扎克伯格（Mark Elliot Zuckerberg）的扮演者贾斯汀·汀布莱克（Justin Timberlake）以 3500 万美元收购了聚友网，聚友网开始向以音乐、视频和艺术为重心的社交网络服务平台转型。同样身为歌手的汀布莱克表示："粉丝们需要一个能够收听音乐、观看视频、分享并发现令人耳目一新的工具以及与他们所喜爱的艺人进行沟通的在线平台。而聚友网具有成为这样平台的潜力。艺术源于生活，反之亦然。因此，艺术领域也自然而然地拥有社交元素。我非常愿意帮助聚友网重新成为艺术家和粉丝们交流的重要平台。"截至 2013 年 2 月，聚友网在全球社交网络服务平台中的排名为第 133 位，在美国数字化平台中排名第 220 位。

事后，聚友网共同创始人之一的克里斯·德沃尔夫（Chris Dewolfe）感叹道："我们试图创建世界上的每一个功能，我们可以做到，为什么我们应该让第三方做到这一点？""我们应该选择 5～10 个我们全神贯注的关键功能，让其他人在其他方面进行创新。"（Gillette，2011）

美国管理学家 Piskorski 等（2011）认为，早期的社交网络聚友网只允许一小部分用户访问该平台，这无疑是聚友网失败的重要原因。相比之下，脸书向更多用户开放了社交网络平台，从哈佛大学本科学生开始，然后依次添加美国各个高校的大学生、高中生和广大居民，然后再添加其他国家——这是产品排序的成功例子（Piskorski et al., 2012）。应当这样说，平台的开放性在脸书的兴起和聚友网的兴衰中发挥了重要作用。

我们认为，聚友网的一个典型错误是采用相对封闭的平台战略，囤积知识产权或收取一定的费用，导致平台生态系统很难做大，不利于通过平台生态系统进行持久的创新。平台开放的实践表明，开放平台生态系统可以获得外部化知识产权和参与开放式创新的版税，可以增加平台的持久利润，这与强调平台领导直接销售的策略完全不同。

第四节　平台开放战略的类型

在实践中，平台开放战略具有两种类型：技术性开放战略和公开平台应用程序编程接口或函数的开放战略。

一、技术性开放战略与函数开放战略

技术性开放战略主要适用于软件平台类的创新型平台和混合型平台。技术性的开放战略，一般情况下是平台只提供标准化的应用软件，而针对用户个性化要求的软件，由众多的第三方开发者提供。例如，苹果只提供 Apple iOS 操作系统，针对用户个性化要求的软件，由第三方开发者提供，用户可通过苹果的应用商店 Apple App Store 无偿或有偿下载。当然，苹果也向 iOS 应用程序开发者支付了大约 100 亿美元的特许权使用费（Royalties），远远超过了美国图书出版业每年向所有书籍作者支付的版税总和。中国的百度、腾讯、阿里巴巴等互联网科技巨头采用的都是这种技术性开放战略。例如，阿里巴巴在淘宝上提供标准化的应用软件，但要提供满足数百万形形色色的天猫和淘宝商户个性化要求的应用软件，并不是阿里巴巴一个公司的力量可以做到的，所以就把这些需求开放给众多的第三方应用程序开发者。

公开平台应用程序编程接口（API）或函数（Function）的开放战略主要适用于电子商务类、生活服务类等交易型平台。公开平台应用程序编程接口（API）或函数（Function）的开放战略，是指平台的软件系统通过公开其应用程序编程接口或函数，使外部的程序具有该软件系统的功能或使用该软件系统的资源，而不需要更改该软件系统的源代码。

二、平台开放性与平台商业模式的关系

事实上，平台开放性与平台自身的商业模式有着内在的联系，即这两者存在动态性和相互依赖性。因为"平台开放性的任何变化……都可能影响平台所有者提供的产品和服务的价值主张，从而导致价格和结构的潜在变化"（Wan et al.，2017），价格和交易结构的变化反过来又会影响平台对用户和互补品提供商的知名度和吸引力。因此，平台开放性的改变可能会使平台为用户创造价值和占有价值的结果发生变化，因为开放性决定了平台为用户创造的价值，以及它能承受的程度。从这个视角看，必须从平台开放性出发来考察平台的商业模式，以确定平台能否在平台经营活动中生存并获取价值（Teece，2010）。

在电子商务平台上，这种开放战略有两种模式：

第一，将平台交易业务完全开放，平台方不参与具体的平台经营业务。这类平台一般属于市场中介型平台，即平台充当两个或多个市场参与者之间的中介人（Matchmakers），并通过中介技术促进交易活动。在市场中介型平台中，产品在同等地位的经济参与者网络之间进行交换（Perren & Kozinets，2018）。市场中介型平台提供了一套通用的设计规则和数字基础设施来促进多个平台参与者之间的交流，否则这些平台参与者可能永远没有机会相互交流（Ondrus et al.，2015）。市场中介型平台的架构以及可变和固定费用的结构决定了其平台参与者加入平台的意愿，也决定了平台参与者从潜在参与互动中获得的净盈余的水平（Hagiu & Wright，2018）。

美国管理学家 Thomas 等（2014）将在市场中作为撮合卖家与买家的媒人、牵线搭桥的人或中介人的市场中介型平台，与作为实现卓越绩效的经营型平台、作为衍生产品的产品系列平台和作为行业架构的平台生态系统区分开来，认为市场中介型平台的开放程度与其他种类的平台完全不同。

这种平台商业模式在平台准入方面，鼓励平台吸引大量互补品提供商生产的具有吸引力的产品组合，以提高用户效用，进而增强平台成长能力（Ondrus et al.，2015）；产品组合规模的增加允许平台交叉销售产品，以提高平台领导的盈利能力（Kumar et al.，2008）。此外，这种平台商业模式有利于平台构建成本和推广成本的分摊（Eisenmann et al.，2006，2009）。但这种完全开放性具有以下几个缺点：一是很难分配平台的经济租金，因为它导致平台对供应商更大的依赖性，并产生利润分享需求。二是对供应商完全开放的平台很难区分竞争性平台，无法凸显自己平台经营的独特性，因为竞争性平台可以很容易地从相同的供应商那里"购买"相同的产品（Wirtz & Ehret，2018），导致供应商的多宿主性。三是平台管理更多的供应商通常会增加协调成本，因为维修故障、监控和与更多

供应商沟通的成本增加（Hagiu & Wright，2018）。如果没有适当的质量检查，完全开放性会降低平台对供应商的控制水平。在信息不对称的情况下，往往好的商品遭受淘汰，而劣等品逐渐占领市场，取代好的商品，导致柠檬市场效应（Lemon Market Effect），甚至出现客户与质量差的产品的供应商对质的可能性（Gawer & Cusumano，2002）。然而，确保供应商的独家经营权并不总是一种选择，而且可能会非常昂贵（Eisenmann et al.，2006）。

淘宝商城（Taobao）、天猫（Tmall）、日本乐天（Rakuten）等电子商务平台就是这种纯第三方平台模式的代表，即平台方不参与商品的进销存，也不直接服务顾客，全部由入驻平台的商家来经营业务，平台只是通过公开其应用程序编程接口或函数，使入驻平台的商家的应用程序具有该平台软件系统[①]的功能或使用该软件系统的资源。例如，淘宝开放平台是淘宝（中国）软件有限公司面向第三方应用程序开发者，提供 API 接口和相关开发环境的开放平台。应用程序开发者可以通过淘宝 API 获取淘宝用户信息（卖方和卖方用户信息，但私有信息需要授权）、淘宝商品信息（全淘宝平台超过 1 亿个商品的名称、类目、型号、介绍等信息）、淘宝商品类目信息（全淘宝商品索引及分类明细）、淘宝店铺信息（全淘宝店铺信息）、淘宝交易明细信息（在取得用户授权的情况下，查询每笔交易的详细情况）、淘宝商品管理信息（淘宝商品的上传、编辑、修改等信息）等，并建立相应的电子商务应用程序。作为淘宝开放平台合作的创新型平台——阿里软件平台在其中也扮演着重要的角色，它将为应用程序开发者提供整套的淘宝 API 的附加服务：测试环境、技术咨询、产品上架、版本管理、收费策略、市场销售、产品评估等。

第二，开放部分平台业务、部分由平台领导自营。例如，亚马逊网上市场、当当网、京东商城就是这种"自营 + 联营"模式的代表。例如，亚马逊（Amazon）拥有 30 万外部应用程序开发者和 200 万使用其平台扩展的第三方卖家（Third - party Sellers），2012 年联营收入合计占其年度总收入 180 亿美元的 36%，自营收入占 64%。

这些平台引入一个或多个基于平台的业务，在继续经营传统零售业务的同时，采用典型的平台分销商模式（Typical Reseller Model）来销售商品，允许其他厂商组织或微商通过其平台市场进行产品销售（Hagiu & Wright，2015）。因此，这种交易型平台既是核心价值的创造者和用户的中介人，又有直接参与核心价值创造的自营项目。

这种模式的弊端是平台领导既是在线平台上的卖家，同时又是管理第三方卖

---

① 这种平台软件系统在部分有关信息系统的学术文献中被称为战略信息系统（Strategic Information System，SIS）。

家的平台运营商，担任着球员和裁判员的双重角色（Dual Roles），可能存在严重的利益冲突。这样的利益冲突促使平台领导利用其对数据和信息的访问权限，采取不公平竞争行为，让小微企业无法采取有利的方式吸引客户，甚至会使部分独立零售商被迫退出电商平台。

开放部分平台业务、部分由平台领导自营的模式，可能导致平台领导利用其具有的市场优势，损害联营方的利益。例如，2020 年 10 月 6 日，美国国会众议院司法委员会公布了一份长达 449 页的调查报告，认定美国最大的在线零售商亚马逊（Amazon）利用其市场优势，阻碍潜在竞争对手的发展。亚马逊利用其平台提供商的地位，收集、分析联营方销售用户和产品的数据，发现热销商品，并进行产品复制（包括委托加工和 OEM 方式），从而推出亚马逊自己的竞争性产品，这种不公平竞争行为导致包括中国商户在内的数百万家独立零售商被迫退出亚马逊在线市场。美国众议院司法委员会报告认定，亚马逊公司利用其垄断地位打压竞争者、压制行业创新，并建议美国国会对反垄断法①进行全面改革，以适应互联网时代的变化。

第五节　对平台开放战略的评价

平台经营的实践已经表明，平台开放对数字化平台的发展具有重要的战略意义。例如，2006 年脸书（Facebook）开始实施平台开放战略，将平台开放给了网络用户，2007 年又向第三方应用程序开发者开放（Piskorski et al.，2012）。突出特点是允许第三方开发人员构建新的应用程序。脸书在开放平台，年营业收入增长速度超过所有的互联网平台，按季度收入计算，2007 年脸书收入同比增长率高达 78%～219%。脸书充分运用平台开放战略，在业界一炮走红，引导全世界互联网平台公司几乎都开始采用平台开放战略，让人们看到了开放平台的强大吸

---

① 反垄断法（Antitrust Law），也称反托拉斯法，指的是对不公平的商业行为的监管，这些行为阻碍了同一行业市场部门公司之间的自由贸易和健康竞争。这是一个广义的定义，基本上可以理解为防止垄断的发展。实施反垄断法还有其他的目标。例如，保护消费者免受不合理的牟利措施的损害，如哄抬价格。法规还禁止掠夺性定价，掠夺性定价将商品或服务的价格降低到可能将现有市场竞争对手排挤出市场的程度。出于对约翰·洛克菲勒的标准石油托拉斯公司（Standard Oil Trust）垄断美国石油市场的担心，美国国会于 1890 年通过了谢尔曼反托拉斯法，即全国反垄断法。这是美国第一部旨在防止公司垄断的反垄断法。其他监管领域涉及对卡特尔的识别和解散，以便市场价格、生产和分销由其成员控制，这些成员代表生产同一类型产品的各种商业实体。典型的是卡特尔由相对较少的卖家组成，因为这样更容易监控每个成员的市场份额。但是，迟早，卡特尔的某一成员为了利用市场并迅速获利，通常会违反定价协议，这一事件不仅会破坏卡特尔的有效运作，而且会使该组织更容易被发现。

引力。继脸书之后，谷歌、微软等互联网巨头，开始竞相推出自己的创新型平台开放战略，以求追赶互联网发展的新潮流。

在中国的平台市场上，平台开放战略无疑触动了国内众多互联网平台公司的敏感神经，漫游网（Manyou）、人人网、51 网纷纷推出自己的平台开放战略。2010 年，新浪微博、百度、盛大、开心网、腾讯等社交网络服务平台和交易型平台相继尝试开放部分互联领域的应用程序编程接口，力求在互联网用户中塑造开放平台的形象。目前国内主流的开放平台有百度开放平台、新浪微博开放平台、开心网开放平台、人人网开放平台、腾讯财付通开放平台、腾讯社区开放平台和腾讯 QQ 开放平台等。

平台经营的实践证明，平台开放性增加了数字化平台的市场潜力（Ondrus, Gannamaneni & Lyytinen, 2015），实施平台开放战略可以使更多的用户通过扩大的网络效应和创新潜力，来扩展数字化平台的功能（Binken & Stremersch, 2009；Claussen, Essling & Kretschmer, 2015；Gawer, 2014）。但是，开放的关键挑战是需要保持对所有相关参与方的控制（Boudreau, 2010；Cennamo, 2018）。

然而，实施平台开放战略也可能使平台所有者或平台提供商面临失去对平台控制的风险。开放平台通常被视为围绕数字化平台进行价值创造和与竞争对手共享资源平台的必要步骤，但其可能会让平台所有者失去对平台的控制，最终损害分配价值的机制（Schilling, 2009；Shapiro & Varian, 2000）。这就导致了一个"两难的境地，即在保持足够回报的同时，开放程度足够吸引很多的买家"（West, 2003）。

一个关键的问题是，是否有必要放弃对平台的控制以获取足够的动力，还是仅仅通过允许外部人员访问就可以创造足够的动力（Boudreau, 2010）。苹果公司联合创始人史蒂夫·乔布斯（Steve Jobs）倾向于将开放/封闭两难困境（Open/Close Dilemma）称为"碎片化"（Fragmentation）和"整合"（Integration）两难问题，并非没有道理。对于这个两难问题，美国管理学家 Enkel 等（2009）感慨地说道："尽管许多公司已经开始了开放创新时代，但我们仍然缺乏对组织内外机制、何时以及如何从开放概念中充分获利的清晰理解。"

我们认为，选择平台开放或平台封闭不是一个非黑即白的选择问题，而是两个极端之间的选择，即平台开放应当达到什么程度的问题，这涉及平台的价值创造和价值获取问题。在我们看来，乔布斯所说的开放/封闭两难困境，反映了数字化平台市场的生成性和控制之间的紧张关系（Yoo et al., 2012），这是数字化平台面临的一种独特问题，这种"开放悖论"（Paradox of Openness）已经成为被要求公开其知识资源的创新者所面临的普遍性问题（Laursen & Salter, 2014）。

事实上，选择平台开放一方面能够提高平台的最终用户数量和扩大互补品阵容，增加应用程序开发者在平台基础上进行构建的能力，从而更好地获利；但另一方面随着大范围的技术扩散，平台系统会变得碎片化，可能导致多宿主竞争性平台的兴起，从而出现更高强度的平台竞争，降低平台倡导者与平台参与者的价值专属性（Value Appropriability）。同时，开放系统的平台创造者更难以实现平台技术价值的货币化，其更难定义和控制平台的知识产权，但确确实实能够鼓励开放创新。

对第三方应用程序开发商来说，应用程序开发商的创新版权被保留的时间越长，应用程序开发商和平台倡导者获得的版税收入越高，但这些应用程序开发商拥有的知识产权期限越短，应用程序开发商的创新成果，就会越快成为其他开发商可以利用的公共产品。相对封闭的平台竞争战略，增加了平台倡导者的访问收费能力，有利于平台倡导者与平台参与者获得更高比例的垄断利润，但对平台的开放创新可能造成极大的损害。

因此，平台倡导者在平台开放方面始终面临着这样一种选择：扩大应用程序开发商的利益，平台倡导者可能会获得更高的创新租金，而终止应用程序开发商的利益，可能会增加用户采用率，以及未来创新的研发溢出。所以，平台领导或平台倡导者不管采用何种平台竞争战略都必然面对价值创造和价值分配之间的权衡（Visnjic & Cennamo，2013）。

第六节　本章小结

从某种意义上说，平台开放是互联网平台市场的一场反垄断战争。正如美国科学家兼历史哲学家 Kealey（2008）所指出的那样："过去 10000 年里的人类大战，一直是反垄断之战。"正是有了平台开放，在位的创新型平台才得以和世界上所有的同行进行沟通交流、进行价值共创；新生的互联网平台公司才能够略过互联网科技巨头编织起来的技术壁垒，与创新者进行密切的接触与交流；创新者们才能够与世界上最顶级的应用程序开发者零距离接触和交流；所有的互联网平台公司才可以站在巨人的肩上进行创新，打造互联网平台美好的明天。特别是对创新型平台来说，平台开放是和世界同步的唯一途径。

值得注意的是，过去的平台开放性研究是基于平台参与者展开的，这种方法提供了对平台领导或平台倡导者、互补品提供商或应用程序开发者和用户有关平台开放性的有用见解（Hagiu & Wright，2018；Thomas et al.，2014；Van Alstyne et al.，2016），但基于平台参与者的方法忽略了开放性的其他影响。例如，平台开放性对平台生态系统构成的影响，以及开放性如何影响和决定平台在互补品提供商、应用程序开发者和用户眼中的吸引力。这些也会影响数字化平台的商业模式与价值创造。

我们认为，是否实施平台开放战略，不是是否开放与封闭的问题，而是开放到多大程度的问题，即平台所有者在平台开放性方面选择不同的开放程度问题（Hagiu & Wright，2018；Parker & Van Alstyne，2017；Thomas，Autio & Gann，2014）。平台所有者或平台倡导者始终面临着挑战与权衡（Cennamo & Santaló，2013，2015），特别是在创新型平台经营的实施过程中，尤为如此。这个问题对华为鸿蒙生态系统等中国创新型平台究竟应当在多大程度上开放，显得尤为重要。

<h1 align="center">参考文献</h1>

［1］Baldwin，C. Y.，Woodard C. J.（2008）The architecture of platforms：A unified view. Working Paper，Boston，Massachusetts：Harvard Business School.

［2］Barboza，D.（2010）China's Internet giants may be stuck there. *New York Times*，March 23. http：//www. nytimes. com/2010/03/24/business/global/24internet. html.

［3］Barnett，J. M.（2011）The host's dilemma：Strategic forfeiture in platform markets for informational goods. *Harvard Law Review*，124（8）：1863 – 1938.

［4］Benlian，A.，Hilkert，D.，Hess，T.（2015）How open is this platform? The meaning and measurement of platform openness from the complementors' perspective. *Journal of Information Technology*，30（3）：209 – 228.

［5］Binken，J. L.，Stremersch，S.（2009）The effect of superstar software on hardware sales in system markets. *Journal of Marketing*，73（2）：88 – 104.

［6］Boudreau，K.（2010）Open platform strategies and innovation：Granting access versus devolving control. *Management Science*，56（10）：1849 – 1872.

［7］Cennamo，C.，Santaló，J.（2013）Platform competition：Strategic trade – offs in platform markets. *Strategic Management Journal*，34（11）：1331 – 1350.

［8］Cennamo，C.（2018）. Building the value of next – generation platforms：The paradox of diminishing returns. *Journal of Management*，44（8）：3038 – 3069.

［9］Cennamo，C.，Santaló，J.（2015）. How to avoid platform traps. *MIT Sloan Management Review*，57（1）：12.

［10］Cerf，V.（2012）Remarks at the digital broadband migration：The dynamics of disruptive innovation：Internet speculations. *Journal on Telecommunications & High Technology Law*，10（1）：33.

［11］Chesbrough, H. (2003) *Open innovation: The new imperative for creating and profiting from technology.* Boston: Harvard Business School Press.

［12］Claussen, J. , Essling, C. , Kretschmer, T. (2015) When less can be more – Setting technology levels in complementary goods markets. *Research Policy*, 44 (2): 328 – 339.

［13］Constine, J. (2013) How Facebook went Mobile, In Before And After org charts. https: //techcrunch. com/2013/12/04/facebook – org – charts/.

［14］De Reuver, M. , Sørensen, C. , Basole, R. C. (2018) The digital platform: A research agenda. *Journal of Information Technology*, 33 (2): 124 – 135.

［15］Eisenmann, T. R. , Parker, G. Van Alstyne, M. W. (2009) Opening platforms: How, when and why? In Gawer, A. (Ed.), Cheltenham: Edward Elgar.

［16］Eisenmann, T. R. , Parker, G. , Van Alstyne, M. (2006) Strategies for two – sided markets. *Harvard Business Review*, 85 (10): 92 – 101.

［17］Enkel, E. , Gassmann, O. , Chesbrough, H. (2009) Open R & D and open innovation: Exploring the phenomenon. *R&D Management*, 39 (4): 311 – 316.

［18］Farrell, J. , Saloner, G. (1992) Converters, compatibility, and the control of interfaces. *Journal of Industrial Economy*, 40 (1): 9 – 35.

［19］Gawer, A. , Cusumano, M. A. (2014) Industry platforms and ecosystem innovation. *Journal of Product Innovation Management*, 31 (3): 417 – 433.

［20］Gawer, A. , Cusumano, M. A. (2008) . How companies become platform leaders. *MIT Sloan Management Review*, 49 (2): 28 – 39.

［21］Gawer, A. , Henderson, R. (2007) Platform owner entry and innovation in complementary markets: Evidence from Intel. *Journal of Economics and Strategy Management*, 16 (1): 1 – 34.

［22］Gawer, A. , Cusumano, M. A. (2002) *Platform leadership: How Intel, Microsoft, and Cisco drive industry innovation.* Boston, Massachusetts: Harvard Business School Press.

［23］Ghazawneh, A. , Henfridsson, O. (2013) Balancing platform control and external contribution in third – party development: The boundary resources model. *Information System Journal*, 23 (2): 173 – 192.

［24］Ghazawneh, A. , Henfridsson, O. (2015) A paradigmatic analysis of digital application marketplaces. *Journal of Information Technology*, 30 (3): 198 – 208.

［25］Gillette, F. (2011) The rise and inglorious fall of MySpace. *Bloomberg*

Business Week, 06 - 27: 52 - 59.

[26] Hagiu, A. , Wright, J. (2018) Controlling vs. enabling. *Management Science*, 65 (2): 577 - 595.

[27] Hagiu, A. , Lee, R. S. (2011) Exclusivity and control. *Journal of Economics and Management Strategy*, 20 (3): 679 - 708.

[28] Husney, J. (2014) *Crowd tough*. Contagious (February 3), http: // www. contagious. com/blogs/news - and - views/12029081 - opinion - crowd - tough.

[29] Karhu, K. , Gustafsson, B. , Lyytinen, K. (2018) Exploiting and defending open digital platforms with boundary resources: Android's five platform forks. *Information Systems Research*, 29 (2): 479 - 497.

[30] Karhu, K. , Tang, T. , Hämäläinen, M. (2014) Analyzing competitive and collaborative differences among mobile ecosystems using abstracted strategy networks. *Telematics Informatics*, 31 (2): 319 - 333.

[31] Kealey, T. (2008) *Sex, Science and Profits*. New York: Random House.

[32] Kumar, V. , George, M. , Pancras, J. (2008) Cross - buying in retailing: Drivers and consequences. *Journal of Retailing*, 84 (1): 15 - 27.

[33] Laursen, K. , Salter, A. (2005) Open for innovation: The role of openness in explaining innovation performance among UK manufacturing firms. *Strategic Management Journal*, 27 (2): 131 - 150.

[34] Laursen, K. , Salter, A. J. (2014) The paradox of openness: Appropriability, external search and collaboration. *Research Policy*, 43 (5): 867 - 878.

[35] Lavie, D. (2006) The competitive advantage of interconnected firms: An extension of the resource - based view. *Academy Management Review*, 31 (3): 638 - 658.

[36] Maffè, C. A. C. , Ruffoni, G. (2009) . Two - sided markets: Models and business cases. Working Paper SDA Bocconi School of Management.

[37] Manjoo, F. (2012) *Pokey: Is its new chat app a sign that Facebook's falling behind?* http: //www. slate. com/articles/technology/technology/2012/12/facebook_s_ poke_its_snapchat_ clone_is_a_ bad_sign. html.

[38] Neslin, S. A. , Jerath, K. , Bodapati, A. , Bradlow, E. T. , Deighton, J. , Gensler, S. , Verhoef, P. C. (2014) The interrelationships between brand and channel choice. *Marketing Letters*, 25 (3): 319 - 330.

[39] Ondrus, J. , Gannamaneni, A. , Lyytinen, K. (2015) The impact of openness on the market potential of multi - sided platforms: A case study of mobile payment platforms. *Journal of Information Technology*, 30 (3): 260 - 275.

［40］ Osterwalder, A.., Pigneur, Y. （2010）_*Business model generation*： *A handbook for visionaries, game changers, and challengers.* New York： John Wiley & Sons.

［41］ Parker, G. G. , Van Alstyne, M. W. （2005） Two – sided network effects： A theory of information product design. *Management Science*, 51 （10）： 1494 – 1504.

［42］ Parker, G. , Van Alstyne, M. （2017） Innovation, openness, and platform control. *Management Science*, 62 （7）： 1 – 18.

［43］ Parker, G. G. , Van Alstyne, M. W. , Choudary, S. P. （2016） *Platform revolution： How networked markets are transforming the economy and how to make them work for you.* New York： W. W. Norton & Company, Inc.

［44］ Patterson, S. （2015） *React Native： Facebook Takes Another Stab at Fixing App Development.* Arc, April 21. https：//arc. applause. com/2015/04/21/facebookapp – developers – react – native/.

［45］ Perren, R. , Kozinets, R. V. （2018） Lateral exchange markets： How social platforms operate in a networked economy. *Journal of Marketing*, 82 （1）： 20 – 36.

［46］ Piskorski, J. , Eisenmann, T. , Chen D. , Feinstein, B. （2012） Facebook's platforms. Boston, Massachusetts： Harvard Business School. HBS Case 9 – 808 – 128.

［47］ Piskorski, M. J. , Chen, D. , Knoop, C. （2011） MySpace. Boston, Massachusetts： Harvard Business School Publishing, Case number 9 – 708 – 499.

［48］ Rampell, C. （2011） Widgets become coins of the social realm. *Washington Post*, November 3, D01.

［49］ Rochet, J. , J Tirole. （2003） Platform competition in two – sided markets. *Journal of the European Economic Association*, 1 （4）： 990 – 1029.

［50］ Rysman, M. （2009） The economics of two – sided markets. *Journal of Economic Perspectives*, 23 （3）： 125 – 143.

［51］ Saghiri, S. , Wilding, R. , Mena, C. , Bourlakis, M. （2017） Toward a three – dimensional framework for omni – channel. *Journal of Business Research*, 77 （c）： 53 – 67.

［52］ Schilling, M. A. （2009） Protecting or diffusing a technology platform： Tradeoffs in appropriability, network externalities, architectural control. In Annabelle, Gawer （Ed. ）, *Platforms, Markets and Innovation.* Cheltenham： Edward Elgar.

［53］ Schreieck, M. , Wiesche, M. , Krcmar, H. （2016） Design and governance of platform ecosystems – key concepts and issues for future research. *Working paper*, Technical University of Munich, Munich.

[54] Shapiro, C. , H. Varian, (2000) . *Information Rules*. Boston, Massachu-setts: Harvard Business School Press.

[55] Simon, P. (2012) *The age of the platform: How Amazon, Apple, Face-book and Google have redefined business*. NV Henderson: Motion publishing.

[56] Stone, B. (2014) Alibaba's IPO may herald the end of U. S. E – com-merce dominance. *Businessweek*, August 7. http: //www. bloomberg. com/bw/articles/ 2014 – 08 – 07/alibabas – ipo – may – herald – the – end – of – u – dot – s – dot – e – commerce – dominance.

[57] Teece, D. J. (2010) Business models, business strategy and innova-tion. *Long Range Planning*, 43 (2 – 3): 172 – 194.

[58] Thomas, L. D. W. , Autio, E. , Gann, D. M. (2014) Architectural le-verage: Putting platforms in context. *The Academy of Management Perspectives*, 28 (2): 198 – 219.

[59] Van Alstyne, M. W. , Parker, G. G. , Choudary, S. P. (2016) Pipelines, platforms, and the new rules of strategy. *Harvard Business Review*, 94 (4): 54 – 68.

[60] Visnjic, I. , Cennamo, C. (2013) The gang of four: Acquaintances, friends or foes? Towards an integrated perspective on platform competition. *Academy of Management*, (5): 1362 – 1367.

[61] Wacksman, B. , Stutzman, C. (2014) *Connected by Design: 7 Princi-ples for Business Transformation through Functional Integration*. San Francisco, Califor-nia: Jossey – Bass.

[62] Wan, X. , Cenamor, J. , Parker, G. , Van Alstyne, M. (2017) Un-raveling platform strategies: A review from an organizational ambidexterity perspective. *Sustainability*, 9 (5): 734.

[63] West, J. , Wood, D. (2013) Evolving an open ecosystem: The rise and fall of the Symbian platform. *Advances in Strategic Management*, 30 (1): 27 – 67.

[64] West, J. , Gallagher, S. (2006) Challenges of open innovation: The para-dox of firm investment in open – source software. *RD Management*, 36 (3): 319 – 331.

[65] West, J. , O' Mahony, S. (2008) The role of participation architecture in growing sponsored open source communities. *Industry and Innovation*, 15 (2): 145 – 168.

[66] West, J. (2003) How open is open enough?: Melding proprietary and open source platform strategies. *Research Policy*, 32 (7): 1259 – 1285.

［67］Wirtz, J. , Ehret, M. （2018）Asset – based strategies for capturing value in the service economy. In *Handbook of service science.* Wiesbaden, Germany: Springer Gabler Publisher.

［68］Yoo, Y. , Boland, R. J. , Lyytinen, K. , Majchrzak, A. （2012）Organizing for innovation in the digitized world. *Organizational Science*, 23 （5）: 1398 – 1408.

［69］Zeng, M. （2014）How will big data and cloud computing change platform thinking? MIT Platform Strategy Summit, July 25. http: //platforms. mit. edu/2014.

第五章 平台启动战略

在现实经济生活中，商业模式创新和各类数字化平台的启动，是平台领导或平台倡导者应对市场失灵的产物（De Vogeleer & Lescop，2011；Lescop & Lescop，2013，2016）。平台启动强调平台竞争中网络效应的重要性，有效克服了传统企业战略过分强调技术领先和以技术为核心的隔离机制的弊端，为数字化平台战略管理理论研究注入了崭新的思想。制定平台启动战略，强调了平台竞争战略中的平台参与者互动和平台临界质量（Critical Mass）问题，并通过大量的沙盘推演进行博弈策略分析，为数字化平台战略管理理论提供了新的分析工具。

实践表明，数字化平台战略的核心就是将产品、场景与用户或潜在用户的需求紧密结合，以被用户所接受。这样的平台战略，不但可以衍生和链接更多的场景（如微信红包变化为品牌卡券），最重要的是可将线下的场景转化为线上的流量，通过积累用户数据和应用技术手段，使个性化场景下的服务成为可能。而要将线下的场景转化为线上的流量，就必须解决商业模式创新和平台启动问题。一般认为，平台启动包括平台启动战略和平台天棚战略，重点关注如何确保互补者进入平台、如何吸引平台不同方面的用户和如何解决鸡和蛋的启动和采用问题等方面（Van Alstyne，Parker & Choudary，2016；Gawer & Cusumano，2008；Economides & Katsamakas，2006）。

第一节 平台启动与间接网络效应

平台领导或平台倡导者的平台启动（Platform Launch），有时也称为平台点火（Platform Ignition），是具有跨边网络效应平台市场上在经营中面临的一个核心问题。平台启动战略（Platform Launch Strategy）决定了平台如何推动用户采用（Adoption）平台产品或服务，以达到临界质量（Critical Mass）（Evans & Schmalensee，2010）。这一问题在交易型平台中表现得最为明显。在平台经营实践中，抑制价值交换、不重视网络效应，或达到临界质量的决策失误，都会扼杀一个平台。

对平台启动战略来说，最重要的是获得间接网络效应问题，即构建数字化平台能够带来的用户采用（Adoption）、参与者互动、协同效应（Synergy Effects）和报酬递增（Increasing Revenue）问题。在实践中，平台上通常有一种用户，他们的经济效用（Utilities）依赖于不同类型用户的存在（Parker & Van Alstyne，2000，2005；Rochet & Tirole，2003），当平台一边用户实现的价值随平台另一边用户实现的价值增加而增加时，就会出现间接网络效应（Caillaud & Jullien，2003；Rochet & Tirole，2006；Rysman，2009），平台中一方参与者的决策会对另一方参与者的决策产生影响，即平台经济具有双边市场的特性。例如，游戏开发商和玩家之间的相互影响，或拍卖买家和卖家之间的相互影响；又如，YouTube的制作者和视频制作者将用户和视频制作者联系在一起，他们利用网络效应——平台上的参与者越多，产生的价值就越大。

如果两种类型的用户都不够多，那么平台的独立价值可能无法提供足够的吸引力来推动用户参与和采用，这就导致了"鸡和蛋"（Chicken and Egg）的启动和采用问题（Caillaud & Jullien，2003；Evans & Schmalensee，2010）。如果市场一边的用户是单宿主用户（Single - home Users），而另一边的供应商是多宿主供应商（Multi - home Suppliers），那么就存在"竞争瓶颈"（Competitive Bottleneck）。

在存在竞争瓶颈的情况下，交易型平台或平台领导的决策通常偏向于单宿主用户以获得网络效应，多宿主供应商之间的激烈竞争可能使他们牺牲部分利润（Armstrong，2006），而个别供应商可能会失去买家。但如果部分供应商集体投资可能导致其宿主平台（Host Platform）赢得市场份额，从长远看供应商仍然会获得整体收益（Markovich & Moenius，2009）。

平台经济学中一个经典的问题，是交易型平台上如何在有足够的互补品之前吸引消费者，以及如何在有足够的用户之前吸引互补品提供商，以产生互补品，这就是著名的"鸡和蛋"的问题（Caillaud & Jullien，2003）。平台经济学研究的一个典型方法是，先对双方参与者的效用函数（或需求函数）进行说明，以表明平台启动可能产生的间接网络效应，然后将同步协调博弈的平台参与者，或以确定顺序到达的平台参与者的数量作为平台收费的函数，最后计算出最优费用（Armstrong，2006；Caillaud & Jullien，2003；Hagiu，2006；Rochet & Tirole，2003，2006）。这种方法提供了深入的平台经济学见解，并公平地描述了双边市场，如数字支付系统（如信用卡、支付宝、微信钱包、PayPal 等）、匹配平台（如前程无忧人才招聘网、世纪佳缘相亲网、Match. com、InnoCentive 等），或者纯粹的平台市场（如淘宝、天猫、易趣等），参与交易用户的绝对数量代表了平台的价值。

需要注意的是，平台经济学未能捕捉到或揭示出平台生态系统环境中典型的创新动力和协调问题（Cennamo & Santalo，2013，2019；Jacobides et al.，2018）。平台经济学只是说明了市场交易中介型平台并不拥有商品和服务的所有权，但它们促进了商品和服务的交易（Hagiu & Yoffie，2009），它们通过促进买卖双方之间的交易来缓解市场瓶颈（Hagiu，2006）。平台是匹配使用系统资源进行交易的买方和供应商的系统（Hagiu & Wright，2015），通过搜寻与匹配机制提高市场效率，如提高交易量、资源配置效率和改善供求关系等，为买卖双方创造价值。平台作为市场中介者，促进多边市场之间的交换，通过其产品或服务架构利用一个或多个市场，以使平台所有者从市场中介创造的附加价值中获利。

在数字化平台启动的实践中，我国业内人士往往把平台启动战略称为平台入口战略（Platform Entry Strategy），并将其作为数字化平台及其所有者的一个基础竞争性战略。部分平台领导甚至认为，平台竞争一切皆入口，只要围绕用户需求就可形成一个平台入口，并快速获得网络效应。例如，快的打车、滴滴打车、新浪、百度、QQ等都是平台入口。因此，平台竞争战略能否成功，取决于有没有平台入口思维。也就是说，要做成互联网平台，就要形成有移动规模的平台流量和有交易规模的平台入口，哪怕平台领导和互补品提供商短期亏钱。例如，现在的消费者形成了"要购物上京东"的意思，但对"苏宁易购"通常却想不起来。到目前为止，苏宁在打造平台入口方面几乎没有战略性行动，尽管也有优惠和免费，但仍不是在打造平台入口。

在移动互联网时代，平台入口战略成功的关键点是眼球经济和网红经济。而抢夺用户的眼球，就要形成网红效应，现在我国数字化平台基本上使用的都是"免费＋故事＋游戏"的模式，免费、话题（故事）和游戏化参与的"三板斧"已经成为我国数字化平台启动的经典套路。例如，京东利用先机，通过低价（物流免费等）和广告的传统方式打造了"要购物上京东"的平台入口，其中也穿插一些话题和事件，而游戏参与几乎也已经成为常态。

平台入口战略的基本逻辑是"行业盲点或用户痛点—用户免费—用户体验—用户信任—形成用户入口"。行业盲点或用户痛点，可以通过平台启动初期的免费或优惠方式来解决，进而产生信任，最后重复使用，就形成平台入口，将有消费体验和感知的用户真正变为长期用户。

贝宝：临界质量比盈利更重要

Billpoint 和贝宝（PayPal）都是美国早期的数字化支付平台，但在平台启动后交易量一直不够理想（Penenberg，2009）。这两家平台在平台推广和用户采用的服务方面，都做得不够理想，致使交易量始终达不到盈亏平衡的临界质量。

从商业模式上看，两家支付平台的价值主张（Value Proposition）略有不同。Billpoint 的价值主张强调欺诈预防（Fraud Prevention），而贝宝的价值主张则强调数字化支付的易用性（Ease of Use）。为了防止欺诈，Billpoint 收取更高的交易费用，以为用户提供更安全的交易。虽然欺诈预防可以长期降低平台成本，但会给用户交易带来摩擦，从而阻碍价值创造活动。贝宝认识到，只有扩大平台交易量才能够消化和分摊欺诈预防的成本，因而需要简化交易和激励参与者吸引他人来实现快速增长的目标，所以贝宝 2003 年开始与电子商务平台易趣网合作，使其主要的收入都与易趣平台的交易有关。

2012 年 2 月，贝宝在纳斯达克（NASDAQ）股票市场上市，并且为了尽快达到平台交易的临界质量，开始与平台交易流量极大的电子商务平台易趣网进行深度合作，因而易趣网成为了贝宝最重要的天棚伙伴，易趣网的用户也就成了贝宝的天棚用户。当时的易趣网是占主导地位的电子商务平台，贝宝还只是替代易趣网自己开发的支付服务的一个新创公司。

随着双方战略合作的进一步深化，2012 年 10 月易趣网以 15 亿美元收购了贝宝，并开始采用软件机器人（AI）买卖商品，在易趣平台交易的另一方必须使用贝宝的数字支付系统，从而迅速扩大了贝宝交易量。贝宝的用户数在不到半年的时间里，从几千个发展到超过 100 万个，每月支付流量费达 1000 万美元，为贝宝支付系统的推广应用打下了较好的市场基础，使贝宝很快就达到了实现盈亏平衡的临界质量。在整合和更换了多个 CEO 后，贝宝通过实行免费模式（Freemium Model），成功扭转了经营困境，排除了欺诈困扰，并将依赖于易趣网的大量小企业发展成为自己的天棚用户，通过多个销售渠道迅速扩大了支付产品。

事实上，贝宝与易趣网的合作使其在数字化支付市场上逐步淘汰了 Billpoint。2012 年，贝宝支付系统在全球拥有超过 1.17 亿个活跃用户，每季度需要支付350 亿美元的流量费用，并成为易趣网和世界各地很多商家首选的支付服务平台。到 2012 年底，贝宝已经成为一家多元化公司，其销售收入只有 33% 来自易趣网的电子商务平台市场，很多大商家，如美国家装、建筑产品和服务零售商家得宝（The Home Depot）及计算机制造商戴尔（Dell），都接受贝宝的数字化支付手段。而在 2003 年，贝宝超过 2/3 的收入来自易趣平台，由于销售收入过分依赖一个商家，贝宝还存在服务可能被关闭的问题，而贝宝被易趣网收购则消除了这种风险。

贝宝在支付系统市场获得成功之后，开始将目光转向欺诈预防（Fraud Prevention）。2018 年 6 月，贝宝斥资 1.2 亿美元收购了欺诈预防初创企业 Simility。

贝宝迅速在贝宝数字化支付系统中整合了 Simility 系统。Simility 是一家欺诈预防软件云解决方案提供商，提供了一个高度可扩展的欺诈预防云平台，将机器学习和人工干预相结合，保护企业免受复杂欺诈交易的侵害。此次收购使贝宝可以充分利用 Simility 的反欺诈和风险管理系统，为其遍布全球的业务用户提供服务，可以针对这些商户的业务特点打造个性化的反欺诈工具。事实上，贝宝收购 Simility 这一举动将使贝宝在欺诈保护、账户安全和风险管理等方面的地位更加稳固。贝宝首席运营官比尔·雷迪（Bill Ready）表示："数字商务已经爆发，欺诈者已经注意到，并调整和开发新的方法犯罪。近 20 年来，贝宝一直处于开发创新型欺诈预防和风险管理解决方案的前沿，但到目前为止，商家还没能够配置这些解决方案来管理其独特的业务。与 Simility 一起，我们能够将更多的控制权交给我们的商家来打击欺诈行为，同时帮助其更快更安全地实现商业体验。"

这个案例表明，在平台启动初期，不能收取较高的交易费用，强调平台创收和盈利的目标。平台启动中最重要的事情是，吸引大量的平台参与者，迅速增大平台的业务流量，以达到盈亏平衡的临界质量。

第二节　平台启动的策略

事实上，在相当多的情况下，交易型平台或平台领导可能需要运用一定的市场策略来创造积极的间接网络效应（Katz & Shapiro，1985），以产生平台启动的市场动力。他们首先可能需要解决所谓的"鸡和蛋"的问题。交易型平台或平台领导要获得更多的用户、平台流量或更开放的战略，这就需要资助一个参与者群体，以促进跨平台的匹配（Caillaud & Jullien，2003；Parker & Van Alstyne，2005；Rochet & Tirole，2003）。在交易型平台中，这个参与者群体通常指平台互补品提供商。平台领导对互补品提供商的资助包括采用新定价战略（即"免费增长定价"），提供一些免费服务，以及让其从其他产品或服务中获得收益。当然，这些措施可能与现有的产品和服务的收费标准相冲突。

在平台经营实践中，交易型平台或平台领导往往使用补贴（Subsidy）策略、播种（Seeding）策略、微市场启动（Micro - market Launch）策略和借用（Piggy-backing）策略来解决平台入口或平台启动问题。

一、补贴策略

平台经济学认为，平台竞争战略的主要目标是获得和利用网络效应，从而扩大用户群，并刺激供应商提供各种互补产品，因而平台所有者最突出的战略选择之一就是定价决策（Caillaud & Jullien，2003；Eisenmann et al.，2006；Hagiu，2005，2009；Rochet & Tirole，2006）。定价策略的前提是，由于用户规模和互补品提供商之间存在价值循环，市场一边的定价不仅取决于该边市场参与者的价格弹性，还取决于另一边市场用户的需求弹性（Rysman，2009）。因此，定价策略不仅要考虑一边用户的购买决策与用户的需求价格弹性，还应考虑用户群的规模对互补品提供商的价值，从而降低他们的价格弹性（Rysman，2009，2006；Weyl，2009）。随着互补品提供商价值的增加和价格弹性（Price Elasticity）的降低，补贴策略可以将用户的最优价格设定在边际成本以下，甚至变为负值，用以扩大用户规模。然而，用户基础的增加可以实实在在地为互补品提供商带来价值，并为实施低价补贴策略创造条件。

补贴策略是在双边市场情况下，平台领导进行有效的用户激励来"锁定"用户，不放任用户自行锁定，从而获得网络效应的一种较常见的策略。所谓用户锁定（User Lock－in）是指平台运营商通过某些策略和手段使用户成为某个平台的用户，而不是成为另一个平台的用户的行为。研究表明，平台启动时采用补贴策略是为了提高用户效用，争取获得间接网络效应，而诸如低于成本定价的补贴方法，反映了竞争趋势，但加剧了平台之间的竞争。由于补贴策略会导致竞争加速和螺旋式上升，最终导致"赢家通吃"的竞争游戏，所以其强调了在"市场竞争"中迅速行动获得网络效应的重要性。

但补贴策略这种数字化平台主动性行为对用户的"锁定"和对网络效应的获取，是有代价的，即平台要向用户提供补贴。不可否认，补贴策略是刺激间接网络效应的有效工具，但它也依赖于用户效用的增加，用户效用的增加才是用户最终被锁定的关键。事实上，在双边市场情况下，市场上存在一个或几个平台运营商，他们同时向具有不同诉求的终端用户提供具有锁定特性的产品或服务，这些产品或服务使一部分用户的购买决策会影响到另一部分用户的决策，因而会影响用户锁定。另外，平台定价策略实行的大幅折扣很可能导致竞争对手实行报复性折扣，从而使平台之间的竞争进一步升级（Rysman，2009）。

研究表明，美国社交网络服务平台脸书（Facebook）的快速传播，是其成功的关键。但这种快速传播是一种病毒式传播（Viral Game Mechanics），是有代价的。美国电影《社交网络》（The Social Network）对这种快速传播进行了戏剧化的描述，脸书平台的创始人马克·艾略特·扎克伯格（Mark Elliot Zuckerberg）将哈佛大学和其他常春藤盟校的本科学生作为最初的用户，这些用户可以在脸书这个平台上交友，且免受广告的骚扰。这促成了脸书后来的病毒式快速传播（Rosmarin，2006；Phillips，2007）。同样道理，亚马逊和京东这类电子商务平台获得网络效应的原因是保持不盈利的低价，建立了自己庞大的用户群与互补品提供商网络，这一策略在当下已经成为一种流行的数字化平台经营的商业文化原型和平台竞争逻辑。在中国数字化平台市场中，滴滴打车和优步中国公司为了普及各自开发的打车软件，就分别为使用这些软件的司机和乘客提供了巨额的补贴。

资本雄厚、财务资源丰富的交易型平台可以大量补贴吸引用户加入平台，这就是通常人们所说的"烧钱"。这些补贴主要有临时渗透价格（Temporary Penetration Prices）补贴和永久折扣（Permanent Discounts）补贴。一般来说，交易型平台不进行现金形式的补贴，因为用户可能在不使用该平台的情况下接受补贴，这容易产生道德风险问题。有些交易型平台往往把给用户提供的技术支持作为补贴，但这种补贴只有在用户使用该平台时才有价值（Parker & Van Alstyne，2005）。

平台补贴可以采用免费信息的形式，其边际成本为零（Parker & Van Alstyne，2000，2005），某些经营绩效突出的交易型平台（Anderson et al.，2014），也可以按照用户购买数量给予购买者数量折扣，或者按用户发帖或用户生成的评价内容（User Generation Content，UGC）数量给予奖励，有时也可以实物产品作为补贴。在我国的网约车市场中，优步、滴滴、快的打车等交易型平台，都对司机和乘客进行了较大的启动补贴（Launch Subsidies），其市场价格远远低于边际成本，但在交易型平台交易达到临界质量（Critical Mass）后，这些补贴就迅速下降并被取消。

在某些情况下，交易型平台领导往往用"分而治之"的策略进行用户锁定，即向市场一边的用户收取足够低的费用甚至免费来吸引更多用户加入，而向市场另外一边的用户收取高额费用来弥补损失。对不同消费群体收取不同费用的多边平台（如游戏平台对游戏玩家和开发者），可以实现任何期望的用户参与程度，而不用担心可能出现的（其他的、意图之外的）多重均衡。但在平台运营商的行为形成的某些均衡状态下，也可能会出现用户锁定的失败（Jullien，2011）。

二、播种策略

平台启动通常带有平台参与者互补性，这能够给平台 B 端的互补品提供商和 C 端的用户带来交互价值（Interaction Value）。这种互补性可以来自于 B 端互补品提供商，也可以来自于 C 端的用户。在双边平台的实践中，平台两端的任何互补品都可以被视为是平台的"种子"（Seeds），这些种子可以是互补品厂商，也可以是市场中能够影响一方用户消费决策的另一方用户，如网红事件中的消费场景（Consumption Scenarios）、意见领袖（Opinion Leaders）、网红人物（Internet Celebrities）、体育或影视明星等。平台启动就是"播种"（Seeding）过程，即通过向一方用户提供某些经济效用或价值来解决市场中另一方用户的参与问题（Gawer & Henderson, 2007；Boudreau, 2012）。

推特社交网络服务平台的"播种"

Twitter（非官方汉语通称推特）是一家广受大众欢迎的美国社交网络及微博客服务网站，是全球互联网上访问量较大的十个网站之一，也是微博客的典型应用平台。它允许用户更新不超过 140 个字符的消息，这些消息被称作"推文"（Tweet），推特的用户俗称推友（Twitter friends）。从本质上看，Twitter 类似于中国的微博，允许用户将自己最新的动态和想法以短信息形式（称为推文）发布（称为发推），可绑定即时通信软件（Instant Messaging, IM）。推特上有许多娱乐界明星和体育界明星、技术专家、科学家、知名学者、成功的企业家、政界人士等推友。推友关注他们后，就可以看到他们每天发布的状态。

推特受众面广，群众基础大，时效性极强，传播范围广、速度快。当下，Twitter 在全世界都非常流行，被形容为"互联网的短信服务"。Twitter 2019 年第一季度报告显示，Twitter 共有 1.39 亿活跃用户，2019 年第一季度盈利 11.2 亿美元。

Twitter 社交网络服务平台是由美国软件设计师兼慈善家杰克·多西（Jack Dorsey）、比兹·斯通（Biz Stone）和埃文·威廉姆斯（Evan Williams）等在 2006 年 3 月联合创办的，目的是要实现杰克·多西多年以来的梦想：开发一个能够让人们实时共享个人信息的系统。杰克·多西和时任名为 Odeo 的博客公司创意总监比兹·斯通（Biz Stone）用两周的时间做出了一个社交网络服务平台的原型。2006 年 3 月 21 日，多西在 @jack 上发布了世界上第一条 Twitter 信息："Twitter 刚刚成立。"2006 年 7 月，在一个声势浩大的上线仪式后，Twitter 正式运营，杰克·多西担任公司 CEO，由此 Twitter 正式进入社交网络服务平台市场。

Twitter 进入平台市场后的前 9 个月，并没有得到大量用户。杰克·多西和 Twitter 的其他创始人意识到，在当今日益拥挤、网络化和超竞争的互联网平台上，数字化平台要实现快速、大规模增长，已经变得越来越困难。但他们坚信，市场上会出现偶然现象和例外情况，关键在于数字化平台能否抓住。杰克·多西和 Twitter 的其他创始人分析了 Twitter 在平台上获得临界规模的方法和用户在 Twitter 上活动的特点，认识到 Twitter 需要在时间维度和空间维度上实现平台启动的突破。

机会总是留给有准备的人。Twitter 的突破，发生在 2007 年 3 月 19 日美国得克萨斯州（Texas）首府奥斯汀举办的西南偏南文化节（South by Southwest, SX-

SW)① 上。西南偏南文化节是全球最大规模的由音乐、互动电影和媒体、科技展示三部分活动形成的跨界狂欢音乐盛典，其间全球娱乐界和科技界人士齐聚一堂。Twitter 决定投资 11000 美元，在 SXSW 的主要走廊上安装一对巨大的平板显示屏。用户可以编辑信息"参加 SXSW"发送给 Twitter 的 SMS 短号码（40404），屏幕上会立即出现他们的推文。Twitter 的实时反馈，使在场的观众纷纷发送"推文"，Twitter 大屏幕周围的推友异常激动，很多观众当场就成为 Twitter 的新用户，他们的加入帮助 Twitter 成为互联网上最热的网络站点。SXSW 结束时，Twitter 用户就增长了两倍。Twitter 凭借 2007 年度最佳在线创新，获得了美国节日网络奖。

这个案例说明，数字化平台的成功得益于平台的数字化传播，而传播一定是有价值的互动，这是用户参与社交网络服务平台的根本原因。如果价值分工对每个人都有效，那么消费者、广告商和平台都是赢家。但如果平台对消费者的价值不足，那么他们就没有理由参与。我们可以发现，使用一个或多个传统的推广营销策略，让用户感到"我参与、我存在"，以吸引大量用户的兴趣和对平台的关注，可以触发大量用户同步上线，瞬间就可创建一个几乎完全发展的网络。这种平台策略一般称为大爆炸采用策略（The Big – bang Adoption Strategy）。

平台还可以开发能够吸引用户的原创内容和独家经营项目，以解决用户的需求痛点，尽快实现平台启动和用户锁定（Hagiu & Spulber，2013；Lee，2013）。在某些情况下，平台倡导者（Platform Sponsor）既可以自己开发互补品，也可以与合作伙伴合作，推动新平台产生种子互动（Seed Interactions），最终获得网络效应。例如，英特尔（Intel）虽然有很多供应商提供互补品，但这些互补品并不能有效匹配和兼容英特尔的子系统。因此，英特尔采用以英特尔为主导、联合多家公司共同投入研发的模式，并于 1996 年推出通用串行总线（Universal Serial Bus，USB），并将其免费开放给战略合作伙伴，从而提高了自身的平台领导地位（Gawer & Cusumano，2002）。应当看到，英特尔开发 USB 的做法，在保持系统兼容性的前提下提高了平台系统黏性，同时也增加了以英特尔为首的平台生态系

---

① 　South by Southwest 的本意是西南边的南边，代表的是得克萨斯州的地理位置。SXSW 与众多平台的推广有关：自 2007 年 Twitter 在 SXSW 上火爆后，每个在 SXSW 上亮相的社交应用都想搭上 Twitter 当年的"顺风车"。2015 年一款 Logo 长得像迪士尼卡通电视《彭彭丁满历险记》主人翁丁满（Timon）、名叫 Meerkat 的视频直播应用爆红网络。Meerkat 是一款 iOS 上的视频直播应用，与 Twitter 账户关联，用户只需要简单点击就可以向粉丝直播，还可以提前发布直播时间。直播开始时，用户的 Twitter 账号会自动发送一条附带在线直播链接的推文，所有人都可以通过链接进行观看。Meerkat 的应用界面好比 Twitter、Instagram、Snapchat 和弹幕网站的综合体，可以转发、点"喜欢"，也可以实时发评论与其他网友互动。但是直播视频只能实时观看，给人稍纵即逝之感。据《华尔街日报》报道，这款 2015 年 2 月底才上线的 iOS 应用，在两周内即获得 12 万用户。

统的响应能力，为平台生态发展注入了战略弹性。

研究表明，平台领导凭借着卓越的需求研究能力，可以比竞争性平台运营商更快察觉到市场上顾客偏好的细微变化，甚至在多数消费者都还不清楚更适合自己的产品前，就率先推出满足消费者所需的产品或服务。而这样的平台策略，可以提高顾客满意度以及顾客忠诚度，同时也能降低竞争性平台运营商在给消费者提供同等价值的产品时，消费者转换品牌的可能性（Vorhies & Morgan，2005）。例如，在平板计算机的市场中，苹果率先推出 9.7 寸携带方便且适合多媒体应用的 iPad，接着又推出屏幕分辨率高的升级版本，而后则推出重量减少 1/3、更便于携带且效能更强大的 iPad air。苹果之所以能不断推出更符合消费者需求的产品，主要也是因为其能实时响应顾客需求变化。

一般来说，平台的成功取决于种子互动（Seed Interaction），如果没有来自于 B 端和 C 端的互补品，平台可能没有交易量，种子互动可以使市场双方的参与者数量达到临界质量，这种边际参与者数量和边际交易量（Marginal Trading Volume）是平台自我维持的基础。例如，金融服务提供商在向第三方金融工具开放其平台之前，广泛使用这种方法来提供自己的产品（Hagiu & Eisenmann，2007）。牵头公司还必须决定种子含量是否会替代或互补合伙人所能够提供的后续内容（Hagiu & Spulber，2013）。

在我们看来，无论是补贴、分而治之还是开发原创内容和独家经营项目，均属于隔离策略（Isolating Strategy）。隔离策略包括了技术隔离、有条件免费与补贴、访问隔离（即限制某些访问，或平台不对某些人或机构开放。例如，阿里巴巴限制百度搜索引擎访问淘宝）、市场准入隔离等。平台运营商提供差异化的产品或服务本身就是一种"隔离机制"（Isolating Mechanism）。在双边市场情况下，交易型平台不仅需要面对不同的消费群体，并且还需要与其他类似的交易型平台进行竞争，这就需要交易型平台采用某种形式的隔离策略。理解这一事实的关键是：当用户彼此之间对网络效应有不同强度的评价时，交易型平台不可能同时且充分完好地保护所有用户免受其用户评价波动的影响，原因在于某个强度的网络效应对某个用户来说可能是适当的补偿，而对另一个用户而言，就可能过多或过少。不过，交易型平台保护平均边际用户还是可能的，这样做可以使一个交易型平台总的网络效应不会因用户锁定不善而受到侵蚀。这种方法可以称为"绝缘均衡"（Insulated Equilibrium）。

三、微市场启动策略

微市场启动策略（Micro – market Launch Strategy）① 是指平台将平台启动限

---

① 有的学者将微市场启动（Micro – market Launch）称为微市场战略（The Micromarket Strategy）。

制在一个小的社区，以产生强大的、有限制的网络效应。例如，易趣最初是一个
Pez 糖果自动取物机市场；亚马逊最初是书籍和音乐制品的线上销售市场（Ev-
ans，2003）。微市场启动首先要瞄准一个微小的市场，这个市场由参与互动的成
员组成。这使该平台具有有效匹配的大市场特性，即使是在增长的最初阶段。

1. Food for All 公司和 YourLocal 公司的微市场启动

根据联合国的统计，世界上的食物每年有 1/3 被浪费。位于纽约市布鲁克林
这家名叫 Woops 的糕饼烘焙店让爱吃甜食的人获得了多种满足，Woops 生产的食
品每天都是新鲜的。但是，对于一些面包店来说，任何未售出的剩余商品都会被
扔进垃圾桶，造成巨大的浪费。

Food for All 公司和 YourLocal 公司是两家纽约市本地的科技初创公司，聚焦
于解决食品浪费问题。它们构建了交易型平台并开发出一种应用程序，消费者只
要下载该应用程序，就可以找到当天的打折食品。它们同时向食品生产商提供技
术，让商家不再丢弃剩余食物，而是打折销售，让消费者省钱。Food for All 平台
聚焦糕饼烘焙店的打折食品，而 YourLocal 平台则聚焦各种餐厅的打折食品。这
两家公司都向店家收取每笔交易 20% ~ 25% 的服务费用。

YourLocal 公司合伙人兼发展部门总监丹尼尔·拉特纳说："我们可以让你、
让消费者，以五折以上的优惠幅度从本地商店购买最好的剩余食品。"Woops 烘
焙坊的总经理莱迪·古铁雷斯使用 YourLocal 应用程序把当天剩下的面包以折扣
价出售给顾客，并说："利润低一些也总比把钱白白扔掉好。"YourLocal 应用程
序使用者本杰明·沃克说："这个应用程序让我在中午就可以去找当天的打折商
品，然后决定是否要去购买。"

而在纽约曼哈顿专卖夏威夷海鲜饭的 Sweetcatch 餐厅的管理人员说，一个叫
Food for All 的应用程序增加了他们的收入，因为那些本来会被丢弃的食物可以被
打折出售。Food for All 首席执行官大卫·罗德里兹说："我们开始看到有很多咖
啡店会提供夜晚折扣，我们想，好吧，为什么所有餐馆不能都这么做呢？把剩余
的食物以低折扣卖给消费者，让他们以很划算的价格买到质量上乘的食物。"

这两家公司都聚焦于打折食品，构建了一个微型市场，使平台上的商家与用
户密切交互，让普通消费者也参与解决消费痛点问题。

本书认为，Food for All 公司和 YourLocal 公司的商业模式是围绕着解决商家
的痛点和消费的盲点展开的，而解决"痛点"似乎是互联网平台创业的不二法
门。打折食品市场本身是一个非常微小的市场，但衡量微市场价值的大小并不能
依据网络的用户规模，而是要依据平台参与者之间的交互作用，特别是平台 B 端
的商家与 C 端的用户之间的交互作用。密集的交互作用，能够创造出更多价值，
它可以刺激平台 B 端的商家活动与 C 端的用户行为，同时吸引足够数量的消费者

和生产者。

2. 脸书的微市场启动

美国电影《社交网络》（*The Social Network*）记录了扎克伯格创立脸书（Facebook）的故事。

脸书是美国的一个社交网络服务平台，总部位于美国加利福尼亚州门洛帕克（Menlo Park），由主要创始人马克·艾略特·扎克伯格（Mark Elliot Zuckerberg）创立于 2004 年 2 月 4 日。脸书在创立时，美国社交网络服务平台已经进入激烈的市场竞争阶段，这对脸书的市场启动非常不利。全球社交网络服务平台（SNS）鼻祖 Friendster 的社交网络服务平台，在 2002 年推出后的短短数月时间里，就赢得了超过 300 万的用户，成为包括中国在内的全球社交网络服务平台（SNS）竞相模仿的对象；聚友网（MySpace）是一个以音乐为重心的社交网络服务平台，于 2003 年 8 月推出，总部位于加州比弗利山庄，平台拥有者为 Specific Media LLC。聚友网进入市场后快速增长，拥有非常好的用户基础。从 2005 年到 2008 年初，聚友网是世界上浏览量最大的社交网络服务平台，并在 2006 年 6 月超越谷歌成为美国访问量最大的网络平台。

在所有平台业务中，社交网络服务平台可能是后期市场准入者中最具排他性的平台，先行者优势非常明显，用户不易转移的特性已经构成了社交网络服务先行者平台的隔离机制（Isolating Mechanism）。用户一般不会轻易迁移到一个新的社交网络服务平台成为其用户，除非它提供了与众不同的东西。这就是多边平台市场网络效应的力量。由于社交网络服务的价值巨大，基于网络效应，新进入者实现临界质量尤为重要。

如果脸书在全球的大市场上推出，在全球范围内获得几百甚至几千个用户，并不会迅猛发展，因为那些分散的、随机的用户加入平台后不会产生交互作用。脸书类似于中国的人人网或者 QQ 里面的校内网，只有你加对方为好友，对方通过验证之后才能看到彼此发布的帖子，群体多为同学、朋友或者亲戚，所以脸书上都比较拘谨，毕竟上面都是熟人但正是这个特点，决定了脸书用户之间的交互作用非常强烈，一旦加入脸书，就自然会形成各种各具特色的朋友圈。

因此，脸书决定在封闭的哈佛大学（Harvard University）本科生社区（一个集中区域）独家启动和开展业务，以解决脸书的"鸡和蛋"问题，这并不仅仅是为了方便。基于这条主线，脸书最初在哈佛大学本科生社区吸引了 500 名用户，确保了平台在启动时可以创建一个活跃的、用户间高度互动的社区。脸书将哈佛本科生社区作为一个现有的微市场，通过提高其成员之间相互作用的质量获得了市场牵引力。脸书的市场启动着眼于微市场用户进入后的高度互动作用，降低了启动所需的临界质量和相互作用的难点，更容易进行用户间的交流匹配。

脸书在哈佛大学独家启动成功后，开始将业务扩展到所有".edu"域名的校园。当用户群扩展到哈佛大学之外时，脸书不得不在它所开放的每一个新校园里都建立一个用户群，导致经常与既有校园网竞争。最初，这些学校都不在脸书的网络节点上，随着脸书用户群的高速增长，脸书开始允许跨校园的朋友联系，这有效地消除了将业务推向每一个新校园时需要重新解决的"鸡与蛋"的问题。脸书随后又将业务扩展到所有".com"域名的用户群，从 2006 年 9 月 11 日起，任意用户输入有效电子邮件地址和自己的年龄段，即可成为脸书的用户（Ellison et al.，2007）。2008 年 4 月，脸书的用户数量超过聚友网，成为全球最大的社交网络服务平台。脸书从最初专注于非正式联系的平台转变为一个更全面的社交网络服务平台。

脸书的微市场启动行为说明，平台可以采用分期价值创建策略，尤其要注重早期优质用户的创造。这要求平台领导认真思考和设计有价值的用户单元，在平台启动时就能够吸引一个或多个用户组，并向这些用户表明平台创造效益的潜力（Gawer & Henderson，2007）。即使用户网络规模比较小，也可以创建与用户相关的价值单元。因为最初用户往往是能够创造更多价值的单位，他们能够吸引其他用户的参与，并形成一个正反馈循环，从而持续增长（West & Mace，2010）。

本书认为，平台启动中最初能够创造更多价值的用户之间的交互努力就是平台的价值，这种交互作用是一种有效的孕育性、革命性和创造性的流量，它可以刺激一系列用户行为与活动，同时吸引足够数量的消费者和生产者，创造更多的价值单元，产生更多的交互作用，从而使网络效应发挥作用。

四、借用策略

有些数字化平台在启动时，面临着缺乏用户基础的问题，可能采用从另一个平台网络借用用户的策略，这种策略一般称为借用策略（Piggybacking Strategy）[1]。例如，电子商务平台易趣网在收购数字化支付平台贝宝后，坚持在易趣网上交易的另一方必须使用贝宝的数字化支付系统，这就是让贝宝从易趣网平台上借用天棚用户的策略，为贝宝支付系统的市场推广奠定了较好的基础。

微信支付的平台启动

在技术方案成熟之后，如何实施平台启动是微信支付成功与否的关键。微信支付平台的劣势是它进入市场的时间晚于蚂蚁金服的支付宝，支付宝已经在中国移动支付市场上取得了压倒所有竞争对手的优势。就微信支付的优势看：①微信

---

[1]　Piggyback 具有借用、背着、肩驮、背负式装运、在背肩上等含义，这里使用 Piggybacking 一词有站在他人背上的意思。有的学者也将借用策略称为背负策略。

支付是集成在微信客户端的支付功能，微信用户可以通过智能手机快速完成支付；②微信支付以绑定银行卡的快捷支付为基础，可以向微信用户提供安全、快捷、高效的支付服务；③微信超过10亿的社交平台已有用户，这些用户是微信和微信支付同一所有者腾讯公司旗下的天棚用户，微信支付完全可以采用借用策略，将这些天棚用户带入微信支付平台。

微信支付究竟如何实施"播种"和平台启动，将极大地考验微信支付平台和腾讯高层团队。

20世纪80年代起，中国除夕夜就形成了全国人民一边吃年夜饭、一边观看中央电视台春节联欢晚会（以下简称央视春晚）的传统，而观看央视春晚的观众中，就有数亿微信社交网络服务平台的用户。腾讯公司和微信支付平台决定利用央视春晚，实施微信支付的"播种"和平台启动，即通过央视春晚向全国数亿微信社交网络服务平台用户发放红包，让这些天棚用户跟随着央视春晚一起摇红包，实现用户与微信支付平台的互动。

2014年除夕，随着央视春晚节目主持人"全国人民摇一摇"一声呐喊和现场数千观众欢呼声，微信支付平台开始向全国数亿微信社交网络服务平台用户发放红包。据统计，仅央视春晚"播种"的这一波，微信红包摇一摇次数就达72亿次，摇红包的峰值高达1分钟8.1亿次，送出红包1.2亿个。惊人的红包数字背后，是强大的技术手段和场景战略创新（Scenario Strategy Innovation），用抢红包的方式，微信支付在"抢遍全国"欢呼声中高速进入移动支付市场。

据有关人士分析，微信支付平台为这次"抢红包"付出了8000万元，平均每个红包只有4分钱，微信社交网络服务平台用户一旦开启红包，就自动成为微信支付的用户。这次央视春晚"全国人民摇一摇"的活动连接了数亿微信支付用户，性价比超过了其他所有平台启动的性价比。截止到2017年底，微信支付绑定的银行卡用户已经超过8亿，与近400多家银行合作，并拥有3万多家服务商。

微信支付平台启动的案例说明，一个好的平台入口战略，应当是与场景战略（Scenario Strategy）紧密结合的战略，两者的结合将产生令人惊喜的效果。央视春晚就是微信支付的场景，它符合中国人过年发红包的传统习俗，满足了消费者的心理需求和好奇心。从这个意义上看，没有好的场景，就没有好的平台入口。场景战略的真谛就是"在正确的时间和正确的场景，为消费者提供正确的信息，并促成交易的实现"。商业场景意味着平台不仅要提供信息，还需要满足潜在用户的心理需求，如此才能真正做到随时随地接触消费者，成功打造平台入口。

第三节　平台的天棚战略

平台天棚战略（Platform Marquee Strategy）① 是平台开放战略中的一种特例。天棚战略意指平台主要向其天棚伙伴（Marquee Partners）和天棚用户（Marquee Customers）开放，达到快速增加合作伙伴、放大平台流量和扩大用户规模的目的。数字化平台实施天棚战略的目的，就是要利用天棚伙伴或天棚用户来实现平台生态系统扩张，达到快速增加合作伙伴、流量、用户的目的，实现价值获取。

在平台市场中，存在着一种称为天棚伙伴和天棚用户的平台互补品。天棚伙伴是指同一平台所有者旗下的应用程序开发商或互补品提供商。天棚用户则是指某个平台的已有用户可能因为该平台推出新的产品或服务，会被该平台带入新平台而成为其用户。天棚伙伴和天棚用户的存在，是双边或多边平台市场的显著特点，其隐含的意思是，天棚伙伴和天棚用户可能成为同一平台所有者旗下多宿主平台的伙伴和用户。在我国的交易型平台经营实践中，业内人士一般将这种天棚战略称为"引流战略"（Drainage Strategy），广泛地应用于消费类交易型平台的消费者引流。数字化平台的天棚战略具体如图 5－1 所示。

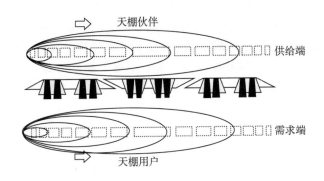

图 5－1　数字化平台的天棚战略

资料来源：本书作者自创。

---

① Marquee 的原意是指天棚或大帐篷，在这个天棚或大帐篷之中有许多小房间或小帐篷。这里，同一平台所有者旗下的所有平台就是一个天棚或大帐篷，而每个平台就是一个小房间或小帐篷。同时，天棚中还有许多应用程序开发商或互补品提供商，他们就是平台的天棚伙伴，而同一平台所有者旗下的另一个平台的用户就是本平台的天棚用户。

在双边市场平台上，交易型平台或平台领导往往会利用天棚伙伴和天棚用户进行平台启动，即新建平台为同一所有者旗下其他平台的已有用户推出新的产品或服务，从而使其他平台已有用户成为新平台的用户。例如，2003 年阿里巴巴创立在线网购交易型平台淘宝商城，并逐渐积累以微商（天棚伙伴）和以消费者为代表的用户群（天棚用户），数以百万计的买家和卖家在淘宝上交易。阿里巴巴后续又推出支付宝和跨界金融业务余额宝，对支付宝来说，淘宝商城的微商和消费者就是天棚伙伴和天棚用户，便可充分利用阿里巴巴前期积累的合作伙伴和用户资源。

生活服务类和消费类交易型平台，当下已经成为全球较大的交易型平台市场。这种交易型平台市场的竞争异常激烈，各个生活服务类平台都面临着如何进行卓有成效的市场启动以获取网络效应的难题。

美团外卖的平台启动

2013 年 11 月，美团网旗下网上订餐平台——美团外卖正式上线，公司总部位于北京。此时，美团外卖面临的直接竞争对手是已经深耕外卖市场多年的饿了么。饿了么是一家 2008 年就进入外卖交易市场的在线外卖交易平台，主营在线外卖、新零售、即时配送和餐饮供应链等业务，多年的市场耕耘已经使饿了么积累了近 2 亿用户，并获得市场广泛认可。饿了么已经在外卖交易市场形成了先行优势（First‐mover Advantage），这对美团外卖构成了不小的市场进入壁垒。然而，美团外卖凭借早期美团网的团购业务，积累了大量天棚用户资源和评价口碑。因此，美团进入外卖市场后，美团网团购业务的用户就是美团外卖的天棚用户，美团外卖能够继续利用团购业务的用户基础。截止到 2019 年 6 月，美团外卖用户数达 2.5 亿，合作商家 200 多万家，活跃配送骑手超过 50 万名，覆盖城市 1300 个，日完成订单 2100 万个。

从这个案例可以发现，美团平台通过美团团购社群这种天棚用户，为美团平台与入驻的餐饮商家引流，以快速增加美团平台与入驻餐饮商家的消费流量。类似地，小米的米粉群也是一种天棚用户，小米平台推出的任何一款新的智能家电产品都可能受到这些米粉群追捧。这种借用其他平台已有用户的策略是一种与"播种"相类似的启动策略。而美国的软件类平台或创新型平台往往使用天棚战略为应用程序开发商引流，以推动用户安装，这是平台经营实践中一种非常有效的竞争战略手段。

第四节　案例研究

一、OpenTable 与天棚伙伴 Yelp 的合作与竞争

OpenTable 是美国领先的网上订餐平台，用餐者可以通过 OpenTable 网络平台进行餐厅餐位的预订。OpenTable 网上订餐平台有超过 15000 家合作餐厅，自 1998 年成立至今，已经拥有遍布世界各地的超过 175 万个餐厅餐位。公司总部设在美国加州旧金山市。OpenTable 服务遍及美国、加拿大、德国、日本、墨西哥和英国。在英国，OpenTable 拥有并经营领先的餐厅预订平台 TopTable。

传统餐饮行业受餐厅规模和服务特点的限制，基本上还保留着电话、纸笔预订餐位的形式。OpenTable 通过网上订餐平台的预约服务帮助餐厅填补空位，餐厅可以用 OpenTable 电子预订簿来代替传统的餐位预订。餐厅可利用网上订餐平台建立用餐者数据库，有针对性地进行电子邮件营销。OpenTable 网站直接将餐厅连接到电脑订票系统，搜索结果反映了"即时"的可用性，或会立即被记录在 OpenTable 的餐厅系统。

餐厅预订平台生态系统的特点是能够产生跨边（或间接）网络效应，其中平台一方的价值取决于平台另一方的数量和质量。跨边网络效应是积极的和正向的，平台提供的可预订的餐厅越多，预订食客就越多；而预订食客越多，参与预订的餐厅也越多，由此形成正向循环反馈。餐厅预订平台将预订的食客和提供预订的餐厅聚集在一起，提供创新服务，解决信息不对称问题，降低双方的交易成本（Rosenthal & Rachleff，2011）。使用 OpenTable 预订的餐厅越多，餐厅预订平台对食客的价值就越大，因此食客使用 OpenTable 预订的数量就越多，这就吸引了更多的餐厅将更大的价值放在平台上。

OpenTable 网上订餐平台能帮助用户快速、有效地发现在特定时间、特定地点提供特定价格的美食服务餐厅，用户也可以使用广受欢迎的智能手机平台完成美食的移动预订，且预订都是免费、即时的。OpenTable 对食客的价值在于提供了一种简单高效的订餐途径，食客们通过 OpenTable 能够在任何时间预订餐桌。打开 OpenTable 网站，食客根据自己的需求（包括地点、口味、日期以及人数）可对餐厅进行大致的筛选，或者直接输入自己的目标餐厅，然后用订餐时间（12 点还是 12 点 30 分）、价格（是否有优惠）、餐桌位置（靠窗还是走廊）等条件进一步精确自己的预订。随后预订信息进入 OpenTable 和餐店的数据系统，食客

将收到订餐确认的详细邮件，系统允许食客在线修改或取消预订。

OpenTable 的市场定位正是将人们从低效耗时的电话订餐引向方便高效的数字化网络平台订餐。OpenTable 开发了涵盖安卓（Android）、黑莓（Blackberry）、苹果的 iPad 与 iPhone、诺基亚（Nokia）、PalmwebOS 和 WindowsPhone 等多种生态系统的移动应用，食客可以通过移动终端实时发现、选择并预订餐桌，截至2010 年末，来自移动终端的预订已达 700 万次。OpenTable 公司自 2009 年上市以来，合作餐厅由 11164 家增长至 2011 年第一季度末的 21214 家，几乎翻了一番。OpenTable 在公开资料中宣称，OpenTable 的目标群为餐饮业中的高端餐厅，其中仍有 90% 以上用户通过电话预订餐桌。

过去，网络订餐公司大多以广告或者预订分成为主要盈利形式，而 OpenTable 则向天棚伙伴（餐厅）出售 REB 系统并收取月租费，REB 系统从 OpenTable 网站接受食客的餐桌预订信息（食客也可以通过餐厅网站直接订餐），当然 OpenTable 要向天棚伙伴（餐厅）收取预订的渠道费用，即预订费收入。天棚伙伴（餐厅）使用 OpenTable 的 REB 系统的月租费，是 OpenTable 真正的创新所在，它在一定程度上抵消了宏观经济带来的消费者开支的波动性。

OpenTable 的商业逻辑是随着更多的餐厅加入，越来越多的食客会通过它们的系统预订餐桌，更多的食客能够使 OpenTable 向餐厅输送更多的价值，反过来为 OpenTable 吸引更多的餐厅，公司商业价值随着这个正反馈循环越来越大。因此，OpenTable 平台竞争战略的核心是发展更多的价格适中、具有特色的天棚伙伴（餐厅），使更多的天棚用户（食客）预订餐桌，并向天棚伙伴（餐厅）输送更多的价值。

OpenTable 有数以百计的合作伙伴，包括谷歌、Menupages、TripAdvisor、雅虎。OpenTable 也是苹果的合作伙伴之一，它为苹果 Siri 的预订功能提供服务。

Yelp 是一个用户生成内容型（User Generation Content，UGC）数字化平台，其核心产品是用户书写的关于当地企业的商业评论，它具有社交网与信任网络用户共享用户书写的评论的特点，该数字平台的商业假设是人们通常信任他们朋友的评论。Yelp 为广告主（通常是被评论的餐厅等各类企业）、评论人和评论阅读者提供与该平台关联的当地企业评论（Piskorski et al.，2013），平台的核心产品就是用户书写的商业评论，其通过对商业评论撰写者进行评分来创新核心产品的特性（Dixler Canavan，2010）。

虽然 OpenTable 开创了在线餐厅预订业务，成为全美较大的在线餐厅预订业务公司（Strom，2017a）。然而，许多新的竞争对手已经开始挑战 OpenTable 在线餐厅预订业务的市场主导地位，竞争对手通过提供新的产品，采用具有不同定价结构的商业模式，取得了重大进展（Strom，2017a，2017b）。面对竞争对手的市场攻击，2010 年 OpenTable 与 Yelp 开展合作，由此 Yelp 成为 OpenTable 的天棚伙伴，Yelp 用户可以直接从 Yelp 餐厅评论平台使用 OpenTable 网上订餐平台预订餐厅座位，这实质上是 Yelp 平台在帮助 OpenTable 引流，目的是使 Yelp 平台的评论阅读者转化为 OpenTable 的天棚用户。

但在 OpenTable 与 Yelp 开展合作的当年，Yelp 收购了与 OpenTable 竞争的餐厅预订服务平台 SeatMe，这使 Yelp 这个天棚用户资源具有多宿主性的特点。Yelp 这个 OpenTable 的天棚伙伴和互补者在本质上既是合作者，又是竞争对手，其中竞争多于合作。Yelp 的餐厅评论平台成了 OpenTable 的间接竞争对手，而其控股的预订服务平台 SeatMe 则成了 OpenTable 的直接竞争对手，Yelp 的餐厅评论平台使 SeatMe 的合作餐厅具有向 Yelp 的读者提供在 Yelp 页面上轻松预订餐厅座位的能力（Strom，2017a，2017b）。这种令人尴尬的合作仅仅维持了几年，2015 年 OpenTable 与 Yelp 双方终止了合作关系（Love，2015）。尽管 OpenTable 表示，Yelp、餐厅预订服务平台 SeatMe 与 OpenTable 之间的竞争，使公司经营更具创新性。但 OpenTable 母公司 Priceline[①] 在 2016 年末宣布注销大量平台预订餐厅，并预测"长期财务业绩"（Long – term Financial Results）将出现"实质性减少"（Material Reduction）（Strom，2017a），实质上表明了终止合作对 OpenTable 伤害极大。

我们认为，平台领导在选择天棚伙伴展开合作时，应当考虑与本平台核心产品中产品排序相一致，但必须考虑到，天棚伙伴与平台的关系可能会从合作关系转变为竞争关系。因此，竞合性平台战略的核心战略选择，必须决定要保留、添加或移除哪些合作伙伴。

无论是通过内部开发还是收购，无论是强制还是非强制，诸如苹果（Apple）、思科（Cisco）、脸书（Facebook）、谷歌（Google）、英特尔（Intel）、微软（Microsoft）、思爱普（SAP）和华为等创新型平台倡导者，通常都会吸收平台生态系统的合作伙伴一起进行开发创新，让这些合作伙伴成为创新型平台的天棚伙伴。例如，微软吸收了天棚伙伴的诸如磁盘碎片整理、加密、流媒体和网络浏览等创新技术（Jackson，1999），然后开放应用程序编程接口（API）以允许用户访问这些新的平台。又如，思爱普发布了 18 ~ 24 个月的路线图，提醒应用程序开发人员在此期间不会面临其他开发人员的竞争。之后，可以吸收任何天棚伙伴的战略性互补来增加核心平台的功能。对创新型平台的倡导者来说，不终止应用程序开发商知识产权的决定可以增加他们的利润，收取应用程序开发商的平台使

---

① 2014 年 6 月，在线旅游巨头 Priceline 与在线酒店预订服务商 OpenTable 达成了一项收购协议，Priceline 将以 26 亿美元的价格收购 OpenTable，这项交易全部以现金形式支付。从此，OpenTable 成为 Priceline 的控股子公司。

用费，并获得应用程序的版税收入。例如，在苹果的应用商店（Apple App Store）中，用户每下载一个付费应用程序，作为苹果公司天棚伙伴的应用程序开发商可以获得 75% 的版税收入，而苹果公司则可以获得 25% 的版税收入。

应当看到，创新型平台的天棚战略，可能延长平台倡导者和应用程序开发商的平台垄断扭曲（Distortion of Platform Monopoly），即阻止其他具有新特性的有价值的互补品成为应用程序社区标准的可能。因此，平台倡导者面临着一个两难选择：扩大应用程序开发商的利益，平台倡导者可能会在现有创新的基础上获取更高的版税收入或经济租金；但终止应用程序开发商的利益，要求应用程序开发商提供更多的免费应用程序，可能会增加平台用户的采用率，以及未来创新的研发溢出（Parker & Van Alstyne，2017）。

对创新型平台或平台倡导者来说，最好的平台竞争战略是寻找能够带来技术支持或大量用户的天棚伙伴（Cusumano & Gawer，2002；Eisenmann et al.，2006），使天棚伙伴的资源具有单宿主性，促使天棚伙伴拒绝向其他竞争平台提供这些资源。例如，对蚂蚁金服旗下的支付宝来说，同在阿里巴巴集团旗下的新零售平台盒马鲜生就是它的天棚伙伴，盒马鲜生拒绝使用现金、信用卡、借记卡和微信支付等支付工具，将支付宝作为唯一的支付和结算工具，就是一个典型的个案。①

平台经营实践中存在着合作伙伴对平台（Partner – to – Platform）的竞争和合作伙伴对合作伙伴（Partner – to – Partner）的竞争，这是一个高度动态的竞争问题，随着单一核心平台市场向多平台市场转变，其竞争格局也在不断演变。事实上，创新型平台或平台倡导者经常与打交道的应用程序开发商和互补品提供商竞争，以增加关联用户群、天棚用户和天棚伙伴，而应用程序和互补品提供商之间也存在着激烈的竞争。实践表明，创新型平台倡导者层级（Sponsor Layer）更大的开放性，确实加快了平台应用程序提供商提供新产品的速度（Boudreau，2010）。

二、票务大师的平台竞争战略

美国热门服务类网上平台——票务大师（Ticketmaster）属于娱乐类服务平台，其初期的主要职能是在互联网平台上为体育场馆、电影院和戏院出售门票。2006 年，票务大师对其平台战略进行了重大转变，从为场馆出售门票转变为允

---

① 需要指出的是，盒马鲜生规定只能使用支付宝作为唯一的支付和结算工具，这违反了我国有关法令。按照《中华人民共和国人民币管理条例》第三条的规定："中华人民共和国的法定货币是人民币。以人民币支付中华人民共和国境内的一切公共的和私人的债务，任何单位和个人不得拒收。"在我们的调查过程中发现，盒马鲜生现在也设立了收取人民币的服务台。

许个人门票所有者在票务大师上转售门票（Ticketmaster，2006）[①]，即票务大师开放其交易平台，允许个人转售其所拥有的体育场馆、电影院和戏院门票的服务，平台称之为增加了"粉丝间转售"（Fan－to－Fan Resale）的功能。对"粉丝间转售"业务，票务大师并不向转售方收取任何交易费用，以鼓励更多的用户使用票务大师。票务大师在其网站上，展示了各个场馆的座位图，消费者在网站上可以看到代表票务大师出售门票的蓝色圆点，以及代表个人出售门票的粉色圆点。但对于飞机票销售，票务大师则改变了其收入模式，用户在票务大师网站上转售飞机票需要支付交易费（Transaction Fee）。该平台采用混合经营战略，开展平台转销和基于平台业务支持的"粉丝间转售"业务。

这些战略给平台领导和高层管理团队带来了挑战。营销人员不仅要向买家推销产品和服务，还要向卖家推销渠道和顾客；财务部门必须采用收入分享模式（Revenue Sharing Model）；平台领导必须管理和维护与各个场馆的关系，以保持相互间的信任等。这些举措引入了多种业务，而这些业务有时遵循的是不一致的制度逻辑：平台领导必须权衡与高度关注其基本关系（例如，与音乐会场地和票务大师的促销员）相关的权衡，同时开放和包容地鼓励平台的所有参与者在他们的网站上销售，即使作为混合战略（Hybrid Strategy）的一部分，这些卖家可能会在一种合作竞争的动态中降低价格，并蚕食主要业务（cannibalizing the primary businesses）。平台员工需要被激励，以便在平台员工之前可能接受过集中精力销售商品或服务的培训时能够进行互动。平台领导和高层管理团队需要考虑，如何提高平台员工对促成互动的关注，影响到平台员工的是谁，高层管理团队如何与平台员工接触，平台员工需要什么技能和能力，以及这与现有的制度逻辑有多一致或不一致。此外，高层管理团队还需要考虑这些举措对员工招聘、培训和留任的影响。

在票务大师的案例中，票务大师有一个现成的潜在群参与销售和购买转售飞机票，这个潜在群转化成为票务大师的天棚用户和天棚伙伴。作为飞机票转售商战略的一部分，这些天棚用户和天棚伙伴的业务规模越来越大。因此，票务大师在2008年以2.65亿美元的价格购买了在线飞机票转售商TicketsNow。票务大师向TicketsNow这个天棚伙伴提供了技能、能力和额外的天棚用户，使其交易量迅速放大。

2020年，票务大师（Ticketmaster）在《欧美最佳活动门票购物网站》中，排在第2名；在《欧美十大最佳在线票务经纪人》中，排在第9名。

---

① http：//www.ticketmaster.com/verified explains the system.

第五节　本章小结

一个更有效率但其他方面较为相似的平台进入者，很有可能使用隔离策略来削弱在位平台（Incumbent Platform）。美国经济学家 Katz 和 Shapiro（1992）认为："有几篇关于技术应用和网络外部性的文章认为过度的惯性（即锁定）是理论上的例外，而非通则。"他们引述了美国经济学家 Farrell 和 Saloner（1986）的观点，认为新技术的应用过快，这可能引发相反形式的市场失灵（Market Failure）。进入移动互联网时代后，平台经济学家们创建了证明这一观点的理论模型（Fudenberg & Tirole，2000；Halaburda et al.，2015；Biglaiser & Crémer，2014），他们从理论上证明，在位数字化平台不可能永远锁定市场中的所有消费者。

然而，新的数字化平台携带新技术进入市场，往往会面临美国经济学家 Evans 和 Schmalensee（2010）所说的"启动失灵"（Launch Failure）问题，如果不加以注意，就会受到在位数字化平台的挤压和竞争而宣告失败。因此，新的平台进入者必须满足两个重要的前提：一是有进入平台市场的能力和动力；二是有取代在位数字化平台的能力和动力。而要同时满足这两个前提条件，新的平台进入者则必须有创新商业模式的能力。

平台进入者要有极强的经营市场的能力，严格地说是商业模式创新的能力。这个能力意味着潜在的平台进入者能否在特定的市场场景中，采取足够复杂的策略来实现用户锁定。在某些情况下，尤其是在多边市场中，采用相对被动的分而治之策略可能就足够了；而在另外一些情况下，则有必要采取类似于隔离机制（Isolating Mechanism）的更积极的策略。假如需要实施隔离策略，数字化平台就必须有充足的资本以补贴初期的用户，当用户数量突破临界值之后才能获得补偿。Katz 和 Shapiro（1992）用实例很好地说明了平台进入者的激励问题。他们指出，当技术"得不到资助"且不是企业专有的时候，就容易被锁定。

参考文献

［1］Anderson, E. G., Parker, G., Tan, B. (2014) Platform performance investment in the presence of network externalities. *Information Systems Research*, 25 (1): 152-172.

［2］Armstrong, M. (2006) Competition in two-sided markets. *RAND Journal of Economics*, 37 (3): 668-691.

[3] Biglaiser, G., Crémer, J. (2014) *The value of incumbency in heterogenous networks.* http: //www. cirje. e. u – tokyo. ac. jp/research/ workshops/micro/ micropaper13/micro0313_ 1. pdf.

[4] Boudreau, K. (2010) Open platform strategies and innovation: Granting access versus devolving control. *Management Science*, 56 (10): 1849 – 1872.

[5] Boudreau, K. (2012) Let a thousand flowers bloom? An early look at large numbers of software app developers and patterns of innovation. *Organization Science*, 23 (5): 1409 – 1427.

[6] Caillaud, B., Jullien, B. (2003) Chicken, egg: Competition among intermediation service providers. *RAND Journal of Economics*, 34 (2): 309 – 328.

[7] Cennamo, C., Santalo, J. (2013) Platform competition: Strategic trade – offs in platform markets. *Strategic Management Journal*, 34 (11): 1331 – 1350.

[8] David, S. Evans, Richard, Schmalensee. Failure to launch: Critical mass in platform businesses. *Review of Network Economics*, 2010, 9 (4): 16 – 38.

[9] De Vogeleer, E., Lescop, D. (2011) Plateformes, coordination et incitations. *Management & Avenir*, (46): 200 – 218.

[10] Dixler Canavan, H. (2010) *Yelp Turns* 10: *From Startup to Online Review Dominance.* http: //www. eater. com/2014/8/5/6177213/yelp – turns – 10 – from – startup – to – online – review – dominance.

[11] Economides, N., E. Katsamakas. (2006) Two – sided competition of proprietary vs. open source technology platforms and the implications for the software industry. *Management Science*, 52 (7): 1057 – 1071.

[12] Eisenmann, T. R., Parker, G., Van Alstyne, M. W. (2006) Strategies for two – sided markets. *Harvard Business Review*, 85 (10): 92 – 101.

[13] Ellison, N. B., C. Steinfield, C. Lampe. (2007) The benefits of Facebook "friends": Social capital and college students' use of online social network sites. *Journal of Computer – Mediated Communication*, 12 (4): 1143 – 1168.

[14] Evans, D. S., R. Schmalensee. (2010) Failure to launch: Critical mass in platform busine sses. *Review of Network Economics*, 9 (4): 1 – 26.

[15] Evans, D. S. (2003) Antitrust economics of multi – sided platforms. *Yale Journal of Regulation*, 20 (4): 325 – 381.

[16] Farrell, J., Saloner, G. (1986) Installed base and compatibility: Innovation, product preannouncements, and predation. *The American Economic Review*, 76 (5): 940 – 955.

［17］Fudenberg, D. , Tirole, J. （2000）Pricing a network good to deter entry. *The Journal of Industrial Economics*, 48 （4）: 373 - 390.

［18］Gawer, A. , M. A. Cusumano. （2008）How companies become platform leaders. *MIT Sloan Management Review*, 49 （2）: 28 - 35.

［19］Gawer, A. , R. Henderson. （2007）Platform owner entry and innovation in complementary markets: Evidence from Intel. *Journal of Economics & Management Strategy*, 16 （1）: 1 - 34.

［20］Gawer, A. , Cusumano, M. A. （2002）*Platform leadership: How Intel, Microsoft, and Cisco drive industry innovation.* Boston, Massachusetts: Harvard Business School Press.

［21］Hagiu, A. （2006）Pricing and commitment by two - sided platforms. *Rand Journal of Economics*, 37 （3）: 720 - 737.

［22］Hagiu, A. , Wright, J. （2015）Multi - sided platforms. *International Journal of Industrial Organization*, 43 （11）: 162 - 174.

［23］Hagiu, A. , Yoffie, D. B. （2009）What's your Google strategy? *Harvard Business Review*, 87 （4）: 74 - 81.

［24］Hagiu, A. （2009）Two - sided platforms: Product variety and pricing structures. *Journal of Economics and Management Strategy*, 18 （5）: 1011 - 1043.

［25］Hagiu, A. , T. Eisenmann. （2007）A staged solution to the catch - 22. *Harvard Business Review*, 85 （11）: 25 - 26.

［26］Hagiu, A. , Spulber, D. （2013）First - party content and coordination in two - sided markets. *Management Science*, 59 （4）: 933 - 949.

［27］Halaburda, H. , Jullien, B. , Yehezkel, Y. （2020）Dynamic competition with network externalities: Why history matters. *RAND Journal of Economics*, 51 （1）: 3 - 31.

［28］Isckia, T. , Lescop, D. （2013）Platform - based ecosystems: Leveraging network centric innovation. In Ben Letaïfa, S. , Gratacap, A. , Isckia, T. （Eds. ）, *Understanding Business Ecosystems: How Firms Succeed in the New World of Convergence*, Paris: De Boeck.

［29］Jacobides, M. G. , Cennamo, C. , Gawer, A. （2018）Towards a theory of ecosystems. *Strategic Management Journal*, 39 （8）: 2255 - 2276.

［30］Jullien, B. （2011）Competition in multi - sided markets: Divide and conquer. *The American Economic Journal: Microeconomics*, 3 （4）: 186 - 219.

［31］Katz, M. L. , Shapiro, C. （1985）Network externalities, competition and compatibility. *American Economic Review*, 75 (3): 424 – 440.

[32] Katz, M. L. , Shapiro, C. (1992) Product introduction with network externalities. *Journal of Industry Economics*, 40 (1): 55 – 83.

[33] Lee, R. S. (2013) Vertical integration and exclusivity in platform and two – sided markets. *The American Economic Review*, 103 (7): 2960 – 3000.

[34] Lescop, D. , Lescop, E. (2016) The Apple Twist. *DigiWorld Economic Journal* (previously: Communications and Strategies), (102): 13 – 36.

[35] Love, J. (2015) *Yelp, OpenTable Part Ways Amid Heightened Competition*. Reuters December 18. http: //www. reuters. com/article/us – yelp – opentablei-dUSKBN0U103L20151218.

[36] Markovich, S. , J. Moenius. (2009) Winning while losing: Competition dynamics in the presence of indirect network effects. *International Journal of Industrial Organization*, 27 (3): 346 – 357.

[37] Parker, G. , Van Alstyne, M. W. (2000) Information complements, substitutes, and strategic product design. Proceedings of the Twenty – First International Conference on Information Systems, Association for Information Systems, 13 – 15.

[38] Parker, G. Van Alstyne, M. W. (2000) Internetwork externalities and free information goods. Proceedings of the Second ACM conference on Electronic Commerce, Association for Computing Machinery, 107 – 116.

[39] Parker, G. , Van Alstyne, M. (2017) Innovation, openness, and platform control. *Management Science*, 62 (7): 1 – 18.

[40] Parker, G. G. , Van Alstyne, M. W. (2005) Two – sided network effects: A theory of information product design. *Management Science*, 51 (10): 1494 – 1504.

[41] Penenberg, A. L. (2009) *Viral loop: From Facebook to Twitter, how today's smartest businesses grow themselves*. New York: Hyperion.

[42] Phillips, S. (2007) A brief history of Facebook. The Guardian, July 25.

[43] Piskorski, M. J. , Chen, D. , Smith, A. (2013) Yelp. Boston, Massachusetts: Harvard Business School Publishing, Case number 9 – 709 – 412.

[44] Rochet, J. , J. Tirole. (2003) Platform competition in two – sided markets. *Journal of the European Economic Association*, 1 (4): 990 – 1029.

[45] Rochet, J. C. , Tirole, J. (2006) Two – sided markets: A progress report. *Rand Journal of Economics*, 37 (3): 645 – 667.

[46] Rosenthal, S. , Rachleff, A. (2011) OpenTable Stanford Graduate School of Business. Stanford, California. Case Number E418.

［47］Rosmarin, R. (2006) Open Facebook. Forbes, September 11.

［48］Rysman, M. (2009) The economics of two – sided markets. *Journal of Economic Perspectives*, 23 (3): 125 – 143.

［49］Strom, S. (2017a) OpenTable Began a Revolution. Now It's a Power Under Siege. *New York Times*, August 29.

［50］Strom, S. (2017b) A Brief Guide to the Newer Reservation Apps. *New York Times*, August 29.

［51］Van Alstyne, M. W. , G. G. Parker, S. P. Choudary. (2016) Pipelines, platforms, and the new rules of strategy. *Harvard Business Review*, 94 (4): 54 – 62.

［52］Vorhies, D. W. , Morgan, N. A. (2005) Benchmarking marketing capabilities for sustainable competitive advantage. *Journal of Marketing*, 2005, 69 (1): 80 – 94.

［53］West, J. , M. Mace. (2010) Browsing as the killer App: Explaining the rapid success of Apple's iPhone. *Telecommunications Policy*, 34 (5): 270 – 286.

［54］Weyl, E. Glen. (2009) The price theory of two – sided markets. University of Chicago Working Paper Series.

第六章　互补性平台战略

　　数字化平台经济是报酬递增经济，互补性平台战略涉及平台生态系统竞争优势和报酬递增规律，只不过它们或显或隐。当下，无论是操作系统、软件等创新型平台的投资者和消费者，还是电子商务、社交网络服务、用户生成内容和视频游戏等消费类平台的投资者和消费者，都更看重互补品提供商的互补品，以及其他用户网络庞大、种类繁多和流量极大的互补性产品。这种"间接网络效应"和互补品，既为数字化平台提供了获利的机会，也是平台生态系统的竞争优势所在，平台提供商或平台倡导者可以利用它们来创建占市场主导地位的创新型平台和平台生态系统。应当看到，数字化平台经济对传统实物产品的主要作用，是降低了其交易成本，但数字化平台永远也改变不了经济生活中资源稀缺的本质。

　　互补性资源所形成的平台生态系统竞争优势，是实施互补性平台战略和实现生态系统参与者报酬递增的主要因素，有着深层次的经济学和战略管理理论内涵。

第一节　互补性概念与平台的竞争优势

一、互补性的概念的内涵与外延

　　近年来，互补性（Complementarity）的概念及其在数字化平台组织设计中的作用越来越受到关注（Porter & Siggelkow, 2008）。在厂商组织经营活动最普遍的互补形式中，当两个活动相互加强时，一件事做得越多，另一件事也做得越多，其价值就越大（Matsuyama, 1995）。然而，互补性也可能带来不良影响。例如，紧密耦合系统（Tightly Coupled Systems）中各要素之间的互补性可能会给组织变革（Organizational Change）带来障碍，因为系统中某个要素的变化，会影响该系统中部分或所有其他要素的变化（Milgrom & Roberts，1995b）。正如美国经济学家 Teece（2018）所指出的那样："互补的文献，既混乱又复杂。"Teece 引述了美国经济学家、诺贝尔经济学奖获得者 Samuelson（1974）的一句名言："现在是重新审视互补性的现代性概念的时候了……这是经济学文献和数量经济学家的古老关注点：最简单的事情往往是最复杂的，我们予以充分的理解。"

英文中的互补（Complement）和互补性（Complementarity）来源于拉丁语单词"complere"，其含义是完全、将……充满。互补性概念在许多学科中都有使用，英国经济学家 Edgeworth（1881）最早将互补性这个概念引入经济学中。经济学中的互补性是指，当一个报酬函数（Payoff Function）的混合偏导数（Mixed - partial Derivatives）为正时，互补性就存在，即一个变量的边际收益会提升其他变量的水平（Milgrom & Roberts，1994）。因此，经济学意义上的互补性说明，在一个生产系统中结合两个或两个以上的互补因素所产生的总经济增加值，超过了孤立地应用这些生产要素所产生的价值。

互补性经济概念的核心是 Edgeworth（1925）提出的经济达到资源配置最佳或最优状态时，两个市场主体之间的关系状态：一个变量的边际价值（Marginal Value）随着另一个变量的增加而增加。通俗地说，埃奇沃思互补（Edgeworth Complementarity）说明，有了互补性，上升的潮汐（Rising Tide）可以举起许多船。埃奇沃思用同一条无差异曲线（Indifference Curve）表示两种不同商品的组合给消费者带来的相同满足程度，不同的无差异曲线则代表不同的满足程度。Edgeworth 用无差异曲线来解释边际效用、边际效用递减规律和实现消费者效用最大化的消费者均衡，得出了埃奇沃思互补的结论。

本书认为，社会经济生活中存在着两种互补性：

一是独特的互补性。其严格的定义是"没有 B，A 就没有功能"，其中 A 和 B 可以是特定的产品、资产或活动（Hart & Moore，1990）。更流行的说法是，A 的值用 B（与 B'相反）最大化。可以看出，Hart 和 Moore（1990）严格的互补性定义意味着 A 和 B 这两种资产是不能单独成为产品、资产或活动的，除非它们被一起使用，这就使协调这两种资产的投资至关重要，以保证投资的边际收益最大化。独特的互补性可以是单向的，即活动或组成部分 A 需要特定资产的活动或组成部分 B，但反之亦然；也可以是双向的，即 A 和 B 都需要对方，这就是 Teece（1986）所说的共同专业化（Co - specialization）理念的基础。

二是互补性是超模化（Supermodular）或"埃奇沃思"互补。美国经济学家、2020 年诺贝尔经济学奖获得者、斯坦福大学经济学教授 Milgrom 和 Roberts（1994）借鉴了美国经济学家 Topkis（1978，1987）的研究成果，他们将"埃奇沃思"互补发展为超模化，将格上超模性（Supermodularity on Lattices）的数学研究方法作为形式化互补性建模的方法。超模性在数学上等价于"增加每一个组成部分的收益比单独的个人增长所获得的收益总和还要多"（Milgrom & Roberts，1994）。超模性也可用于模拟任何一个元素只有与部分或所有其他元素的变化结合起来才能显著提高性能的情况（Milgrom & Roberts，1994）。超模化，可以概括为"更多的 A 使 B 更有价值"，其中 A 和 B 是两种不同的产品、资产或活动，它们在生产和消费中都存在。① Milgrom 和 Roberts（1994）注意到，"一组活动是埃奇沃思互补，如果它们中的任何一个子集做得更多，就增加了活动的回报"。生产中的超模性表现为，当 A 和 B 协调投资产生的回报高于未协调的等价物，或产生的成本低于 A 和 B 独立投资的成本之和时，超模效应就出现了（Arora & Gambardella，1990；Cassiman & Veugelers，2006；Lee et al.，2010）。消费中的超模性，通常与埃奇沃思互补联系在一起，是直接网络效应和间接网络效应的基础（Farrell & Saloner，1985；Parker & Van Alstyne，2005），可以是单向也可以是双向。这些不同类型的互补性也可以共存②。

例如，在操作系统/应用程序的平台生态系统中，应用程序和操作系统平台具有独特的互补性，即应用程序没有操作系统就无法运行（独特的互补性，是单向的，因为操作系统没有应用程序同样可以运行）；以及超模互补性，应用程序的存在增加了操作系统的价值，而操作系统安装的广度也可能增加了应用程序的价值（Jacobides et al.，2018）。

应当指出的是，超模互补性建模的方法打破了传统经济学的假设：首先，经典的经济学模型只承认资本和劳动力这两个基本的生产要素，从而强调相对资源的同质性（Homogeneity）（Ng，2003）。相比之下，互补性的概念与价值创造的概念相关，正如美国经济学家 Lachmann（1947）所指出的，价值创造源于多种不同的资源。其次，传统的微观经济学假设设计选择是无限可分的，设计选择（即目标函数）之间的关系是凹的（Concave），约束集是凸的（convex）（Roberts，2004）。在这些假设下，绩效优化配置（Performance – optimal Configurations）可以通过本地实验确定：决策者以增量步骤调整其系统，并测量由此产生的绩效变化，直到达到调整不会进一步改善性能的程度。相比之下，用格上的超模函数对互补性进行建模可以处理设计选择组合构成局部最大值，而非全局最大值的情况。例如，当报酬函数（Payoff Function）不连续时，这种情况可能发生。

---

① Milgrom 和 Roberts（1994）转移了分析方法，用格子理论（Grid Theory）推广 Topkis（1978）的超模性与互补性，并在消费上采用互补性，而不是仅仅在生产上。他们的典型例子是日本厂商组织的生产系统，其中一个生产系统的实践价值取决于另一个生产系统实践的存在。

② 当消费者重视其他消费者使用特定产品或服务的事实时，直接的网络效应就出现了，比如传真机的用户。当各种互补品的存在是为其他互补品创造价值时，会产生间接网络效应。

如果表现在一个绩效方面（Kauffman，1993），不同的设计选择组合可以构成多个局部"峰值"（Peaks），而不需要一个胜过所有其他解决方案的"最佳"（Best）解决方案。互补性建模方法强调了这样一个事实，即设计选择，如果可以随意调整，往往代表离散而非连续的变量，这些变量可以增量调整（Ennen & Richter，2010）。

二、互补性与平台竞争优势

在厂商组织的战略和组织理论研究领域中，从 20 世纪 80 年代中期，互补性的概念开始出现在组织结构的研究文献中（Miller，1986；Miller & Friesen，1984）。在这一研究领域中，互补性这一术语在很大程度上是匹配和契合（Fit and Congruence）的同义词。互补性的核心思想是，在环境因素、战略和组织结构之间的契合，将使厂商组织比其他缺乏这种匹配的组织更具有选择优势。在实践中，人们往往把互补性看成是组织系统中各要素之间相互有益的作用机制，其中一个要素的存在会增加其他要素的价值。研究表明，组织系统中异质性因素之间的互补关系，可能是强有力的绩效驱动因素（Ennen & Richter，2010）。然而，专注于孤立的个体因素之间相互作用的研究，并不总是能发现这些绩效效应（Performance Effect），因为它忽视了可能构成复杂关系的具体化的环境因素的作用。这充分说明，互补性是组织系统特有的现象，这是由个体特征嵌入组织联系中而导致的多个元素之间的关系。

必须指出的是，互补性视角并不像组织行为学（Organizational Behavior）等微观层次理论（Micro – level Theories）那样，提供关于特定元素之间关系的预测。研究人员和管理实践者可能会将个体因素之间的相互作用机制解释为互补性，但只能事后解释，因为互补性视角在组织设计要素之间存在互补关系的性质或条件方面，提供的事前指导很少。因此，互补性视角并不构成一种理论，而是一种中观层面的方法（Meso – level Approach），可帮助研究人员理解较低层次和较高层次中的关系现象（Bies, Bartunek, Fort & Zald, 2007；Hitt, Beamish, Jackson & Mathieu, 2007）。同样道理，已有的有关互补性研究，并没有将互补性视为一种经营战略或竞争战略，而是将其视为增强厂商组织竞争优势的一种方法，还没有将互补性这个概念上升到战略层面，认为其是一种组织系统层面的现象。

对于平台竞争优势的来源，产业组织理论强调了互补性对间接网络效应的重要性。产业组织理论认为，用户更看重能够提供大量互补品的平台，而互补品提供商更倾向于拥有大量用户且潜在流量大的平台，将用户对产品的评价视为一种可以影响其他用户购买决策的互补品或互补性资产。因此，平台的竞争优势是一种自我强化的正反馈机制，强者恒强，最先吸引足够大的用户群的平台提供商有望将竞争性平台排除在该类平台市场之外，获得赢家通吃的市场格局（Armstrong，2006；Caillaud & Jullien，2003；Parker & Van Alstyne，2005；Rochet & Tirole，2006）。

然而，产业组织理论隐含地将一个平台对用户的价值等同于它的用户数量、互补品提供商与互补品的数量，即平台拥有的用户数量和互补品数量等于平台的竞争优势。这也是当下资本市场中数字化平台估值游戏的理论来源，即平台的价值等于平台用户数量乘以平均每个用户在一定时期的消费数。产业组织理论的基本论断是，平台通过使用中的网络效应和不断增加的供给报酬，受到正反馈循环效应（Positive Feedback Cycle）的影响，最终形成"赢家通吃"的市场格局：平台的用户数量越多，第三方开发者或互补品提供商引入更多互补产品的动机越大，反之亦然（Gupta et al.，1999；Cusumano & Gawer，2002）。

在平台经营实践中，互补品提供商投资和支持某一特定平台的战略决策，可能会受到该平台网络效应存在强度的影响，而消费者做出采用某一特定平台的决策，可能会受到该平台互补品种类与价格的影响。虽然消费者大多倾向于选择一个平台，但也存在消费者同时使用多个平台的情况。当涉及在功能相似的平台中进行选择时，消费者往往倾向于选择单一平台，或将其中一个平台作为首选平台，同时加入多个平台。但互补品提供商越来越倾向于"多宿主"，以防止平台提供商的机会主义行为。

需要指出的是，在数字化创新型平台市场中，平台的网络效应往往表现为用户可以从其他技术用户的网络中获得价值（Fuentelsaz，Garrido & Maicas，2015；McIntyre & Subramanian，2009；Suarez，2004）。产业组织理论的文献表明，由于存在网络效应，平台市场可能会向主导平台或标准"倾斜"（Tip）（Katz & Shapiro，1985；Farrell & Saloner，1986；Arthur，1989；Schilling，2002），在一些中介网络平台（Platform‐mediated Networks）中逐渐形成少量的核心平台，出现"赢家通吃"的市场格局，这些核心平台是拥有较多用户的"倾斜市场"（Tips the Market），有利于互补品提供商进行选择（Katz & Shapiro，1994；Shapiro & Varian，1999；Eisenmann et al.，2006）。当平台用户的多宿主成本（与多个平台关联的成本）很高且其对差异化功能的需求有限时，"赢家通吃"的结果在中介网络平台中尤其显著（Hagiu，2009）。

研究表明，产业组织理论的隐含假设是不同平台上的互补品相同，因而多宿主为互补品提供商提供了潜在的额外收入，对互补品提供商是有利的。然而，数字化平台并不只是促进交易，还提供技术基础设施和平台架构（Platform Architecture），即互补品提供商必须通过平台的数字技术、平台技术组件的功能和与平台互补的连接方式（Baldwin & Woodard，2009；Tiwana，2015；Yoo et al.，

2010)，来实现更容易或更困难和更昂贵的外部互补品开发，对平台进行互补（Anderson et al. , 2014)，这种情况在数字化创新型平台中表现得尤为明显。因此，数字化平台在市场中能否成功，在很大程度上取决于第三方互补品的开发（Anderson, Parker & Tan, 2014；Gawer, 2014；Tiwana, Konsynski, & Bush, 2010；Yoo, Henfridsson & Lyttineni, 2010)。

第二节　互补性平台战略的内涵与外延

当下，诸如华为应用市场、苹果的 iPhone、微软的 Xbox 以及思爱普（SAP）的 Netweaver① 等数字化平台，通过数字技术将数字化平台作为生产商、互补品提供商和消费者之间交易的基础设施的做法，已经在社会经济生活中越来越普遍（Hagiu & Wright, 2015；Parker & Van Alstyne, 2005；Rochet & Tirole, 2006)，而这些数字化平台获得市场竞争力的一个关键因素，就是平台提供商或平台倡导者必须实施互补性平台战略。

所谓互补性平台战略，是指平台提供商或平台倡导者为增强数字化平台竞争优势，对构建平台生态系统和聚集互补性资源而做出的一系列资源互补的综合性选择。这个定义说明：

（1）互补性平台战略的实施主体是平台所有者、平台提供商或平台倡导者。平台提供商或平台倡导者必须擅长创造平台技术、信息与知识，构建一种独特的平台架构来连接供给端和需求端等各方参与者，以吸引第三方互补者进而产生间接网络效应（Eisenmann, 2007；Evans et al. , 2008)。平台提供商或平台倡导者必须通过强调平台的互补（Complements）等附加功能来扩展平台生态系统，平台的技术架构可以为其他互补品提供商提供相关产品或服务的技术基础（Gawer & Cusumano, 2002；Gawer & Henderson, 2007)，平台提供商或平台倡导者对平台与其互补者之间交互的界面（接口）的管理，规范性地描述了平台架构（Tiwana et al. , 2010)。

（2）互补性平台战略的核心是互补性资源。在理论与实践中，互补性资源和互补性资产往往作为同义词而混用。互补性资源这个概念强调的是互补品提供商向平台提供商品和服务，而这些向共同客户提供互补品的独立供应商称为互补者或互补品提供商（Complementors）（Yoffie & Kwak, 2006；Boudreau & Jeppes-

---

① 思爱普（SAP）的 NetWeaver 是基于专业标准的集成化应用平台，能够大幅度降低系统整合的复杂性。其组件包括门户、应用服务器、商务智能解决方案以及系统整合和数据整合技术。

en，2015），人们往往把互补品提供商和它们所能够提供的互补品视为平台的互补性资产，有时也把消费者等平台参与者视为平台的互补性资产。互补品提供商是平台生态系统的参与者，平台通过间接网络效应提升核心产品对平台生态系统的价值，从而使核心产品对平台采用者的价值，在互补品提供商向平台提供品类众多、数量极大的互补品时比没有互补品时更大（Brandenburger & Nalebuff，1996；Yoffie & Kwak，2006；Gawer，2009；Zhu & Iansiti，2012）。平台倡导者投入大量资源来吸引互补者加入他们的平台；互补者反过来投入资源并随着时间的推移为平台开发更多的互补品。互补性资源视角强调，数字化平台必须围绕界面做出优化设计选择，这些选择允许更快、更系统的创新。因此，平台提供商或平台倡导者必须擅长聚集互补性资源，从而实现供给端和需求端的范围经济，以使平台提供商或平台倡导者能够分享平台生态系统中各个互补性厂商和模块化厂商的资源所带来的利益。

（3）从互补性资产的视角看，互补性平台战略是一种基于平台条件配置互补性资产来形成独特竞争优势的经营性战略，其主要通过平台提供商或平台倡导者、互补品提供商、模块化厂商与消费者共同构建的价值创造系统来实现。

（4）作为一个由平台及其互补品组成的系统，数字化平台架构对平台性能和互补品的影响对于系统层面的价值创造至关重要（Cennamo，2016）。数字化平台的技术架构塑造了其核心功能（Baldwin & Woodard，2009；Gawer，2014），这既会影响平台竞争绩效（Gawer & Cusumano，2002；Zhu & Iansiti，2012），也会影响外部互补者参与平台生态系统开发互补品和平台内部开发互补性的动机（Anderson et al.，2014；Tiwana et al.，2010；Gawer，2014）。

（5）互补性平台战略涉及战略视角的互补性决策（Cennamo & Santalo，2013；Kapoor & Lee，2013）、平台的开放性决策、平台倡导者与互补方关系的决策、平台参与各方之间相互依赖性的决策、平台提供商或平台倡导者向应用程序开发人员提供价值和赋能的决策等。

美国管理学家、杨百翰大学教授 Dyer 和 Singh（1998）认为，商业生态系统（Business Ecosystem）的首要问题是识别必要的外部互补性战略资源。但出于三个方面的原因，不同厂商在构建互补性资产方面出现了差异：一是厂商过去与其他厂商结盟的经验不同；二是厂商内部的搜索和评价能力不同；三是由于厂商在社会/经济网络中的不同地位，获得有关潜在伙伴信息的能力不同，厂商识别出潜在伙伴和评价互补性资源的能力也不同。

第三节　间接网络效应与互补性资产

一、互补性资产及其对平台生态系统竞争能力的影响

研究平台经济的所有学者都认为，间接网络效应与互补性资产是影响数字化平台及其生态系统竞争能力的重要因素。

互补性资产（Complementary Assets）这个概念最早来自于美国经济学家 Teece 的《从技术创新中获利》这篇经典论文，讨论了"互补性资产"在创新中的作用。Teece 认为，创新者能从技术创新中获得多少经济利益，不仅取决于它是否创造核心技术知识，还取决于它在多大程度上独占核心技术知识以及它拥有、建设或控制互补性资产的能力。所谓的互补性资产泛指除技术创新所包含的核心技术知识之外，技术创新商业成功或从技术创新中获取经济利益必须使用的其他能力或资源。如制造能力、分销渠道、服务、品牌、辅助技术等。

Teece 认为，创新的商业化可能需要额外的互补性资产，特别是下游能力，如营销技巧，这对创新成果成功进入市场至关重要（Hill & Rothaermel, 2003）。如果这些资产是特定于相关创新的，创新企业必须将其保留在内部，或者接受外部供应商会从创新中提取相当大一部分的经济租金的事实，因为他们对创新企业的控制力很强。

Teece（1986）将互补性资产分为通用性互补性资产（Generic Complementary Assets）、专业化互补性资产（Specialized Complementary Assets）和共同专业化互补性资产（Co – Specialized Complementary Assets）。Teece（2006）进一步发展了互补性资产与共同专业化的概念。他强调指出，对厂商组织而言，产业组织形式创新和商业模式创新的成功，离不开互补性资产的支持。当厂商组织拥有互补性专业化资产时，实现商业化创新往往能带来更大的竞争优势。在知识产权和价值专属性较弱的情况下，互补性资产也是企业独享创新收益的关键要素，对产业组织形式创新和商业模式创新的成功，发挥着重要作用。Teece 强调，组织内互补资源之间的共同专业化可能会产生有益的影响。

我们认为，互补性资产对数字化平台的经济学意义并不仅在于它们能改善和支持平台倡导者的专属性能力，更重要的是，如果没有互补性技术，许多产品和服务根本无法得到开发和推出。尽管有人说交易成本经济学（TCE）也关注互补性，但交易成本经济学关注的是生产过程中的互补性，而非需求端的互补性。交

易成本经济学认为，人们可以使用 C 而不是 B 来替代非专业化的活动和组件，尽管效率较低，结果仍然是功能性的。由此可以看出，对效率和特殊性风险之间的权衡是交易成本经济学的基础。

在我们看来，交易成本经济学关注的是因资产专用性而产生的独特互补性，这本身只是一种管理选择，属于需要选择适当的治理机制来防范随之而来的道德与行为风险的问题（Argyres & Zenger，2012；Williamson，1985）。我们强调，在需求端和用户使用中可能存在独特的互补性（Unique Complementarity），即消费者需要"组装"和协同不同的互补品组合。交易成本经济学只研究资产专用性在生产过程中产生的独特互补性，强调产业整合的重要作用，而忽视需求端和用户使用中的独特互补性。

Teece（1986）观察到，互补性也可能是通用性的（General），这实质上是独特的互补性。例如，一个商业模式的复杂价值主张（Value Proposition）或创新可能需要特定的商品或服务，但该商品或服务可能是通用的，或是标准化的，这就足以让厂商组织利用它，而不必担心治理结构或挪用风险。美国达特茅斯大学埃莫斯·塔克工商管理学院（Amos Tuck School of Business Administration）Helfat 教授和加州大学洛杉矶分校 Lieberman 教授 2002 年详细研究并论证了通用互补品（Generic Complements）的使用，认为通用互补品有助于促进生产，同时可防范其他厂商的机会主义行为和契约风险（Contractual Risk），也适用于生态系统分析。这意味着这种互补性不会给厂商组织的经营带来特殊问题，即在生产和消费链上应用程序之间更具可替换性，在本质上是通用的。因此，通用互补品可以在市场上进行交易或交换（Adner，2017）。换言之，这种互补的一般性质意味着经济行为体之间不需要以特定方式进行协调，即不需要创建特定的对齐结构或一致性结构（Alignment Structure）。虽然消费者需将这些要素组合成一个"产品系统"来获得效用，但生产者之间并不需要通过特定的对齐结构或一致性结构来协调其投资，以实现价值获取。因此，消费者可以在市场上单独购买，并自行进行组合（Jacobides et al.，2018）。

我们认为，在数字化平台经济条件下，互补性资产是指平台生态系统中的专用性资产，是平台提供商或平台倡导者建立已有的平台经营能力时做出的不可还原的投资，它必须与特定的产品、技术或商业模式联系才具有价值。美国管理学家 Mcintyre 和 Srinivasan（2017）认为，消费者更看重网络平台拥有的其他用户和各种互补性产品。这种"间接网络效应"为平台提供商或平台倡导者提供了获利的机会，平台提供商或平台倡导者可以利用其来创建占主导地位的技术平台。美国管理学家 Adner 和 Kapoor（2010）发现，当上游互补者对平台生态系统健康产生影响时，上游互补者的作用不同于下游互补者的作用。我们认为，这是由于上游在生产中居于主导地位的厂商的独特互补性与下游在消费中占主导地位的埃奇沃思互补性/超模互补性的作用不同造成的。

数字化平台的出现，推动了产业组织形式和商业模式的创新，强调关键资源从技术创新转变为互补性资产。但美国经济学家 Stieglitz 和 Heine（2007）认为，互补性资产对创新商业化的保护作用止于模块创新阶段，激励创新需要新资源和/或重新调整互补性行为。

二、互补品对间接网络效应的影响

我们发现，互补性资产与间接网络效应直接相关。间接网络效应指的是"当某种产品的使用者增加时，它的互补品会更加丰富，价格会更低"（Katz & Shapiro，1985）。在我们看来，间接网络效应主要来自于基础性产品与互补性产品之间、平台架构和互补性要素之间在技术上的互补性，这种互补性导致了产品需求和平台商业模式方面的依赖性。这种依赖性使基础性产品和互补性产品、平台架构和互补性要素都无法单独为消费者和用户带来效用。例如，智能手机的操作系统可以看成是基础性产品，而应用程序则是互补性产品，应用程序越多，手机的价值就越大，两者在产品需求上的互补才能产生间接网络效应；电子商务平台架构的功能是实现 B 端与 C 端的交易，但如果缺少支付和物流这些要素级别的互补品，电子商务平台的商业模式就很难实现。

在存在间接网络效应的情况下，用户从某种基础性产品中获得的效用依赖于该产品的互补性产品的数量和质量，平台架构功能的实现依赖于互补性要素的功能、数量和质量；基础性产品的销售量越大，与之配套的互补性产品的需求就越大，互补性产品的种类就越多，平台对用户需求的满足就越充分，用户使用该基础产品获得的效用就越大。美国经济学家卡茨和夏皮罗（Katz & Shapiro，1994）把这种基础性产品与互补性产品之间的关系称为硬件—软件范式（Hardware - Software Paradigm），基础产品为硬件，互补性产品则为软件。硬件产品的用户基础增加，会要求厂商提供种类更多、质量更高的软件，从而使硬件购买者获得更高的效用。

我们强调，直接网络效应对数字化平台或平台生态系统的竞争优势而言，仅仅是外生性变量，它不是决定平台生态系统竞争优势的核心要素，这就是中国许多数字化消费类平台虽然在短期内获得了大量的用户，产生了流量和直接网络效应，也赚得了口碑，却始终无法盈利的原因。一旦取消对用户的补贴和优惠，直接网络效应马上就会消失，平台经营就陷入困境。平台架构和嵌入其上的互补性资源和要素才是平台生态系统竞争优势的内生性变量，是决定数字化平台或平台生态系统竞争优势的核心。这些资源和要素深深地嵌入平台架构，是一系列独特资源的组合（Wernerfelt，1984），具备有价值、稀少、不易模仿、不易被替代的特性，是数字化平台或平台生态系统内生性的竞争优势。平台提供商或平台倡导者连接和控制的这些独特资源是数字化平台或平台生态系统赢得持续竞争优势的关键，而连接和控制能力则是平台提供商最重要的资源（Barney，1991）。

我们认为，国内学术界对技术不连续性影响数字化创新型平台市场的技术采用和竞争的研究甚少，因为数字化创新型平台所采用的技术本身就是产品系统的一部分（Katz & Shapiro，1992）。因此，新技术本身可能无法提供足够的附加值来鼓励用户采用，因为其他用户太少或可用于此的互补产品太少（Ansari & Garud，2009；Gupta，Jain & Sawhney，1999；Schilling，2002，2003；Suarez，2004）。特别是对于某些数字化创新型平台而言，平台所提供的互补品从技术视角看对用户价值提升的作用，是用户是否采用的决定性因素。例如，华为应用市场或苹果的应用商店（Apple App Store）所提供的应用程序的数量以及性能质量，决定了用户是否安装使用。但从另一个视角看，这些互补品实质上扩展了数字化创新型平台的核心功能（Binken & Stremersch，2009；Cennamo & Santaló，2013；Claussen，Essling & Kretschmer，2015；Corts & Lederman，2009；Gawer，2014；Schilling，2002）。

从技术视角看，数字化创新型平台是一组稳定的技术组件，由不同互补品开发者共享和重复使用（Baldwin & Woodard，2009；Gawer，2014）。数字化平台之间竞争的一个独特方面是，它们与开发平台互补品的外部创新者（即互补者）共同创造价值。由此产生的协调问题会随着时间的推移影响数字化创新型平台的竞争优势（Gupta et al.，1999）。

第四节　数字化平台的互补性战略决策

大量研究表明，数字化平台的竞争优势来源于互补性资源，它是产生间接网络效应的重要基础。因此，传统的平台理论研究强调应当从利用网络效应的视角，来增加数字化平台竞争优势，并提出了两种具体的互补性平台战略：一是鼓励外部互补者参与平台生态系统（Boudreau，2012；Venkatraman & Lee，2004）；二是在数字化平台内部开发互补性（Gawer & Henderson，2007；Hagiu & Spulber，2013；Schilling，2003）。

我们认为，传统的平台理论研究视角，主要是从平台所有者或平台提供商角度来讨论互补性平台战略，而没有从互补品供应商和消费者视角来研究互补性平台战略。事实上，在平台经营的实践中，数字化平台作为产品生产商或经销商（如互补品供应商）和消费者之间交易的基础设施，已经是越来越普遍的存在（Hagiu and Wright，2015；Parker and Van Alstyne，2005；Rochet and Tirole，2006）。特别在中国的交易型平台市场中，像拼多多这种电商平台，互补品供应商和消费者的评价对平台战略影响极大。因此，对互补性平台战略决策，除了平台提供商之外，还应当将互补品供应商和消费者视角纳入互补性平台战略的决策范围，而平台提供商、互补品供应商和消费者对平台的互补，往往存在单宿主互补和多宿主互补。

一、单宿主的互补性战略与多宿主的互补性战略

按照数字化平台互补性战略实施的范围或场景来划分，互补性平台战略也可以分为单一平台的互补性战略和多平台的互补性战略。而对这些互补性战略进行选择的主体可以是平台提供商，也可以是互补品提供商，有时也可以是平台用户——消费者。

单一平台市场的互补性平台战略是指互补品提供商开发的互补产品只对一家平台实施互补，这种情况一般是互补品提供商应平台提供商或平台倡导者的要求实施的，实施这种战略的互补品提供商称为单宿主互补品提供商（Single - homing Provider）。从消费者视角看，消费者大多倾向于选择一个平台，而做出这种选择，不仅会受到该平台互补品种类与价格的影响，也可能会受到该平台其他用户的影响。显然，在现实经济生活中，某些消费者确实使用多个平台，但当在功能相似的平台中进行选择时，他们倾向于选择单一平台；即使消费者加入了多个平台，他们也通常会将其中一个平台作为首选平台。

应当指出的是，互补品提供商和消费者采用、投资和支持某一特定平台的战略决策，可能会受到该平台网络效应存在强度的影响：互补品提供商会考虑该平台的用户群，以及自己更适合为哪个主导平台或核心平台开发和提供互补品；而消费者会考虑该平台互补品的种类与价格的吸引力，会评估选择该平台给自己带来的经济利益与社会效用。平台经济学家 Rochet 和 Tirole（2003）、Armstrong（2006）就讨论过消费者具有多宿主和互补者只有一个宿主的情况，他们也把这种情况称为单一平台市场的互补性战略。

然而，平台倡导者或平台提供商有时会出于为用户提供更多的价值，并超越竞争性平台（Zhu & Iansiti，2012）的目的，或通过"平台包络"（Platform Envelopment）将相邻市场（Adjacent Market）平台的功能捆绑在一起（Eisenman et al.，2011）的目的，选择将平台设计为非常复杂的架构，这种平台复杂性的增加可能会促使互补品提供商改进互补品的性能。

索尼计算机娱乐公司的蓝光 DVD 功能整合

2006 年 3 月 21 日，索尼计算机娱乐公司（SCE）宣布，将原定于 2006 年春季上市的 PlayStation3 推迟到同年 11 月上旬上市，以便将蓝光 DVD 功能整合到游戏机中。PlayStation3 之所以延期上市，索尼计算机娱乐公司（SCE）解释有两个原因：一是新一代蓝光光盘（Blu – ray Disc）内容保护技术的制定推迟了；二是为了支持数字 AV 接口 "HDMI" 的最新版本。将蓝光 DVD 功能整合到游戏机中可能会给消费者带来额外的好处，有利于吸引消费者，但代价是增加了开发人员的复杂性，从而增加了 PlayStation3 的多宿主成本。

以上案例的情况表明，产品功能整合使产品性能得到改进，可能会产生更大的技术复杂性，类似 PlayStation3 这样的平台可能会吸引较少的互补（Anderson et al. , 2014），甚至可能是低质量的互补。虽然这种低质量互补是一种 "质量折扣"（Quality Discount），但相对于多宿主互补平台而言，这种互补是一种排他性独占互补（Exclusive Complement），或是高度差异化的互补（Highly Differentiated Complements），因而它们可能使多宿主互补平台不具有 "质量优势"（Quality Advantage）（Cennamo & Santaló, 2013）。这种针对独占互补和多宿主互补的不对称质量效应（Asymmetric Quality Effect），或许有助于解释间接网络效应动态之外的平台性能和动态。

数字化平台的主要竞争策略是限制平台用户的多宿主性。当用户在多个平台上进行同类型的交互时，就会出现多宿主问题。例如，一个自由职业者在两个或多个服务营销平台上展示自己的资历，一个音乐迷在多个音乐网站上下载、存储和共享音乐，一个汽车驾驶员同时是优步（Uber）和滴滴两个平台的签约司机，这些都说明了平台经济的多宿主现象。多宿主，是因为当用户放弃一个平台而转向另一个平台时，转换成本过低或根本没有。平台所有者阻止多宿主的核心手段，就是提高用户的转换成本，让用户支付更高的多宿主成本（High Multi – homing Costs），从而降低用户跨越两个平台的能力，迫使用户只能选择该类平台市场中的一个平台。

多平台市场的互补性战略也称为多宿主平台互补性战略，这是站在平台互补者视角提出的平台竞争战略。多宿主平台互补性战略是指虽然消费者大多倾向于选择一个平台，但互补品提供商却越来越倾向于选择向多个数字化平台提供互补品，并实施多平台互补性平台战略，即他们选择为多个数字化平台开发和提供产品，旨在接触到尽可能多的潜在消费者（Bresnahan, Orsini & Yin, 2015；Corts & Lederman, 2009），实施这种战略的互补品提供商称为多宿主互补品提供商（Multi – homing Provider）或多宿主互补者（Multi – homing Complementor）。学者们认为，互补品提供商进行互补决策时，一般要对市场规模增加的好处、多宿主技术和商业成本等方面进行权衡，最终决定多宿主平台的互补性战略。而平台经济学家们主要关注多宿主互补对平台定价和从属关系决策的影响（Armstrong & Wright，2007；Bresnahan et al.，2015；Corts & Lederman，2009；Lee，2013；Rochet & Tirole，2003）。

研究表明，在互补品提供商在不同平台上提供的互补品是相同的这一隐含假设下，多宿主平台互补性战略为互补品提供商以有限的成本增加额外收入带来了可能。在多平台开发决策方面，互补品提供商必须决定在多大程度上对一个平台实施专门化互补（Schilling，2000；Tiwana，2015；Yoo et al.，2010），或对哪些平台实施相同互补。互补品提供商做出选择，除了要考虑该平台庞大的用户群和强烈的网络效应，还必须考虑这些平台的核心技术功能和接口规范，以便互补品提供商能够充分利用这些平台的功能，节约成本和增加收入（Anderson et al.，2014；Claussen，Kretschmer & Stieglitz，2015b；Tiwana，2015），这种情况在对一个平台实施专门化互补决策方面，表现得尤为明显。

二、互补品提供商的多宿主互补战略

从互补品提供商视角看，互补品提供商在为多平台设计互补产品时，必须考虑多宿主互补品质量性能方面的差异，而这种差异与平台架构、平台复杂性、平台竞争和市场因素直接相关。

平台架构（Platform Architecture），即平台提供商的技术能力、平台技术组件的功能和平台互补的方式（Baldwin & Woodard，2009；Tiwana，2015；Yoo et al.，2010），可以使互补品提供商更容易，或更困难和更昂贵地开发产品对平台进行互补（Anderson et al.，2014）。在多宿主情况下，用户认为该互补品与目标平台的集成和运行情况决定了同一个互补品在不同技术架构的平台上具有不同的质量性能（Cennamo，Ozalp & Kretschmer，2018）。因此，创新型平台的技术性能和复杂性（Complexity）各不相同（Baldwin & Woodard，2009；Anderson et al.，2014），它们会影响到互补品的质量性能。

平台复杂性（Platform Complexity）一般定义为平台核心技术中相互依赖的组件的数量，这些组件通过专门的接口与平台的互补组件进行交互（Baldwin & Clark，2000；Kapoor & Agarwal，2017）。美国管理学家 Tiwana（2015）将互补称为"扩展"（Extension），他认为可以利用在一个单一平台内互补之间耦合程度和接口一致性的差异，来实现符合平台接口规范的程度。这里，互补之间耦合程度是指作为互补品的应用程序之间的耦合程度，而接口一致性是指通过专门接口与应用程序之间的交互而实现一致性，最终形成平台接口的规范。

然而，每一个互补如何利用跨多宿主平台耦合和克服或符合每个平台系统的固有张力，并没有真正地解决。例如，创新型数字化平台在互补时面临着平台系统的集成与兼容性问题，而这些问题的解决可能增加平台复杂性和降低平台性能。为了实现平台与作为互补品应用程序的兼容，可能牺牲创新型平台系统的集成和性能。在创新型数字化平台中，互补者的编程任务和平台核心技术组件（如处理器核心）之间的相互依赖性越大，需要特定编程语言以实现最佳利用的专用处理器数量越多，平台就越复杂。因此，互补品开发人员做出互补决策时，可能会以牺牲其他平台上的集成和性能为代价，选择使用特定编程语言以优化"符合"（Conform）复杂平台规范的要求，特别是兼容性方面的要求，或者需要重新设计互补品，以便在各种多宿主平台上使用最低公约数的互补性应用程序（The Lowest Common Denominator），或者需要牺牲性能最佳、最复杂的一个应用程序，以降低平台的复杂性（Tiwana，2015）。因此，互补者可能会面临互补品共同专业化设计的权衡（Cennamo，Ozalp & Kretschmer，2018）。

　　从平台竞争的视角看，多宿主互补决策一方面影响了平台之间的竞争，另一方面也影响了平台所有者和互补者之间的交互。

　　美国宾夕法尼亚大学教授 Jeitschko 和 Tremblay（2020）模拟了平台之间的竞争，认为在双边平台市场中，消费者和互补品提供商的内生因素决定了他们是选择单宿主、多宿主还是退出平台市场。平台提供商为吸引市场中的消费者和互补品提供商，允许双方自主性地做出宿主决策。他们发现，多宿主决策依赖于一系列市场参数，包括市场双边参与方的弹性、跨边外部性和多宿主成本（假设为固定的和外生的），以实现各种宿主状态下的均衡（如两边都是单宿主，或只有买方或卖方是多宿主，或两者兼而有之）；与标准定价结果不同的是，多宿主可能面临更高的价格或更低的价格，当面对较低的价格时，消费者和互补品提供商发现多宿主更具吸引力。他们还发现，内生性宿主（Endogenous Homing）可以诱导跨平台定价，从而阻止平台间价格的暗箱操作。美国管理学家 Corts 和 Lederman（2009）发现，由于游戏开发经济不断变化，非排他性（即多宿主）软件日益普及，竞争平台的用户之间产生了间接的网络效应。核心逻辑是在一个非平台特定的固定成本不断增加、多宿主成本降低的环境中，多宿主互补将增加，且一个平台不太可能成为市场的主导者。市场营销专家 Landsman 和 Stremersch（2011）认为，平台级应用程序的多宿主互补会损害平台销售。随着平台的成熟或获得市场份额，这种影响将消失。他们发现，平台级应用程序多宿主互补比应用程序数量对平台销售的影响更大。在成熟平台中，市场份额的增加会导致更多的卖方级多宿主互补，而在新兴平台中，卖方级多宿主互补随着平台市场份额的增加而减少。因此，多宿主互补减少了平台与竞争平台的差异。而哈佛大学商学院的 Lee（2013）则得到了相反的结果，认为多宿主可以加强现有平台的主导地位。

然而，更多的研究强调应当从市场因素方面来考虑多宿主互补决策问题，认为多宿主互补决策主要由焦点平台的安装基数和市场份额决定。例如，Corts 和 Lederman（2009）认为市场预期收益与多宿主成本的差异是鼓励多宿主互补决策的主要因素。美国斯坦福大学教授 Bresnahan 等（2015）认为，与预期收益相比，具有足够质量的互补品供应商的多宿主成本可以忽略不计，并且创新型平台基于软件的互补可以从标准化的开发工具中获益，这些工具可以进一步降低多宿主成本。

事实上，大多数研究隐含地假设多宿主互补品在不同平台上具有相同的质量性能。正是这一因素，多宿主互补可以"平衡"数字化平台之间的竞争，从而减轻不对称的市场竞争格局（Bresnahan et al.，2015；Corts & Lederman，2009）。

我们在对各种类型的数字化平台进行调研后发现，多宿主互补品并不会减少数字化平台之间的差异（Landsman & Stremersch，2011），因为不同技术架构平台之间的多宿主互补品的质量并不相同，这种情况在软件类平台和创新型平台中表现尤其明显。因此，平台所有者进行互补战略决策时，需要突出对高质量多宿主互补品提供商的吸引力，整合互补品提供商的互补品设计规则，以适应数字化平台战略的需要（Baldwin & Woodard，2009；Gawer，2014；Yoo et al.，2010），并对改变设计规则的互补品提供商进行经济激励（Corts & Lederman，2009；Bresnahan et al.，2015）。

三、平台所有者互补战略决策的要点

实践表明，平台所有者进行互补战略决策时，激励外部互补的有效方法有：

（1）平台保持开放，以鼓励互补者持续性投资。

（2）平台所有者不对随战略变化而出现的互补者表现出兴趣，始终关注高质量多宿主互补品提供商。

（3）使合作伙伴的利益与领先平台公司的利益相一致。

（4）通过与合作伙伴或互补者一起投资不确定的创新来分担风险。

（5）促进合作伙伴或互补者，尤其是小型互补者的财务长期健康（Gawer & Cusumano，2002）。

（6）制定界面规则，平衡合作伙伴或互补者参与互补获取的利益与平台自我充实。

（7）限制互补者之间的金融竞争，以促进投资，但鼓励个人之间的声誉竞争，以促进环境基金的发展。如果一个平台可以在其需求端单独收取访问费，那

么它可能允许供应端合作伙伴之间的竞争加剧（Armstrong, 2006）。但是，如果自由进入发生在需求端，平台更倾向于限制供应端的竞争（Boudreau & Hagiu, 2009）。

从平台所有者和互补者的交互视角看，平台所有者做出的排他性互补（Exclusive Complementation）和多宿主互补（Multi - homing Complementation）决策，决定了市场竞争格局，并使平台所有者和互补者之间形成了微妙的动态权衡。平台提供商一方面需要独特的产品来巩固领先地位（Cennamo & Santaló, 2013），另一方面又需要多宿主互补来减少平台成本，增强竞争力。这种动态关系，会使竞争性平台之间对双边市场参与者（互补品提供商与消费者）展开激烈的竞争。由于多宿主互补可以减少平台之间的差异，平台所有者可能会在技术设计与平台架构上投入大量资金拉大与竞争性平台的差异，以获得竞争优势（Zhu & Iansiti, 2012）。因此，平台架构的差异对竞争优势的取得变得越来越重要（Anderson et al., 2014）。这些差异反过来又会增加多宿主的成本，影响互补品提供商的互补决策，并最终表现为不同平台上多宿主互补品的质量性能差异。

第五节　本章小结

事实上，平台经济学家和战略管理学家主要通过直接和间接网络效应理论来研究基于平台的生态系统，主要研究方向是了解数字化平台如何协调不同参与者之间的互动，其中也包括互补品提供商与平台的互动（Katz & Shapiro, 1986；Schilling, 2000；Evans, 2003；Rochet & Tirole, 2003, 2006；Armstrong, 2006）。虽然互补品提供商被认为是平台生态系统中价值创造的关键推动者，但它们对数字化平台战略和绩效的影响，在很大程度上没有得到深入的研究（Kapoor, 2013；McIntyre & Srinivasan, 2017）。

数字化平台经济是报酬递增经济，互补性平台战略涉及平台生态系统竞争优势和报酬递增规律。互补性平台战略强调平台领导支持与外部实体的交互作用，因而对互补性平台战略的认识，应当基于经济理论和战略管理理论中的企业边界理论，如此才能够更好地了解和把握数字化平台与平台生态系统。

实践已经表明，互补性平台战略提出了两个理论主题：①数字化平台与平台生态系统中其他参与者之间的依赖关系，不仅关系到数字化平台的绩效，更重要的是关系到数字化平台卓越绩效的可持续性和平台生态系统的竞争优势；②平台提供商或平台倡导者用来管理平台生态系统的互补性与相互依赖性的互补性平台战略，将会对数字化平台的绩效和治理结构产生重大影响。

在实际经济生活中，一个数字化平台能否维持其卓越的业绩和竞争优势，是由其在生态系统内创新所面临的技术依赖性和在生态系统内获得的互补性决定的。产业投资者和消费者对数字化平台价值的评估，更看重互补品提供商提供的互补品的数量、种类和质量。在实际经济生活中，互补品在一起使用比单独使用更有价值。间接网络效应和互补品既为数字化平台创造了有利可图的市场机会，也是平台生态系统的竞争优势所在，平台提供商或平台倡导者可以利用它们来创建占市场主导地位的创新型平台和平台生态系统。

参考文献

［1］Adner, R. (2017) Ecosystem as structure: An actionable construct for strategy. *Journal of Management*, 43 (1): 39 – 58.

［2］Adner, R., Kapoor, R. (2010) Value creation in innovation ecosystems: How the structure of technological interdependence affects firm performance in new technology generations. *Strategic Management Journal*, 31 (3): 306 – 333.

［3］Anderson, E. G., Parker, G., Tan, B. (2014) Platform performance investment in the presence of network externalities. *Information Systems Research*, 25 (1): 152 – 172.

［4］Ansari, S., Garud, R. (2009) Inter – generational transitions in socio – technical systems: The case of mobile communications. *Research Policy*, 38 (2): 382 – 392.

［5］Argyres, N. S., Zenger, T. R. (2012) Capabilities, transaction costs, and firm boundaries. *Organization Science*, 23 (6): 1643 – 1657.

［6］Armstrong, M. (2006) Competition in two – sided markets. *RAND Journal of Economics*, 37 (3): 668 – 691.

［7］Armstrong, M., Wright, J. (2007) Two – sided markets, competitive bottlenecks and exclusive contracts. *Economic Theory*, 32 (2): 353 – 380.

［8］Arora, A., Gambardella, A. (1990) Complementarity and external linkages: The strategies of the large firms in biotechnology. *The Journal of Industrial Economics*, 38 (4): 361 – 379.

［9］Arthur, W. B. (1989) Competing technologies, increasing returns, and lock – in by historical small events. *Economic Journal*, 99 (394): 116 – 131.

［10］Baldwin, C. Y., Woodard, C. J. (2009) The Architecture of Platforms: A Unified View. In Gawer, A. (Ed.), *Platforms*, *Markets and Innovation*. London:

Edward.

[11] Baldwin, C. Y. , Clark, K. B. (2000) *Design rules*: *The power of modularity*. Vol. 1. Cambridge, MA: MIT Press.

[12] Barney, J. (1991) Firm resources and sustained competitive advantage. *Journal of Management*, 17 (1): 99 – 120.

[13] Bies, R. J. , Bartunek, J. M. , Fort, T. L. , Zald, M. N. (2007) Corporations as social change agents: Individual, interpersonal, institutional, and environmental dynamics. *Academy of Management Review*, 32 (4): 788 – 793.

[14] Binken, J. L. G. , Stremersch, S. (2009) The effect of superstar software on hardware sales in system markets. *Journal of Marketing*, 73 (2): 88 – 104.

[15] Boudreau, K. J. (2012) Let a thousand flowers bloom? An early look at large numbers of software App developers and patterns of innovation. *Organization Science*, 23 (5): 1409 – 1427.

[16] Boudreau, K. , Jeppesen, L. (2015) Unpaid crowd complementors: The platform network effect mirage. *Strategic Management Journal*, 36 (12): 1761 – 1777.

[17] Brandenburger, A. M. , Stuart, H. W. (1996) . Value – based business strategy. *Journal of Economics & Management Strategy*, 5 (1): 5 – 24.

[18] Bresnahan, T. , Orsini, J. , Yin, P. (2015) Demand heterogeneity, inframarginal multihoming, and platform market stability: Mobile app. Working Paper, Stanford University, Stanford.

[19] Caillaud, B. , Jullien, B. (2003) Chicken & egg: Competition among intermediation service providers. *RAND Journal of Economics*, 34 (2): 309 – 328.

[20] Cassiman, B. , Veugelers, R. (2006) In search of complementarity in innovation strategy: Internal R&D and external knowledge acquisition. *Management Science*, 52 (1): 68 – 82.

[21] Cennamo, C. , Santalo, S. (2013) Platform competition: Strategic trade – offs in platform markets. *Strategic Management Journal*, 34 (11): 1331 – 1350.

[22] Cennamo, C. (2016) Building the value of next – generation platforms: The paradox of diminishing returns. *Journal of Management*, 44 (7): 394.

[23] Cennamo, C. , Ozalp, H. , Kretschmer, T. (2018) Platform Architecture and Quality Tradeoffs of Multihoming Complements. *Information Systems Research*, 29 (2): 461 – 478.

[24] Claussen, J. , Essling, C. , Kretschmer, T. (2015) Setting technology

levels in complementary goods markets. *Research Policy*, 44 (2): 328 – 339.

[25] Claussen, J. , Kretschmer, T. , Stieglitz, N. (2015b) Vertical scope, turbulence, and the benefits of commitment and flexibility. *Management Science*, 61 (4): 915 – 929.

[26] Corts, K. S. , Lederman, M. (2009) Software exclusivity and the scope of indirect network effects in the U. S. home video game market. *International Journal of Industrial Organization*, 27 (2): 121 – 136.

[27] Dyer, J. , Singh, H. (1998) The relational view: Cooperative strategy and sources of interorganizational competitive advantage. *Academy of Management Review*, 23 (4): 660 – 679.

[28] Edgeworth, F. Y. (1881) *Mathematical physics: An essay on the application of mathematics to the moral sciences*. London: Kegan Paul.

[29] Edgeworth, F. Y. (1925) The pure theory of monopoly. In *Papers Relating to Political Economy*. Vol. I. London: Macmillan and Co.

[30] Eisenmann, T. R. (2007) *Managing networked businesses*. Note for Educators, 5 – 807 – 104. Boston, MA: Harvard Business School Publishing.

[31] Eisenmann, T. R. , G. Parker, Van Alstyne, M. W. (2006) Strategies for two – sided markets. *Harvard Business Review*, 85 (10): 92 – 101.

[32] Ennen, E. , Richter, A. (2010) The whole is more than the sum of its parts— or is it? A review of the empirical literature on complementarities in organizations. *Journal of Management*, 36 (2): 207 – 235.

[33] Evans, D. S. , Hagiu, A. , Schmalensee, R. (2008) . *Invisible engines: How software platforms drive innovation and transform industries*. Cambridge: MIT press.

[34] Farrell, J. , Saloner, G. (1985) Standardization, compatibility, and innovation. *Rand Journal of Economics*, 16 (1): 70 – 83.

[35] Farrell, J. , Saloner, G. (1986) Installed base and compatibility: Innovation, product preannouncements, and predation. *The American Economic Review*, 76 (5): 940 – 955.

[36] Fuentelsaz, L. E. , Garrido, J. , Maicas, P. (2015) A strategic approach to network value in network industries. *Journal of Management*, 41 (3): 864 – 892.

[37] Gawer, A. , Henderson, R. (2007) Platform owner entry and innovation in complementary markets: Evidence from Intel. *Journal of Economics and Management Strategy*, 16 (1): 1 – 34.

[38] Gawer, A. , Cusumano, M. A. (2002) *Platform leadership: How Intel*,

Microsoft and Cisco drive industry innovation. Boston, MA: Harvard Business School Press.

[39] Gawer, A. (2009) *Platform, markets and innovation.* Cheltenham: Edward Elgar.

[40] Gawer, A. (2014) Bridging deffering perspectives on technological platforms: Toward an integrative framework. *Research Policy*, 43 (7): 1239 – 1249.

[41] Gupta, S., Jain D., Sawnhey, M. (1999) Modeling the evolution of markets with indirect network externalities: An application to digital television. *Marketing Science*, 18 (3): 396 – 416.

[42] Hagiu, A. (2009) Two – sided platforms: Product variety and pricing structures. *Journal of Economics and Management Strategy*, 18 (5): 1011 – 1043.

[43] Hagiu, A., Spulber, D. (2013) First – party content and coordination in two – sided markets. *Management Science*, 59 (4): 933 – 949.

[44] Hagiu, A., Wright, J. (2015) Multi – sided platforms. *International Journal of Industrial Organization*, 43 (11): 162 – 174.

[45] Hart, O., Moore, J. (1990) Property rights and the nature of the firm. *Journal of Political Economy*, 98 (6): 1119 – 1158.

[46] Helfat C. E., Lieberman, M. B. (2002) The birth of capabilities: Market entry and the importance of pre – history. *Industrial and Corporate Change*, 11 (4): 725 – 760.

[47] Hill, C. W., Rothaermel, F. T. (2003) The performance of incumbent firms in the face of radical technological innovation. *Academy of Management Review*, 28 (2): 257 – 274.

[48] Hitt, M. A., Beamish, P. W., Jackson, S. E., Mathieu, J. E. (2007) Building theoretical and empirical bridges across levels: Multilevel research in management. *Academy of Management Journal*, 50 (6): 1385 – 1399.

[49] Jacobides, M. G., Cennamo, C., Gawer, A. (2018) Towards a theory of ecosystems. *Strategic Management Journal*, 39 (8): 2255 – 2276.

[50] Jeitschko, T. D., Tremblay, M. J. (2020) Platform competition with endogenous homing. *International Economic Review*, 61 (3): 1281 – 1305.

[51] Kapoor, R., Agarwal, S. (2017) Sustaining superior performance in business ecosystems: Evidence from Application software developers in the iOS and Android smartphone ecosystems. *Organization Science*, 28 (3): 531 – 551.

[52] Kapoor, R., Lee, J. M. (2013) Coordinating and competing in ecosys-

tems: How organizational forms shape new technology investments. *Strategic Management Journal*, 34 (3): 274 – 296.

[53] Katz, M. L. , Shapiro, C. (1994) Systems competition and network effects. *The Journal of Economic Perspectives*, 8 (2): 93 – 115.

[54] Katz, M. L. , Shapiro, C. (1986) Technology adoption in the presence of network externalities. *Journal of Political Economy*, 94 (4): 822 – 841.

[55] Katz, M. L. , Shapiro, C. (1985) Network externalities, competition and compatibility. *American Economic Review*, 75 (3): 424 – 440.

[56] Katz, M. L. , Shapiro, C. (1992) Product introduction with network externalities. *The Journal of Industrial Economics*, 40 (1): 55 – 83.

[57] Lachmann, L. (1947) Complementarity and substitution in the theory of capital. *Economica*, 14 (1): 108 – 119.

[58] Landsman, V. , S. Stremersch. (2011) Multihoming in two – sided markets: An empirical inquiry in the video game console industry. *Journal of Marketing*, 75 (6): 39 – 54.

[59] Lee, C. H. Venkatraman, N. Tanriverdi, H. , Iyer, B. (2010) Complementarity – based hypercompetition in the software industry: Theory and empirical test, 1990 – 2002. *Strategic Management Journal*, 31 (13): 1431 – 1456.

[60] Lee, R. S. (2013) Vertical integration and exclusivity in platform and two – sided markets. *The American Economic Review*, 103 (7): 2960 – 3000.

[61] Matsuyama, K. (1995) Complemetarities and cumulative processes in models of monopolistic competition. *Journal of Economic Literature*, 33 (7): 701 – 729.

[62] McIntyre, D. P. , Subramaniam, M. (2009) Strategy in network industries: A review and research agenda. *Journal of Management*, 35 (6): 1494 – 1517.

[63] McIntyre, D. , Srinivasan, A. (2017) Networks, platforms, and strategy: Emerging views and next steps. *Strategic Management Journal*, 38 (1): 141 – 160.

[64] Milgrom, P. , Roberts, J. (1994) Complementarities and systems: Understanding Japanese economic organization. *Estudios Economicos*, 9 (1): 3 – 42.

[65] Milgrom, P. , Roberts, J. (1995b) Continuous adjustment and fundamental change in business strategy and organization. In H. Siebert (Ed.), *Trends in business organization: Do participation and cooperation increase cooperativeness?* . Tübingen, Germany: J. C. B. Mohr.

[66] Miller, D. (1986) Configurations of strategy and structure: Towards a synthesis. *Strategic Management Journal*, 7 (2): 233 – 249.

[67] Miller, D., Friesen, P. H. (1984) A longitudinal study of the corporate life cycle. *Management Science*, 30 (7): 1161 – 1183.

[68] Ng, D. (2003) The social structure of organizational change and performance. *Emergence*, 5 (1): 99 – 119.

[69] Parker, G. G., Van Alstyne, M. W. (2005) Two – sided network effects: A theory of information product design. *Management Science*, 51 (10): 1494 – 1504.

[70] Porter, M., Siggelkow, N. (2008) Contextuality within activity systems and sustainability of competitive advantage. *Academy of Management Perspectives*, 22 (1): 34 – 56.

[71] Roberts, J. (2004) *The modern firm: Organizational design for performance and growth*. Oxford: Oxford University Press.

[72] Rochet, J., J., Tirole. (2003) Platform competition in two – sided markets. *Journal of the European Economic Association*, 1 (4): 990 – 1029.

[73] Rochet, J. C., Tirole, J. (2006) Two – sided markets: A progress report. *Rand Journal of Economics*, 37 (3): 645 – 667.

[74] Samuelson, P. A. (1974) Complementarity: An essay on the 40th anniversary of the Hicks – Allen revolution in demand theory. *Journal of Economic Literature*, 12 (4): 1255 – 1289.

[75] Schilling, M. A. (2003) Technological leapfrogging: Lessons from the U. S. video game console industry. *California Management Review*, 45 (3): 6 – 32.

[76] Schilling, M. A. (2002) Technology success and failure in winner – take – all markets: The impact of learning orientation, timing and network externalities. *Academy of Management Journal*, 45 (2): 387 – 398.

[77] Shapiro, C., Varian, H. R. (1999) *Information rules: A strategic guide to the network economy*. Boston, MA: Harvard Business School Press.

[78] Stieglitz, N., Heine, K. (2007) Innovations and the role strategic theory of the firm. *Strategic Management Journal*, 28 (1): 1 – 15.

[79] Suarez, F. F. (2004) Battles for technological dominance: An integrative framework. *Research Policy*, 33 (2): 271 – 286.

[80] Teece, D. J. (1986) Profiting from technological innovation: Implications for integration, collaboration, licensing and public policy. *Research Policy*, 15 (6): 285 – 305.

[81] Teece, D. J. (2018) Profiting from innovation in the ·digital economy： Standards, complementary assets, and business models in the wireless world. Berkeley, California： Haas School of Business, University of California, Berkeley. Working Paper Series, No. 16.

[82] Teece, D. J. (2006) Reflections on profiting from innovation. *Research Policy*, 35 (8)： 1131 – 1146.

[83] Tiwana, A. (2015) Evolutionary competition in platform ecosystems. *Information Systems Research*, 26 (2)： 266 – 281.

[84] Tiwana, A. , Konsynski, B. , Bush, A. A. (2010) Research commentary – platform evolution： Coevolution of platform architecture, governance, and environmental dynamics. *Information Systems Research*, 21 (4)： 675 – 687.

[85] Topkis, D. L. (1978) Minimizing a submodular function on a lattice. *Operations Research*, 26 (3)： 305 – 321.

[86] Topkis, D. L. (1987) Activity optimization games with complementarity. *European Journal of Operations Research*, 28 (3)： 358 – 368.

[87] Venkatraman, N. , Lee, C. H. (2004) Preferential linkage and network e-volution： A conceptual model and empirical test in the U. S. video game sector. *Academy of Management Journal*, 47 (6)： 876 – 892.

[88] Wernerfelt, B. (1984) A resource – based view of the firm. *Strategic Management Journal*, 5 (2)： 171 – 180.

[89] Williamson, O. E. (1985) *The economic institutions of capitalism.* London： Simon and Schuster.

[90] Yoffie D, Kwak M. (2006) With friends like these： The art of managing complementors. *Harvard Business Review*, 84 (9)： 88 – 98.

[91] Yoo, Y. Lyytinen, K. Thummadi, V. , Weiss, A. (2010) Unbounded innovation with digitalization： A case of digital camera. Conference Paper In Annual Meeting of the Academy of Management, January.

[92] Zhu, F. , Iansiti, M. (2012) Entry into platform – based markets. *Strategic Management Journal*, 33 (1)： 88 – 106.

第七章　平台包络战略

　　平台包络是数字化平台竞争战略中特有的战略类型，并不适用于非数字化平台。不可否认，平台经济学对推动早期的平台市场竞争战略研究做出了巨大的贡献，广泛关注作为双边市场平台关键战略选择的定价和开放性，其最终目标是在单一核心平台市场上，而非在多平台市场范围内获得网络效应和赢得直接竞争对手（Caillaud & Jullien，2003；Clements & Ohashi，2005；Hagiu，2009；Rochet & Tirole，2006；Rysman，2009）。平台经济学的不足是只关注单一的"核心"平台市场的竞争，而很少关注相邻市场竞争性平台的潜在竞争。

　　在平台经营实践中，随着商业模式的创新和平台生态系统的不断扩展，平台之间的竞争超出了单一平台市场的界限向多平台市场转变，各类平台市场之间的依赖性越来越强，平台市场边界越来越模糊。这种情况说明，互联网科技厂商组织的核心平台市场与相邻平台市场之间、相邻平台市场之间正在形成越来越密切的依赖关系，同时也出现了愈演愈烈的高度动态化的竞争。Sheremata（2004）和 Eisenmann 等（2011）发现新的平台进入者可以通过激进式创新和敌对性竞争，以多平台捆绑的平台包络战略（Platform Envelopment Strategy），成功地跨越网络效应很强的主导平台，并取代在位平台。平台包络现象发生在数字化平台上，是核心平台市场与相邻平台市场之间平台包络者（Platform Enveloper）① 采用的一种敌对性竞争行为，是一种跨越多个平台市场的平台竞争性市场战略和商业模式。

　　事实上，互联网科技公司往往利用数字化平台寻求"平台包络"式的增长机会，并通过捆绑和利用自己具有特定功能的产品或服务和用户基础进入新的平台市场。这表明，数字化平台参与了平台增长战略。从学术研究上看，美国哈佛大学商学院教授 Eisenmann 等（2011）关于包络攻击的类型学和英国萨里大学（Surrey University）Gawer（2015）对某些包络移动动机的见解，为数字化平台创

---

　　① 平台包络者可以是平台提供商、平台所有者、平台领导和平台倡导者，甚至是平台互补者。

建平台包络驱动的基本模型奠定了基础。但到目前为止，学术研究并没有全面说明数字化平台是否存在使用平台包络战略发展其商业模式的普遍理由。

第一节　平台包络的含义

一、平台包络的内涵与外延

平台包络，是美国哈佛大学商学院 Eisenmann 等（2011）提出的一个术语。所谓平台包络，是指数字化平台或平台包络者在一个平台生态系统中添加一个新模块，这个新模块能够复制相邻平台（Adjacency Platform）的解决方案或产品的功能，新模块的用户基础与原平台生态系统高度重叠，即这些用户都是同一平台生态系统下的天棚用户。

我们认为，平台包络描述了数字化平台的敌对性竞争行为，通过这种竞争行为，数字化平台或平台包络者进入一个已经由一个既定平台服务的相邻市场。通过将主场市场的服务与相邻市场的服务捆绑在一起，平台包络者创建了一个多平台捆绑包，强制阻断了用户对已建立的平台的访问。这是一种在位平台提供商将其业务解决方案扩展至邻近市场的平台竞争战略（Eisenmann et al.，2011），或者是新的平台进入者用新模块吞噬在位平台用户的机会主义平台竞争战略。

在平台经营实践中，在位数字化平台提供商或新的平台进入者常常将涉及自己平台与相邻平台的多平台解决方案或产品的功能捆绑在一起，实施平台包络这种敌对性竞争策略，以包络在位平台提供商的用户。被包络的软件或平台称为被包络者（Enveloped Person）。

哈佛大学商学院教授 Eisenmann 等（2011）最先指出，核心平台市场中的数字化平台或平台包络者可以通过整合相邻市场中较小平台的功能，为其用户创造更多价值，他们称之为平台包络者的"包络"（Envelopment）策略或战略。他们将平台包络定义为："一个平台提供商通过将其平台自身的功能与目标平台的功能捆绑在一起，从而共享用户关系和通用组件，进入另一个平台的市场。"平台包络者将其在原始市场（Origin Market）上的服务与目标市场（The Target Market）提供的服务联系起来，创建了一个共享用户关系的多平台捆绑包。紧接着，被包络的目标平台失去对核心平台的访问，平台包络者从而获取目标平台的网络效应（Cennamo，2019）。

Condorelli 和 Padilla（2020）认为，所谓平台包络是指在多边市场（原始市场）中运作的主导平台（包络者）利用从共享用户关系中获得的数据进入第二个多边市场（目标市场）。

二、平台包络的原理与战略意义

平台经营理论与实践表明，平台所有者或平台提供商必须在平台竞争中通过强化战略行为和动态能力来协调生态系统和进行多平台市场的扩张，从而巩固平台所有者的市场地位（Boudreau，2010；Cennamo & Santaló，2013；Eisenmann et al.，2006；Gawer，2009；Gawer & Cusumano，2002；Schilling，2002，2003；Yoffie & Kwak，2006；Williamson & De Meyer，2012）。

我们认为，从本质上讲，Eisenmann 等提出的平台包络是数字化平台克服进入壁垒和征服其他平台中介市场（Platform－mediated Markets）的新方法。其原理是，一个软件提供商或一个数字化平台提供商将两个分离的、互补平台的产品功能捆绑在一起，将有效地增加产品的功能，并对用户更有价值，业界人士往往把这种产品或服务策略称为"封装"（Enveloped）或"包络"（Envelopment）。这是一种非常典型的敌对性和垄断性平台战略。这种现象的典型例子是微软（Microsoft）的 Windows 操作系统包络 Real Audio。多年来，微软整合或包络了各类独立的小型数字化平台的功能，如服务 Web 资源管理器和管理媒体文件 Real Player 执行的功能。

封装或包络可以看作是产品捆绑策略转变为平台包络的一个特例，在封装或包络策略中，平台竞争性战略的价值创造和价值获取是通过捆绑两个互补平台功能，直接增加用户效用的战略行为实现的（Eisenmann et al.，2011）。但是，在实施平台包络这种敌对性竞争战略的情况下，平台包络者需要考虑被包络者可能的竞争性市场反馈行为，或其他平台的竞争性报复行为。

应当说，平台包络是一把双刃剑。一方面，平台包络能够使一个新的数字化平台取代一个在位的数字化平台（Suarez & Kirtley，2012），平台功能的变化可能会促进技术不连续的发展（Tushman & Anderson，1986），从而导致或允许新的市场和服务出现（Bower & Christensen，1995）。另一方面，平台包络可以促进平台集团（Platform Conglomerate）的创建，亚马逊（Amazon）、阿里巴巴（Alibaba）和谷歌（Google）等大型平台提供商的实践，就证明了这一点，这导致了资本和私人权力的集中，或者称为资本的无序扩张（Clemons et al.，2019；Moore & Tambini，2018；Wu，2018）。平台包络增加了少数平台集团的利益，使其通过变大而不会倒闭，以及因为太大而无法监管（Zuboff，2019）。这样的平台集团也被所谓的平台竞争风暴的"杀戮区"（Kill Zone）包络着，使它处于平台竞争风暴中的无风带上，因而风险投资是有保证的（Kamepalli et al.，2020），其结果是在吸引风险资本的同时，降低了风险资本家为竞争性初创企业提供资金的意愿（Khan，2016），最终减少了消费者的选择并抑制了有效竞争（Hermes et al.，2020）。

应当指出，虽然已有的平台经营理论有助于我们理解数字化平台市场的独特性、平台为什么能够和如何创造价值与获取价值并成为平台领导，但它并没有对单一的核心平台市场（Single Core Platform Market）裂变为多平台市场（Multi-platform Market）、本土市场或主场市场与相邻市场之间存在潜在的竞争关系，以及平台市场的演变提供令人满意的解释，也没有从平台战略的价值创造和价值获取视角来揭示相邻平台市场之间的相互依赖关系，因而就不能够深入地认识跨市场的平台市场战略和商业模式。例如，对微软来说，桌面操作系统 Windows 就是它的主场产品或本土产品，这个主场产品所覆盖的市场就是主场市场，而流媒体系统 Windows Media 则是微软 Windows 的相邻产品，流媒体平台市场就是相邻平台市场。事实上，这两种平台市场的边界非常模糊，流媒体系统与桌面操作系统存在较强的相互依赖关系，因而平台之间的竞争就非常容易从单一核心平台市场延伸到相邻平台市场。

在数字化平台市场的经营实践中，平台之间的依赖性越来越强，平台市场边界越来越模糊，趋向于多平台市场、主场市场与相邻市场相互交织与相互依赖，这是一个从未有过的竞技场。

我们认为，这种由在位数字化平台提供商实施的平台包络战略，实质上是要构建一个跨生态系统的协同成长平台。这种协同成长平台实质上就是核心市场中的平台所有者或平台提供商通过整合相邻市场中较小平台的功能，为其用户创造更多的价值（Eisenmann et al.，2011）。因此，在位平台的经营者必须认识到，随着商业模式的创新，平台竞争已经超出了单一平台市场的界限，因而他们需要不断地观察其他平台的活动，特别是服务于相似或重叠用户群的平台，这种平台一般称为相邻平台。

出现在相邻平台上的一个具有新功能的产品或服务，对在位平台来说是一种竞争威胁，至少是一种潜在威胁，这就是美国战略管理学家 Porter 于 20 世纪 80 年代初提出的哈佛广场模型（Harvard Square Model）① 中的替代者（Substitutes）。替代者的新功能若足够吸引人，能够满足用户的需求痛点，用户就可能转向相邻平台，成为相邻平台的用户，从而出现用户多宿主性，有时用户甚至完全放弃在位平台。当一个平台有效地吸收了相邻平台的功能和用户群时，就会发生平台包

---

① 美国哈佛大学商学院教授 Michael Porter（迈克尔·波特）于 20 世纪 80 年代初在《竞争战略》一书中提出了哈佛广场模型（Harvard Square Model），我国学术界和企业界一般称其为五力分析模型或钻石模型。

络的现象。目前，苹果公司正努力利用其 iPhone 平台来覆盖移动支付系统和可穿戴技术的市场。同样道理，海尔集团也在扩大其家用电器平台，以期覆盖互联网家用电器应用市场。从这个视角看，平台包络战略，实质上是平台范围的扩展，以实现一个核心平台扩展到相邻市场的跨生态系统的协同成长战略。

微软 Windows 包络 Real Audio

平台包络的案例最早出现在 20 世纪 90 年代。

Real Networks 公司（纳斯达克交易代码：RNWK）是著名的 RealPlayer 播放器的制造商，Internet 和 Intranet 多媒体数据流技术和数字娱乐市场的创立者和领导者。公司总部设在美国华盛顿州西雅图市。Real Networks 公司的传统业务主要是开发与销售应用于网络上的音频、视频及其他多媒体软件，使用户利用个人电脑或其他电子设备终端都可以发送与接收高质量的视频。除了 RealPlayer，Real-Networks 公司还有很多优秀的产品：HelixDNA、HelixMedia Delivery Platform、RealDownloader、安卓版 Helix SDK 和安卓版 RealPlayer 等。

1995 年，Real Networks 公司以产品 Real Audio 的形式开发了流媒体音频，并很快占领了市场，拥有流媒体音频市场 100% 的市场份额。Real Audio 的特点是可以在非常低的带宽下（低达 28.8kbps）提供足够好的音质，让用户能够在线聆听。这一产品在早期互联网中简直就是广大音乐发烧友的福音，由此在互联网上掀起了流媒体音乐的潮流以及随后两年的流媒体视频潮流。Real Media 包括 Real Video 和 Real Audio 特有格式，RA、RMA 这两个文件类型就是 Real Media 里面音频的格式，它们都是由 Real Networks 公司开发的，几乎成了网络流媒体的代名词。Real Networks 流媒体系统是一个完整的数据流解决方案，它可以将视频、音频、动画、图片、文字等内容转化为流媒体，在所有宽带上为最终用户提供丰富而实用的数据流媒体。Real Networks 流媒体系统由服务器端软件 Real Server、媒体制作工具 Real Producer 系列和客户端播放器 Real Player 三部分组成。Real Networks 公司的 Real Player 播放器，是与微软的 Windows Media Player 和苹果公司的 QuickTime 播放器齐名的世界著名的计算机视频三大播放器之一。在包括 Real Video 和 Real Audio、RA/RMA 这两种文件类型的 Real Media 出现之后，有关网络广播、网上教学、网上点播的应用才逐渐出现，进而形成一个新的行业。

网络流媒体的原理其实非常简单，简单说就是将原来连续不断的音频分割成一个个带有顺序标记的小数据包，这些小数据包通过网络进行传递，接收的时候再将这些数据包重新按顺序组织起来播放。如果网络质量太差，有些数据包接收不到或者延缓到达，网络流媒体就不播放这些数据包，以保证用户聆听的内容是基本连续的。

Real Networks 的流媒体产品一经面世，就成为 Internet 和 Intranet 上具有重大影响的、深入人心的媒体流解决方案。在数字娱乐平台市场上，Real Networks 的受欢迎度在网上视频、音频网站中，稳居前列。Real Networks 拥有的 RealArcade 平台是世界上较大的休闲游戏平台之一，为全世界提供了很多经典的休闲游戏产品。

在意识到网络流媒体对互联网平台发展的重要性之后，微软开发和推出了 Windows Media 与 Real Networks 的流媒体系统相抗衡，同时对所有的音频压缩技术说不：微软不对任何音频压缩技术提供技术支持。微软的流媒体系统也是由三部分组成：服务器端软件 Media Server、媒体制作工具 Media Tools 和客户端播放器 Media Player，其中媒体制作工具 Media Tools 是整个方案最重要的组成部分。

微软的 Windows Media 也是一种流媒体技术，本质上是与 Real Networks 相同的，由微软公司开发和推出。微软一旦决定占领流媒体这个市场，就可以采用 Windows Media 与微软 Windows 操作系统捆绑的策略。微软 Windows 在操作系统领域占个人电脑 90% 以上的市场份额，这给予了 Windows Media 不可阻挡的竞争优势，几乎所有对流媒体感兴趣的人都使用了微软的操作系统 Windows。尽管 Real Networks 软件的性能优越，但微软推出了一个类似于 Real Audio 软件产品的 Windows Media，并将 Windows Media 作为 Windows 操作系统捆绑包的一部分向用户提供，Windows 流媒体音频平台很快就覆盖了 Real Audio 创建的更小平台。

从微软 Windows 包络 Real Audio 这个案例中可以发现：

（1）平台包络在数字化平台市场从单一核心平台市场演变为多平台市场时才会发生。例如，微软的桌面操作系统 Windows 可以看成是单一核心平台市场的产品，但在这个桌面操作系统下运行的众多应用程序则是多平台市场产品，这就会产生平台包络现象。

（2）随着微软桌面操作系统 Windows 这个主场平台，通过进入流媒体平台这个相邻平台市场来扩展其相邻核心功能 Windows Media，流媒体平台这个相邻平台市场就发生了垂直包络：Windows 流媒体音频平台垂直包络了 Real Audio 创建的流媒体音频平台。平台包络这种竞争性行为的产生，既可能是平台为了获得相同的市场机会，也可能是竞争性报复，或两者兼而有之，但结果都可能引发潜在的、事前是一个个独立的平台市场的融合，因而平台包络行为本身，实实在在地重新定义了数字化平台市场的边界。

（3）将平台包络到拥有类似规模平台的邻近市场，会引发这些市场竞争对手的包络反应，从而导致激烈的跨市场竞争。例如，过去美国消费者搜索产品会登录谷歌，谷歌搜索引擎把消费者引向亚马逊电子商务平台（Amazon Marketplace），也就是说谷歌搜索引擎包络了亚马逊的消费者，而现在部分消费者使用亚马逊搜索引擎，绕过谷歌搜索直接去亚马逊搜索产品，这说明亚马逊搜索引擎包络了部分美国在线购物者（Economist，2012）。

（4）平台包络所产生的跨市场竞争最终会升级为市场融合，这就意味着数字化平台市场会出现"超平台市场"（Supra - platform Market）的现象。这种超平台市场可取代单个平台市场，使平台竞争逻辑、价值创造与价值获取逻辑从核心平台市场转移到超平台市场层面，其特点是竞争对手和竞争方式的多样化（Visnjic & Cenammo，2013），而平台竞争也会从交易型平台之间的竞争，转变为创新型平台或混合型平台之间的竞争，平台包络与平台分岔这些敌对性竞争战略将逐渐成为主要的平台竞争战略。

（5）从宏观层面上看，微软 Windows 包络 Real Audio 这种平台包络属于垂直包络，它可能使产业架构发生急剧的动态变化和震荡（Jacobides，Knudsen & Augier，2006；Pisano & Teece，2007），并形成跨行业的商业模式创新（Amit & Zott，2001；Casadesus - Masanell & Ricart，2010），这种平台市场的演化结果会直接对平台的价值创造和价值获取方式产生影响。

第二节　平台包络是平台演化与市场竞争的产物

一、具有间接网络效应平台市场竞争的特点

在具有间接网络效应的平台市场中，平台所有者或平台提供商是最终用户和服务提供商之间的中介（Eisenmann，et al. ，2006；Evans & Schmalensee，2007；Rochet & Tirole，2003）。按照平台经济学的解释，当平台一边的用户实现的价值随平台另一边的用户实现的价值增加而增加时，就会出现间接网络效应（Caillaud & Jullien，2003；Rochet & Tirole，2006；Rysman，2009）。因此，数字化平台市场的经济特征就是具有间接网络效应。正是这两个用户群体价值创造功能的相互联系，导致了平台市场的经济特性：两个群体的需求弹性之间存在相互关系，一边是最终用户，另一边是互补品内容的提供者。包括淘宝、天猫等电商交易型平台在内的用户消费类平台的平台提供商都以交易型平台为中介，向最终用户构建、销售或推广其平台上微商的产品和互补品的服务。双边平台市场还包括网络浏览器（Web Browser）、智能手机操作系统（Smartphone Operating System）、视频游戏机（Video Game Machine）等（Parker & Van Alstyne，2000，2005）。在数字化平台上，平台倡导者通过调解群体对经济交易的不同需求，为用户和互补品

提供商提供服务。平台所有者或平台提供商对间接网络效应的追逐，会加剧竞争。在平台经营实践中，平台所有者或平台提供商往往采用平台开放战略和定价战略来获取这种间接网络效应。

应当指出的是，平台开放战略和定价战略仅仅解释了单一核心平台如何依靠间接网络效应，在其"主场市场"创造价值和获取价值。但是，这些市场并不是孤立存在的，"邻近市场"中的平台提供商通常会扩展其产品的应用范围，包括提供相邻平台的核心功能。这种现象被称为平台包络，即由一个平台进入具有重叠用户基础和使用类似组件的相邻平台市场（Eisenmann et al. , 2011）。

平台包络意味着一个平台提供商通过将其自身已有的平台功能与目标平台的功能捆绑在一起，从而进入另一个平台市场，以共享用户关系和通用组件。根据哈佛大学教授 Eisenmann 等（2011）的说法，当一个市场中的一个平台发现其平台与相邻市场平台之间存在互补性时，就会出现平台包络。通常情况是大型平台将较小的平台所拥有的互补性功能包络到大型平台中，而小平台的用户也就成了大平台的用户。大型平台提供商将小型平台的功能整合到其核心功能中，从而可以向用户提供综合价值。

按照美国经济学家 Milgrom 和 Roberts（1995）的观点，如果两个平台的功能是超附加或超模块化的，包络后的平台价值大于单个平台价值之和，即"捆绑平台"（Bundled Platforms）的联合价值被大大地放大。按照多市场接触理论的观点："在相互容忍生效之前，厂商可能会扩展其产品线，以进入不同的市场"（Jayachandran, Gimeno & Varadarajan, 1999）。

二、平台包络扩大了平台市场的边界，是平台演化的产物

从平台生态系统创造价值和增加用户效用的角度来看，平台包络具有重要的经济意义。例如，阿里巴巴通过将支付宝链接到淘宝、天猫等电商平台，进入了众多的交易型平台市场，包括在线支付服务（蚂蚁金服）、物流（菜鸟网络）、饿了么（网络订餐服务）、盒马鲜生（生鲜超市）和全球速卖通（B to B 网上交易市场）等。

当下的平台市场已经从过去单一的核心平台市场，发展成为在同类型业务中拥有多个平台的多平台市场，每一个主场平台提供商面对的行业背景都是该行业拥有类似规模的平台的邻近市场。以反病毒软件市场为例，其包含反病毒软件、防火墙、特洛伊木马和恶意软件的查杀程序、入侵预防系统等在内的计算机防御系统的产品与服务市场，一般称为反病毒软件市场。反病毒软件通常集成监控识别、病毒扫描和清除、自动升级、主动防御等功能，有的反病毒软件还带有数据恢复、防范黑客入侵、网络流量控制等功能。这个反病毒软件市场有许多功能独

特的产品与细分市场，因而其是一个拥有多个厂商的多平台市场。我们选择×××安全公司①作为主场平台进行分析，这个公司专注于服务器端的安全产品，构建了主机自适应安全平台，通过对主机信息和行为进行持续监控和分析，快速精准地发现安全威胁和入侵事件，灵活高效地解决问题，将自适应安全理念真正落地，具备安全检测和响应能力。不可否认，×××安全公司在这个主场市场具有极强的市场竞争能力，年销售收入超过 1 亿元，仅仅服务器端安全产品这个单品的销售收入就过亿，在网络安全企业中属于比较优秀的小巨人企业，但该公司在其他安全邻近市场几乎是空白。因此，从平台竞争视角看，这个公司既可能成为多平台市场的包络者，如将其他公司的诸如网络流量控制、防火墙、入侵预防系统和恶意软件的查杀程序等产品封装进×××安全公司的平台，又有可能成为反病毒软件平台市场的被包络者，即被其他公司类似的服务器端安全产品所包络，因为这家公司的安全产品阵容实在太小了。

　　严格地说，平台包络包括扩展一个平台的功能，即将邻近平台市场更小平台的核心功能包络到大平台中，扩大了平台市场的边界。平台包络这种竞争性行为隐含的假设是，较大的平台可以在用户基础方面超过小型有独特产品的平台，这是因为其能够提供优惠价格与服务以获得间接网络效应。例如，免费提供附加功能，因而能够吸引较小平台的用户迁移到大平台上来。在这种情况下，多平台市场竞争的后果是平台包络商超越邻近平台市场，同时也加强了其在主场市场的地位，这要归功于优质的捆绑式产品。当然，小型平台在拥有非常独特且功能极其强大的产品时，也可能成为平台包络商。

　　我们认为，出现跨平台市场产品功能捆绑在一起的平台包络是多平台市场演化的结果，这种平台市场演化的驱动力来自两个方面：一是增加用户效用（User Utility）和消费者剩余（Consumer Surplus），平台包络通过超附加或超模块化的互补功能，实现了平台的价值创造（Eisenmann et al.，2011）；二是数字化平台之间竞争因素的影响，这一点在中外企业平台经营实践中非常突出。

　　平台理论与平台经营的实践已经表明，在同一类平台市场中，平台提供商任何的市场行为不仅会产生价值创造与价值获取的效应，而且还会通过竞争对手的竞争反应，产生二次竞争的反馈效应。当两个来自相邻市场的同等规模的平台提供商都发现自己处于创造优质用户基础的竞争位置时，他们就可能做出进军对方平台市场，以创造更大价值的敌对性竞争决策。这种敌对性竞争决策，有时是相邻市场的某个平台在对包络其平台市场的平台提供商进行报复的情况下做出的。数字化平台之间的这种竞争行为，意味着竞争已经从单一平台市场的竞争演化为

---

　　①　此处仅仅是为了分析问题，因而隐去了公司名称，代之以×××。

跨越平台市场边界的竞争，这种竞争的结果很难根据其用户群的规模来隐含地假设任何一个相邻平台的胜利。因此，对单一核心平台市场内连续的赢家通吃的竞争逻辑的预测，不太可能成立（Visnjic & Cenammo，2013）。

平台提供商的竞争行为可能导致在重叠市场中平台与竞争对手的相互接触，进而与竞争对手在具有互补性的产品方面产生更高的依赖性。随着创新型平台提供商不断进入新的细分平台市场或某类平台市场，其与竞争对手的多重接触程度可能会增加，平台之间的竞争可能会升级，这种意外情况可能会抵销范围经济效益。因此，平台包络行为隐含的假设是，焦点平台（Focus Platform）能够压制来自相邻市场的被包络平台的竞争性反应（Fuentelsaz & Gomez，2006；Smith et al.，2001）。

三、平台包络攻击与对包络攻击的防备措施

事实上，面对着焦点平台的平台包络行为，相邻市场的平台提供商可能会做出反应，进而进行反向平台包络攻击。这意味着两个相邻的平台将进入彼此的"主场"市场，这将导致更为复杂和相互依赖的多平台市场的扩展。平台提供商采取的对包络攻击的防备措施，也可以看作是一种先发制人的"武器"，可迅速对竞争对手的包络攻击做出反应和回击。

在位平台提供商防备包络攻击的措施主要有：

（1）在位平台提供商可以通过建立边界资源来实现外部价值创造，而不是在内部产生互补，进行应用程序开发的外包（Outsource），为其平台核心功能添加新的功能层，以此来提高平台生态系统的竞争能力。

（2）在位平台提供商主动包络来自邻近平台市场的平台，以抵御"主场"市场的激烈竞争，即将与竞争对手的竞争范围从主场市场扩大到多平台市场。

（3）在位平台提供商还可以将具体的应用程序开发任务通过合同订购的方式委托给其他软件厂商开发，再将所订产品知识产权买断，并将其直接封装进自己的平台。这种委托其他软件厂商开发的合作方式简称平台的 OEM，承接开发任务的软件厂商被称为 OEM 厂商，其开发的应用程序被称为 OEM 产品。这里，应用程序定点开发是与加工贸易中的"代工生产"方式相同的，是一种以应用程序为载体的开发人员的劳务输出。

（4）在位平台提供商若预计到互补者可能转变为竞争者时，很可能会关闭平台与该补充者的接口，改变平台接口的开放性（Altering Platform Interface Openness），因为这将停止推动互补者的增长，并保护平台不被包络。有选择性地关闭平台边界有时也被用作先发制人的策略，以对付一个曾经的互补者变成竞争对手。例如，苹果决定在 2010 年 4 月有选择性地关闭与 Adobe Flash player 的

接口。当时，苹果首席执行官史蒂夫·乔布斯（Steve Jobs）在一封著名的公开信中解释说，苹果之所以会有选择性地关闭 iPhone、iPad 和 iPod 与 Adobe 视频播放器 Flash 的接口，其中一个主要原因就是拒绝依赖第三方。乔布斯在公开信中透露了苹果不支持 Flash 的六大原因。除了声称 Flash 是封闭的和专有的，并且有重大的技术缺陷（可靠性、安全性和性能、电池寿命和可触摸设备），乔布斯还说了"最重要的一点"："让第三方的软件层出现在平台和开发者之间，最终会导致不标准的应用程序，并阻碍平台的增强和进步……我们不能听天由命地听任第三方的摆布，决定他们是否以及何时将我们的增强功能提供给我们的开发商……因为这将阻碍平台的发展和进步。"①

从这些防备措施中可以看出，在位平台提供商采取主动的平台包络攻击行为，就是最好的防御。

从长期战略视角看，平台提供商要确保平台经营的持久性（Durability）、防止平台突变（Platform Mutation），必须制定平台包络战略来协调平台包络，同时阻止其他平台的包络攻击（Envelope Attack）。从平台扩展的线路看，有两种平台包络：水平包络（Horizontal Envelopment）和垂直包络（Vertical Envelopment）。下面两节分别讨论。

第三节 水平包络

一、水平包络的原理

水平包络也称为横向包络或平行包络（Parallel Envelopment），主要目的是为现有同一平台生态系统下的天棚用户提供新产品或服务（Zook & Allen, 2003）。水平包络是最广泛的平台扩展线路，平台可以通过横向复制、吞并邻近产品或服务的功能和市场解决方案，扩展到相邻市场的平台上。这种水平包络类似工业经济时代厂商的横向一体化战略（Horizontal Integration Strategy）。例如，谷歌通过将新产品链接到搜索引擎平台，从单一核心平台市场发展为多平台市场，包括在线支付服务（Google Checkout）、生产力软件（Google Docs）、网络浏览器软件（Chrome）和手机操作系统（Android）等，实施了包络相邻市场等相关平台的平台包络战略。又如，苹果（Apple）在 2001 年 10 月 23 日推出 iPod，在数字内容

---

① 参见《乔布斯：关于 Flash 的思考》。

领域掀起了一场战争，iTunes 在线商店与 iPod 包络在一起，从 iTunes 等媒体内容界面开始，苹果开始进军基于音乐的社交媒体，实施包络相邻市场的流媒体平台包络战略。

在绝大多数情况下，平台包络都是指水平包络。产生水平包络有两个先决条件：

（1）平台的用户和相邻平台的用户之间必须有相当大的重叠。这允许平台包络者简单地复制其现有平台在包络空间中的产品或服务功能和市场解决方案，并获得同一平台生态系统下的天棚用户。对于平台市场中的新进入者而言，平台包络是规避竞争对手现有网络效应所造成的市场阻塞最有力的方法。例如，在美国搜索引擎市场，亚马逊（Amazon）持续与必应（Bing）、谷歌（Google）和雅虎（Yahoo）等争夺搜索引擎的市场份额。美国大数据营销公司 BloomReach 在2015 年 8 月进行的独立调查发现，美国消费者中的 44% 直接到亚马逊网站搜索产品，而 34% 的人使用传统的必应（Bing）、谷歌（Google）和雅虎（Yahoo）等的搜索引擎，这意味着亚马逊成为美国人购物的首选搜索引擎平台，并成功地包络了谷歌搜索引擎。

（2）平台包络者的资产可在包络领域中得到充分应用。也就是说，平台包络者通过使用自己的资源，包络者平台将被包络者现有在位平台的功能嵌入自己的在位平台，并最终捕获被包络平台的用户和互补者。水平包络可以通过为未来的核心业务提供细分市场，来抢占其核心市场已经饱和的平台与正在下降的平台（Zook & Allen，2003）。

对竞争平台的水平包络是指新平台与目标平台之间存在平台竞争关系，但核心平台和目标平台之间不存在特定的归属关系。因此，水平包络意味着核心平台通过整合一个新平台，向目标市场提供自身的价值主张，从而进入横向竞争平台的空间。这种类型的包络遵循与目标平台自由互动的原则，而核心平台以自我偏好或捆绑对其产品与服务所实施的平台包络，并不属于水平包络，而是属于垂直包络的范畴。

二、内部水平包络与外部水平包络

按照新的平台是否只能在核心平台内部使用来区分，可将平台包络分为内部水平包络与外部水平包络。

（1）内部水平包络（Internal Horizontal Envelopment）是指水平包络后的新平台只能在核心平台内部使用的现象，即包络后的新平台被核心平台吸收而不再存在。例如，滴滴出行 2016 年 8 月 1 日宣布与优步全球（Uber）达成战略协议，滴滴出行将收购优步中国①在中国大陆运营的全部资产，包络后的滴滴出行，将优步全球的平台功能集成到滴滴核心宿主共享平台中，从而实现对优步中国业务平台的包络。又如，Airbnb 旨在通过将 Airbnb Adventures 的平台功能集成到其核心宿主共享平台中，从而实现 TripAdvisor 平台的包络。再如，瑞典音乐流媒体平台声田（Spotify）最近一直在努力实现播客领域的扩张，2020 年 2 月希望收购由美国时代华纳（Time‐Warner）旗下有线体育频道 ESPN 前体育评论员比尔·西蒙斯（Bill Simmons）于 2016 年创建的体育和流行文化网站 The Ringer，The Ringer 播客网络每月下载量超过 1 亿次，2018 年创造了超过 1500 万美元的收入。声田希望此举能够增加现有用户的保留率，吸引更多的竞争对手的用户，进而增加对播客的投资，将更多播客整合到其核心音乐流媒体平台中。

（2）外部水平包络（External Horizontal Envelopment）是指水平包络后的新平台只能在核心平台之外使用的现象，即包络后的新平台独立于核心平台之外进行运作。例如，2014 年 2 月 19 日，脸书宣布斥资 190 亿美元收购快速成长的跨平台移动消息公司、即时通信应用初创企业 WhatsApp Messenger②，希望借此提高人气，特别是提高其在年轻人群当中的受欢迎度。收购后的 WhatsApp Messenger 独立于脸书的应用中心和社交网络，进行平台运作。类似地，优步（Uber）创建了优步全球外卖平台——优食平台（UberEats），并将其作为独立于核心乘车平台的平台进行自主经营，保证从顾客所爱的餐馆拿到顾客想要的食物，并以优步（Uber）速度进行配送。目前优食平台（UberEats）为多个城市和国家提供餐饮外卖服务，配送网络有 200 万个骑手。

三、水平包络的机会

平台提供商可以通过以下五种方式发现水平包络的机会：

（1）确定相邻产品或服务的捆绑销售机会。这需要识别平台现有终端用户所需的独立产品和服务，这些产品或服务可能会被捆绑到平台中。

（2）观察相邻市场的 S 曲线③，如果用户基础安装率持平或下降，通常表明

---

① 优步中国是优步软件在中国的名称。

② WhatsApp Messenger（简称 WhatsApp）是一款智能手机之间通信的应用程序，支持 iPhone 手机和 Android 手机。本应用程序向用户提供推送通知服务，用户可以即刻接收亲友和同事发送的信息。用户使用 WhatsApp 需要注册，用户在注册的时候，需要输入手机号码，并接收一条验证短信，然后 WhatsApp 会搜索用户的手机联系人中已经在使用该应用程序的人并将其自动添加到用户的 WhatsApp 手机联系人名单里。2014 年 2 月 19 日，脸书宣布收购 WhatsApp。2014 年 10 月 3 日，欧盟反垄断监管机构正式批准了脸书收购移动消息初创公司 WhatsApp 的交易。

③ S 曲线是指平台技术解决方案各阶段形成的曲线，包括：①紧随平台开发和研发的入门阶段；②平台已达到盈亏平衡并开始聚集人气的上升阶段；③成熟阶段；④衰退阶段。该轨迹类似于 S 形状，因而称为 S 曲线。

成熟市场具有稳定的产品或服务。在这种情况下，产品或服务创新几乎没有可能，创新焦点通常转移到过程创新上，此时最易出现包络攻击。例如，若 A 平台能够提供更便宜的产品或服务功能或提供改进的解决方案，且与 B 平台的用户基础和目标市场重叠，那么 B 平台通常是 A 平台包络攻击的目标。当然，这需要 A 平台利用该平台的资产来降低软件的交付成本或交易成本，抑或显著地提高目标解决方案的价值主张。

（3）由于先前不同的技术解决方案的融合，也容易出现水平包络的机会。技术融合使得一个平台能够扩展其功能，包络相邻平台（Adjacency Platform）的产品或服务，并将其作为多产品捆绑包提供给最终用户。应当看到，每一次水平包络机会同时也可能是一个包络威胁。每一个平台都应密切关注来自邻近市场创新者的竞争，它们可以提供一个直接竞争的产品，并用非同常规的商业模式来创建和分销。例如，2014 年开源 Linux 项目进入智能手机 OS 市场，对苹果公司来说，既是一次水平包络机会，也是一个包络威胁，因为开源 Linux 项目和通用公共授权（General Public License，GPL）许可的代码可以为新进入者提供支持。

（4）跟踪监管变化。留意本平台所在行业以外成熟行业的外部监管变化，这些变化会改变这些行业的竞争规则。例如，国家金融监管部门为防控金融风险，加强了对移动支付平台提供商的监管，将一些没有取得第三方移动支付牌照的平台提供商从移动支付市场上清除出去，这就为支付宝、微信支付等拥有第三方移动支付牌照的平台提供商主导个人支付生态变革，而其他第三方移动支付提供商将经营重点转向产业生态提供了可能，使在位移动支付平台提供商可以直接覆盖和包络使用移动支付交易的所有市场，包络形成支付生态（Payment Ecology）。

（5）观察对手平台可能的包络攻击目标。本平台对竞争对手的平台启动进行先发制人的包络攻击，无论多么微弱，都有助于识别包络目标。

四、水平包络与平台治理

在位数字化平台发起包络攻击，需要有一个统一的平台治理结构，特别是拥有平台治理的决策权。水平包络战略要求平台战略的实质选择权（Real Option）①主要由平台提供商来掌控。平台提供商对包络机会的警觉，对应用程序开发人员和互补品提供商也有潜在的价值，因为包络机会可能扩大应用程序开发人员和互补品提供商有权访问的潜在最终用户群，有助于将这些天棚用户转换为应用程序开发人员和互补品提供商的最终用户。从这个意义上说，包络攻击是由在位数字

---

① 实质选择权是指为了应对较强的外部不确定性环境，有计划、有步骤地进行项目投资，并植入战略选择的弹性，从而拥有等待未来资产增值机会的权利。有关实质选择权的讨论，请参见第九章平台治理战略第三节平台治理与实质选择权。

化平台、应用程序开发人员和互补品提供商携手发起的水平包络攻击。美国管理学家 Zook 和 Allen（2003）指出，80% 的成功邻接动作（Adjacency Moves）建立在对最终用户的需求痛点、消费行为和交易挫折的深刻洞察之上，而应用程序开发人员和互补品提供商往往比平台提供商更关注这些交易或消费场景。

在平台经营实践中，应用程序开发人员和互补品提供商寻求包络机会，可以识别并利用欠发达的邻接平台市场，未开发的潜在最终用户群，以及未被认可的细分市场（Segment Market）、利基市场（Niche Market）或长尾市场（Long Tail Market）。因此，平台战略的实质选择权应包括应用程序开发人员和互补品提供商的互动。换言之，应用程序开发人员和互补品提供商应该主动寻求包络，而不是单纯地依靠平台提供商提供的包络机会。

平台提供商也可能遇到间接竞争对手的水平包络攻击，他们可以利用与本平台相同的邻接动作来冲击现有市场和重叠最终用户。平台提供商必须确定包络攻击是否是真正的威胁。如果平台上的应用程序开发者或最终用户都认为该平台提供了比本平台更好的价值主张，那么包络威胁是真实的。

第四节 垂直包络

一、垂直包络的原理

平台包络的第二种类型是垂直包络，也称为纵向包络。所谓垂直包络是指平台提供商扩大平台范围，以占据平台价值链中的各个不同环节（Zook & Allen，2003）。这涉及平台在平台价值链上游或下游的某些部分，通过垂直包络吞噬原本由平台参与者提供的功能，或平台价值链上游或下游其他平台提供的功能和服务。平台向价值链上游包络移动可能涉及上游软件组件或应用程序的提供商，这些上游厂商往往都是要素级互补性资产的提供者，平台既可能是它们的超级用户，也可能是它们的销售渠道。这些平台的外部服务提供商，通过平台的知识产权授权，成为平台要素级互补性资产的提供商（如 Flash 和 VPN 技术）。这种垂直包络，类似工业经济时代厂商的纵向一体化战略（Vertical Integration Strategy）中的向前一体化战略（Forward Integration Strategy），或向后一体化战略（Backward Integration Strategy）。

与水平包络比较，垂直包络是指核心平台的一方包络虚拟垂直整合价值链（Virtual Vertical Integration Value Chain）中的平台实体，或核心平台包络创新平台生态系统中一部分的平台实体的战略行为。相比之下，水平包络是指在核心平台的网络之外包络相邻市场的平台实体。

微软垂直包络网景公司的互联网浏览器

1990 年，在欧洲原子能研究组织（European Organization for Nuclear Research，CERN）工作期间，英国计算机科学家、万维网的发明者、英国南安普顿大学与麻省理工学院教授蒂姆·伯纳斯－李（Tim Berners－Lee）开发了第一款互联网浏览器（Internet Browsers）：Web 浏览器（Web Browsers）。然而，第一个具有商业意义的浏览器是网景通信公司（Netscape Communications Corporation）的 Netscape Navigator。Netscape Navigator 的功能丰富，同时可以免费用于非商业用途，帮助网景公司在浏览器采用方面确立了早期的市场领先地位。网景公司当时的商业模式是为非商业用途免费提供浏览器，同时对其 Web 服务器软件和对商业用户的支持收费。

1995 年，互联网巨头微软将网景公司的 Netscape Navigator 视为一个重大的威胁。微软联合创始人比尔·盖茨（Bill Gates）在著名的互联网浪潮备忘录（Now－famous Internet Tidal Wave Memo）上阐述了微软追赶战略的几个要素，包括"一个利用 Windows 95 快捷方式的体面客户"，致力于"找出能让我们领先于 Windows 客户的附加功能"和"让原始设备制造商开始发布我们预装的浏览器"。他还讨论了文档标准的演变，"我们需要建立对象连接与嵌入（Object Linking and Embedding，OLE)[1]（一个 MS 专有文档协议），作为在互联网上共享丰富文档的方式。我相信 OpenDoc[2] 财团会努力阻止这一切"[3]。这充分表明，网景公司对开放标准的依赖与微软对专有替代品的渴望。

微软于 1995 年 8 月发布了 IE 浏览器（Internet Explorer），并在次年开始将其与微软的 Windows 95 操作系统捆绑在一起，实施了微软的垂直包络战略。这意味着微软将自己的产业价值链从操作系统延伸到 IE 浏览器。IE 浏览器 1996 年投入市场只有 3% 的使用份额，但到 1998 年其就占据了超过 30% 的市场份额，1999 年则成为浏览器市场的领导者。美国管理学家 Bresnahan 和 Yin（2007）就

---

[1] Object Linking and Embedding，意为对象连接与嵌入，简称 OLE 技术。OLE 不仅是桌面应用程序集成，而且还定义和实现了一种允许应用程序作为软件"对象"（数据集合和操作数据的函数）彼此进行"连接"的机制，这种连接机制和协议称为组件对象模型（COM）。OLE 可以创建复合文档，复合文档包含了创建于不同源应用程序，有着不同类型的数据，因此它可以把文字、声音、图像、表格、应用程序等组合在一起。

[2] OpenDoc 是复合文档跨平台的程序组件的框架标准，它的灵感来自微软的对象连接与嵌入技术（Object Linking and Embedding，OLE），它是由 IBM 开发的。

[3] http：//www.lettersofnote.com/2011/07/internet－tidal－wave.html.

充分展示了微软推动硬件原始设备制造商预装微软 IE 浏览器的策略，对微软的 IE 浏览器赶上并最终超过网景公司的 Netscape Navigator 所发挥的作用。

在微软的 IE 浏览器兴起期间，IE 浏览器和网景公司支持的 Web 内容标准出现了分歧，每个团队都添加了专有功能来吸引开发人员，这种情况实质上是一种软件分岔现象。通常，网站会特别针对 Netscape Navigator 或 Internet Explorer，显示"使用 Internet Explorer 最佳浏览"或"使用 Netscape Navigator 最佳浏览"等标记。甚至许多网站还使用脚本来检测访问者的浏览器版本，然后加载相应版本的内容。无疑，这些做法增加了所有方面的成本——由于增加了标记，最终用户下载网站的速度较慢，Web 服务器负载较高，开发人员需要花费更大的精力为不同的浏览器标准开发重复版本的网站。

实际上，早在1994年，蒂姆·伯纳斯－李（Tim Berners – Lee）创建的 SSO 万维网联盟（World Wide Web Consortium，W3C）就通过发布超文本标记语言（Hypertext Markup Language，HTML）、层叠样式表（Cascading Style Sheets，CSS）和其他 Web 内容协议，来防止关键文档标准的软件分岔。

到了2010年，微软的 IE 浏览器已经在 Web 浏览器市场占有90%的份额，微软的战略越来越被描述为"拥抱、扩展和消灭战略"。当类似微软这样的平台领导通过垂直互操作性（Vertical Inter – operability）来接受标准时，"拥抱、扩展和消灭"这一三步走战略就开始了。"拥抱"阶段就是微软的 Windows 95 操作系统与 IE 浏览器捆绑在一起；"扩展"阶段包括通过添加竞争对手无法或不会实现的专有扩展来扩展标准；当专有扩展成为事实上的标准时（在本例中，可能是因为微软庞大的用户安装基础），对竞争对手的消灭就实现了，开放规范可以在市场上消失。

事实上，微软的做法非常恶劣，采用了一系列"污染"（Pollute）跨平台 Java 标准的策略，如拒绝合并某些 Java 组件，在 Java 开发工具中集成专有扩展，以及迫使开发人员和硬件原始设备制造商使用 Internet Explorer 和 Windows 特定的 Java 技术等（Gilbert & Katz，2001）。在美国商务部诉微软垄断案中，微软辩称，它只是为 Windows 平台优化了 Java。而微软垄断案的法官裁定，微软的垄断行为与微软辩称的论点不符。

浏览器大战最终表明，从软件分岔（Software Forking）来看，一方寻求保持兼容性，另一方由于利益不对称而降低兼容性，微软和 Netscape/Sun 之间的斗争正好证明了这一点；从兼容性维护上看，虽然微软的垂直包络在分销方面的优势使其赢得了浏览器份额最初的争夺战，但成立于1998年的 W3C 和 Web 标准项目组织（Web Standards Project，WaSP）发布了一系列有影响力的"酸性测试"（Acid Tests），测试了浏览器是否符合 HTML、CSS 和 ECMAscript 等关键标准。

正是在 W3C 和 Web 标准项目组织的帮助下，专有 HTML 分岔的威胁最终得以避免。本案例还说明，像微软这样的平台领导之所以用拥抱—扩展—消灭战略（Embrace – Extend – Extinguish Strategy）来垂直包络一个开放标准，是因为该开放标准威胁到公司在邻近市场的主导地位，但微软强烈的独占欲望，必然引起竞争者的反抗与政府监管机构的反垄断调查。

二、垂直包络产生的条件

垂直包络较少在不同所有者平台上发生。垂直包络一般是平台提供商将平台价值链下游的应用程序的功能集成到核心平台中，以扩展核心平台的本地功能或主场功能，或者是平台提供商将垂直包络作为对互补者应用程序开发失败的对冲行为（Hedging Behavior），由自己来提供该功能。

一般来说，平台提供商很少参与这样的平台包络，因为它表明平台提供商将改变游戏规则和平台赛道，进而阻止平台协同效应的增加。也就是说，核心平台吞噬平台价值链上游或下游原本由平台参与者提供的功能，意味着平台竞争的赛道（Platform Racing）完全变了。对平台提供商而言，既失去了平台协同效应，又面临巨大的不确定性，可能它自己也把握不了未来平台市场的发展趋势。

垂直包络经典的案例是苹果公司进行的垂直包络。2011 年，苹果公司把云存储服务 iCloud 集成到 iOS 移动操作系统中，从而切断了上游合作伙伴的生计业务。此前，苹果 iOS 平台应用程序开发者的云存储服务，都是外包给协同办公 SaaS① 服务公司 Dropbox 等外部服务提供商的。苹果公司通过将 iCloud 引入 iOS 平台，并允许应用程序开发者将云存储能力集成到数千个应用程序中，降低了应用程序开发者的创新成本，大大提高了应用程序开发者的黏性。把云存储服务 iCloud 集成到 iOS 中的服务，在第一年结束时就已有 3 亿用户。从本质上看，这种纵向包络行动通常会威胁到上游合作伙伴的生存，平台所进行的上游包络运动往往风险高、成本高，机会相对较少，只有当垂直整合价值链上游成分可以增加平台的价值和用户黏性时，才能尝试这样做。

平台提供商将应用程序的功能集成到数字化平台中，扩展平台的本地功能，称为下游垂直包络（downstream vertical envelopment）。下游垂直包络往往是一个两难选择，因为它会导致平台提供商与应用程序开发者利益的直接冲突。这样的包络移动可以破坏现有应用程序开发者的商业模式（Evans et al.，2006），并使平台生态系统出现重构。只有当平台提供商认为应用程序市场不可能提供该平台需要的功能时，平台提供商才能够自己开发这种应用程序来填补这个空缺。例

---

① SaaS 是软件即服务（Software as a Service）的缩写，它是云计算中一种重要的商业模式。

如，2012 年，苹果开发并推出了一款地图应用程序，旨在取代谷歌地图（Google Earth Maps），作为对谷歌（Google）包络行为的报复性措施，因为谷歌试图用自己的安卓移动操作系统平台（Android）来包络苹果 iOS 移动操作系统平台。苹果还制定了内部计划，要在谷歌驱动的安卓平台（Android）上发布应用程序。这个事件告诉平台提供商：必须始终意识到，应用程序正在演变为明天的竞争平台。

三、垂直包络的类型

1. 平台竞争者的垂直包络与平台互补者的垂直包络

垂直包络可以细分为平台竞争者的垂直包络和平台互补者的垂直包络两种形式。

（1）平台竞争者的垂直包络是指核心平台通过选择自主开发或收购的平台进入垂直竞争平台的空间，以便为目标市场提供相同的价值主张。这种类型的垂直包络常常采用自我优先的做法，通过限制互操作性等干扰机制来包络垂直平台竞争对手。典型的例子是谷歌搜索和谷歌购物（European Commission，2017；Iacobucci & Ducci，2019）。

在这个电商零售盛行的时代里，各大网络平台巨头都格外重视线上零售端，纷纷推出针对零售的平台或渠道。作为搜索引擎巨头的谷歌（Google），自主开发和推出了谷歌购物平台（Google Shopping）和语音购物（Shopping Actions）[1]、谷歌平台呈现（Surface across Google）[2] 等功能，这意味着谷歌的垂直整合价值链进一步延伸和完善。在谷歌构建新平台——谷歌购物平台这个案例中，谷歌搜索（Google）作为消费者获取在线信息的主要切入点，被用于突出谷歌购物的定位，谷歌购物广告（Google Shopping Ads）的核心内容是谷歌产品上市广告（Product Listing Ads，PLAs），它是以产品为基础的一种谷歌广告系列，广告展示横跨了 Google 搜索结果页和购物页，是 Google AdWords 平台[3]的一部分，是专门针对 to C 端的零售卖家推出的一种广告类型，目的主要是方便消费者在线搜索、比较和购买产品。但是，非常恶劣的是，谷歌搜索在搜索结果中故意贬低竞争对手。根据欧盟委员会的报告，谷歌滥用了谷歌搜索的算法黑匣子，并将其算法纳

---

① Shopping Actions 是谷歌 2018 年 3 月 19 日推出的一项新功能，专门用来服务具有语音购物需求的买家。谷歌此举顺应了当前的电商发展趋势。

② Surface across Google 中文一般称为谷歌平台呈现，是谷歌 2020 年 4 月推出的非广告付费商品，成为谷歌购物商品搜索的主要组成部分，无论商家是否在谷歌上投放广告，都可以免费使用 Surface across Google 来宣传产品，功能包括 Google Images、Google Shopping、Google Lens、Google Search。

③ Google AdWords 是一种通过使用 Google 关键字广告或者 Google 遍布全球的内容联盟网络来推广网站的付费网络推广方式。用户可以选择包括文字、图片及视频在内的多种广告形式。

入搜索标准，故意降级英国比价平台 Foundem 等竞争服务（Manne，2018），因而受到欧盟委员会的反垄断调查。

（2）平台互补者的垂直包络是指在目标平台与核心平台互补的同时，也与新平台展开竞争，核心平台由此进入垂直互补平台的空间，为目标市场提供相同的价值主张。

平台互补者的垂直包络也有两种方式：一种是软包络（Soft Envelopment），指包络方提供了一个新的平台，但不利用其核心平台进行捆绑，核心平台既不干扰互补平台的运作，也不为新平台引流，让新平台独立自主运作（Hermes et al.，2020）。谷歌推出的健康追踪应用开发平台 Google Fit 就是这种核心平台下独立子平台运作的例子（Kang，2017）。另一种是激进式包络（Radical Envelopment），也称为根式包络，指包络者提供一个新的平台，利用其核心平台进行捆绑，核心平台故意为其新平台设置特权，干扰目标平台，并故意阻止目标平台的现象（Hermes et al.，2020）。例如，苹果（Apple）和瑞典音乐流媒体平台声田（Spotify）[①] 之间的竞争就是这种激进式包络（European Parliament，2019）。苹果在其 iPhone 移动操作系统（iOS）上预装苹果音乐（Apple Music），将苹果音乐作为语音解释与识别接口 SIRI[②] 的默认设置，并无视自己的应用商店规则（Spotify，2019），采取了限制声田访问语音解释与识别接口（SIRI）权限的做法。与此同时，苹果利用其应用商店政策拒绝声田 APP 的更新，并利用对其移动操作系统（iOS）的控制来延迟声田对苹果智能手表和智能音箱程序的（Spotify，2019）。这里，苹果是核心平台，苹果音乐是新平台，声田是目标平台。苹果的 iPhone（包括智能手机硬件 iPhone、操作系统 iOS 和应用商店 App Store）可视为一个业务线，即核心平台，而苹果进军音乐流媒体业务则是另一个业务线，即新平台。或许有人认为苹果是横向整合，只使用一个业务线（智能手机 iPhone）分销和销售另一个横向业务线（音乐流媒体），这种说法也并不是没有道理，只不过是每个人站的角度不同而已。

应当看到，包括软包络与激进式包络在内的平台互补者垂直包络，都是平台所有者对新平台的进入威胁。不可否认，垂直包络会引起强势的平台所有者与新

---

① 声田（Spotify）是一个正版流媒体音乐服务平台，2008 年 10 月在瑞典首都斯德哥尔摩正式上线。声田得到了华纳音乐（Warner Music）、索尼（Sony）、百代音乐（EMI Music Publishing）等全球几大唱片公司的支持，其所提供的音乐都是正版的。声田除了提供在线收听，还支持下载。这款软件不仅可以在电脑上使用，也可以在手机上使用。截止到 2015 年 1 月，声田已经拥有超过 6000 万的用户，其中 1500 万为付费用户。

② SIRI 是 Speech Interpretation & Recognition Interface 的缩写，原义为语音解释与识别接口，是苹果公司在 iPhone、iPad、iPod Touch、HomePod 等产品上应用的一个语音助手，利用 SIRI 用户可以通过手机读短信、介绍餐厅、询问天气、语音设置闹钟等。

进入者的利益冲突，平台所有者总是会利用自己的市场地位进行垄断。例如，作为平台所有者的亚马逊（Amazon），拥有核心平台亚马逊网上市场（Amazon Marketplace）并参与平台市场产品经营，谷歌（Google）拥有核心平台通用搜索并参与专业搜索，苹果（Apple）拥有自己的移动操作系统（iOS）、应用商店（Apple App Store），并深度参与自己的生态系统，阿里巴巴（Alibaba）拥有淘宝（Taobao）、天猫（Tmall）、支付宝（Alipay）并深度参与自己的新零售平台。这些垂直包络造成的紧张关系，往往涉及垄断与自由竞争行为之间的冲突，无论是在核心平台与目标公司之间，还是在核心平台与新实体之间。

2. 实物产品的垂直包络和数字服务的垂直包络

垂直包络不仅包括数字化平台被包络的形式，还存在实物产品和数字服务包络的形式（Hermes et al.，2020）。

（1）实物产品的包络（Envelopment of Physical Products）是指数字化交易型平台进入互补品提供商的互补品空间，与互补品提供商短兵相接，展开直接竞争并取代互补品提供商的现象。这种情况的表现形式是，交易型平台在自己的市场上转售互补品提供商的实物产品，交易型平台提供商既是裁判也是运动员。这种形式的实物产品包络允许包络商利用来自供给端的规模经济，为消费者获得更高的消费者剩余（Consumer Surplus）或更低的成本提供了可能（Zhu & Liu，2018）。例如，亚马逊在其网上购物平台上使用与独立卖家（大多数是微商）的标准协议，来收集和分析他们的交易数据（European Commission，2019）。这使亚马逊能够识别出热销产品，然后进而通过委托加工和 OEM 方式对这些产品进行复制，推出亚马逊自己的竞争性产品，并利用其网上购物平台和自身对市场的控制，包络独立卖家的产品空间（European Commission，2019；Zhu & Liu，2018），推广这些产品，给竞争对手降级。由于亚马逊网上购物平台是全球较大的电商平台之一，可以销售大量的产品，这就增强了亚马逊与委托加工和 OEM 生产商讨价还价的能力（Foerderer et al.，2018）。其讨价还价能力的增强，使亚马逊可以以更低的成本销售这些产品，从而超越平台上的独立卖家或产品互补者，进一步加强其市场支配地位。因此，亚马逊这种实物产品包络的垄断行为，受到了欧盟委员会的监管审查和美国国会众议院司法委员会的反垄断调查。

（2）数字服务的包络（Envelopment of Digital Services）是指包络者的一个数字创新平台进入其生态系统，将其互补者已经提供的现有数字服务包络起来的现象。这样，新的数字创新平台就提供了以前由其互补者单独提供的服务。这种形式的垂直包络，目标是与传统的平台包络类型互补。这种形式的平台包络，允许包络者利用新的数据流来提高其竞争力。

例如，2015 年 5 月 29 日，谷歌公司发布了其照片应用程序谷歌照片

（Google Photos）。谷歌表示，Google Photos 能够帮用户解决"杂乱照片如何管理"这个令人头疼的问题，它拥有自动分类、自动备份、便捷分享等功能。Google Photos 应用能够按照时间、地点和图片内容等自动对图片进行分类，而且私密图片还能得到隔离处理。通过机器学习，Google Photos 甚至能够识别出出生四年之内的同一个小孩的图片，并进行归类。此外，Google Photos 应用中还引入了照片助理（Photos Assistant）的功能，可制作简单的 GIF 动态图，这显然是受大家欢迎的（Foerderer et al. , 2018）。

四、平台集团内部互补平台包络

巨型互联网科技公司往往采用平台集团（Platform Conglomerate）内部互补平台包络的形式，这种包络形式也属于垂直包络或纵向包络（Foerderer et al. , 2018；Kang, 2017；Li & Agarwal, 2016；Wen & Zhu, 2019），主要分为内部开发与收购（Li & Agarwal, 2016）和互补者包络（Zhu & Liu, 2018）两种方式。

平台集团内部的互补平台包络（Complementary Platform Envelopment）是指平台所有者通过自己开发应用程序（平台）或收购第三方应用程序（平台）进入其平台生态系统，从而直接与其竞争对手展开竞争。

例如，谷歌在安卓（Android）上发布 Google Fit 和互补健康跟踪应用程序之间的合作动态，并将这种平台内包络定义为"平台所有者发布与平台互补者已经提供的产品功能重叠的产品的行为"（Kang，2017），这种方式就属于互补者包络（Complementor Envelopment）。

又如，脸书收购和整合 Instagram 就属于内部开发与收购（Internal Development and Acquisition Mode），这次收购和整合对互补平台市场产生了巨大的影响，并揭示出平台内包络的权衡：一方面可以提高核心平台与新平台的集成效率；另一方面，平台内包络并不鼓励第三方为平台生态系统做出贡献，因为第三方担心平台所有者会攫取他们的经济租金（Li & Agarwal，2016）。

再如，2018 年 4 月，阿里巴巴联合蚂蚁金服以 95 亿美元全资收购餐饮外卖平台饿了么，也属于内部开发与收购。饿了么自此成为阿里巴巴阵营的一员，饿了么全面汇入阿里巴巴推进的新零售战略。阿里巴巴并非要在餐饮外卖平台市场这个主场市场上让饿了么与美团外卖拼个你死我活，而是要实施内部垂直包络，推进阿里巴巴新零售战略中的垂直整合价值链（Vertical Integration Value Chain），利用饿了么这个平台来包络同城生活服务类业务这个相邻平台市场。

平台集团内部互补平台包络表明，平台所有者利用核心平台和新平台的协同效应来包络产生超级附加值（Super Additive）和超模价值（Super – modular Value），（Jacobides et al. , 2018；Schreieck et al. , 2019）。因此，在互补平台包络之后，多平台捆绑（Multi-platform Bundle）的价值大于各个组成平台的价值之和（Hermes et al.，2020）。这些交互作用不仅增加了消费者的效用与价值，还使平台可以收集大量数据，能够跨业务线利用这些数据集，进一步扩大其竞争优势（Khan，2016；Van Dijck et al.，2019）。

近年来，苹果（Apple）、谷歌（Google）、亚马逊（Amazon）、脸书（Facebook）和阿里巴巴（Alibaba）、腾讯（Tencent）、百度（Baidu）等互联网科技巨头构建了若干个数字化平台，形成了一个个虚拟垂直整合价值链（Virtual Vertical Integration Value Chain），成为了以平台集团伞型组织结构形式（Umbrella Organizational Structure）垂直包络平台格局。

这种垂直包络为平台提供了获取互补者和竞争对手经济租金的可能性，提高了平台集成效率（Li & Agarwal，2016），创造了超级附加值和超模价值（Jacobides et al.，2018；Schreieck et al.，2019），并控制了平台市场的演化。这些互联网科技巨头利用垂直包络，使越来越多的平台所有者向数字化平台聚集。平台集团不仅能从网络效应和赢家通吃的动态竞争中获利，还能从自我强化的数据反馈循环中获利，这意味着这些互联网科技巨头可以利用来自一个平台的数据来改进另一个平台，或构建一个更优越的平台（Hermes et al.，2020）。这种平台集团竞争优势（Platform Conglomerate Advantages）使平台所有者能够在核心平台上维持其市场主导地位，并轻松建立新的主导平台（Dominant Platform），以利用更多数据，并加强数据反馈循环（Khan，2016；van Dijck et al.，2019）。

应当指出，平台集团内部的互补平台包络，导致传统厂商组织以及没有从这些优势中获利的初创数字化平台在进行数字化转型或平台启动时，缺乏关键的消费者、市场知识和大数据集（Big Data Set），无法利用人工智能（AI）等新技术。因此，平台集团的垄断性竞争优势阻碍了新进入者的市场进入，造成了巨大的市场进入壁垒，增加了私人资本垄断权力的集中度，限制了有效竞争和创新。这就是欧盟委员会（European Commission）在2017年、美国国会众议院司法委员会（Judiciary Committee）和中国政府在2020年相继出台政策，要对这些互联网科技巨头的平台集团进行反垄断调查的重要原因。

从平台反垄断的视角看，各国政府所采用的反垄断措施，应针对垂直包络的不同类型，制定不同的平台反垄断政策，以达到保护初创数字化平台、鼓励竞争与创新的目标，最终使用户效用与消费者剩余最大化。

第五节　平台包络与反包络决策

对平台提供商而言，做出平台包络的决策可能出于对增加用户效用和价值创造的考虑，平台包络可以通过超附加或超模块化互补功能实现这一目标（Eisenmann et al.，2011）。然而，如果仅将增加用户效用与消费者剩余作为战略选择的激励因素，而不考虑多平台市场的竞争态势，将会出现严重的决策失误。

一般来说，在位平台提供商做出平台包络决策，需要考虑以下几个方面的问题：

（1）在位平台提供商是否已经做好了实质性的包络准备，这些准备包括且不限于：平台提供商是否具有替代邻近平台市场的产品，且这些产品是否可以与本平台的主场产品兼容，能够实现全覆盖的封装。一旦实施平台包络战略，在位平台提供商应当尽快在邻近平台市场上站稳脚跟。

（2）在位平台提供商如果没有替代邻近平台市场的产品，或者有但达不到替代邻近平台市场的产品功能，就应当考虑是否进行软件外包，采用委托其他软件厂商开发的 OEM 合作方式。即平台提供商将某种应用程序开发任务通过外包合同订购的方式委托给其他软件厂商开发，再将所订产品的知识产权买断，并将其直接封装进自己的平台。如果不能将委托给其他软件厂商开发的产品的知识产权买断，至少也应当实现该知识产权的共享。

（3）在位平台提供商需要考虑，两个相邻平台有无明显的规模优势，平台提供商有无可能更主动地进入邻近的平台市场。在位平台提供商的包络移动，有无可能引发邻近平台的报复。这需要评估实施平台包络决策，会在多大程度上引起被包络平台的报复，且这个报复性行为会对自己造成什么样的影响和伤害。在现实经济生活中，如果平台提供商已经认识到邻近市场的包络机会，那么这个相邻市场的平台可能也会意识到这个机会。

（4）为了对付被包络平台的报复威胁和可能的报复行为，在位平台提供商在实施平台包络战略前，必须认真评估包络后自己能否在邻近平台市场上站稳脚跟；自身对被包络平台可能的报复行为做出反应的可能性（Fuentelsaz & Gomez，2006；Gimeno，1999；Jayachandran et al.，1999）；被包络平台的报复性行动是针对平台包络者的核心市场，还是针对平台包络者"邻近的"市场。

（5）平台包络的目的是增加用户效用、消费者剩余和价值创造，这需要通过间接网络效应的增强来实现，平台包络者需要对竞争的时间和空间进行估计，在"市场竞争"中迅速行动，包括建立和激活用户、重构平台生态系统等需要的时间和付出的努力。因此，平台包络者必须明确，由于间接网络效应，平台包络既可增强用户效用，也会加剧多平台市场的竞争。这种新形势下的竞争意味着诸如低于成本的定价和完全开放的平台战略导致的"赢家通吃"的竞争游戏，将不复存在，平台包络引起的多平台市场的竞争，会推动平台市场竞争的加速和螺旋式上升。

（6）平台包络者必须注意，对邻近市场的报复性包络不仅会使有意包络邻近市场的平台包络者产生连锁反应，而且可能会使第三方平台产生连锁反应，而第三方平台的主场市场就在邻近市场。

苹果与声田的平台包络与反包络的竞争

苹果音乐是 2001 年从苹果影音管理软件 iTunes 等媒体内容界面开始的。在 iTunes 10 软件推出之前，iTunes 商店的音乐下载量已达 117 亿首，登记信用卡并有过使用记录的账户数量高达 1.6 亿个。2010 年 9 月 2 日，苹果推出基于音乐的社交网络媒体 Ping，并将其直接整合进新版 iTunes 10 软件。Ping 作为基于 iTunes 的音乐社交网络，方便用户与朋友、自己喜欢的艺术家交流讨论他们喜欢的音乐。Ping 的界面看起来很简洁，有过使用记录的 1.6 亿个 iTunes 的用户成为 Ping 音乐社交网络的初始会员，这个天棚用户的影响力绝对不容忽视。Ping 还可通过现有的 iTunes 店给 MAC 电脑、iPhone 和 iPod Touch[①] 用户提供服务。史蒂夫·乔布斯（Steve Jobs）称："这是针对社交性音乐搜索的。在 Ping 上你可以追随他人，也可以被他人所追随。"事实上，iTunes 10 在基本功能的更新上乏善可陈，除了曲库界面的变化，以及 AirTunes 功能更名升级、支持无线连接部分品牌专用音箱进行远程播放的新 AirPlay 功能外，几乎就是对应 iPod 新品的例行升级。

与此同时，苹果封杀音乐流媒体平台声田（Spotify）。苹果在过去就多次拒绝声田在苹果应用商店（Apple App Store）中的更新（Kafka, 2016），直到 2019 年，苹果才授予声田访问语音解释与识别接口 SIRI 的权限，而声田认为 SIRI 是

---

① iPod Touch 是一款由苹果公司推出的便携式移动产品，属于 iPod 系列的分支。iPod Touch 能够使用几乎所有的 iOS 应用程序，除了不能打电话，基本上它就是一部 iPhone。2019 年，美国顶级科技媒体 PhoneArena 就 iPod Touch 面向的人群进行了详细的分析。PhoneArena 认为，iPod Touch 主要的消费群体可能是安卓用户、苹果老用户、儿童和老年人。对于安卓用户来说，iPhone 的产品定价太高，而 iPod Touch 除了不能打电话，它能够使用几乎所有的 iOS 应用程序，而且安卓用户可以使用安卓手机打电话，因此，iPod Touch 对于安卓用户来说是 iPhone 的平价替代品。对于苹果老用户来说，目前的 iPhone 手机并不支持分屏功能，因此一部额外的 iPod Touch 可以满足使用需求。对于儿童和老年人来说，他们容易被欺诈电话欺骗、敲诈，因此一部不能打电话，却拥有手机其他的功能，价格还便宜的 iPod Touch 无疑是十分适合他们的。

联系客户的关键接口（Spotify，2019）。

为了避开竞争威胁和反击苹果平台包络的垄断行为，音乐流媒体平台声田与第三方平台脸书进行了合作，将同样使用这一音乐流媒体平台的脸书发烧友联系起来。脸书的策略是为合作公司提供一个社交网络服务平台，合作公司包括视频点播提供商奈飞（Netflix）和音乐订阅提供商声田（Spotify）。

就音乐订阅模式进行比较，苹果的 iTunes 使用的是付费下载模式，声田提供的是免费和付费两种服务模式，声田在提供免费服务时将插播一定的广告，付费服务则没有广告。声田音乐操作流畅、使用方式更加简便，可选择曲目也比苹果多出不少，且拥有更好的音质。尽管如此，苹果仍然阻止声田作为默认音乐播放器（Spotify，2019）。由于苹果对音乐流媒体平台声田的歧视和苹果音乐对声田的不公平竞争优势，苹果公司在 2019 年受到欧洲议会的反垄断调查（European Parliament，2019）。

应当指出的是，这起平台包络行为直接导致了音乐流媒体平台市场竞争的加速和螺旋式上升。竞争的结果是，在 2019 年 5 月 31 日苹果关闭了 iTunes，并将该页面迁移到脸书的 Apple TV 页面上，不仅包括原页面的所有内容，还包括近 3000 万个"点赞"，以及最初 2009 年 4 月 29 日的创建日期。iTunes 将被 macOS① 下一个主要版本的独立音乐、电视和播客应用程序所取代。2019 年苹果开发者大会上发布了这款操作系统。

第六节　本章小结

事实上，包括平台包络在内的所有平台商业模式创新和平台战略，都是受创造价值和增加用户效用这两个战略维度驱动的，这两个维度的交互作用最终都指向平台市场的核心要素：间接网络效应。而获取间接网络效应主要有两种方法：一是平台所有者或平台提供商在单一核心平台市场中采用平台开放战略和定价战略来获取这种间接网络效应，在其"主场市场"创造价值和获取价值；二是平台所有者或平台提供商进入具有重叠用户基础和使用类似组件的相邻平台市场（Eisenmann et al.，2011），实施平台包络，在包括平台本身的主场平台市场和相

---

① macOS 是一套由苹果开发的运行于 Macintosh 系列电脑上的操作系统。macOS 是首个成功运行在商用领域的图形用户界面操作系统。macOS 是基于 XNU 混合内核的图形化操作系统，一般情况下在普通 PC 上无法安装。网络上也有可在 PC 上运行的 macOS（Hackintosh）。另外，由于 macOS 的架构与 Windows 不同，所以很少受到电脑病毒的袭击。macOS 操作系统的界面非常独特，突出了形象的图标和人机对话。

邻平台市场在内的多平台市场中创造价值和获取价值。

创造价值和增加用户效用这两个战略维度的相互作用，导致和推动了平台所有者或平台提供商在邻近市场的平行包络运动，这些平行包络将导致市场边界的侵蚀和多平台市场或超平台市场的建立。在这个多平台市场上，平台之间的竞争、合作和创新，创造了多样化的商业模式与创造价值和获取价值的方式。因此，平台竞争的驱动力已经从单一核心平台市场中获取间接网络效应的赢家通吃的平台竞争逻辑，转变为在多平台市场上的"切蛋糕而不烤蛋糕"的平台竞争逻辑。

理论研究与平台经营实践已经表明，平台包络作为一种特殊的商业模式创新形式，对超平台市场的形成具有重大影响。平台包络引起平台市场边界的变化，导致多平台市场或超平台市场的出现，而商业模式的扩散和变化则是平台市场边界变化的结果。这种平台市场演变结果对平台生态系统的价值创造和价值获取产生了巨大的影响，反映了平台所有者或平台提供商针对不断发展的平台生态系统商业模式而进行的竞争性战略的变革与多平台市场对这种竞争行为反馈之间的动态关系（Visnjic & Cenammo，2013），从而有助于我们了解平台移动如何导致现有产业的解体和新产业架构的重新定义（Jacobides et al.，2006）。本章的一个重要贡献是通过对平台水平包络与平台垂直包络商业模式的分析，提供了互联网平台垄断模式认定的原理与案例，为互联网平台反垄断提供了理论与案例的政策支持。

需要指出的是，最近的研究表明，平台包络因垄断的原因可能减少创新，提高产品或服务价格，并将创新转移到新的应用程序上（Wen & Zhu，2019），但问题是没有任何证据表明整个社会的福利收益大于福利损失，也无法证明平台包络会导致消费者剩余的减少。从这个意义上看，对平台包络这种敌对性竞争战略的评价，还有待进一步研究。

参考文献

［1］Amit，R.，Zott，C.（2001）Value creation in e – business. *Strategic Management Journal*，22（4）：493 – 520.

［2］Boudreau，K.（2010）Open platform strategies and innovation：Granting access versus devolving control. *Management Science*，56（10）：1849 – 1872.

［3］Bower，J. L.，Christensen，C. M.（1995）Disruptive technologies：Catching the wave. *Harvard Business Review*，73（1）：43 – 53.

［4］Bresnahan，T. F.，P. – L. Yin.（2007）Standard setting in markets：The browser war. In S. Greenstein，V. Stango（Eds.），*Standards and Public Policy*. Cambridge, UK: Cambridge University Press. Chapter 1: 18 – 59.

[5] Caillaud, B., Jullien, B. (2003) Chicken & egg: Competition among inter-mediation service providers. *RAND Journal of Economics*, 34 (2): 309 – 328.

[6] Casadesus – Masanell, R., Ricart, J. E. (2010) From strategy to business models and onto tactics. *Long Range Planning*, 43 (2): 195 – 215.

[7] Cennamo, C., Santalo, J. (2013) Platform competition: Strategic trade – offs in platform markets. *Strategic Management Journal*, 34 (11): 1331 – 1350.

[8] Cennamo, C. (2019) Competing in digital markets: A platform – based per-spective. *Academy of Management Perspectives*, DOI: 10. 5465/amp. 2016. 0048.

[9] Chen, M. J. (1996) Competitor analysis and interfirm rivalry: Toward a theoretical integration. *Academy of Management Review*, 21 (1): 100 – 134.

[10] Clements, M. T., Ohashi, H. (2005) Indirect network effects and the product cycle: Video games in the U. S. 1994 – 2002. *Journal of Industrial Economics*, 53 (4): 515 – 542.

[11] Clemons, E. K., Krcmar, H., Hermes, S., Choi, J. (2019) American domination of the net: A preliminary ethnographic exploration of causes. Economic Implications for Europe, and Future Prospects. Proceedings of the 52nd Hawaii International Conference on System Sciences, Hawaii, USA.

[12] Condorelli, C., Padilla, J. (2020) Harnessing platform envelopment in the digital world. *Journal of Competition Law & Economics*, 16 (2): 143 – 187.

[13] Eisenmann, T., Parker, G., Van Alstyne, M. W. (2011) Platform envel-opment. *Strategic Management Journal*, 32 (12): 1270 – 1285.

[14] Eisenmann, T. R., Parker, G., Van Alstyne, M. W. (2006) Strategies for two – sided markets. *Harvard Business Review*, 85 (10): 92 – 101.

[15] European, Commission. (2017) Antitrust: Commission Fines Google 2. 42 Billion for Abusing Dominance as Search Engine by Giving Illegal Advantage to Own Comparison Shopping Service. Retrieved 01. 05. , 2019, from http: //europa. eu/rap-id/press – release_ IP – 17 – 1784_ en. htm.

[16] European, Commission. (2019) Antitrust: Commission Opens Investigation into Possible Anti – Competitive Conduct of Amazon. Retrieved 23. 10. , 2019, from ht-tps: //europa. eu/rapid/press – release_ IP – 19 – 4291_ en. htm.

[17] European, Parliament. (2019) Official Complaint by Spotify against Apple for Discrimination and Apple Music's Unfair Advantage over Spotify: The Power of Dig-ital Platforms. Retrieved 19. 02. , 2020, from https: //www. europarl. europa. eu/do-

ceo/document/E – 9 – 2019 – 002996_ EN. html.

[18] Evans, D. S. , Schmalensee, R. (2007) *Catalyst code: The Strategies behind the world's most dynamic companies.* Boston, MA: Harvard Business School Press.

[19] Evans, D. S. , Hagiu, A. & Schmalensee, R. (2006) *Invisible engines: How software platforms drive innovation and transform industries.* Cambridge, Massachusetts: MIT Press.

[20] Foerderer, J. , Kude, T. , Mithas, S. , Heinzl, A. (2018) Does platform owner's entry crowd out innovation? Evidence from Google Photos. *Information Systems Research*, 29 (2): 444 – 460.

[21] Fuentelsaz, L. , Gomez, J. (2006) Multipoint competition, strategic similarity and entry into geographic markets. *Strategic Management Journal*, 27 (4): 477 – 499.

[22] Gawer A. *Platform, markets and innovation.* Cheltenham: Edward Elgar.

[23] Gawer, A. (2015) What drives shifts in platform boundaries: An organizational perspective. *Academy of Management Proceedings*, (1): 13765.

[24] Gawer, A. , Cusumano M. A. (2002) *Platform leadership: How Intel, Microsoft, and Cisco drive industry innovation.* Boston, MA: Harvard Business Publishing.

[25] Gilbert, R. J. , M. L. Katz. (2001) An economist's guide to US v. Microsoft. *Journal of Economic Perspectives*, 15 (2): 25 – 44.

[26] Gimeno, J. , Woo, C. (1999) Multimarket contact, economies of scope, and firm performance. *Academy of Management Journal*, 42 (2): 239 – 259.

[27] Gimeno, J. (1999) Reciprocal threats in multimarket rivalry: Staking out "spheres of influence" in the US airline industry. *Strategic Management Journal*, 20 (2): 101 – 128.

[28] Hagiu, A. (2009) Two – sided platforms: Product variety and pricing structures. *Journal of Economics and Management Strategy*, 18 (5): 1011 – 1043.

[29] Hermes, S. , Kaufmann – Ludwig, J. , Schreieck, M. , Weking, J. , Böhm, M. (2020) A Taxonomy of Platform Envelopment: Revealing Patterns and Particularities. 26th Americas Conference on Information Systems, 14 May.

[30] Iacobucci, E. , Ducci, F. (2019) The Google search case in Europe: Tying and the single monopoly profit theorem in two – sided markets. *European Journal of Law and Economics*, 47 (1): 15 – 42.

[31] Jacobides, M. G. , Knudsen, T. , Augier, M. (2006) Benefiting from in-

novation: Value creation, value Appropriation and the role of industry architectures. *Research Policy*, 35 (8): 1200 – 1221.

[32] Jacobides, M. G. , Cennamo, C. , Gawer, A. (2018) Towards a theory of ecosystems. *Strategic Management Journal*, 39 (8): 2255 – 2276.

[33] Jayachandran, S. , Gimeno, J. , Varadarajan, P. R. (1999) Theory of multimarket competition: A synthesis and implications for marketing strategy. *Journal of Marketing*, 63 (3): 49.

[34] Kafka, P. (2016) *Spotify says Apple won't approve a new version of its App because it doesn't want competition for Apple music*. Retrieved 19.02. , 2020, from https: //www. vox. com/2016/6/30/12067578/spotify – apple – appstore – rejection.

[35] Kamepalli, S. K. , Rajan, R. G. , Zingales, L. (2020) Kill Zone. University of Chicago, Becker Friedman Institute for Economics Working Paper (2020 – 19) .

[36] Kang, H. Y. (2017) Intra – platform envelopment: The coopetitive dynamics between the platform owner and complementors. Academy of Management Proceedings.

[37] Khan, L. (2016) Amazon's antitrust paradox. *Yale Law Journal*, 126 (3): 710 – 805.

[38] Li, Z. , Agarwal, A. (2016) Platform integration and demand spillovers in complementary markets: Evidence from Facebook's integration of Instagram. *Management Science*, 63 (10): 3438 – 3458.

[39] Manne, G. A. (2018) The real reason Foundem foundered. ICLE Antitrust & Consumer Protection Research Program, White Paper (2018 – 02) .

[40] Milgrom, P. , Roberts, J. (1995) Complementarities and fit: Strategy, structure, and organizational – change in manufacturing. *Journal of Accounting & Economics*, 19 (2/3): 179 – 208.

[41] Moore, M. , Tambini, D. (2018) *Digital dominance: The power of Google, Amazon, Facebook, and Apple*. Oxford: Oxford University Press.

[42] Parker, G. G. , Van Alstyne, M. W. (2000) Internetwork externalities and free information goods. In proceedings of Second ACM conference Electronic Commerce, Association for Computing Machinery, 107 – 116.

[43] Parker, G. G. , Van Alstyne, M. W. (2000) Information complements, substitutes, and strategic product design. In proceedings of the twenty first international conference on information systems, Association for Information Systems, 13 – 15.

[44] Parker, G. G. , Van Alstyne, M. W. (2005) Two – sided network effects:

A theory of information product design. *Management Science*, 51 (10): 1494 – 1504.

[45] Pisano, G. P. , Teece, D. J. (2007) How to capture value from innovation: shaping intellectual property and industry architecture. *California Management Review*, 50 (1): 278 – 296.

[46] Porter, M. E. (1980) *Competitive strategy: Techniques for analyzing industries and competitors*. Boston, Massachusetts: Harvard Business Press.

[47] Rochet, J. C. , Tirole, J. (2006) Two – sided markets: A progress report. *Rand Journal of Economics*, 37 (3): 645 – 667.

[48] Rysman, M. (2009) The economics of two – sided markets. *Journal of Economic Perspectives*, 23 (3): 125 – 143.

[49] Schilling, M. A. (2002) Technology success and failure in winner – take – all markets: The impact of learning orientation, timing and network externalities. *Academy of Management Journal*, 45 (2): 387 – 398.

[50] Schreieck, M. , Clemons, E. K. , Wiesche, M. , Krcmar, H. (2019) Competing with giant platform operators: An analysis of which traditional manufacturing companies are at risk from strategic dependence on other companies' platforms in the emerging era of the internet of things. In *Platform Strategy Research Symposium*. Boston, USA.

[51] Sheremata W. A. (2004) Competing through innovation in network markets: Strategies for challengers. *Academy of Management Review*, 29 (3): 359 – 377.

[52] Smith, K. , Ferrier, W. , Ndofor, H. (2001) Competitive dynamics research: Critique and future directions. In M. Hitt, R. Freeman, J. Harrison (Eds.), *The Blackwell Handbook of Strategic Management*, London: Blackwell Publishers.

[53] Spotify. (2019) *Time to Play Fair*. Retrieved 19. 02. , 2020, from https: //timetoplayfair. com/timeline/.

[54] Suarez, F. F. , Kirtley, J. (2012) Dethroning an established platform. *MIT Sloan Management Review*, 53 (4): 35 – 41.

[55] The Economist. (2012) A game of thrones. December 1, 23 – 26.

[56] Tushman, M. L. , Anderson, P. (1986) Technological discontinuities and organizational environments. *Administrative Science Quarterly*, 31 (3): 439 – 465.

[57] Van Dijck, J. , Nieborg, D. , Poell, T. (2019) Reframing platform power. *Internet Policy Review*, 8 (2): 1 – 18.

[58] Visnjic, I. , Cenammo, C. (2013) The gang of four: acquaintances, friends or foes? Towards an integrated perspective on platform competition. *SSRN Elec-*

tronic Journal, DOI：10. 2139/ssrn. 2264869.

［59］Wen, W. , Zhu, F. （2019）Threat of platform – owner entry and complementor responses：Evidence from the mobile App market. *Strategic Management Journal*, 40 （9）：1336 – 1367.

［60］Williamson, P. , De Meyer, A. （2012）Ecosystem advantage：How to successfully harness the power of partners. *California Management Review*, 55 （1）：24 – 46.

［61］Wu, T. （2018）*The curse of bigness：Antitrust in the new gilded age.* New York：Columbia Global Reports.

［62］Yoffie, D. B. , Kwak, M. （2006）With friends like these：the art of managing complementors. *Harvard Business Review*, 84 （9）：88 – 98.

［63］Zhu, F. , Liu, Q. （2018）Competing with complementors：An empirical look at Amazon. com. *Strategic Management Journal*, 39 （10）：2618 – 2642.

［64］Zook, C. , Allen, J. （2003）Growth outside the core. *Harvard Business Review*, 81 （12）：2 – 9.

［65］Zuboff, S. （2019）*The Age of Surveillance Capitalism：The Fight for a Human Future at the New Frontier of Power.* New York：PublicAffairs.

第八章　平台分岔战略

分岔、碎片化与分裂是软件或平台系统不兼容的一种状态，它们既可能是战术级的不兼容，也可能是战略级的不兼容。在实践中，软件与平台的持续不兼容、平台间竞争和标准扩散，都可能在具有网络效应的市场中导致分岔、碎片化和分裂现象。现实经济生活已经表明，平台市场并非是平台经济学论述的那样，它是会向主导平台或标准"倾斜"的市场，赢家通吃的竞争逻辑在许多平台市场上并不总是有效的。战略管理理论所宣称的差异性就是竞争力（Difference Is Competitiveness），在平台市场中就演变成为不兼容性，也就是竞争力，而分岔、碎片化和分裂正是持续不兼容的结果。

作为平台市场中的一种分裂机制的分岔（Fork），通常出现在开放式数字化平台（Openness Digital Platform，ODP）领域。分岔意味着开放创新背景下合作的失败，这是一个实践性和战略性的研究课题。

数字化平台可以通过两种方式开放，以促进创新和价值创造。平台所有者可以通过建立边界资源（如 API 和应用商店）为第三方参与者开放访问，以便为平台开发和共享补充。此外，为了促进与互补者的合作，平台所有者可以开源许可边界资源来与之共享平台的核心资源。然而，过于广泛的平台开放性，较易使平台及其共享资源受到其他数字化平台公司的战略利用。平台分岔战略（Platform Forking Strategy）就是一个数字化平台有效地利用另外的开放式数字化平台（或平台宿主）及其共享资源的显著战略突击行为。在这种战略行为中，一个竞争性和敌对性的数字化平台公司，即平台分岔者（Platform Forker）绕过开放式数字化平台宿主控制的边界资源，利用平台的共享资源、核心资源和互补资源，创建一个相互竞争的平台业务。

事实上，在谷歌成功构建开放式数字化平台——谷歌安卓平台（Google Android）之后，一些数字化平台公司围绕着安卓平台进行了一系列开发性利用活动，出现了平台分岔这种具有敌对性、竞争性和开发性的平台战略。这些平台战略说明了从平台宿主、平台分岔者和其他资源捆绑平台分岔的替代方法，以及平台宿主的回应。这些回应修改了开放式数字化平台的边界资源，可遏制平台攻击并保留控制权。

本章所研究的分岔、碎片化与分裂这些软件或平台系统不兼容的状态，虽是具有网络效应的市场中的一种普遍情况，但在很大程度上是开放式数字化平台所独有的现象。

第一节　平台的开放性与平台分岔

平台分岔（Platform Forking）是一种相对较新的平台竞争战略，在很大程度上是开放式数字化平台所独有的。自谷歌安卓（Google Android）等开放式数字化平台（ODP）出现以来，这种情况已经屡见不鲜。具体地说，平台分岔是一种平台级的开发性、竞争性和敌对性的平台战略，其中分岔者直接利用平台宿主（Platform Host）的共享资源，而平台分岔现象的出现与开放式数字化平台的开放性直接相关。

一、平台开放性形式与共享资源

数字化平台可以通过接入开放和资源开放两种形式，促进创新和价值创造（Boudreau, 2010）。这两种开放形式在平台宿主和其他平台参与者之间，创建了两种不同类型的平台共享资源。

接入开放（Access Openness）也称为访问开放，是指通过向外部互补者提供与平台交互的专用资源，授予其在平台上参与和开展业务的权限。例如，平台宿主可以提供应用程序编程接口（API），通过建立边界资源（Ghazawneh & Henfridsson, 2013）向第三方参与者或互补者授予访问权限，允许外部应用程序开发人员在平台上创建新的应用程序。例如，开放应用程序编程接口（API）和应用商店（App Store），允许互补者为平台开发互补，这些互补者随后可以提交要在平台上运行的互补品（如应用程序）。这里接入是指参与的接入，正是因为对互补者参与的接入，互补品才成为平台的第一种共享资源，体现为可以在平台上共享以供分发。互补品之所以能够共享以供分发，是因为互补者授予平台宿主"拥有"和分发应用程序的受限权利，同时和平台共同拥有该应用程序的知识产权。

接入开放的基本原理是在平台生态系统内激发创新，并诱导互补者利用数字化平台创造附加价值，从而产生积极的间接网络效应（Parker & Van Alstyne, 2005；Rochet & Tirole, 2003）。在接入开放中，平台宿主可以通过收入分享（如销售或服务使用的百分比）或其他机制（如销售应用程序内的广告）获取部分创造价值。这种接入开放也可以单独开放给每个参与组（Karhu et al.，2014）。例如，在智能手机平台上，平台宿主除了授予开发者访问权限，还可以单独授予第三方应用商店提供商访问权限。为了接入开放，平台宿主可以创建从技术到管理的多个接口（Baldwin & Woodard，2008；Farrell & Saloner，1992；West & O'Mahony，2008）。例如，除了 API，安卓平台还包含一个硬件抽象层（Hardware Abstraction Layer，HAL）接口，用于集成设备互补。

资源开放（Resource Openness）是指平台宿主通过主动放弃平台资源的知识产权，来开放平台的宝贵资源。美国南加州大学教授 Barnett（2011）将这种形式的资源开放称为战略没收（Strategic Forfeiture）。研究发现，平台宿主认为通过主动放弃相关知识产权（Related IPR）来开放平台的核心资源，是有价值的（Boudreau，2010；West & Gallagher，2006）。在实践中，战略没收表现为平台宿主为了促进与互补者的合作，主动开放平台源代码，与第三方互补者共同拥有边界资源来打开其核心平台资源（West，2003）。因此，资源开放创造了在开放式数字化平台上共享知识产权的第二种共享资源，这种共享资源就是平台宿主开放平台的代码库，与第三方互补者共同拥有平台资源的知识产权。在这里，平台宿主通过使用开放源代码许可等方式，主动放弃平台核心资源的知识产权，同时保留对平台其他部分的控制权，以收回开发平台核心资源的成本。例如，2007 年，谷歌在开放源代码项目（Android Open – Source Project，AOSP）① 下开放了 Android 平台的核心开源软件。与此相一致，谷歌在安卓生态系统中的收入大部分来自于其搜索引擎、YouTube 和其他谷歌服务提供的广告。

平台开放的两种形式在平台宿主和其他平台参与者之间创建了两种不同类型的共享资源。这两种形式并不相互排斥，可以组合使用，并以不同的方式用于不同的参与者群体。

二、平台分岔与对共享资源的单方面剥削性利用

所谓的平台分岔，是指在开放式数字化平台中，平台分岔者的敌对公司（Hostile Firm），绕过平台宿主（Platform Host）控制的边界资源（Boundary Resource），利用开放式数字化平台共享的核心资源和互补性资源来创建一个竞争性的平台业务的活动过程。从战略管理理论视角看，平台分岔者始终瞄准开放式数字化平台的边界资源、共享的核心资源和互补性资源方面，类似于联盟伙伴之间对共享资源的单方面剥削性使用（Lavie，2006）。

---

① AOSP 是 "Android Open – Source Project" 的缩写，中文意为 "安卓开放源代码项目"。

所谓边界资源是指"作为平台所有者和应用程序开发人员之间公平交易接口的软件工具和法规"（Ghazawneh & Henfridsson，2013）。通过边界资源，拥有基础设施的平台宿主才可以确保其对开放式数字化平台的控制，同时允许不同的参与者参与并为开放式数字化平台做出贡献。因此，边界资源解决了数字技术下开放式数字化平台的生成性和控制之间的矛盾张力。需要指出的是，边界资源是通过数字技术提供的（Barrett & Davidson，2008；Yoo et al.，2010），这又为开放式数字化平台创新提供了新的机遇。

　　事实上，数字技术固有的无形性和可重新编程性，使物理操作资源变得不那么重要，而诸如知识和技能等无形操作资源变得更为重要（Vargo et al.，2008）。价值创造的焦点越来越转向可重新编程的数字技术，这些技术可以调解各种形式的服务。从这个意义上说，开放式数字化平台（Openness Digital Platform，ODP）可以定义为促进第三方改进或与之互补的可扩展的数字核心（Extensible Digital Core）（De Reuver et al.，2018）。它可以视为分布式、异构和资源整合参与者的社会技术集合，其关系由共享的制度逻辑、标准和数字控制技术构成（Orlikowski & Scott，2008）。

　　然而，由于数字技术独特的特性（Yoo et al.，2010），采用数字技术的开放式数字化平台的创新面临着内在的紧张关系：一方面，平台宿主对创新的需求大大降低了开放式数字化平台进入壁垒（Chesbrough et al.，2006；Von Hippel，2005；Zittrain，2006），开放式数字化平台承诺自身有能力参与服务的交换，任何人都可以访问互联网；另一方面，市场权力和资源越来越集中到谷歌（Google）、脸书（Facebook）、亚马逊（Amazon）、苹果（Apple）、阿里巴巴（Alibaba）和腾讯（Tencent）等少数平台集团或数字化平台上，这些公司通过建设和维护大规模的全球基础设施来控制数字化平台市场，而这些基础设施需要大量的资金和技术资源（Ciborra et al.，2001；Hanseth & Lyytinen，2010；Tilson et al.，2010）。

三、平台分岔活动过程与经济学意义

　　在开放式数字化平台中，平台分岔包括了三种主要的活动过程：
　　一是平台分岔者利用平台宿主控制的边界资源和平台共享的资源（核心资源和互补性资源）创建一个竞争性的平台业务的核心活动过程；
　　二是平台宿主自身防御的活动过程；
　　三是平台分岔者容纳或适应平台宿主防御的核心战略活动过程。
　　按照丹麦哥本哈根商学院教授 Eaton 等（2015）的说法，平台分岔的活动过程是平台分岔者"适应"宿主政策的过程。

从经济学意义上看，平台分岔者想要利用的平台的边界资源、共享的核心资源和互补性资源，与战略联盟研究中称为"有意承诺并共同拥有"的共享资源是一致的（Lavie，2006）。

事实上，在信息技术市场上，平台宿主自愿没收或放弃非常有价值的知识资产的现象，出人意料地普遍。从经济学理论来解释和分析这种战略没收行为，可以发现平台宿主通过主动放弃核心技术的知识产权，承诺反对剥夺支持平台的用户投资权益的行为，诱导了这些用户的投资。为了获取足以支付平台开发和维护成本的收入，平台宿主必须在总消费捆绑包内对其他商品和服务的获取进行监管。

放弃准入（诱导采用）和管制准入（回收成本）之间的权衡，预示着开放式和封闭式创新模式的实质性趋同。软件和操作系统市场的数字化平台组织模式与这一假设是一致的：开放式和封闭式的结构在广泛的历史和当代环境以及商业和非商业环境中，基本上是趋同的（Barnett，2010）。在实践中，知识资产的专利持有人采取开放许可战略，有利于开发和推广智能手机市场的操作系统；领先的"开源"软件项目现在主要由数字化平台倡导者提供资金、进行实质性管理和人员配备。

我们认为，平台宿主主动放弃非常有价值的知识资产，并许可其他人共同拥有这种资源的行为，在经济学上称为"价值滑动"（Value Slippage），即一个价值来源或一个主体所创造的价值，可能被另外的主体所获取或分享（彭毫、罗珉，2020）。这种价值溢出（Value Spillover）情况，在开放式数字化平台中非常普遍。

在平台经营实践中，数字化平台的这些开放形式对整个产业发展与平台市场产生了积极的影响，特别是体现在促进互补者的创新和产生更大规模的网络效应方面。根据美国得克萨斯大学奥斯汀分校教授Lavie（2006）的联盟内部剥削模型（Model of Exploitation within Alliances），使用两种开放形式会产生两种共享资源：用于分发共享的互补资源和用于共享知识产权（IPR）的平台核心资源。这里，互补资源是指物理资源（如新设备）、数字和无形资源（如新应用程序）。当互补资源与平台共享知识产权（IPR）的核心资源相结合时，平台"捆绑包"（Bundle）对用户的价值将大于其单独的部分（Gawer & Henderson，2007；Nalebuff & Brandenburger，1996）。开放的结果，一方面是开放式数字化平台宿主从互补中提取正的专属性关系租金，另一方面是形成平台分岔这样的负面结果，平台分岔者通过巧妙地使用或绕过平台宿主建立的边界资源单方面地利用开放式数字化平台的共享资源。因此，平台分岔对平台宿主来说，会产生负的外溢租金；与此相反，对平台分岔者来说，却会产生正的外溢租金（Lavie，2006）。

第二节 开源之战与平台分岔

一、开放手机联盟与开放式数字化平台

从某种意义上说，以开源的谷歌安卓操作系统为代表的开放式数字化平台的出现，导致并推动了平台分岔战略的兴起。

美国谷歌（Google）公司于 2007 年 11 月 5 日，宣布 34 家终端和移动运营商加入开放手机联盟（Open Handset Alliance，OHA）。开放手机联盟，是美国谷歌公司主导并组建的一个全球性的联盟组织。这一联盟将会支持谷歌可能发布的手机操作系统或者应用软件，共同开发名为安卓（Android）的开放源代码的移动操作系统。开放手机联盟包括手机制造商、手机芯片厂商和移动运营商几类厂商。谷歌（Google）、中国移动（CMCC）、T–Mobile、三星（Samsung）、高通（Qualcomm）、德州仪器（Texas Instruments）等领军企业将通过开放手机联盟携手开发安卓移动操作系统（Android OS）。开放手机联盟旨在开发多种技术，大幅削减移动设备和服务的开发与推广成本。安卓是一个完全整合的移动软件系统，包括一个操作系统、中间件、便于用户使用的界面以及各类应用。手机厂商和移动运营商可以自由定制安卓，基于安卓操作系统平台的第一部手机宏达电子（HTC）Dream/G1 于 2008 年 10 月 20 日上市。

开放手机联盟的成立，标志着以安卓为代表的开放式数字化平台向以"苹果"为首的封闭式数字化平台的苹果 iPhone OS、诺基亚的塞班 OS（Symbian OS）、微软的 Windows mobile、黑莓 OS（Black Berry OS）、Palm OS 等，发起了挑战。

开放手机联盟的创始成员有埃森德（Ascender）、听众公司（Audience Corp）、Aplix、Broadcom、中国移动（CMCC）、易趣（eBay）、Esmertec、谷歌（Google）、宏达电子（HTC）、英特尔（Intel）、KDDI、LG、LivingImage、Marvell、摩托罗拉（Motorola）、NMS、NTT DoCoMo、Nuance、英伟达（Nvidia）、Packet Video、高通（Qualcomm）、SiRF、SkyPop、SONiVOX、Sprint Nextel、Synaptics、意大利电信、西班牙电信、德州仪器（Texas Instruments）、三星（Samsung）、T–Mobile、TAT、Telefónica 和 Wind River。

中国华为技术有限公司于 2008 年也加入开放手机联盟，后来加入的成员有沃达丰（Vodafone）、日本软银（Softbank）、Borqs、Omron Software、Teleca、

AKM Semiconductor、ARM、Atheros Communications、EMP、华硕电脑（ASUS）、日本电气股份有限公司（NEC）、泛泰（Pantech）、台湾国际航电股份有限公司（Garmin）、夏普（Sharp）、索尼爱立信（Sony Ericsson）、爱立信（Ericsson）、东芝（TOSHIBA）、中国联通（China Unicom）、SVOX、宏碁（Acer）、MIPS 科技公司、中国电信（China Telecom）、Sasken Communication Technologies、联发科技（MediaTek）等。

2007 年 11 月 5 日，开放手机联盟发布的安卓（Android）代码库及其软件开发工具包（Software Development Kit, SDK）的初始版本，都在安卓开放源代码项目（Android Open‐Source Project，AOSP）下发布，将 Apache2.0 开源许可协议作为边界资源。在这次发布之后，2008 年 9 月 23 日，应用程序编程接口（API）、软件开发工具包（SDK）和安卓市场（Android Market）也正式发布。

安卓（Android）系统采用的是典型开放式数字化平台架构（ODP Architecture），这个平台架构依赖于模块化设计（Baldwin & Clark，2000）。它由一组具有标准化接口的模块组成，这些模块可以以多种方式组合进而生成替代产品或平台功能。这个平台完全符合哈佛大学商学院教授 Baldwin 和 Clark（2000）提出的六种用于创建替代设计的模块化运算符（Modular Operators）。这些运算符（包括它们的组合）是拆分、替换、扩充、排除、反转和移植。例如，Android 是在 Linux 内核之上构建的，它通过内核头文件集成额外的功能（即扩展平台）。每一个设备制造商都通过引入额外的功能来进一步调整安卓堆栈（Android Stack）（Karhu et al.，2018）。例如，三星将 TouchWiz 模块①集成到其 Android 系统中，三星的 Android 系列手机都采用了原生系统＋TouchWiz 界面的方式，既节省了研发时间，又能够保证很好的统一性。这使三星手机对于消费者来说，效用非常高，能够有别于竞争对手的产品。除了具有固定产品边界的模块化设计，开放式数字化平台还采用分层模块化架构，允许任何层独立地创新流动产品边界（Yoo et al.，2010）。一般来说，开放式数字化平台架构可以建模为一个"堆栈"（Stack）（即分层结构），由三个主要组件组成，这些组件都可能涉及多个模块。这些组件包括一个（稳定的）数字核心、上面和周围的（变化的）互补资产，以及连接两者的接口（Baldwin & Woodard，2008；Tiwana et al.，2010）。

谷歌的安卓业务通过广告服务和应用程序市场销售获得利润，包括手机在内的智能设备的销售收入主要留给开放式手机联盟的硬件制造商，应用程序市场收入的 70% 返还给应用程序开发者或互补者。重要的是，在谷歌安卓开放式数字化平台的经营实践中，平台生态系统中的所有参与者都参与了特定生态系统边界

---

① TouchWiz（主题修改）模块，这个模块对三星手机用户来说很重要，它支持原声主题及多种自定义修改，用户可以打造不一样的原创主题。

内的价值创造和价值获取。也就是说，它们根据相互强制执行的平台界面规则和治理方案，以及个体互补者吸引用户和创造收入的能力，来争夺自己获取价值的份额（Karhu & Ritala，2020）。

然而，应用程序开发者社区很快就侵入了安卓开放式数字化平台和新发布的手机。2008 年 11 月 4 日，一些应用程序开发者发布了关于如何 Root[①]Android 和构建自定义只读内存（Read Only Memory，ROMs）[②] 的说明。这一事件的战略意义重大，因为它在技术上促成了平台分岔战略的形成。

为了拥有包括这些应用在内的完整应用程序，2009 年 9 月 21 日，Cyanogen-Mod 应用程序开发者社区发布了一个被黑客攻击的谷歌专有应用程序包，包括 Gmail 和安卓市场。这一事件使在任何有根的手机上运行谷歌应用程序成为可能。谷歌对此事件反应迅速，三天后的 9 月 24 日，谷歌向应用程序开发者社区发出了一封停产信，并声称要采取法律行动。2009 年 9 月 26 日，谷歌在一篇博客文章中解释了自己的法律行动："未经授权发布该软件对我们造成的伤害，就像它对任何其他业务造成的伤害一样，即使它是出于善意的。"

CyanogenMod 应用程序开发者社区暂时退出，但开发者们和黑客们很快找到了规避法律威胁的方法，并分别安装了谷歌应用程序包。随后，这成为自定义只读内存用户的一种常见做法。有趣的是，这个解决方案是与谷歌的软件工程师联合开发的。应用程序开发者社区领袖史蒂夫·康迪克（Steve Kondik）在 2009 年 9 月 30 日的博客中透露："很多人都在帮助解决这些问题，尤其是来自谷歌（Google）的那些管理开源项目的人。"

不可否认，谷歌安卓操作系统（Google Android OS）是开放式数字化平台（ODP）的一个成功案例。据估计，它目前在移动电话操作系统市场占据着 80% ~90% 的份额，其应用商店拥有超过 380 万个应用，每年的下载量超过 1000 亿次（Karhu et al.，2018）。

小米的平台分岔战略

小米科技有限责任公司，简称小米（Xiaomi），成立于 2010 年 3 月 3 日，是一家专注于智能硬件和电子产品研发的全球化移动互联网企业，同时也是一家专注于高端智能手机、互联网电视及智能家居生态链建设的创新型科技企业。2018 年 7 月 9 日，小米在香港交易所主板挂牌上市，成为港交所上市制度改革后首家采用不同投票权架构的上市企业。小米从 CyanogenMod 应用程序开发者社区的黑客事件中受益，并成功创建了一个商业分岔（Commercial Fork），小米成为安卓

① Root 指在 Unix 平台中获得超级用户权限和访问权限。
② 自定义 ROM 构建通常是指替换原始系统及其固件的实践（使用新的定制版本驻留在 ROM 中）。

开放式数字化平台的第一个平台分岔者。

小米在 2010 年末发布了小米米柚移动操作系统平台（Xiaomi MIUI Platform），MIUI 平台运行在一个分岔的安卓平台（Forked Android Platform）上。小米由此创造了用互联网模式开发手机操作系统、发烧友参与开发改进的模式。

小米创始人雷军在 2020 年 8 月 11 日晚上小米十周年的演讲中回忆，小米团队发现 Android 的电话、短信、通讯录不好用，因此小米 MIUI 操作系统首先改写了打电话、发短信、通讯录和桌面这四个智能手机最重要的功能。"4 月 6 日，我们十来个人，一起喝了碗'小米粥'开始闹革命。不懂硬件，没关系，就先从软件开始，先干操作系统吧！没有自己的手机做研发，没关系，就先在别人家的手机上做吧。操作系统很复杂，没关系，先找一套开源系统，在开源系统的基础上干。那时安卓刚起步，我们就成了国内最早一批做安卓的。但操作系统毕竟是操作系统，工程量相当庞大，不是十来个人的小团队可以搞定的。没关系，我们先把最常用的功能做好就够了，那就是打电话、发短信、通讯录，以及桌面，这就是智能手机当时最重要的四个功能。一个极其复杂的系统工程，就被我们高度简化了。就这样，仅仅两个月时间，MIUI 第一版就真的做好了。"

2010 年 8 月 3 日，小米 MIUI 社区正式对外上线。2010 年 8 月 14 日，小米 MIUI 首个内测版推出，第一个适配机型为谷歌 2010 年 1 月推出的、由宏达电子（HTC）设计并代工生产的 Google Nexus One 3G 智能手机。当时仅有的 100 位内测用户，成为小米 100 位梦想赞助商（Dream Sponsors）。两个多月后的 10 月 29 日，MIUI V2 发布。

紧接着，小米在 2011 年 8 月 16 日发布了第一款使用安卓平台分岔的智能手机。当时，小米只是一家智能手机的硬件制造商，并不具备应用程序的开发能力，而小米 MIUI 平台最初也仅在中国大陆境内运营。由于中国政府对境外互联网公司实行严厉的限制性政策，所以谷歌失去了中国大陆市场。谷歌为了保持在中国市场的影响力，默认了小米这种平台分岔行为。

2012 年 6 月，小米应用商店（Xiaomi App Store）上线，小米 MIUI 开始布局安卓操作系统生态，小米云服务（MiCloud）功能的加入标志着小米开启了 MIUI 云时代。到 2013 年 8 月，小米应用商店下载量突破 10 亿次。当年 12 月，MIUI 用户数量突破 3000 万。到 2014 年 8 月 MIUI 四周岁时，小米应用商店总下载量突破 50 亿次，全球用户突破 7000 万。

随着小米智能手机的销售扩大到亚洲市场和亚洲之外的其他国家市场，小米公司开始在中国香港、新加坡和印度推出小米智能手机。伴随着小米智能手机 MIUI 平台的国际版本将扩展到国际市场，安卓平台的宿主谷歌和平台分岔者小米之间必须确定新的战略伙伴关系。

谷歌和平台分岔者小米之间，新的合作关系已经展开。为了确保谷歌的服务在国际市场上的可用性，小米与谷歌达成了许可协议：小米在中国大陆发行的设备预装了一套谷歌服务，包括 Google Play and Gmail。这一授权交易（Licensing Deal），迄今都未得到小米与谷歌双方任何正式的声明的证实。但在 2015 年 3 月 3 日，在西班牙巴塞罗那举行的移动世界大会上，小米董事雨果·巴拉（Hugo Barra）明确表示，小米确实与谷歌有合作。小米的宣言——正如全球最著名的科技媒体 Techcrunch 所引述的那样："我们是谷歌移动服务（Google Mobile Services，GMS）的合作伙伴。从我们在中国境外销售第一台设备的第一天起，我们就一直在努力（与谷歌达成了许可协议）。"

到 2016 年 11 月，小米应用商店累计分发量突破 700 亿次，用户覆盖率居手机厂商第一位。

二、对平台分岔战略的评价

我们认为，小米的平台分岔行为不同于单纯的软件分岔，它是一种平台级战略行为。作为平台分岔者的小米策划了多个组合活动，在核心层和互补层利用安卓（Android）的共享资源，构建一个完整的竞争性替代平台。至于平台核心，谷歌在安卓开放源代码项目（Android Open - Source Project，AOSP）下分享了它的知识产权，作为分岔者的小米将代码分岔并直接加以利用，以避免平台技术方面大部分的前期、后期和年度投资。当然，要进入数字化平台经营，除了平台核心，小米还需要互补应用程序，但小米在初创时期几乎没有开发应用程序的能力。

我们在调研中发现，小米在平台分岔方面采用了双重战略（Twofold Strategy）：在中国大陆市场上，小米凭借其本土应用程序开发的低成本和经济性，用本土应用程序取代了谷歌的专有模块，并确保面向开发人员的应用程序编程接口（API）是一个完全的克隆（Clone），用中文版本取代了安卓 API 和谷歌服务；而在国际市场上，小米与谷歌达成了授权协议，面向开发人员的 API 是安卓 API，确保小米的国际用户能够获得现有的谷歌服务和第三方应用程序。由此可以看出，小米中国大陆版本的米柚平台是一个平台分岔的安卓平台，与安卓平台并不完全兼容；而国际版本的 MIUI 平台则是一个安卓平台的分支，与安卓平台完全兼容。我们认为，尽管小米利用了一个罕见的"风口"在中国大陆市场取得了成功，但谷歌通过迫使小米成为服务许可方，限制了小米在更为广阔的国际市场上的竞争性复制。我们发现，小米屈服于谷歌，是因为小米使用的边界资源与引发谷歌响应的利用事件有直接关系。当小米利用开源许可边界资源时，谷歌的反应是使用相同的边界资源，并将其开发转移到封闭源代码中。

小米的案例告诉人们，开放式数字化平台的边界资源、共享的核心资源和互补性资源具有数字化特性，它们可以很容易地被复制、反向工程或破坏，并且可以邀请或暗示竞争对手将其作为敌对性和开发性平台竞争战略的一部分加以利用。

　　从战略的角度来看，平台分岔导致独立分岔的竞争性平台堆栈，并与开放式数字化平台宿主的整个平台业务竞争。平台分岔可以被视为新进入者快速进入市场的一种机会主义战略（Opportunism Strategy），它允许类似小米这样的初创企业实现弯道超车地跨越式发展，避免前期的大量投资，并减少技术和经济风险。此外，平台分岔创造了一种有利的互补情况，互补者可以在分岔上拥有多宿主的互补品。这样，平台分岔有助于解决初创平台点火（Platform Ignition）时面临的"鸡和蛋"难题。

　　到目前为止，以谷歌安卓为平台宿主的分岔者已经建立起五个分岔平台。其中，小米米柚平台（Xiaomi MIUI Platform）是最早的平台分岔者，且小米在平台分岔方面采用的国内与国际的双重战略是有效的；亚马逊 Fire 操作系统平台（Amazon Fire OS Platform）是最成功的平台分岔者诺基亚 X 平台（Nokia X Platform）于 2014 年春季首次进行商业发布，其后不久就终止了运营；开发者社区平台 CyanogenMod①2013 年发展成为初创公司；Jolla 旗鱼平台（Jolla Sailfish Platform）② 由诺基亚 MeeGo 系统前高管和员工组成的 Jolla 公司于 2013 年 3 月推出，Jolla 旗鱼手机操作系统（Jolla Sailfish OS）支持 Android 生态系统，包括支持原生 Android 应用，甚至还可在一般的 Android 设备上运行。旗鱼平台是建立在 Mer 开源项目上，利用安卓平台的一些元素构建的。

---

　　① CyanogenMod（简称 CM）：Cyanogen 团队是全球最大的 Android 第三方编译团队，其发布的 Android 2.1 内核 CyanogenMod 5 系列 ROM 被广泛使用，促进了用户从 Android 1.6 到 Android 2.1 版本的第三方升级。这个小组曾经先于谷歌公司为很多手机定制出稳定的 Android 1.6 ROM。CyanogenMod 是一个免费、基于开发者社区构建的 Android OS 的修改和改进版本。CyanogenMod 在 2013 年 9 月 18 日对外宣布，已获得 700 万美元 A 轮投资，希望超越黑莓和 Windows Phone 成为世界第三大手机操作系统，CyanogenMod 在 B 轮融资中获 2300 万美元投资，由安德森－霍洛维茨基金领投。腾讯、Benchmark Capital 及 Redpoint Ventures 也参与了 B 轮投资。

　　② 由诺基亚 MeeGo 系统前高管和员工组成的 Jolla 公司，在 MeeGo 系统的基础上研发并推出了 Jolla 旗鱼操作系统（Jolla Sailfish OS）。但 Jolla Phone 成功众筹后，因为各种问题始终无法走上正轨，被迫通过授权的方式成为一家半开放半专有的操作系统厂商，目前在消费者市场的占有率非常低。Jolla 公司在 2018 年推出了 Sailfish OS 3 系统，但 Sailfish OS 3 并非面向消费群体，而更倾向于厂商组织使用。Jolla 公司在新版本中加入了移动设备管理（MDM）、集成 VPN、磁盘加密和 USB OTG 等功能。此外，该系统的主打优势用户界面也有所改进。在消费层级上，Jolla 采用了一种非常奇怪的策略，通过 Sailfish X 项目官方支持索尼 Xperia 系列手机，但用户如果想要安装 Sailfish OS 3 还需要支付一定的费用。在 Sailfish OS 3 上，Jolla 扩展了该系统的支持范围，不仅涵盖索尼 Xperia 系列旗舰产品，还包括 Xperia XA2、XA2 Plus 和 XA2 Ultra 这些相对中低端的手机。

需要指出的是，五个分岔平台都不是开放手机联盟（OHA）的成员，不需要遵守联盟的规定。每个分岔的平台，宿主保持不变，即宿主就是谷歌安卓平台，其代码库已通过安卓开放源代码项目（Android Open - Source Project, AOSP）打开。因此，每一个分岔都是对平台宿主的现实与潜在威胁，并试图以某种形式与谷歌的业务直接竞争。其中，亚马逊、小米、诺基亚是以公司作为平台分岔的主体，带有极强的商业目的，CyanogenMod 是以开发者社区作为平台分岔的主体，而 Jolla 旗鱼平台是一个不完整的分岔平台，以初创公司为主体。

除了小米和亚马逊这些非开放手机联盟成员进行平台分岔，开放手机联盟（OHA）的成员也有寻求平台分岔的动机。例如，2012 年 9 月 13 日，开放手机联盟的一名成员宏碁（Acer）与阿里巴巴（Alibaba）合作推出阿里云手机（Aliyun Phone），这是与安卓系统不兼容的手机，属于一种不兼容的分岔（An Incompatible Fork）。谷歌迅速采取法律行动阻止这起分岔行为。谷歌发表了一份相关声明陈述了其采取法律行动的理由（如 Marketing Land 所引述）："兼容性是安卓生态系统的核心，确保开发者、制造商和消费者的体验始终如一。""不兼容的安卓版本，比如阿里云（Aliyun），削弱了生态系统。开放手机联盟的所有成员都承诺要建立一个安卓平台，并且不发布不兼容的安卓设备。然而，这并不妨碍开放手机联盟（OHA）成员参与竞争生态系统（如 Windows Phone）。"这起事件的当事人之一的阿里巴巴在 2012 年 9 月 13 日的一份声明中称："我们的合作伙伴接到谷歌的通知，如果该产品运行阿里云操作系统，谷歌将终止与我们的安卓系统相关的合作和其他技术授权。"由于谷歌通过联盟合同边界资源对宏碁拥有合同权利，它完全可能采取法律行动迫使宏碁（和阿里巴巴）屈服，所以最终宏碁与阿里巴巴屈服了。

谷歌的迅速反应表明，对谷歌来说，加强对安卓生态系统的控制并确保互补系统的兼容性，是多么的重要。这个案例充分地揭示了开放手机联盟（OHA）内部隐藏的紧张关系，即其他成员可以在多大程度上"扩展"官方 Android 平台和相关资源，而不会招致惩罚。

第三节　平台分岔战略与反分岔战略

一、平台宿主的反分岔战略

从某种意义上看，平台分岔利用平台宿主自身的防御，或适应宿主防御行为的核心战略活动，贯穿于平台分岔与反分岔的全过程。我们可以从亚马逊的平台分岔战略与谷歌反分岔的战略行为中，观察到平台分岔战略与反分岔战略的互动过程。

谷歌将安卓系统（Android）开源，得到各大手机厂商的力捧，一问世，就成为全球第一大移动操作系统，与苹果 iOS 系统二分天下。

然而，随着小米成功分岔，安卓系统（Android）感受到它正面临新的利用威胁（Exploitative Threat）[1]。在开放手机联盟（OHA）之外的小米对 Android 系统进行商业开发的推动下，谷歌开始将其 Android 应用程序（如搜索、音乐服务、日历和摄像头）的开发转移到一个封闭源代码的体系中。这意味着，谷歌实际上已经不再放弃这些应用程序的知识产权。这一变化发生在谷歌于 2010 年 5 月 20 日发布 Android 2.2 的冻酸奶版（Froyo）[2] 和 2010 年 12 月 6 日发布 Android 3.0 的姜饼版（Gingerbread Version）之间。而后一个版本使谷歌的新知识产权战略实践透明化。因此，封闭源程序的几个安卓开放源代码项目（AOSP）仍然是冻酸奶版（Froyo）状态。

亚马逊的平台分岔与谷歌的反分岔

2011 年 9 月 28 日，亚马逊发布了其首款商用 Fire 平板电脑 Kindle Fire[3]，它运行在一个深度定制的分岔的谷歌 Android 平台上。从谷歌的角度来看，亚马逊此举与之前分岔的小米，有着极大的不同。因为亚马逊的核心业务之一是销售内容（如 Amazon Prime），这直接与谷歌的 YouTube 和 Google Play 业务存在着高度竞争关系。

面对亚马逊的平台分岔，谷歌的回应是重新调整 Android 的边界线。2012 年 3 月 6 日，谷歌将其应用商店 Android Market 更名为 Google Play。通过这种行为，谷歌实际上拥有 Android 的边界资源。谷歌将这项服务的名称从一个共享的 Android 域重新命名为自己的公司品牌，这意味着谷歌从此可以完全控制这个品牌。除了许可证、品牌和法律行动，谷歌还通过数字手段应对持续的利用威胁。

2012 年 9 月 16 日，亚马逊发布了谷歌地图 API 的克隆版。十天后的 2012 年 9 月 26 日，谷歌迅速做出回应，发布了一个新的边界资源，即一个名为谷歌游

---

① Exploit 一词意为"利用"或"剥削"。按照《梅利姆·韦伯斯特英语大词典》的解释，Exploit 是指"为了自己的利益而有意义地或不公平地利用"。

② Android 的 Froyo 是 Android 2.2 版本，主要更新包括：整体性能大幅度提升；3G 网络共享功能；Flash 的支持；App 2sd 的功能；全新的应用商店；更多的 Web 应用 API 接口的开发。

③ Kindle Fire（中文名：金读之光）是亚马逊（Amazon）公司于 2011 年 9 月 28 日发布的一款平板电脑，拥有一块 7 英寸的多点触摸 IPS 电容显示屏，并且搭载一个深度定制的谷歌 Android 操作系统。金读之光内置亚马逊的应用商店、流媒体电影和电视节目以及电子书。

戏服务（Google Play Services）的客户端库（Client-library），这个客户端库放松了操作系统和 API 之间的耦合。这个名为 Google Play Services 的客户端库边界资源，旨在通过促进更频繁的谷歌服务和 API 更新来解决 Android 的版本碎片化问题，而不依赖于僵硬的操作系统版本。除了使谷歌自己的 API 更新对开发人员来说更加灵活之外，这个新的边界资源还起到了防御 Amazon 克隆 API 的作用。通过使用这个客户端库，开发者变得依赖于一个只在官方 Android 版本上可用的专有 Google 库，这使开发者更难将他们的应用程序迁移到任何分岔的 Android 平台上，即开发者的应用程序要实现多宿主的情况变得不太可能了。此外，通过将 API 开发从官方平台发布中解放出来，谷歌可以加快 API 的开发速度。这使像亚马逊这样的 API 仿冒者，更难跟上谷歌的开发节奏。例如，亚马逊花了两年时间为 Google Maps API V2 更新提供接口奇偶性（Parity）[1]。

2012 年 9 月 9 日，亚马逊创建了其专有的 Fire 操作系统平台（Fire OS platform），Fire 操作系统是在 Amazon Fire TV 和平板电脑上运行的操作系统——亚马逊 Fire 高清版（Amazon's Fire HD），这是安卓操作系统的一个平台分岔。亚马逊平台分岔战略的目标是，尽可能为用户提供与安卓操作系统相同的功能，但不包括谷歌的服务。

这时的亚马逊平台分岔行为已经构成了对谷歌的公开挑战：亚马逊 Fire 的默认搜索引擎从一开始就是微软的必应（Microsoft Bing），而不是谷歌搜索（Google Search），这就阻碍了谷歌主要的搜索和广告业务，因为谷歌越来越依赖从移动设备中收集的用户数据；如果应用程序能够在安卓操作系统上运行，也能在亚马逊的 Fire 设备上运行；应用程序的开发者，可以通过应用测试服务快速检查应用程序与亚马逊的兼容性，无须调整安卓代码，即可在亚马逊应用商店平台上发布应用，这有助于开发者实现应用程序的多宿主功能。

由于亚马逊平台分岔战略威胁到了谷歌的内容型业务（Content Business），所以谷歌加强了对亚马逊竞争地位的重视，在 Google Play 市场下增加了音乐和同止卖书（巴诺网上书店[2]）的业务（Barnes & Noble），而音乐和网上卖书恰巧就是亚马逊起家的核心业务，如此谷歌就可以与亚马逊直接竞争了。

亚马逊 Fire 操作系统平台占用了安卓开源代码项目（Android Open Source

---

① 接口奇偶性是指等效的 API。

② 巴诺书店（Barnes & Noble），1873 年由查乐斯·巴恩斯创办于伊利诺伊的家中。1986 年 12 月在特拉华州成立巴诺书店有限责任公司。巴诺公司 1993 年在纽约证交所上市。巴诺书店包括全美最大的大学连锁书店——巴诺大学书店，服务于全国 400 余家高等院校。到 2001 年该店共有 1468 个连锁店，分布于美国 49 个州和华盛顿特区。1997 年 3 月，巴诺书店为了对付亚马逊网上卖书新商业模式的竞争，创办了巴诺网上书店，主要在网上销售图书、音乐制品、软件、杂志、印刷品及相关产品，现为美国网上第二大书店，是网上图书销售增长较快的书店。

Project，AOSP）的开放平台核心。在这个核心上，Fire 操作系统和安卓具有相同的边界资源、平台的共享核心资源和互补性资源基础。Fire 操作系统与安卓操作系统的主要差别在于服务：Fire 操作系统使用亚马逊服务（Amazon Web Services，AWS），而不使用谷歌移动服务（Google Mobile Service），这些服务可以用于浏览、定位、消息传递、支付等活动。此外，亚马逊不仅复制了安卓操作系统的核心，而且还将其应用程序的开发扩展到了共享，以供分发的应用程序互补。应用程序使用亚马逊应用商店（Amazon App Store）发布，而不使用 Google Play Store 发布。更厉害的是，如果安卓应用程序连接亚马逊服务，则可以将其移植到 Fire 操作系统平台以利用亚马逊服务。例如，过去美国消费者搜索产品会登录谷歌搜索，谷歌搜索引擎会把消费者引向亚马逊电子商务平台上，而现在 Fire 操作系统平台可使消费者绕过谷歌搜索直接去亚马逊网上市场搜索产品（The Economist，2012）。

平台分岔者有时也可能将其边界资源注入宿主平台。例如，2014 年 9 月 9 日，亚马逊在 Google Play 上发布了"亚马逊 Android 手机应用"（基本上是一个购物应用商店），展示了亚马逊有形的产品和无形的数字内容，比如为 Fire OS 发布的应用。谷歌迅速做出反应，在 2014 年 9 月 25 日改变了其开发者发行协议，将仅限制"其主要目的是促进在市场之外的 Android 设备上使用的软件应用程序和游戏的发行"的应用程序，改为"任何有目的的产品……"的发行。亚马逊采纳了谷歌的新政策，在 2014 年 9 月 25 日至 12 月 11 日期间，发布了一款更为有限的"亚马逊购物应用"，并发表声明说："谷歌随后于 9 月 25 日更改了其开发者分销协议。因此，我们从 Google Play 中删除了该应用程序，并发布了 Amazon Shopping App。"[1]

二、平台分岔与互补

亚马逊 Fire 操作系统平台分岔案例说明，要构建一个完整的平台，涉及互补，利用平台自身是不够的，进入者还必须吸引互补者加入平台。在构建平台核心之后，任何进入者都将面临一个常见的和困难的问题，即鸡和蛋的问题：如何通过平台一方的跨边网络效应，吸引另一方（Caillaud & Jullien，2003）。

要成为一个完整的平台生态系统，亚马逊还需要获得应用程序的互补。作为进入者的亚马逊可以调整开放式数字化平台边界资源的赛道，使互补者尽可能容易地进行多宿主，并最终吸引用户切换到进入者的平台。实际上，平台赛道意味着进入者复制了互补者依赖的所有边界资源（如 API）。这样，从互补者的角度

---

[1] 见 2014 年 12 月 11 日 Android Police 引述。

来看，进入者的平台与在位者的平台完全相同，因此多宿主的成本几乎为零。事实上，平台赛道还涉及一种策略，即进入者不断跟上在位平台边界资源的变化，例如其 API 中的新特性。核心和互补之间的依赖性有助于更容易在平台之间进行传输，因此，平台赛道调整得益于数字资源的精确和编码性质。为了解决在构建亚马逊 Fire 平台时鸡和蛋的问题，亚马逊采用了一种改变平台赛道的方法。要让平台赛道调整成功地吸引开发者加入多宿主平台，亚马逊需要完全复制 Android 为其开发者提供的所有 API。

从商业角度来看，要使多宿主成为可能，一个重要的先决条件是，现有平台必须允许任何第三方市场销售互补品。谷歌在其开发者政策中允许这一点①，规定："你可以通过任何你想要的应用市场来发布你的应用，或者使用多个市场。"因此，亚马逊能够建立亚马逊应用商店边界资源。

亚马逊 Fire 操作系统平台分岔案例表明，要想成功实现平台分岔，必须准确、完整地克隆所有接口边界资源。当实现这一点时，互补的数字资源可能会被间接地利用，使进入者平台的多宿主对互补者来说几乎是免费的。

亚马逊与小米一样，它不是开放手机联盟（OHA）的成员，因而亚马逊 Fire 操作系统并不是安卓的分支或变体，而是实实在在的平台分岔。与此相比较，华为、OPPO、vivo 等开放手机联盟的成员，都是使用安卓开放源代码项目（AOSP）来构建安卓的分支或变体，因而谷歌可以通过所有这些分支或变体累积应用商店和搜索收入。

相比之下，谷歌并没有从亚马逊 Fire 操作系统获得应用收入，谷歌也无法访问亚马逊 Fire 操作系统平台内部的用户或用户生成的数据，除非 Fire 用户使用谷歌浏览器（如 Chrome）或启动专门的谷歌搜索。为了防止这种访问，亚马逊 Fire 操作系统的默认搜索引擎设置是微软的必应（Bing）搜索引擎，默认浏览器为亚马逊的 Silk。因此，在业务逻辑和收入模式方面，亚马逊 Fire 平台直接与谷歌围绕安卓构建的主要平台业务展开竞争。同时，亚马逊可以单方面开发 Android 的核心资源和互补资源。虽然 App 是共享分发的，但它们的知识产权仍然是专有的，所以对 App 的利用并不简单，需要间接进行。亚马逊采用内部开发的应用商店取代了 Google Play。为了让实际的应用程序进入亚马逊的应用商店，亚马逊还精心克隆了 Android 平台开发人员依赖的所有 API，并替换了这些 API 背后的所有专有应用程序。这些举措使为 Google Play 开发其原始应用程序的开发人员能够在竞争激烈的分岔平台上实现多宿主功能。例如，亚马逊使用了 Here 的地图服务，该服务附带了谷歌服务 API 的文字副本，使开发者几乎不需要花费任

---

① https：//developer. android. com/distribute/marketing – tools/alternative – distribution.

何费用就可以将多宿主应用程序迁移到分岔平台上。正如 2017 年 5 月 25 日的专有应用程序文档指出："如果你有一个应用程序已经在使用 Google Maps V1 或 V2，那么通过使用软件开发工具包（SDK）提供的包装库（Wrapper Libraries），在代码几乎没有变化的情况下就可以进行移植。"

从亚马逊 Fire 操作系统这个案例中可以发现，不仅亚马逊 Fire 操作系统分岔了安卓平台的核心，作为平台分岔者的亚马逊还寻求"分岔"互补资产。通过这些操作，亚马逊建立了一个与安卓操作系统竞争的替代平台。从这个视角看，平台分岔与联盟内共享资源的平台分支使用有很大不同。

我们认为，不可否认，亚马逊 Fire 操作系统是唯一一个作为分岔平台而成功的平台，甚至有超越谷歌安卓系统的可能。尽管亚马逊的智能手机发布不太成功，但截至 2018 年第三季度，亚马逊凭借亚马逊 Fire 平台和平板电脑，以 11.0% 的市场份额成为全球第三大平板电脑制造商[①]。而在互补品的覆盖方面，截至 2017 年 3 月，亚马逊应用商店（Amazon App Store）推出了 60 万款 App，而 Google Play 拥有 280 万款 App。

亚马逊的平台分岔案例告诉我们，开放式数字化平台可以通过建立边界资源来使用两种形式的开放，但过于广泛的开放性加上过于松散的平台治理机制，可能会使平台及其共享资源较易受到攻击。在这种情况下，作为敌对性外部行为体的平台分岔者，可以利用开放式数字化平台的核心资源、互补资源和共享资源，绕过平台宿主的边界资源，构建一个竞争性平台分岔。

三、开放与对核心资产的控制

非常有趣的是，在安卓成为移动操作系统江湖霸主后，谷歌玩起了假开源的把戏。2010 年，谷歌在安卓操作系统上搞了两个动作，一是将安卓操作系统的基础框架代码开源，全球所有应用程序开发者可免费使用；二是包含了谷歌三件套[②]等一系列应用和 API 的谷歌移动服务（Google Mobile Service，GMS）闭源。实质上，谷歌此举正是不动声色地将开源代码中的应用和 API 掏空，用谷歌移动服务（GMS）中的应用和 API 来取代所谓的基础框架代码开源，抓住了安卓的命根。这就是为何安卓新版本或新的 SoC 芯片发布后，国内智能手机厂商需要和谷歌一起优化操作系统的原因。或许谷歌的这种行为，正是反平台分岔的一种战略行为。

数字化平台的开放性，使它们必须对核心资产进行控制，以维持其对生态系

---

① 根据 IDC 的数据，2018 年第三季度，全球前五大平板电脑厂商分别是苹果（25.9%）、三星（15.0%）、亚马逊（11.0%）、华为（7.8%）和联想（7.7%）。

② 谷歌三件套是 Google 服务必要的套件，包括谷歌服务框架、Google Play 服务、Google Play 商店等。

统的控制并获取利益。谷歌正是从小米米柚（Miui）和亚马逊 Fire 等厂商利用开源的安卓平台创建自己的安卓操作系统分岔版本（Android OS Forking Version）实施平台分岔战略中吸取了教训，平台分岔让谷歌的安卓操作系统很快就失去了谷歌版本的市场份额。谷歌迅速反应，通过限制分岔平台对映射等难以复制的服务的访问，并将重要的应用程序编程接口（API）转移到专有的 Google Play Store 上，从而重新控制了安卓操作系统。

正因为如此，Linux 才讥讽安卓操作系统是伪开源。谷歌在安卓上玩的"平台开放"把戏，归根结底还是对商业利益的考量：用免费的安卓基础框架代码开源这根"骨头"，吸引智能手机厂商和全球所有应用程序开发者为谷歌"添柴加油"，而安卓操作系统的未来和商业收益则由谷歌独吃独占。值得一提的是，在安卓操作系统中，中国五大手机厂商 OPPO、vivo、华为、小米和联想，占据了安卓帝国半壁江山，这些中国厂商组织完全可以支撑起一个世界级智能手机操作系统的"开源系统"。

我们认为，软件是否开源，完全取决于软件开发者对商业利益的考量，而非公德心。所以，开源软件向闭源转换，也不是不可能的事。例如，2010 年，全球最大的企业级软件公司甲骨文公司（Oracle）收购太阳微系统公司（Sun Microsystems）后，获得了全球应用程序开发者使用最多的数据库 MySQL 的平台发布控制权，不久 MySQL 平台就显露出从开源向闭源转换的迹象，不仅没有提供补丁的相关测试数据，还清除了修订历史。甲骨文将开源软件向闭源转换，对于软件使用者来说，存在着开源转闭源的商业风险。

四、防御平台分岔的策略

通过上述分析，我们可以得出防御平台分岔的若干关键点：

（1）必须改变开放式数字化平台的治理思路与方法。应当看到，开放式数字化平台环境是一种敌对性的竞争环境，平台宿主需要主动防御，积极参与平台治理，打击对其共享资源的利用威胁。过去平台治理的研究强调关注通过控制和决策权划分等方式（Tiwana，2013），培养互补者的积极成果（Wareham et al.，2014），这并没有错。但平台治理必须揭露平台分岔带来的竞争威胁，积极识别开放式数字化平台宽松的治理条件。在治理手段方面，应当将边界资源的主要合作视角（Ghazawneh & Henfridsson，2013），扩展到防御性地利用边界资源来应对利用性威胁的视角。

（2）以边界资源的形式进行软件设计是保护互补性的新方法。例如，使用客户端库边界资源（Client－library Boundary Resource），平台宿主可以加快其对 API 边界资源的开发，从而实现对分岔者的时间优势，分岔者必须不断同步。随着时间的推移，宿主和分岔者之间的竞争性互动也随之发生。结果表明，平台的边界资源成为平台宿主及其分岔者参与的战略活动持续的中心。这与奥地利管理学家 Koch 和 Windsperger（2017）所说的"数字化程度越高，公司通过积极塑造数字环境来创造竞争优势的程度越高"的观点是一致的。谷歌安卓系统与其分岔平台之间的战略互动突出了识别和使用专用数字资产发起攻防行动的战略作用。

（3）为了防止平台分岔，开放式数字化平台宿主必须更加关注如何设计边界资源。边界资源不仅为平台与互补者创造价值，而且还充当重要的中间资源，有价值的用户数据可以通过它流向平台宿主。

第四节　不兼容性与分岔、碎片化和分裂

我们发现，分岔、碎片化和分裂并不只在开放式数字化平台中发生，它们实质上是不兼容的结果，这种情况在代码和软件的开发中也经常见到。

一、分岔、碎片化和分裂

对于软件、平台等数字化人造物（Digital Artifact），都可以从兼容性视角来定义分岔、碎片化和分裂。

分岔指的是创建一个标准或应用程序的新版本，该版本无法保持后向兼容性（Backwards Compatibility）。当应用程序开发人员"单独复制代码并开始分发自己程序的不同版本"时，分岔就发生了。分岔是社区中的一种分裂机制，通常出现在自由和开源软件领域。例如，Unix 操作系统已经被分岔了很多次。

正是因为开放式数字化平台的核心资源是开源的，所以软件分岔就成为开放式数字化平台的利用威胁（Robles & González - Barahona，2012）。从技术视角看，分岔被定义为一个独立的开发路线（Robles & González - Barahona，2012），或者是一个单独的路径，"在代码中可能保持相似，但由不同的编程组控制"（Vetter，2016）。众多的平台经济学家认为，分岔是负面的，因为它导致了不兼容的代码基础（Barnett，2011；Lerner & Tirole，2002；Simcoe & Watson，2016；Yoo，2016）和平台碎片（Parker & Van Alstyne，2009）。

在开放式数字化平台中，2010 年末小米建立了小米米柚平台，MIUI 平台运行在一个分岔的安卓平台上；2011 年发布的亚马逊第一代 7 英寸平板电脑 Kindle

Fire 竟然可以运行在原生版 Android 4.2 Jelly Bean 上，开发者哈希码（Hash-Code）① 成功将 4.2 移植到第一代 Kindle Fire 上；而比特币等加密货币平台也出现了几次分岔（Gandal & Halaburda，2016；Catalini & Gans，2019）。

这些事例充分表明，当"玩家"对兼容性有不同偏好时，就会产生分岔。分岔带来的多样性和不兼容性的好处，可能大于放弃兼容性的代价。随着玩家数量的增加，与开放产生的协调收益会减少。当"玩家"在兼容性问题上存在强烈分歧时，可能会产生类似混合策略均衡的不稳定动态的"猫捉老鼠"（Cat and Mouse）游戏（Simcoe & Watson，2019），其中一个参与者（或一组参与者）试图区分其产品，如安卓平台上的小米和亚马逊；而另一组参与者则致力于恢复兼容性，如三星、华为、OPPO 和 vivo。这可能导致安卓平台部分或间歇性的互操作状态，分岔突出了协调商业利益和社区战略的困难。

我们认为，分岔是一种兼容性的战略选择，其目的是追求差异性所带来的超额经济租金。有时"玩家"甚至会把分岔当成一种隔离机制（Isolating Mechanism），以对付竞争。

当某种技术的首选解决方案成为行业标准时，少数作为竞争对手的技术倡导者之间的竞争，就会出现碎片化（Fragmentation），因为各方都倾向于一个单一的标准。碎片化并不像分岔，它不具备分岔那种旷日持久的"猫捉老鼠"游戏的特征。相反，碎片化的行为表明，将市场推向一个特定的方向是不可取的，当所有技术倡导者都希望采用一个共同的标准，但却不能达成一致时，就会出现不成体系的情况。在实践中，碎片化通常发生在软件或平台升级为行业标准的时候，当不同的技术倡导者将他们自己的技术方案公开并推动其应用时，就出现了软件碎片化和平台的碎片化。例如，在修订数字视频光盘（Digital Video Disc，DVD）标准时，供应商分成两个阵营：支持不兼容的蓝光（Blu-ray）阵营和支持 HD-DVD 格式的阵营。又如，四声道声音市场在发展中也产生了碎片化问题，CBS、JVC 和 RCA 各自赞助了不同的标准，导致互补（即录制音乐）的可用性不足，最终用户采用缓慢，影响了市场的发育（Postrel，1990）。

我们认为，碎片化不同于分岔。在分岔中，兼容是一种战略选择，而碎片化是参与者选择特定均衡产生的副作用，或者说是市场竞争的副作用。在分岔游戏中，"玩家"试图协调（或不协调），而当"玩家"同意协调是有益的，但在实现兼容的努力中失败时，就会出现碎片化（Simcoe & Watson，2019）。

当分散的技术采用产生过度的产品多样性时，就会发生分裂（Splintering）。

---

① 哈希码（HashCode）产生的依据：哈希码并不是完全唯一的，它是一种算法，让同一类的对象按照自己不同的特征，尽量地有不同的哈希码，但这不表示不同对象的哈希码完全不同。也有相同的情况，看程序员如何写哈希码的算法。

在实践中，分裂通常与技术发酵（Technological Fermentation）的时代有关，而技术发酵往往先于主导性新产品设计的出现（Suarez & Utterback，1995；Klepper & Graddy，1990）。这种情况在数字化平台中非常多，如众多的电子商务平台和中国共享单车平台的出现，就是平台分裂的结果。需要说明的是，碎片化和分裂之间的区别关键在于，碎片化产生于参与者之间的战略博弈，而分裂产生于分散和基本独立的技术选择。

二、网络效应下的不兼容性

标准、平台和协议定义了数字经济的特征（Tassey，2000；Rochet & Tirole，2003；Parker & Van Alstyne，2005；Hagiu & Wright，2015）。从技术视角看，数字化平台是遵循预定义的规则，如文件格式、通信协议和编程语言，独立设计产品进而构建一个系统来运作的。由此产生的互操作性（Interoperability）产生了广泛的潜在效益（Farrell & Simcoe，2012），包括用户与更大安装基数的其他用户进行通信所产生的直接网络效应；向用户提供更多的互补商品和服务而产生的间接网络效应；标准化组件的混合和匹配，增加了产品种类和服务范围及标准化商品和服务供应商之间的竞争。

然而，分岔、碎片化和分裂使产业市场出现了持续不兼容性（Persistent Incompatibility）。战略管理学家已经对持续不兼容性做出了许多解释，包括网络外部性的异质性（Suarez，2005；Lee et al.，2006；Afuah，2013）、平台质量的差异性（Zhu & Iansiti，2012）和排他性互补的创建（Cennamo & Santalo，2013）等。由于互操作性可以产生复杂的技术相互依赖模式，所以许多学者将基于数字化平台和技术标准的行业比作自然生态系统（Natural Ecosystem）。在自然生态系统中，处于不同细分市场上的厂商组织，既相互合作又相互竞争（Adner & Kapoor，2010；Gawer & Cusumano，2014；Davis，2016；Parker et al.，2017），各个厂商组织之间是一种竞合关系。

遗憾的是，战略管理学家和经济学家对不兼容性产生的原因，没有形成统一的看法（Balzer & Schneider，2018），因而研究者们和IT行业的参与者们都习惯性地使用分岔、碎片化和分裂等术语，来描述网络效应下的不兼容性（Lerner & Tirole，2002；Kretschmer，2008；Farrell & Klemperer，2007；Eisenmann et al.，2009；Yoo et al.，2012；Wareham et al.，2014；Kretschmer & Claussen，2016；Vakili，2016；Karhu et al.，2018），但他们对这些术语并没有进行明确的区分和界定。

在数字经济条件下，厂商组织的私人利益是通过在位"玩家"（Incumbent Player）选择特定技术时的"既得利益"（Vested Interests）来反映的，这里的

"玩家"包括了软件开发商和平台倡导者（Platform Sponsors）。这种决策偏好通常与知识产权、专有互补、研发的沉没成本（Sunk Cost）或开发提前期有关（Farrell & Simcoe，2012）。例如，当在位"玩家"持有某种首选技术的专利时，其会倾向于通过授权知识产权来获取收益。

在实践中，标准基本专利（Standard Essential Patent，SEP）许可为参与创建蜂窝通信标准的若干家公司带来了相当可观的利润，并催生了大量的法学和经济学研究成果，这些研究成果讨论了兼容性（Compatibility）对竞争和消费者的影响，但并没有重点讨论网络效应下的不兼容性问题（Yoffie et al.，2011；Lemley，2002；Farrell et al.，2007；Rysman & Simcoe，2008）。

一般认为，所谓的兼容性是指硬件之间、软件之间或是软硬件组合系统之间相互协调工作的程度。在实践中，兼容性的概念非常广，相对于硬件来说，几种不同的电脑部件，如 CPU、主板、显示卡等，如果在工作时能够相互配合、稳定地工作，那么它们之间的兼容性就比较好，反之就是兼容性不好。软件的兼容性，指的是某个软件能稳定可靠地工作在若干个操作系统之中，而不会出现意外的退出等问题。

在数字化平台中，兼容性有三层含义：一是指某个软件能稳定可靠地工作在数字化平台中，或在若干个操作系统之中，就说明这个软件对于各系统有良好的兼容性。二是指在多个数字化平台中，或在多任务操作系统中，几个同时运行的软件之间，如果能稳定可靠地工作，则称它们之间的兼容性良好，或互操作性良好。三是软件能够在多个数字化平台中，或在多任务操作系统中共享，几个软件之间无须复杂的转换，即能方便地共享相互间的数据，也称为兼容性良好，或互操作性良好。

兼容性运用到软件系统和平台系统的设计中时，通常需要考虑前向兼容性（Forwards Compatibility）和后向兼容性（Backwards Compatibility）问题，因为这些问题将影响经济主体的既得利益。

前向兼容性也称前瞻兼容性，意思是现在设计的软件或平台要考虑未来还能不能继续升级使用。比如软件中保留几个字段，留给未来填写新数据，因而也称为向上兼容性（Upward Compatibility）。后向兼容性是指现在设计的软件或平台要考虑旧版本的数据还能不能用，比如在开发软件 Office 2007 的时候，要考虑如何打开 Office 2003 的 doc/xls/ppt 文件，而不能仅仅只能打开 docx/xlsx/pptx 文件。要后向兼容性意味着一家数字化平台公司在考虑既得利益时，选择与其专有技术互补的标准和平台。一个著名的案例是，微软通过紧密集成浏览器 Internet Explorer 和专有的 Windows 操作系统来"扩展"HTML 和 Java 标准，这表明微软试图通过控制 HTML/Java 标准来阻止（操作系统）互补品市场中的进入者和竞争者。微软的这一策略最终导致几起反垄断诉讼（Antitrust Lawsuits）。后向兼容性的经济学意义在于，在互补技术方面的沉没投资（Sunk Investment）迅速贬值时，一个经济主体（如软件公司或数字化平台）要避免出现"搁浅资产"（Stranded Assets），后向兼容性就有非常重要的价值。

因此，前向兼容性和后向兼容性不仅具有技术方面的意义，更重要的是，它是 IT 和 ICT 产业的基础经济学（Underlying Economics）。例如，视频游戏平台通常对与上一代游戏机保持兼容性非常感兴趣。而在产品生命周期较短的行业中，经济主体的既得利益可以反映出新标准或平台实施的提前期优势。例如，在 WiFi 标准开发的案例研究中，哈佛大学商学院教授 Eisenman 和 Barley（2006）描述了相互竞争的芯片生产商如何在美国电气和电子工程师协会（IEEE）内部运作，将 802.11 标准推向他们已经形成的技术方向，同时交付"标准前"（Pre-standard）产品。

兼容性可以分为水平兼容性（Horizontal Compatibility）与纵向兼容性（Vertical Compatibility）。水平兼容性一般是指一个系统的互补品（Complements）可以与竞争标准或平台一起使用；而纵向兼容性一般是指替代技术与现有技术的兼容性。从时间序列的角度来看，如果替代技术缺乏纵向兼容性，那么它成功的可能性非常小。当这种替代技术对所支持的产品和系统的连续性至关重要时，成功的可能性就更小。

这两种兼容性的反面就是水平不兼容性（Horizontal Incompatibility）与纵向不兼容性（Vertical Incompatibility）。视频游戏机市场的水平不兼容性意味着为微软 Xbox 开发的软件不会在索尼 PlayStation 上运行。美国管理学家 Farrell（2007）认为，协调收益是水平兼容性（Horizontal Compatibility）的函数，即一个系统的互补品可以与竞争标准或平台一起使用带来的收益。这种协调收益通常来自网络效应和用户对互操作性的偏好。对于系统类商品，协调收益也可以从消费者对品种的偏好中产生。特别是，组件级互操作性允许最终用户混合和匹配来自不同供应商的部件（Matutes & Regibeau，1988）。这种系统级的变化效应（Change Effect）广泛存在于计算机硬件和视听电子设备中。例如，索尼电视可以通过 Denon 接收器（Denon Receiver）与雅马哈扬声器（Yamaha Speakers）连接。

与兼容性相对应的就是不兼容性（Incompatibility），不兼容性是指硬件之间、软件之间、数字化平台之间或是软硬件组合系统之间不能相互协调工作的程度。

我们认为，出现平台分岔、碎片化和分裂的根本原因是错误协调或不协调。一个或多个公司，或一个或多个数字化平台出于自身利益寻求避免互操作性，这种不兼容性应当称为战略不兼容性（Strategic Incompatibility）。如果不兼容的软件或平台一直在运行，就是持续不兼容性。从网络效应的视角来讨论兼容性与不兼容性问题，才能够凸显分岔、碎片化和分裂的商业价值。平台经济学研究重点讨论的战略性问题主要是平台战略、网络效应、平台定价政策以及平台赢家通吃的竞争动态（Rysman，2009；Shy，2011；Evans & Schmalensee，2015；Parker & Van Alstyne，2016），而很少承认不协调或持续不兼容性出现的可能性。美国管理学家 Kapoor（2018）强调，应当研究生态系统瓶颈（Ecosystem Bottleneck）的重要性。在许多情况下，正是持续不兼容性造成了生态系统瓶颈。

平台经济学对平台和网络效应的研究，使用大量的案例来说明协调收益的假设（Besen & Farrell，1994；Rysman，2009）。这些协调收益通常来自直接网络效应和间接网络效应。直接的网络效应发生在通信技术上，例如电话或电子邮件，在这种技术中，较大的用户安装基数会导致单个用户有较大的可寻址受众（Addressable Audience），从而增加采用的边际效益。当不同但互补的"边"与平台的采用决策之间存在正反馈循环时，就会产生间接网络效应。与这两种类型的网络效应相关，平台技术倡导者也可能从加速大众市场到来的协调中获益。特别是，由于担心投资搁浅（Stranded Investments），最终用户和互补者可能会在缺乏明确行业标准的情况下推迟采用决定（Farrell & Saloner，1986）。

当一家数字化平台倾向于通过不兼容性来区分其产品或服务时，会产生平台市场的协调惩罚。在某些情况下，兼容性的影响在平台之间是异质的，或在平台之间存在质量差异（Zhu & Iansiti，2012），这种差异导致各个平台在协调收益上的差异。但兼容性会使在位数字化平台面临加剧的利用竞争威胁，因为新的进入者将从与在位和互补的安装基础用户的互操作性中获得利益。

即时通信平台的分岔与不兼容问题

即时通信（Instant Messaging，IM）或"聊天"（Chat）是一种在 20 世纪 90 年代中期在互联网用户中流行的通信技术。

最初的即时通信（IM）应用程序，如 ICQ、PowWow 和美国在线即时通信（AOL Instant Messenger，AIM）是由它们的图形用户界面（Graphical User Interface，GUI）定义的，并且能够进行实时对话，这使它们区别于电子邮件。第一代即时通信平台的一个显著性特征，就是缺乏横向开放性。一个处于服务状态下的用户无法与另一个相互竞争的即时通信应用程序的用户通信。虽然用户可以实现多宿主性，即一个用户可以是多个即时通信平台的用户，但用户需要在每个单独的即时通信网络上维护账户，并同时运行多个客户端应用程序，以便跨多个网络进行通信。

美国在线即时通信是第一批信息平台中最大的一个。美国在线即时通信于 1989 年推出，在 1996 年左右大受欢迎，当时其增加了一个"好友列表"功能，允许用户查看他们经常聊天的伙伴目前是否在线。与许多通信技术一样，即时通信具有强烈的直接网络效应——用户总是愿意加入用户群人数多的、更大的网络，是因为即时通信平台为他们提供了更多潜在的连接。因此，随着美国在线即时通信用户群的增长，用户希望一些较新的服务，如美国在线的用户希望与微软的 MSN 信使（Microsoft's MSN Messenger）和部落之声的 PowWow（Tribal Voice's PowWow）实现互联。这种互联互通，在技术上并不存在太大的问题，但美国在线即时通信已经在互联网上发布了 OSCAR 消息传递协议，所有未经美国在线即时通信许可的连接尝试，都会被阻止。

在 20 世纪 90 年代后期，美国在线即时通信的一些竞争对手部署了专有的消息传递协议。例如，微软的 MSN 信使使用了 MS 通知协议（MS Notification Protocol，MSNP），而雅虎信使（Yahoo Messenger）则依赖于一个名为 YSMG 的协议。鉴于这些标准之间缺乏互操作性，国际互联网工程任务组（Internet Engineering Task Force，IETF）① 开始了创建开放即时消息传递标准的努力，包括会话初始化协议（SIP）、用于利用扩展的即时消息和状态的会话初始化协议（SIMPLE）、应用程序交换（APEX）、即时消息传递和存在协议（IMPP）以及可扩展消息传递和存在协议（XMPP）。然而，最初基于标准推动即时消息传递的互操作性的努力基本失败。在此期间，为了降低跨专有网络的多宿主成本，引入了更多的多协议应用程序，包括 Trillian 和 Gaim。尽管做出了这些努力，但事实证明，大多数私人网络供应商并不愿意，也能够拒绝与竞争对手联网。这种情况表明，即时通信平台市场是一个持续不兼容的分岔平台市场。

即时通信应用程序的竞争分岔在 21 世纪初结束，主要是由于竞争环境的外部变化。2001 年，作为批准美国在线基于标准与时代华纳公司（Time - Warner Inc.）合并的一个条件，美国联邦通信委员会（Federal Communications Commission，FCC）要求美国在线基于标准承诺，在提供语音和视频通信等"高级"即时通信服务之前，它要向竞争对手提供美国在线即时通信名称和显示目录（Names and Presence Directory，NPD）的访问权限。按照美国通信专家 Faulhaber（2002）的解释，显示目录是即时通信网络效果的关键组件，因为它提供了关于用户可用性的实时信息。因此，竞争对手可以看到谁在美国在线即时通信上很活跃，并将这种联系提供给自己的用户。正是美国联邦通信委员会进行的这一重大监管，促成了一系列跨网络通信的交易，即时通信平台持续不兼容的部分问题才

---

① 国际互联网工程任务组（Internet Engineering Task Force，IETF），成立于 1985 年底，是全球互联网最具权威的技术标准化组织，主要任务是负责互联网相关技术规范的研发和制定，当前绝大多数国际互联网技术标准均出自 IETF。IETF 是一个公开性质的大型民间国际团体，汇集了与互联网架构和互联网顺利运作相关的网络设计者、运营者、投资人和研究人员，并欢迎所有对此行业感兴趣的人士参与。

得到解决。

这些跨网络通信的交易包括：2003 年，路透社（Reuters）签署协议，允许路透社信使服务（Reuters Messenger Service）的用户与在线即时通信、ICQ 和微软信使的用户进行通信；2005 年，微软基于 SIP/SIMPLE 的企业即时通信产品 Live Communications Server 开放，其用户可与美国在线即时通信、微软的 MSN 信使和雅虎信使的用户通信；2007 年，谷歌基于 XMPP 的 Google Talk 服务允许其用户与美国在线即时通信（AIM）用户通信。

到 20 世纪末，新技术和平台为消费者提供了基于桌面的独立即时消息应用程序的替代品。这些替代方案包括由无线运营商运营的短信服务、苹果 iMessage 等专有短信协议以及 WhatsApp 等独立短信应用。现在流行的社交网络服务平台，如脸书、推特和中国的微信，也增加了即时信息功能。

美国在线即时通信案例给我们带来了相当多的启示：

首先，美国在线即时通信最初拒绝与竞争对手互联互通，这表明在即时通信平台市场上，在位数字化平台具有巨大的先行者优势（Pioneer Advantage）。这种先行者优势是领先于竞争对手采取某些具有战略意义的行动而获得的竞争优势，表现在即时通信平台市场上，就是谁最先推出平台，谁就能够获得强大的直接网络效应，它所获得的收益是排他性的独占收益，而非协调收益。所以，作为平台市场领导的美国在线即时通信也更喜欢不兼容，希望整个市场各个平台处于持续不兼容的状态下，因为其希望利用自身专有安装基础的规模榨取更多的经济租金。这种情况与美国管理学家 Gabel（1994）所描述的美国早期电话行业中的竞争动态是一致的。

其次，开放协议的存在或可用性，可能不足以改变这种有争议的平台分岔背后的激励机制。国际互联网工程任务组（IETF）在 20 世纪 90 年代后期开发的开放消息传递协议，最初并没有被专有的即时通信网络所接受，但随着新技术和替代性平台的出现，市场格局被改变，最终促进了即时通信平台的双边或多边互联。

最后，解决平台市场不兼容性问题，通常需要外部的冲击来改变平台市场分岔的动机。在本案例中，这种冲击来自于美国联邦通信委员会的监管行动，以及强大的社交网络服务平台对传统即时通信应用的替代。这给我们的启示是，我国的互联网平台监管，应当强调通信平台市场的互联互通，这是最重要的反垄断政策，同时要鼓励平台技术创新与经营模式的变革。

第五节　本章小结

分岔、碎片化或分裂意味着开放创新背景下合作的失败，是数字化平台市场的一个混乱协调过程，但它们为初创企业的经营者创造了一个重要的市场机会。初创企业的经营者应该寻找机会之窗，这些机会可能出现在市场缺乏协调不兼容的需求，或者平台或软件即将升级为标准时。

要想利用好机会之窗，初创企业的经营者要充分认识不同类型的平台治理模式的比较优势。对于小公司来说，寻求成为平台领导者可能是一种风险和资源密集型战略（Risky and Resource Intensive Strategy）。在相关的标准设立组织（Standard - Setting Organization，SSO）中建立强大的影响力通常是明智的，因为技术专长和联盟建设影响技术选择的机会。

无论是平台宿主，还是初创企业的经营者，都不应天真地假设一个行业的所有参与者都面临着相同的动机来协调不兼容性，或有意识地进行分岔。相反，一个好的平台战略应该考虑采用特定技术的成本和收益的特殊性，以及与其他公司协调的相对利益。这种类型的战略分析将使管理者深入理解协调和不相容的根本原因，并完善对竞争对手行为的预测。

参考文献

［1］Adner，R.，Kapoor，R.（2010）Value creation in innovation ecosystems：how the structure of technological interdependence affects firm performance in new technology generations. *Strategic Management Journal*，31（3）：306 - 333.

［2］Afuah，A.（2013）Are network effects really all about size? The role of structure and conduct. *Strategic Management Journal*，34（3）：257 - 273.

［3］Baldwin，C. Y.，Clark，K. B.（2000）*Design rules：The power of modularity*. Cambridge，Massachusetts：MIT Press.

［4］Baldwin，C. Y.，Woodard C. J.（2008）The architecture of platforms：A unified view. Working Paper，Boston，Massachusetts：Harvard Business School.

［5］Balzer，B.，J. Schneider.（2018）Persuading to participate：Coordination on a standard. Working Paper：https：//josndr. github. io/InfoPunishment. pdf.

［6］Barnett，J. M.（2011）The host's dilemma：Strategic forfeiture in platform markets for informational goods. *Harvard Law Review*，124（8）：1863 - 1938.

［7］Barrett, M. , Davidson, E. （2008）Exploring the Diversity of Service Worlds in the Service Economy. In M. Barrett, E. Davidson, C. Middleton, J. I. De-Gross （Eds. ）, *Information Technology in the Service Economy*: *Challenges and Possibilities for the* 21*st Century.* New York: Springer.

［8］Besen, S. M. , J. Farrell. （1994）Choosing how to compete – strategies and tactics in standardization. *Journal of Economic Perspectives*, 8 （2）: 117 – 131.

［9］Boudreau, K. （2010）Open platform strategies and innovation: Granting access vs. devolving control. *Management Science*, 56 （10）: 1849 – 1872.

［10］Catalini, C. , J. S. Gans. （2019）Some simple economics of the block-chain. Working Paper 22952, National Bureau of Economic Research.

［11］Cennamo C. , Santalo S. （2013）Platform competition: Strategic trade – offs in platform markets. *Strategic Management Journal*, 34 （11）: 1331 – 1350.

［12］Chesbrough, H. , Vanhaverbeke, W. , West, J. （2006）Open innovation: Researching a new paradigm. New York: Oxford University Press.

［13］Ciborra, C. U. , Braa, K. , Cordella, A. , Dahlbom, B. , Failla, A. , Hanseth, O. , Hepso, V. , Ljungberg, J. , Monteiro, E. , Simon, K. A. （Eds. ）, （2001）*From Control to Drift*: *The Dynamics of Corporate Information Infrastructures.* New York: Oxford University Press.

［14］Davis, J. P. （2016）The group dynamics of interorganizational relation-ships: Collaborating with multiple partners in innovation ecosystems. *Administrative Science Quarterly*, 61 （4）: 621 – 661.

［15］De Reuver, M. , Sørensen, C. , Basole, R. C. （2018）The digital plat-form: A research agenda. *Journal of Information Technology*, 33 （2）: 124 – 135.

［16］Eaton, B. Elauf – Calderwood, S. Sørenson, C. , Yoo, Y. （2015）Dis-tributed tuning of boundary resources: The case of Apple's iOS service system. *MIS Quarterly*, 39 （1）: 217 – 243.

［17］Eisenman, T. R. , L. Barley. （2006）Atheros communications. Harvard Business School Case 806 – 093.

［18］Eisenmann, T. R. , G. Parker, Van Alstyne, M. W. （2009）Opening platforms: How, when and why? . In Gawer, A. （Ed. ）, *Platforms, markets, and innovations* . Cheltenham: Edward Elgar.

［19］Evans, D. S. , R. Schmalensee. （2015）The antitrust analysis of multisid-ed platform businesses. In R. D. Blair, D. D. Sokol （Eds. ）, The Oxford Handbook of International Antitrust Economics. Volume 1. Oxford: Oxford University Press.

[20] Farrell, J., Saloner, G. (1992) Converters, compatibility, and the control of interfaces. *Journal of Industrial Economy*, 40 (1): 9 −35.

[21] Farrell, J. (2007) Should competition policy favor compatibility? In S. Greenstein, V. Stango (Eds.), *Standards and Public Policy*. Cambridge: Cambridge University Press.

[22] Farrell, J., J. Hayes, C. Shapiro, T. Sullivan (2007) Standard setting, patents, and hold − up. *Antitrust Law Journal*, 74 (3): 603 −670.

[23] Farrell, J., P. Klemperer. (2007) Coordination and lock − in: Competition with switching costs and network effects. In M. Armstrong, R. Porter (Eds.), *Handbook in Economics*. Amsterdam: Elsevier.

[24] Farrell, J., T. Simcoe (2012). Four paths to compatibility. In M. Peitz, J. Waldfogel (Eds.), Oxford Handbook of the Digital Economy. Oxford, UK: Oxford University Press. Chapter 2, pp. 34 −58.

[25] Farrell, J., Saloner, G. (1986) Installed base and compatibility: Innovation, product preannouncements, and predation. *The American Economic Review*, 76 (5): 940 −955.

[26] Faulhaber, G. (2002) Network effects and merger analysis: Instant messaging and the AOL − Time Warner case. *Telecommunications Policy*, 26 (5): 311 −333.

[27] Gandal, N., H. Halaburda. (2016) Can we predict the winner in a market with network effects? Competition in cryptocurrency market. *Games*, 7 (3): 16.

[28] Gawer, A., Cusumano, M. A. (2014) Industry platforms and ecosystem innovation. *Journal of Product Innovation Management*, 31 (3): 417 −433.

[29] Gawer, A., Henderson, R. (2007) Platform owner entry and innovation in complementary markets: Evidence from Intel. *Journal of Economy Management Strategy*, 16 (1): 1 −34.

[30] Ghazawneh, A., Henfridsson, O. (2013) Balancing platform control and external contribution in third − party development: The boundary resources model. *Information Systems Journal*, 23 (2): 173 −192.

[31] Hagiu, A., Wright, J. (2015) Multi − sided platforms. *International Journal of Industrial Organization*, 43 (11): 162 −174.

[32] Hanseth, O., Lyytinen, K. (2010) Design theory for dynamic complexity in information infrastructures: The case of building Internet. *Journal of Information Technology*, 25 (1): 1 −19.

[33] Kapoor, R. (2018) Ecosystems: Broadening the locus of value creation. *Journal of Organization Design*, 7 (1): 1 – 16.

[34] Karhu, K, Tang, T. , Hämäläinen, M. (2014) Analyzing competitive and collaborative differences among mobile ecosystems using abstracted strategy networks. *Telematics Informatics*, 31 (2): 319 – 333.

[35] Karhu, K. , R. Gustafsson, K. Lyytinen. (2018) Exploiting and defending open digital platforms with boundary resources: Android's five platform forks. *Information Systems Research*, 29 (2): 479 – 497.

[36] Karhu, K. & Ritala, P. (2020) Slicing the cake without baking it: Opportunistic platform entry strategies in digital markets. Long Range Planning, Journal Homepage: www. elsevier. com/locate/lrp.

[37] Klepper, S. , K. Graddy. (1990) The evolution of new industries and the determinants of market structure. *RAND Journal of Economics*, 21 (1): 27 – 44.

[38] Koch, T. , Windsperger, J. (2017) Seeing through the network: Competitive advantage in the digital economy. *Journal of Organization Design*, 6 (1): 2 – 30.

[39] Kretschmer, T. (2008) Splintering and inertia in network industries. *The Journal of Industrial Economics*, 56 (4): 685 – 706.

[40] Kretschmer, T. , J. Claussen. (2016) Generational transitions in platform markets—the role of backward compatibility. *Strategy Science*, 1 (2): 90 – 104.

[41] Lavie, D. (2006) The competitive advantage of interconnected firms: An extension of the resource – based view. *Academy Management Review*, 31 (3): 638 – 658.

[42] Lee, E. , J. Lee. (2006) Reconsideration of the winner – take – all hypothesis: Complex networks and local bias. *Management Science*, 52 (12): 1838 – 1848.

[43] Lemley, M. (2002) Intellectual property rights and standard setting organizations. *California Law Review*, 90: 1889 – 1981.

[44] Lerner, J. , J. Tirole. (2002) Some simple economics of open source. *The Journal of Industrial Economics*, 50 (2): 197 – 234.

[45] Matutes, C. , P. Regibeau. (1988) "Mix and match": Product compatibility without network externalities. *RAND Journal of Economics*, 19 (2): 221 – 234.

[46] Nalebuff, B. J. , Brandenburger, A. M. (1996) *Co – opetition: A revolution mindset that combines competition and cooperation*. London: HarperCollins Business.

[47] Orlikowski, W. , Scott, S. V. (2008) Sociomateriality: Challenging the separation of technology, work and organization. *Academy of Management Annals*, 2 (1): 433 – 474.

[48] Parker, G. , Van Alstyne, M. (2005) Two – sided network effects: A theory of information product design. *Management Science*, 51 (10): 1494 – 1504.

[49] Parker, G. , M. Van Alstyne, X. Jiang. (2017) Platform ecosystems: How developers invert the firm. *Management Information Systems Quarterly*, 41 (1): 255 – 266.

[50] Parker, G. , M. Van Alstyne. (2016) *Platform Strategy*. London: Palgrave Macmillan.

[51] Parker, G. , Van Alstyne, M. (2009) Six challenges in platform licensing and open innovation. *Communications & Strategies*, 74 (2): 17 – 36.

[52] Postrel, S. R. (1990) Competing networks and proprietary standards: The case of quadraphonic sound. *The Journal of Industrial Economics*, 39 (2): 169 – 185.

[53] Robles, G. , González – Barahona, J. M. (2012) A comprehensive study of software forks: Dates, reasons and outcomes. Hammouda, I. , Lundell, B. , Mikkonen, T. , Scacchi, W. (Eds.), *Open Source Systems: Long – Term Sustainability*. Springer, Berlin Heidelberg: Springer.

[54] Rochet, J. , J Tirole. (2003) Platform competition in two – sided markets. *Journal of the European Economic Association*, 1 (4): 990 – 1029.

[55] Rysman, M. , T. Simcoe. (2008) Patents and the performance of voluntary standard setting organizations. *Management Science*, 54 (11): 1920 – 1934.

[56] Rysman, M. (2009) The economics of two – sided markets. *Journal of Economic Perspectives*, 23 (3): 125 – 143.

[57] Shy, O. (2011) A short survey of network economics. *Review of Industrial Organization*, 38 (2): 119 – 149.

[58] Simcoe, T. , Watson, J. (2016) Forking, fragmentation and splintering. Working Paper, Boston, Massachusetts: Boston University.

[59] Simcoe, T. , Watson, J. (2019) Forking, fragmentation, and splintering. *Strategy Science*, 4 (4): 283 – 297.

[60] Suarez, F. (2005) Network effects revisited: The role of strong ties in technology selection. *Academy of Management Journal*, 48 (4): 710 – 722.

[61] Suarez, F. , J. Utterback. (1995) Dominant designs and the survival of firms. *Strategic Management Journal*, 16 (6): 415 – 430.

[62] Tassey, G. (2000). Standardization in technology – based markets. *Research Policy*, 29 (4): 587 – 602.

[63] The Economist. A game of thrones. December 1, 23 – 26.

[64] Tilson, D., Lyytinen, K., Sørensen, C. (2010) Digital infrastructures: The missing IS research agenda. *Information Systems Research*, 21 (4): 748 – 759.

[65] Tiwana, A. (2013) *Platform ecosystems: Aligning architecture, governance, and strategy*. Waltham, Massachusetts: Murgan Kaufman Publishers.

[66] Tiwana, A., Konsynski, B., Bush, A. A. (2010) Research commentary – platform evolution: Coevolution of platform architecture, governance, and environmental dynamics. *Information Systems Research*, 21 (4): 675 – 687.

[67] Vakili, K. (2016) Collaborative promotion of technology standards and the impact on innovation, industry structure, and organizational capabilities: Evidence from modern patent pools. *Organization Science*, 27 (6): 1504 – 1524.

[68] Vargo, S. L., Maglio, P. P., Akaka, M. A. (2008) On value and value co – creation: A service systems and service logic perspective. *European Management Journal*, 26 (3): 145 – 152.

[69] Vetter, G. R. (2016) Opportunistic free and open source software development pathways. *Harvard Journal of Law Technology*, 30 (SI): 167.

[70] von Hippel, E. (2005) *Democratizing innovation: The evolving phenomenon of user innovation*. Cambridge, Massachusetts: The MIT Press.

[71] Wareham, J., Fox, P. B., Cano Giner, J. L. (2014) Technology ecosystem governance. *Organization Science*, 25 (4): 1195 – 1215.

[72] West, J. (2003) How open is open enough?: Melding proprietary and open source platform strategies. *Research Policy*, 32 (7): 1259 – 1285.

[73] West, J., Gallagher, S. (2006) Challenges of open innovation: The paradox of firm investment in open – source software. *RD Management*, 36 (3): 319 – 331.

[74] West, J., O'Mahony, S. (2008) The role of participation architecture in growing sponsored open source communities. *Industry and Innovation*, 15 (2): 145 – 168.

[75] Yoffie, D., A. Hagiu, L. Kind. (2011) Qualcomm incorporated 2009. Harvard Business School Case, 9 – 710 – 433.

[76] Yoo, C. S. (2016) Open source, modular platforms, and the challenge of fragmentation. Working paper, University of Pennsylvania, Philadelphia.

[77] Yoo, Y., Henfridsson, O., Lyytinen, K. (2010) Research commentary - The new organizing logic of digital innovation: An agenda for information systems research. *Information Systems Research*, 21 (4): 724 - 735.

[78] Yoo, Y., R. J. Boland, K. Lyytinen, A. Majchrzak. (2012) Organizing for innovation in the digitized world. *Organization Science*, 23 (5): 1398 - 1408.

[79] Yoo, Y., Lyytinen, K. Thummadi, V., Weiss, A. (2010) Unbounded innovation with digitalization: A case of digital camera. Conference Paper In Annual Meeting of the Academy of Management, January.

[80] Zhu, F., Iansiti, M. (2012) Entry into platform - based markets. *Strategic Management Journal*, 33 (1): 88 - 106.

[81] Zittrain, J. L. (2006) The generative internet. *Harvard Law Review*, 119 (5): 1974 - 2040.

[82] 彭毫, 罗珉. (2020) 平台生态: 价值创造与价值获取. 北京: 燕山出版社.

第九章　数字化平台治理战略

在平台理论研究中，数字化平台治理结构和平台治理战略，经常作为同义词而混用。实践已经证明，平台领导或平台倡导者必须统筹规划平台生态系统的治理结构和平台治理战略。平台治理结构和平台治理战略包括平台的界面规则，这些规则指定哪些参与方可以访问平台以及如何访问平台。这些规则决定了平台对外部互补品提供商的开放程度以及每一边互补品提供商的数量，并影响到互补品的性质和质量。此外，平台治理结构还包括各方互动的规则，从而确定了平台不同边各方之间的互动结构。多边开放式数字化平台的生态系统治理结构，还包括激励平台不同边的各方参与、各方将接触哪些客户以及在何种条件下参与（Hagiu，2014；Parker et al.，2016）。

第一节　平台治理概念的内涵与外延

一个平台生态系统的健康发展，取决于数字化平台的有效治理。数字化平台的治理，即协调和管理，是平台所有者的责任之一（Tiwana，2013）。

平台治理属于组织治理（Organizational Governance）的范畴，因而平台治理的概念是从组织理论视角讨论的。组织理论讨论了数字化平台是如何管理的，以及如何可能被管理的问题（Evans，2012）。这些讨论多是基于开发软件和第三方应用程序的创新型平台展开（Manner et al.，2012；Tiwana et al.，2010）。这类创新型平台的突出案例包括：为第三方开发的附加组件提供平台的 Mozilla Firefox 互联网浏览器；为第三方移动应用程序开发提供数字化平台的苹果移动操作系统（iOS）和谷歌安卓操作系统（Android）等。

数字化平台治理（Digital Platform Governance）是指平台所有者对生态系统中其他参与者（如应用程序开发者）施加影响的机制（Tiwana，2013）。它包括平台宿主制定界面规则（Interface Rules）活动，如决策权的规定、正式和非正式控制机制的选择以及定价方案的决定（Tiwana，2013）。平台治理的目标应该是协调（Orchestrate），而不是指导（Direct）（Williamson & De Meyer，2012），即通过机制创新来培育一个互补性生态系统（Wareham et al.，2014）。

美国佐治亚大学特里商学院（Terry College of Business，University of Georgia）教授 Tiwana 等（2010）提出了一个数字化平台治理模型，以决策权划分和控制这两个核心概念来分析软件平台的治理：决策权划分是指"如何在平台所有者和应用程序开发者之间分配决策权"；控制是指"平台所有者实施的正式和非正式机制，以鼓励应用程序开发人员的可取行为，反之亦然"。

我们认为，Tiwana 等的数字化平台治理模型隐含的含义有：

（1）数字化平台治理并不仅仅是 Tiwana 等所说的软件类创新型平台的治理，还包括交易型平台和混合型平台的治理，治理的主体除了平台所有者，还包括平台所有的参与者或合作伙伴。参与者或互补者所从事的活动在数字化平台上形成了一套设计规则和治理机制，旨在吸引独立参与者参与分布式、协作性和累积性创新（Tiwana et al.，2010）。

（2）共享经济平台的治理主体比较复杂，是因为平台参与者往往具有双重身份。在类似豆瓣网等用户生成内容型平台（UGC Platform）及滴滴、优步（Uber）和爱彼迎等共享经济平台中，平台的参与者很多都是平台的所有者，如用户生成内容的评价者、优步的司机和共享房屋的业主等，他们既是平台参与者，又是平台所有者。豆瓣网的用户既是信息的阅读者，也是内容的提供者，该内容因此被称为用户生成内容（User‑Generated Content，UGC）。因此，从内容提供者视角看，他们也是平台的所有者。又如，在分析诸如爱彼迎（Airbnb）这样的共享经济平台的治理时，爱彼迎平台自身保留的决策权、该平台供出租住宅的房东和客人的决策权可能有所不同，如房东有权根据客人个人资料和之前的评级决定是否接受将住宅出租给客人；以及爱彼迎和用户之间的控制动态，如爱彼迎是否提供保险，以鼓励潜在客人使用该平台等。

（3）平台的治理是通过平台所有者、应用程序开发人员和平台参与者使用控制机制来影响其他各方行使其决策权的方式进行的。为了实现价值创造，数字化平台需要有控制机制（Ghazawneh & Henfridsson，2013；Tiwana，2013）。这种机制可以是非正式的，如自我控制，也可以是正式的，如输入或输出控制。另一种控制形式是通过数字化平台向其利益相关者提供资源，即 API 或软件开发工具包（SDK）（Ghazawneh & Henfridsson，2013）。在交易型的商业平台（Commercial Platforms）中，平台所有者还将定价作为一种额外的控制机制（Additional Control Mechanism）（Caillaud & Jullien，2003；Schreieck et al.，2017）。

（4）平台治理、平台技术架构与平台复杂性有非常密切的关系。就平台复杂性而言，存在着结构复杂性和行为复杂性两种复杂性：平台技术架构是解决平台结构复杂性的杠杆，而平台治理是解决行为复杂性的杠杆（Tiwana，2013）。

（5）数字化平台治理结构定义了谁做什么、谁控制什么以及每个参与者将如何受益（Dattée et al.，2017；Nambisan & Sawhney，2011；Tiwana et al.，2010），包括平衡灵活性和多样性的需要与完整性和标准化的需要之间的紧张关系（Wareham et al.，2014）。因此，必须明确平台治理关键路径中的行为者：参与（需要包括哪些人）、结构（谁移交给谁）和治理（谁制定规则）（Adner，Oxley & Silverman，2014）。

（6）以软件平台的治理模型来概括所有的数字化平台的治理是有限的，因为它关注的是组织内部的控制动态（Keasey et al.，1997），忽视了平台所有者和用户之间的协作动态——这种协作动态也决定了如何行使决策权。

从组织理论视角看，平台治理强调人们应当从理论到实践高度认识和重视解决组织中控制和协作的动态问题，以全面了解组织治理（Demb & Neubauer，1992；Sundaramurthy & Lewis，2003）。

第二节　数字化平台治理的关键性决策

数字化平台治理战略影响平台生态系统的进化动态，平台治理战略选择产生的竞争优势随着平台和应用程序架构的选择而增强或减弱。澳大利亚学者 Tee 和 Woodard（2013）分析了分层业务生态系统中的战略决策，强调了跨层交互（Cross - layer Interactions）对产品设计和平台治理战略选择的影响。

数字化平台治理战略包括平台领导或平台倡导者制定参与、互动和解决冲突的界面规则（Interface Rules）。这包括以下几个方面：

一、确定使用或加入平台的参与者角色

数字化平台治理面临的首要问题是如何确定使用或加入平台的参与者。数字化平台治理涉及平台参与者或合作伙伴，它们包括：

（1）用户或消费者；

（2）应用程序开发者或应用程序供应商；

（3）平台互补品提供商；

（4）平台领导、平台所有者、平台提供商或平台倡导者（Eisenmann et al.，

2009），这几个词实际上是同义语，经常混用。

在平台经营实践中，平台领导需要填充特定的参与者角色，以创造价值并进行有效的管理。这些角色应在平台治理设计的早期通过参与式流程进行识别（Jacobides, Knudsen & Augier, 2006；Le Masson, Weil & Hatchuel, 2009；Bosch - Sijtsema & Bosch, 2015）。然而，困难的是参与者角色可能会迅速转变（Van Alstyne, Parker & Choudary, 2016），也可能具有多种角色。例如，滴滴的司机既是滴滴平台互补者，也可能是滴滴的用户；用户生成内容型平台的评论者既是信息的阅读者，也是平台互补品提供者和平台知识产权的所有者。因此，在设计平台的治理结构时，需要确定平台的利益相关者和可能的受益人（Jacobides, Knudsen & Augier, 2006；Le Masson, Weil & Hatchuel, 2009；Van Alstyne, Parker & Choudary, 2016）以及如何实现对他们的承诺（Hagiu, 2006）。实践表明，对关键利益相关者的承诺可以通过创造平台所有权感知（Ownership Perception）来实现，例如，分配领导权或决策权（Tiwana, Konsynski & Bush, 2010），邀请利益相关者共同进行平台的变革与创新（Ceccagnoli et al., 2012）或采用施加转换成本的规则和政策（Kenney & Pon, 2011）。

在开放式数字化平台中，平台治理还涉及平台宿主和平台分岔者之间的关系，平台分岔者也是平台的参与者。一般来说，数字化平台治理以平台宿主的活动为中心，开放式数字化平台的宿主不仅需要开放平台资源，更重要的是需要管理整个生态系统中的资源和参与者。平台宿主是数字化平台治理的主体，承担着管理互补性与相互依赖性的任务。在现实经济生活中，平台宿主往往就是平台领导、平台所有者、平台提供商或平台倡导者。

应当看到，平台用户和诸如第三方内容提供商的平台互补者的动机和属性都是不同的（Cennamo, 2016；McIntyre & Srinivasan, 2017）。因此，平台治理决策需要从每个利益相关者的角度来考虑平台的价值创造与价值获取机制、利益和价值功能，以确定每个利益相关者的价值主张（Le Masson, Weil & Hatchuel, 2009；Van Alstyne, Parker & Choudary, 2016）。

二、确定数字化平台的控制和开放程度的决策

数字化平台治理的第二个问题，是如何管理数字化平台控制和开放之间的紧张关系（Tilson et al., 2010；Wareham et al., 2014）。对于这一问题，有的学者主张重视数字生态系统的设计，认为它对平台倡导者平衡不同的利益具有非常重要的作用（Darking et al., 2008）；有的学者主张从参与者对话关系的角度研究平台生态系统的治理问题（Wareham et al., 2014）。

实践表明，访问平台的界面规则可以从根本上影响整个平台的生态系统。一

般来说，无限制的平台开放界面规则允许合作伙伴轻松访问平台并随时可以退出。开放性界面规则（Interface Rules for Openness）通常包括兼容性和多宿主性的特点（Rysman，2009）。限制访问的平台界面规则按数量或类型限制参与的合作伙伴，其主要目的是将现实的或潜在的合作伙伴锁定为长期契约式的合作关系（Kauffman & Mohtadi，2004）。因此，平台治理模式选择的一个重要问题是决定开放系统和封闭系统的程度（Laffan，2011）。在开放式数字化平台的治理中，平台宿主需要平衡开放与限制访问对平台稳定性的影响、应用程序的质量，以及通过平台参与者促进创新和邀请外部贡献的需要等问题（Eaton et al.，2015；Ghazawneh & Henfridsson，2013），这涉及如何捆绑应用程序开发者的创新能力，以及是否垂直整合的战略性决策问题。

我们认为，数字化平台的代码、软件和数据等数字化元素本身就具有数字融合性、可重组性和数字生成性等特征。数字技术意味着数据的同质化（Homogenisation of Data）、可编辑性（Editability）、可再编程性（Reprogrammability）、分布性（Distributedness）和自我参照性（Self-referentiality）（Yoo et al.，2010；Kallinikos et al.，2013）。

数字化平台的特征充分反映出平台控制和开放之间的紧张关系，这实质上是变化悖论和控制悖论的关系问题（Tilson et al.，2010）。变化悖论（Paradox of Change）意味着数字化平台需要发展并同时保持稳定，以便为进一步扩大平台生态系统打下坚实的基础。平台需要足够灵活，以支持平台生态系统看似无边界的增长，即扩大平台生态系统（Tilson et al.，2010）。控制悖论（Paradox of Control）意味着数字化平台同时存在集中控制和分布式控制（Centralized and Distributed Control）的对立逻辑。例如，苹果 iOS 平台的发展以及相关应用商店的构建，体现了集中控制以保持平台稳定发展的管理与治理逻辑；谷歌 Android 平台和利益相关者生态系统的发展，说明了分布式控制带来的足够的灵活性扩大了平台生态系统的管理与治理逻辑。

事实上，数字化平台治理不同的控制安排，都能够促进应用程序和操作系统资源的持续自动更新，形成稳定且能够不断发展的平台经营模式（De Reuver，Sørensen & Basole，2017）。苹果公司报告称，苹果 iOS 操作系统升级发布不到一周，其全球用户群的采用率就为 50%（Tracy，2015）。从平台治理视角看，这意味着大型分布式数字化平台的变化速度已经对平台治理和平台监管提出了新的挑战。

三、管理与控制平台的多宿主性决策

数字化平台治理的第三个问题，是如何管理与控制平台的多宿主性。所谓平

台的多宿主性是指一个平台参与者参与多个平台生态系统（Armstrong，2006；Armstrong & Wright，2007）。具体地说，平台的多宿主性是指应用程序开发者或供应商提供的应用程序可以同时在多家平台上使用，即应用程序具有归属于多家平台的属性，这种开放的平台界面规则允许合作伙伴加入竞争对手的平台。例如，一个同时为谷歌 Android 和苹果 iPhone iOS 提供应用程序的应用程序开发者在这些平台上具有多重定位；一个同时拥有华为 Android 和 iPhone iOS 操作系统的终端用户，在这些平台上也有类似的多重定位。同样道理，平台消费者也具有多宿主的特点，可以是多个同类平台的用户。他/她既可以是天猫、淘宝的用户，也可以是京东或苏宁的用户。

数字化平台多宿主性出现的原因在于，平台市场竞争的加剧和技术的日新月异，特别是在尚未出现明显赢家的平台市场中，应用程序开发商希望通过多家投资来分散开发风险，这就增加了出现平台多宿主的可能性。在激烈的平台市场竞争中，应用程序开发商的任何软件开发投资都面临着极大的投资风险，数字化平台多宿主因而成为应用程序开发商规避风险的一种合理的方法，这可以使他们在多个竞争平台上同时下注，避免陷入单一的失败平台。对最终用户来说，维护多个平台所需的成本，通常是威慑多宿主性的力量。一般来说，维护多个平台所需的成本越高，应用程序开发者多宿主或最终用户多家访问的可能性就越低。平台领导就可以通过降低自身平台相对于竞争对手平台的寻租成本（Rent – seeking Cost）来阻止多宿主。

研究表明，应用程序的多宿主性会损害特定平台的用户采用与销售（Landsman & Stremersch，2011）。因此，许多数字化平台在治理规则中明确了应用程序开发者或互补品提供商参与平台生态系统的条件，就是参与平台的合作伙伴只能与一家平台合作，应用程序只能与一个单独的平台（也称为单一家庭）相关联，这种情况称为应用程序的单宿主性（Single – homing）。

有些数字化平台会对微商、互补品提供商提出单宿主性问题，即要求这些微商、互补品提供商只能加入一家平台。例如，阿里巴巴集团旗下以数据和技术为驱动的新零售平台盒马鲜生，就只能使用蚂蚁金服旗下的支付宝作为支付和结算工具，而将信用卡、借记卡和微信支付等支付工具全部排除在外。

事实上，数字化平台参与者或合作伙伴资源的异质性，对一个平台竞争优势的发挥，具有重要的作用。如果某个平台参与者或合作伙伴的能力扩展到竞争对手的平台，那么就会降低多宿主性平台的竞争优势（Sun & Tse，2009）。因此，平台领导或平台倡导者更倾向于生态系统合作伙伴只与本平台合作，即希望合作伙伴具有单一宿主，单独为自己的平台提供新内容和独特的能力。

有时，平台进入者具有极强的技术能力或经营资质，可服务于多家平台。例如，支付宝和微信支付就是具有多宿主性的要素级互补品提供商，它们以极强的市场先发优势和经营资质进入多个平台和商家，这两家移动支付工具在中国移动支付市场上的占有率高达96%。又如，华为作为通信信息技术硬件和软件的提供商，是全球通信信息技术领域的领头人，其产品被全球电信营运平台系统广泛使用，自然也是通信信息技术（ICT）领域具有多宿主性的互补品提供商。

四、如何分配治理决策权问题

数字化平台的治理，涉及平台领导或平台倡导者和应用程序开发者之间如何分配治理决策权的问题。治理决策权选择包括关于领导力（Iansiti & Levien，2004；Gawer & Cusumano，2008，2014）和所有权（Nocke，Peitz & Stahl，2007；Tiwana，Konsynski & Bush，2010），以及平台的相关管理实践决策（Boudreau & Hagiu，2009；Van Alstyne，Parker & Choudary，2016）。这些问题共同决定了平台如何做出治理决策以及哪些参与者参与治理。平台的决策权涉及平台治理的协调问题。

从创新、开放与控制视角看，数字化平台治理决策至少涉及三个重要方面：

（1）平台倡导者是否放弃平台知识产权（IP）。放弃平台知识产权有助于应用程序开发者进行创新，但平台倡导者必须确定给予开发者多少价值，以及从开发者那里得到多少回报。

（2）平台倡导者如何吸收应用程序开发者的知识产权。选择吸收开发者的知识产权，不仅仅是平台对他们的销售分成，重要的是平台将开发者的创意传播到整个平台生态系统中。平台倡导者吸收开发者的创新或创意会降低它对开发者的价值，但通过平台将这些创新或创意分派出去会极大地提高其他人获得的价值。

（3）平台倡导者除了授予和接受知识产权外，还需要在技术风险和知识产权重复使用方面做出选择。一般来说，技术风险影响实践，而平台倡导者对知识产权的重复使用影响创新。这些因素之间的相互作用意味着，应用程序开发商参与平台的契约，其研发溢出会对下游产生影响，且这些因素也将直接影响到平台未来的利润实现（Parker & Van Alstyne，2017）。

以数字化平台开放性决策为例，开放性不仅与平台倡导者制定的应用程序开发者的平台入口和出口规则有关，还与诸如应用程序编程接口（API）和软件开发工具包（SDK）等技术的开放性有关。实践表明，苹果的 iOS 和谷歌的 Android 操作系统、数字市场和支付平台的开放程度，各不相同，因而平台治理模式与治理战略，也就完全不同。例如，在移动平台方面，苹果 iOS 操作系统与苹果 iTunes App Store 平台紧密相连，而谷歌的移动钱包（Google Wallet）仅仅只是一个平台，因为它建立在 Android 操作系统之上，能够模拟支付卡。

在数字化平台经营实践中，数字化平台倡导者和应用程序开发者之间对决策权的分配，采用的是"无许可创新"（Permissionless Innovation）这种开放式创新形式，可有效地解决平台治理中的协调问题。实践中的具体办法是，平台倡导者提供一个简单的默认契约（Default Contract）来解决平台治理中的协调问题：平台倡导者向第三方平台参与者提供对平台知识产权（IP）的访问权限，但交换条件是获得对应用程序开发者知识产权（IP）的访问权限。这种点对点对偶交流（Coupling Communication）节省了平台倡导者与应用程序开发者之间的多方谈判成本，在其他行业被称为"反公地悲剧"（Tragedy of the Anticommons）[①]（Heller & Eisenberg，1998）。但这也意味着应用程序开发者在开发应用程序并实现用户采用之前，不必向平台透露他们的想法，从而有失去开发应用程序并实现用户采用的风险（Cerf，2012）。

数字化平台倡导者的任务是设计一个默认契约（Default Contract），这样应用程序开发者就可以选择无许可的创新选项，而非其他外部选项，这就为平台治理建立了一个开放标准。默认契约是平台倡导者与应用程序开发者没有经过事先协商约定的，开发者在选择软件开发投资之前不需要公开他们的身份或想法。但这并不意味着加入平台的应用程序开发者不仅要向平台支付销售收入的分成（一般称为向平台支付版税），而且最终还会失去他们的创新。作为交换条件，应用程序开发者可以获得平台倡导者和平台天棚伙伴更多的创新资源，可以充分地利用平台的天棚用户以实现更多的用户采用或更有价值的平台销售。

因此，通过强制应用程序开发者开放，平台倡导者可以有效地诱导有益于每个人的研发溢出。从这个意义上说，平台治理关注的焦点已经从最大化个体企业的利润，转向最大化平台生态系统的价值创造。由于强调平台外的价值创造，平台管理者更像一个社会规划师。

五、确定平台界面规则的决策

确定平台界面规则的决策是指平台领导或平台倡导者决定使用什么类型的正式和非正式控制机制（例如，守门、绩效指标、应用程序开发者预期遵循的流程以及非正式的小团体压力）来进行平台治理。

---

① 1998 年，美国密歇根大学经济学教授迈克尔·黑勒（Michael A. Heller）在 *"The Tragedy of the Anticommons：Property in the Transition from Marx to Markets"* 一文中提出"反公地悲剧"（Tragedy of the Anticommons）的理论模型。黑勒教授认为，尽管哈丁教授的"公地悲剧"说明了人们过度利用（Over‐use）公共资源的恶果，但他却忽视了资源未被充分利用（Under‐use）的可能性。在公地内，存在着很多权利所有者。为了达到某种目的，每个当事人都有权阻止其他人使用该资源或相互设置使用障碍，而没有人拥有有效的使用权，导致资源的使用不足，造成浪费，于是就发生了"反公地悲剧"。

数字化平台治理的正式和非正式控制机制，一般称为平台界面规则（Platform Interface Rules）的机制。所谓平台界面规则也称平台规则，它是指平台领导或平台参与者共同实施的规则和私人订制的"法律"（Boudreau & Hagiu，2009；Van Alstyne，Parker & Choudary，2016）。在平台实践中，平台界面规则还涉及数据和信息保护（如用户身份）、内容创建以及谁来管理这些内容等方面。

平台界面规则在有关法学文献和经济学文献中，一般被称为"私人订制"（Private Ordering）。所谓私人订制是通过私人之间（包含法人之间）订立契约，以实现平台治理与平台监管，私人订制的目的是实现高于公法体系所提供的福利收益（Eisenberg，1976）。在数字化平台经营实践中，"私人订制"的表现形式是平台契约，是平台所有者或平台倡导者与平台参与各方分别签订契约的总称，最典型的代表就是平台倡导者与应用程序开发者之间的默认契约。而这些得到平台参与者认可的平台契约，就构成了平台的界面规则。有些平台契约可能会约束应用程序开发者的行为，如推特（Twitter）的平台契约就有对应用程序内广告的限制，而苹果（Apple）的平台契约则有对平台外购买的限制。

使用私人订制的平台界面规则，可以重塑互补品提供商、应用程序开发商的知识产权，以便让其他应用程序开发商获得更好的创意，从而使平台具有更高的创新率。平台倡导者可以将新的应用程序功能捆绑到平台中，并公开新的应用程序编程接口（API）。

研究表明，使用私人订制的界面规则可以使平台倡导者捆绑业务，从而增强自身获取经济租金的能力（Salinger，1995；Bakos & Brynjolfsson，1998；McAfee et al.，1989）或获得更大的平台竞争优势（Nalebuff，2004；Eisenmann et al.，2011）。反过来，经由创新产生的平台介导溢出（Platform - mediated Spillover）将通过持续的创新吸收和再分配过程，提高平台参与者或微观经济合作伙伴（如微商、互补品提供商的供应商等）的生产能力。

六、平台定价与治理结构决策

平台生态系统中包含的产品和服务的定价结构，包括平台一边产品受到另一边产品补贴的程度，即平台一方产品价格结构的变化会影响平台另一方产品价格结构，这些问题涉及平台生态系统的治理结构（Hagiu，2014）①。

这些平台定价结构的界面规则控制着平台上的所有参与者或合作伙伴的行为、盈余分配、特权和责任。由于平台定价结构也为互补性资产提供者参与生态系统提供了激励，因而定价结构与治理结构相互交织，这是以往的理论与实践研

---

① 有关多边平台的特征、包含的边数以及定价和治理结构的讨论，请参见 Hagiu, A.（2014）Strategic decisions for multisided platforms. *MIT Sloan Management Review*，55（2）：71 - 82.

究普遍未涉及的问题，将是今后研究重点关注的议题。

事实上，平台领导或平台倡导者最初建立的治理结构以及相关定价结构，是平台构建商业模式的关键性维度。要让互补性资产提供者加入并留在平台生态系统中，就必须让他们赚取利润（Gawer & Cusumano，2002；Teece，2018）。通过治理结构和相互交织的定价结构，平台领导或平台倡导者的决策影响到互补性资产提供者加入和留在平台生态系统中的动机，并直接决定了平台生态系统参与成员之间的利润分配。平台领导或平台倡导者可以选择集中关键决策（Centralize Key Decisions），以限制平台倡导者与参与者之间的谈判成本，并优化平台生态系统的健康状况。苹果公司决定在其 iTunes 商店中标准化价格，就是一个典型的案例（Rochet & Tirole，2003；Ye et al.，2012）。

七、确定平台边界资源与治理结构决策

谷歌安卓开放式数字化平台的经营实践表明，过于松散的治理结构容易使开放式数字化平台受到小米、亚马逊这类平台分岔者的平台分岔攻击。因此，平台宿主必须充分考虑如何通过确定平台边界资源，来应对平台分岔活动，实施反分岔战略。

平台不仅应当把边界资源看成是在开放式数字化平台中培养众多互补者的多用途资源，还应当重点考虑如何将边界资源作为一种抵御其他平台玩家的利用性威胁的手段。

在开放式数字化平台中，边界资源包括与开放性相关的软件工具，如 API 和软件开发工具包，以及管理资源开放性的专用法规，如开放源代码许可证等。边界资源对于平台外部贡献的资源和控制互补者的行为，起到至关重要的作用（Ghazawneh & Henfridsson，2013）。平台宿主提供的软件开发工具包（SDK）和 API 更新，直接影响到互补者和应用程序开发者的参与程度。例如，任何操作系统附带的开发者分发协议，都会控制开发者及其应用程序的分发。因此，平台治理的重点是形成边界资源的控制点（Tilson et al.，2010，2012）。为了促进平台增长，平台宿主必须主动与开放式数字化平台的边界资源接触，以创造增长杠杆，同时对外界使用资源的多样化甚至竞争性方法做出反应（Ghazawneh & Henfridsson，2013）。研究表明，由于平台边界资源可共享使用，所以平台宿主永远无法完全控制它们，与控制平台核心相比，平台宿主控制平台边界资源，显得更加重要（Baldwin & Woodward，2009；Pon et al.，2014；Schilling，2000）。

以谷歌安卓这个开放式数字化平台为例，在平台治理方面，除了开放，边界资源促进了互补者的工作，放松了平台模块之间的耦合，并参与了价值获取。在便利化方面，Android 附带了一个软件开发工具包（SDK），方便了应用程序开

发，并提供一个应用商店，用于在 Android 上分发应用程序并使其盈利。Android 还有一个名为 Google Play Services 的客户端库边界资源（Client‑library Boundary Resource），旨在通过促进更频繁的 Google 服务和 API 更新来解决 Android 的版本碎片化问题，而不依赖于僵硬的操作系统版本。这个客户端库还放松了操作系统和 API 之间的耦合。类似地，API 运行时环境边界资源放松了操作系统和应用程序之间的耦合，而 HAL 在操作系统和硬件之间提供了这个功能。此外，由于 Google Play 服务包装了 API 及其专有的客户端实现，随着时间的推移，它成为 Google 价值获取逻辑的关键边界资源。所有支持谷歌搜索和广告业务的用户数据都会通过它流动。同样，安卓应用商店（Android App Store）是另一个提供价值获取功能的边界资源。

在平台治理中，边界资源也被用来控制互补者的行为。Android 附带了一个开发者分发协议，控制开发者及其应用程序的分发。相应地，使用兼容性定义文档（Compatibility Definition Document，CDD）和兼容性测试套件（Compatibility Test Suite，CTS）边界资源来控制设备互补者。它们确保设备与平台及其上运行的所有软件兼容。谷歌通过这些边界资源进行严格控制，要求设备在谷歌地图和谷歌游戏等谷歌服务获得设备许可之前通过所有设备测试。谷歌使用移动联盟分销协议（Mobile Alliance Distribution Agreement，MADA）来控制其关键业务应用，如搜索和谷歌游戏将如何放置在开放手机联盟（OHA）合作伙伴销售的 Android 设备上（Karhu，Gustafsson & Lyytinen，2018）。

第三节　平台治理与实质选择权

我们认为，对数字化平台领导或平台倡导者来说，平台治理战略的核心是经营一组"实质选择权"（Real Option），或者说是战略行为的选择权（Raynor，2008）。实质选择权立足于更宏观的视角，从维系平台领导或平台倡导者生存发展的重大平台战略问题入手，探讨平台领导或平台倡导者战略行为的选择，如市场进入时机、平台治理模式等问题。在不确定的环境下，平台倡导者的资源获取与资源组合结构，决定了平台治理结构。

实质选择权理论脱胎于金融期权定价理论（Option Pricing Theory）（Black & Scholes，1973）。期权是投资者支付一定费用获得的不必强制执行的选择权。实物期权是指支付一定的成本获得做某事的"权利"，而非"义务"的行为（Trigeorgis，1996）。实质选择权是指为了应对较强的外部不确定性环境，有计划、有步骤地进行项目投资，并植入战略选择的弹性，从而拥有等待资产增值机会的选择权利。实质选择权是将选择权评价的原理应用于各种非金融选择权的资产，经过转换思考，利用选择权理论来评价实质资产的一种方法。实质选择权特别适用于厂商组织评估风险较高，但未来可能有重大利益的战略行为或投资计划。

在不确定的环境下平台倡导者通过资源获取与资源组合经营一组"实质选择权"的战略行为，绝非只是一种选择权问题，而是在解决不确定性后做出的战略选择与资源承诺，以确认平台参与者资源投入的程度。由此可以看出，平台治理战略的成败，并非在于"资源承诺"的有无，而是在于平台领导或平台倡导者对"不确定性"的管理和平台治理结构的战略弹性。

美国马里兰大学教授 Gupta 和 Buzacott（1989）将"弹性"（Flexibility）定义为：系统处理变化的能力。他们从敏感性和稳定性的角度分析了这种能力。他们认为，系统的敏感性（Sensitivity）是指在不影响绩效的前提下系统所能够承受的变化程度；而系统的稳定性（Stability）是指系统能否在需要响应时及时做出响应。Upton（1994）认为，弹性是组织以最小的时间代价、精力代价、成本代价和精力损失对环境变化做出相应调整的能力。Sanchez（1995）将"弹性"定义为：企业对于外在动态竞争环境中各种不同需求的响应能力。美国经济学家 Teece 等（1997）认为，在动态的环境中，企业必须重新架构资产结构并完成必要的内外在转换，高弹性厂商能扫描环境、评估市场与竞争者，在竞争来临之前迅速完成重新架构与转换。我们认为，平台领导或平台倡导者的战略弹性源于平台嵌入的实质选择权。运用实质选择权，平台领导或平台倡导者能够在未来有利的机会条件下行使选择权，提高未来的收益；同时也能在不利的条件下维持或放弃或转换选择权，回收或转换资源，规避环境风险。这种利用战略灵活性提升上行潜力同时降低下行风险的收益，称为非对称收益（Asymmetric Profit）（Trigeorgis，1996）。因而，平台领导或平台倡导者是具有高度组织结构柔性和战略弹性，能够通过促成双边或多边交易，并从中获取非对称收益的第三方接入系统或经济主体（Eisenmann et al.，2011）。

我们认为，"战略弹性就是为了吸收不确定性和增强响应能力"，这几乎是所有学者的共识。在平台经营环境下，平台的战略弹性实际上就是平台领导或平台倡导者的战略变革能力，是平台成长的核心助推器，是平台竞争的制高点。一般来说，平台的战略弹性是指平台领导或平台倡导者发现并纠正平台战略的错误，或者利用平台战略的机遇以持续发挥其协调功能，它由组织学习能力和战略管理机制组合而成。从资源角度分析，平台战略决定了平台领导或平台倡导者资源的配置、利用和创新模式，平台生态系统的资源是平台战略得以制定和实施的保证。

事实上，在不确定的环境下，平台的资源获取与资源组合充满了许多不确定性。因此，平台倡导者或平台领导必须在风险较低的情况下平行追求数种平台战略方案，应用"实质选择权"，做出平台战略选择与资源承诺，以确认平台参与者资源投入的程度。以苹果公司作为平台倡导者应用实质选择权为例，截至 2017 年 10 月，苹果应用商店（Apple App Store）提供超过 270 万款应用程序，为开发者累计带来收入 700 亿美元。应当这样说，苹果应用商店的成功，离不开苹果公司对实质选择权的弹性运用，从 2015 年 2 月到 2017 年 9 月，苹果公司在中国市场淘汰的不良应用程序平均每月多达 7.4 万个。苹果公司放弃劣质应用程序的做法，有利于应用程序更新和用户体验（评价），因而不会降低应用商店的整体价值，苹果应用商店中 5% 的应用程序，为苹果和应用程序开发者贡献了 95% 的销售收入。截至 2018 年 12 月，全球有超过 1600 万个应用程序开发者每周向苹果应用商店提供约 10 万个应用，用户累计下载次数达到 1300 亿次。

借用 Sharp（1991）的实物期权理论，实质选择权可以分为递增选择权（Incremental Option）和弹性选择权（Flexibility Option）两种。递增选择权是指平台为厂商所提供的"获得有利可图的逐渐增加投资的机会"。例如，面对不确定性的环境，厂商组织往往先进行小额试探性投资，当不确定性消除且市场呈现出增长潜力时，厂商组织可以利用先发优势全面投资。弹性选择权是指厂商进行多阶段投资或有多个资源提供商之后，根据不同情景选择不同战略行为的灵活性选择权。例如，阿里巴巴、京东等电商平台对平台规模或微商的选择等。

当然，我们也可以借用 Trigeogis（1996）的实物期权理论，把实质选择权分为延迟投资选择权（Option to Defer Investment）、改变经营规模选择权（Option to Alter Operating Scale Defer Investment）、转型选择权（Option to Switch to Use）、放弃选择权（Option to Abandon）、公司增长选择权（Corporate Growth Option）、分阶段投资选择权（Option to Staged Investment）、复合选择权（Multiple Interacting Option）七种。其中，改变经营规模选择权包含了三种选择权：扩张选择权（Option to Expand）、收缩选择权（Option to Contract）及停止和启动选择权（Option to Shut Down and Restart）。

将实质选择权运用到平台规模变更上可以解决平台规模的突现变化问题。按照平台理论，平台规模变更的简洁性与适量冗余原则并不矛盾，平台设计留存冗余空间也是为平台规模变更准备的缓冲机制。由于平台生态系统中的大部分活动由用户而非平台领导控制，参与用户不可避免地以平台领导未预期的方式使用平台，这就增加了平台突现性。因而，优质平台往往会在保持开放的同时为"发烧级用户"留足空间，并逐渐将"怪癖用户"的需求纳入平台设计和规模变更过程。例如，美国社交网络服务平台推特设计之初，并没有设计推文搜索和发现机制，但保留了用户建议的权利。随后，由于滚动浏览和不相关页面使用户没办法找出特定主题的推文（Tweet），谷歌工程师克里斯·墨西纳（Chris Messina）建议使用主题标签注释和发现类似的推文。时至今日，主题标签已经成为 Twitter 的核心业务板块。

平台领导运用实质选择权的优势主要体现在：

（1）在具有显著双边市场特性的平台上，平台领导连接不同类型的参与者完成互动交易，自身往往并不直接创造核心价值，而是为用户进行核心价值创造提供了一个必不可少的物理空间或虚拟空间。这使平台领导的资金投入可以集中于平台建设，而无须投入重资产投资厂房设备，更无须承担产品面向消费市场的风险。因而，轻资产运营增强了平台领导转换实质选择权的能力。

（2）平台可以采用伞型组织结构，直面生产者和消费者，迅速掌握市场信息，聚合长尾市场，紧跟平台战略走向。

（3）平台领导同时具备生态领导者、关系协调者和市场中介者等多重角色，有助于建立高度互补、共生共赢的平台生态系统，实现生态内企业之间的跨组织协作。平台的互补性产品/服务越多，生态位越分化，平台协同性越强，生态多样性程度也越高（Iansiti & Levien，2004）。角色多样性使平台领导能更灵活地利用不同角色的职能关系，构造和行使不同选择权，实现平台生态系统协调发展。

（4）平台具有直接网络效应和间接网络效应，达到临界规模后引入新用户的边际成本会不断降低。这使平台领导能以较低成本维持大规模用户基础，也可运用实质选择权获取更大的网络价值。比如，网络效应越强，不确定性和增长选择权、延迟选择权的积极联系就越紧密（Chintakananda & McIntyre，2014）。

（5）平台市场遵循赢家通吃和快速抢占市场的法则，先占优势十分显著。随着用户不断投入精力学习和适应平台，并逐渐沉淀行为数据，用户转换成本不断上升，用户多宿主概率随之下降。由此，用户对平台的依赖性提高，为平台运用实质选择权提供了极为有利的环境条件。

（6）平台领导的关键角色是规则制定者和执行监督人。虽然平台领导与参与企业并不存在直接的隶属关系，但由于平台推行了一套用户广泛接受的主导规则，平台领导同样可以获得对平台和用户互动的控制权。从战略选择角度来看，平台对用户的这种控制权就是平台领导的实质选择权。因此，平台领导实质选择权的内涵是，通过嵌入实质选择权，平台领导利用应对环境不确定性的战略弹性创造非对称收益，以开源架构和规则界面连接双边或多边市场，并以此匹配双边需求、激发网络效应、谋求平台增长，构建平台领导与用户协同创新的商业生态系统（罗珉、杜华勇，2018）。

第四节　平台监管

一、市场失灵与平台监管问题

在平台治理方面，平台领导对平台监管（Platform Regulation）负有不可推卸的责任，其目的在于通过平台监管，推进平台参与者之间的交流。

与标准交易市场（Standard Exchange Markets）相比较，数字化平台受到由网络效应（Network Effects）、信息不对称（Information Asymmetry）、未保险风险（Uninsured Risks）和信息拥塞（Information Congestion）等因素的影响，导致的市场失灵问题（Market Failures）更为突出。

我们认为，平台监管必须将合同、技术、许可证、信息和经济手段结合起来，以尽量避免市场失灵（West，2003；Boudreau & Hagiu，2009；Evans，2012）。平台监管的战略意义在于：使平台具有创造更大财富的能力，从而通过平台参与者自愿参与开放平台赢得市场。要获得平台生态系统增长的好处，平台领导或平台倡导者必须制定和实施平台的界面规则。美国经济学家戴维·蒂斯（Teece）在其开创性论文《从技术创新中获利：对整合的影响》（*Profiting from Technological Innovation：Implications for Integration*）中准确地预见到平台监管的这一需求，即平台领导必须为企业从技术创新中获利提供必要的条件——制定和实施平台的界面规则（Parker & Van Alstyne，2016）。

围绕着平台监管这一课题，经济学家们集中讨论了平台的正外部性问题（Positive Externalities）（Parker & Van Alstyne，2000；Rochet & Tirole，2003）、平台信息拥塞所造成的负外部性问题（Negative Externalities）[①]（Evans，2012）、信息不对称性问题（Information Asymmetry）（Evans，2012）和"柠檬问题"（Lemons Problem）[②]（Strahilevitz，2006；Boudreau & Hagiu，2009），以解决可能产生的市场失灵问题。

需要指出的是，在平台监管方面最有力的监管手段是制定一个有效而适用的

[①] 负外部性问题（Negative Externalities），主要是平台上的流量拥塞问题，经济学家建议通过拥塞定价来解决。

[②] "柠檬问题"，又称"柠檬原理"，是美国经济学家乔治·阿克洛夫（George Arthur Akerlof）于1970年提出来的。"柠檬"一词在美国俚语中表示"次品"，"柠檬原理"是信息不对称理论的重要组成部分。

平台界面规则。而平台界面规则既非法律规则，也不是论坛规则和正式规则，而是一种事实规则（罗珉、何长见，2006），可能优于法律规则基础上的平台监管。事实规则就是处理平台参与者关系"约定俗成"的规则，它往往由数字化平台、平台倡导者或平台领导来主导。在中国互联网平台的实践中，许多企业家将这种平台事实规则称为"平台惯例"（Platform Routine）。正式规则一般是政府部门制定的具有一定法律效力的企业治理规则，如公司法、合同法等。论坛规则是指一些产业协会制定的行业规则，这些协会可以是非正式的，或一些产业的国际技术与标准化组织制定的技术与标准化规则，重点是解决某种产品的技术标准问题。

按照美国经济学家 Akerlof（1970）的信息不对称理论：①在次品市场上，交易双方对质量信息的获得是不对称的，卖者知道产品的真实质量，而买者却不知道产品的确切质量。②交易活动的参与人（这里指卖方）可以利用信息不对称对买方进行欺骗，这就是"隐藏信息"和"隐藏行动"。③隐藏信息将导致"逆向选择"，其含义有二：一是在交易中隐藏信息的一方给交易另一方的利益带来损害；二是市场的优胜劣汰机制发生扭曲，质量好的产品被挤出市场，而质量差的产品却留在市场，极端的情况是市场会逐步萎缩直到消失。这是因为买者只愿意根据他所知道的平均质量来决定支付的价格，这个价格将使质量低的卖者愿意成交，质量高的卖者由于不能得到同质量相对称的价格而退出市场。平台经营中，确实存在着由信息不对称而产生的市场失灵问题，解决这一问题必须依赖于比公法体系更有效率的平台监管机制。

二、平台监管与私人订制

美国经济学家、诺贝尔经济学奖获得者 Williamson（2002）认为，由于平台经营中存在大量信息不对称和一刀切的监管（One – size – fits – all Regulation）问题，公法体系不考虑信息不对称，所以需要一个适合所有法规的统一标准，私人订制可以对平台倡导者与平台参与各方之间的私人契约进行管理，产生比统一法律更好的结果。这是因为公法体系比"私人订制"僵化，缺少灵活性；与公共监管机构相比，平台倡导者对平台参与者行为的观察，通常比法律规则所要求的平台监管广泛和细化得多，从而能够提供更早期、更准确地对平台参与者进行制裁的机会（Evans，2012）。

对于为什么平台监管中要采用私人契约来管理，一般认为公法体系关于专利保护期限（Patent Durations）的规定已经无法适应平台经济技术创新不断加速的要求。美国海关和专利上诉法院法官吉尔斯·里奇（Giles Rich）在评论美国专利期限（Patent Durations）的任意性（Arbitrariness）时指出，这些期限是建立在美国银匠保罗·里维尔（Paul Revere）时代的社会结构基础上的（Schrage，

1991）。1790 年，当时学徒制的持续期限为 7 年，导致美国国会最初为两名学徒提供专利保护，后来为三名学徒提供保护。对专利保护期限，他们最终妥协为两个半学徒制，也就是说，从签发之日起到 17 年止。美国目前的专利保护期限为 20 年，这个规定是与美国法律及国际法相协调的。然而，几乎没有证据表明，在软件、硬件、药品、食品和体育用品方面，创新应该以同样的速度进行，思维的创新与重构也可能以不同的速率发生。

使用私人订制的合同，可以重塑应用程序开发商的知识产权，以便让其他应用程序开发商获得创意，从而获得更高的创新率。平台可以将新功能捆绑到平台中并公开新的 API。研究表明，使用私人订制的合同可以使平台倡导者捆绑业务，从而增强获取租金的能力（Salinger，1995；Bakos & Brynjolfsson，1998；McAfee et al.，1989）或获得更大的竞争优势（Nalebuff，2004；Eisenmann et al.，2011）。

当然，使用私人订制的合同也能够增加研发溢出。经济学研究文献将研发溢出描述为知识的外部性，这种研发溢出可以增加一个地区的生产能力（Audretsch & Feldman，1996）或促进整个经济体的增长（Edwards，2001）。在平台经营的条件下，平台介导的溢出（Platform – mediated Spillover）通过持续的创新吸收和再分配过程，可以提高平台生态系统中的合作伙伴的生产能力和创新能力，应用程序开发者之间可以在平台上构建新的创意，同时可以有效地调整开发者技术池的大小、提高研究能力与生产技术能力，以及探讨一个创意可以在多大程度上被运用，或与另一个创意重新组合。

三、知识产权与"反公地悲剧"

1998 年，美国学者迈克尔·黑勒教授（Heller）在 "*The Tragedy of the Anti-commons：Property in the Transition from Marx to Markets*" 一文中提出了"反公地悲剧"理论模型。他认为，尽管美国生态学家加勒特·哈丁教授（Garrett Hardin）的"公地悲剧"（The Tragedy of the Commons）说明了人们过度利用公共资源的恶果，但哈丁教授却忽视了资源未被充分利用（Under – use）的可能性。在公地内，存在着很多权利所有者。为了达到某种目的，每个当事人都有权阻止其他人使用该资源或相互设置使用障碍，而没有人拥有有效的使用权，导致资源的使用不足，造成浪费，于是就发生了"反公地悲剧"。

事实上，平台的源代码与软件这个公地与反公地"悲剧"的本质是知识产权问题。知识产权与实物产权一样，具有两种形态：公共产权和私人产权（Public and Private Property Rights）。当某种平台资源为某个平台或某个人单独所有时，该平台资源为私人财产，其知识产权为私人产权。它具有产权制度边界清晰、产权归属明确、所有权效率高的特点。当某种平台资源为两个或两个以上当事人所有时，称为公共财产，其知识产权为公共产权，如平台中的开源代码与开源软件。它具有以下特点：在消费规模上没有限制，平台以及整个社会成员共享这项平台资源，所以平台存在收费困难；每个当事人天然享有资源权益，无须采取交费申请加入的方式；每一当事人在使用该资源时，会影响和损害其他社会成员的利益，即存在负外部经济性。由于该平台资源向每个社会成员开放，允许他们自由进入，平等分享，并获取平均利益，所以"搭便车"和知识产权拥挤现象就难以避免。权利是相互排斥的，对于稀缺资源来说，公共知识产权要么造成资源的过度利用，即出现"公地悲剧"现象，要么造成资源利用不足，即"反公地悲剧"现象。

在开放式数字化平台中，边界资源就是平台的公共财产，其知识产权为公共产权。边界资源由与开放性相关的开源代码与软件工具和界面规则组成，如API、软件开发工具包，以及管理资源开放性的私人订制的契约等。瑞士约克平国际商学院（Jönköping International Business School）信息系 Henfridsson 和 Bygstad（2013）建议，要更好地理解开放式数字化平台的动态，平台治理和平台监管分析的核心单元不应是平台的核心，而应是平台的边界资源。边界资源作为平台治理的一种分析单位，在高度分布的开放式数字化平台中安排使用时，平台中的任何独立参与者都可以利用数字化或分层模块化安排的机会，实际参与创新（Yoo et al.，2010；Eaton et al.，2015）。

边界资源作为平台的公共财产，促进了平台提供商和应用程序开发者之间的公平。基于这种公平关系，平台治理和平台监管中的平台动态被概念化为分布式参与者共同调整边界资源的过程（Eaton et al.，2015）。需要指出的是，将边界资源作为平台治理和平台监管的替代分析单位，标志着开放式数字化平台的治理与传统创新管理不同，传统创新管理研究将平台所有者视为一个管理多个互补者的关键组织（Iansiti & Levien，2004a，2004b）。

我们认为，就平台边界资源而言，如果缺乏有效的、专用性的私人订制契约等制度约束机制，会发生"公地悲剧"，造成边界资源的过度使用，出现"搭便车"及各种机会主义行为。在平台经营中，参与者缺乏有效的使用权或平台宿主干扰太多会造成资源闲置，外界其他的平台倡导者实施平台分岔等寻租活动，也会造成边界资源的无效率和不兼容性问题。

Ghazawneh 和 Henfridsson（2013）认为，边界资源作为具体的工具和条例，可以公平地管理参与者的行为和贡献。边界资源对于平台上的外部贡献的资源控制至关重要（Ghazawneh & Henfridsson，2013），因此，平台宿主必须确定控制点（Tilson et al.，2010，2012）。由于平台边界资源具有共享使用的特点，所以平台宿主永远无法完全控制平台边界资源，边界资源的使用有可能会受到平台互补者或其他参与者的质疑（Eaton et al.，2015），这是开放式数字化平台治理的一个显著特征。

要动员更多的平台互补者或其他参与者来共同建设和共享使用边界资源，以促进平台增长，平台宿主必须主动与开放式数字平台的边界资源接触，以创造平台增长杠杆，同时对外界其他平台倡导者使用边界资源的多样化、敌对性竞争行为做出积极反应（Ghazawneh & Henfridsson，2013），如对其他平台倡导者的平台分岔、平台分割与平台分裂等行为进行报复性回击。一些研究指出，与仅仅控制平台核心相比，平台宿主控制平台边界资源更为重要（Baldwin & Woodward，2009；Pon et al.，2014；Schilling，2000）。

Ghazawneh 和 Henfridsson（2013）提出，要以应用程序开发者为中心进行边界资源竞争分析，认为应当将边界资源视为软件工具和界面规则，边界资源作为参与者资源贡献和互补的接口，是生产者与公平消费者的接口，管理着由此产生的共享资源，限制和控制了平台内部和平台之间的竞争行为。因此，边界资源的治理应当包括在平台上实现资源共享，并允许参与者提供贡献宝贵资源的共享资源的手段或机制等。

第五节　本章小结

应当看到，数字化平台治理的可持续性是需要在理论与实践两个方面进一步研究的重要课题。这涉及平台倡导者如何确保平台各方参与、如何激励应用程序开发者在单个或多个平台上开发，多边数字化平台的广泛采用是否引发与这些平台的数字化能力相关的权利、参与和监管等重大问题的变化等（Zuboff，2015）。因此，数字化平台治理的一个重要问题是，平台倡导者需要理解并批判性地评估数字化平台治理机制和激励机制的作用（Wareham et al.，2014）。

另一个相关的问题是新兴的区块链技术对数字化平台治理的影响。例如，允许通过分布式记账进行身份验证的新型数字化平台（Mainelli & Smith，2015），在没有中央管理节点/核心，或没有平台领导与平台倡导者，而数字化平台生态系统是一个分布式的组织模式时如何演变，以及这种演变将会对平台治理产生什么样的影响，都是需要在理论和实践上加以解决的问题。

从方法论视角看，研究人员可以开发计算/合成平台"市场"，以模拟和探索生态系统的规则和结果，并将获得的见解用于设计。包括在线论坛和社交问答网站的在线社区或用户生成内容型平台生成了大量的用户数据，这些数据可能揭示出应用程序开发商进入平台生态的类型以及他们在数字化平台生态系统中参与和互动的性质。

还有一个值得探索的问题是新兴的共享经济平台的治理。爱彼迎、优步和滴滴打车的成功，激起了人们对共享经济的兴趣，促进了对等经济活动。共享经济的倡导者们（Advocates）认为，线、点对点的"共享"平台使公民能够以前所未有的规模分享、出借、赠送、出售和租赁资源。共享实践，使共享经济平台被认为有潜力更有效地利用社会未充分利用的冗余资源（Slack Resources），减少消费对人类生存环境的影响，并在同行之间建立起社会关系（Botsman & Rogers，2010；Frenken et al.，2015）。新的证据表明，从可持续性的角度来看，共享经济的经济影响和机遇是可观的（Martin，2016）。

应当看到，共享经济对环境的影响目前尚不清楚，且难以量化（Frenken，2017），社会影响可能是不利的和破坏性的（Cockayne，2016；Richardson，2015）。公众和媒体对共享经济巨型平台提出了强烈批评，认为平台将太多的权利交给了它们的企业主（Corporate Owners），这些企业主只关注或主要关注经济利益，而很少关注社会和环境影响，且这些共享经济巨型平台有能力规避各种形式的监管（Brinkley，2015；Gruszka，2017；Kallis，2014）。一些管理学家也加入到批评的行列，他们强烈呼吁建立更民主的平台治理模式，并使用平台合作主义（Platform Cooperativism）和平台合作社（Platform Cooperative）这类术语来形容共享经济平台，主张共享经济平台治理民主化，并将此作为创建可持续性的共享经济的手段（Scholz，2016；Schor，2014；Arthur，2015；McLaren & Agyeman，2015）。他们强调，在人们越来越担心共享经济被当作纯粹的商业机会加以利用之际，治理的民主化（Democratization in Governance）不仅有望发掘出共享经济平台的潜力，而且可以通过减少物质消耗和挑战消费主义文化来创造环境效益（Cohen & Muñoz，2016）。民主平台治理模式（Democratizing Platform Governance Model）共享经济可以使环境和社会变得更具可持续性（Martin，Upham & Klapper，2017）。

参考文献

［1］Adner，R.，Oxley，J. E.，Silverman，B. S.（2013）Introduction：Collaboration and competition in business ecosystems. *Advances in Strategic Management*，30，ix – xvii.

［2］Akerlof，G.（1970）The market for "Lemons"：Quality uncertainty and the market mechanism. *Quarterly Journal of Economics*，84（4）：488 – 500.

[3] Armstrong M., Wright J. (2007) Two – sided markets, competitive bottle-necks and exclusive contracts. *Economic Theory*, 32 (2): 353 – 380.

[4] Armstrong, M. (2006) Competition in two – sided markets. *RAND Journal of Economics*, 37 (3): 668 – 691.

[5] Arthur, K. (2015) What is Platform Cooperativism and Why is it Important?. URL https: //civic. mit. edu/blog/natematias/what – is – platform – cooperativism – and – why – is – it – important (accessed 2. 23. 16).

[6] Audretsch, D. B., Feldman, M. P. (1996) R&D spillovers and the geography of innovation and production. *The American Economic Review*, 86 (6): 630 – 640.

[7] Bakos, Y. & Brynjolfsson, E. (1998) Bundling information goods: Pricing, profits and efficiency. *Management Science*, 45 (12): 1613 – 1630.

[8] Baldwin, C. Y., Woodard, C. J. (2009) The Architecture of Platforms: A Unified View. In Gawer, A. (Ed.), *Platforms, Markets and Innovation*. London: Edward.

[9] Benlian, A., Hilkert, D., Hess, T. (2015) How open is this platform? The meaning and measurement of platform openness from the complementors' perspective. *Journal of Information Technology*, 30 (3): 209 – 228.

[10] Black, F., Scholes, M. (1973) The pricing of options and corporate liabilities. *Journal of Political Economy*, 81 (3): 637 – 654.

[11] Bosch – Sijtsema, P. M., J. Bosch. (2015) Plays Nice with Others? Multiple Ecosystems, Various Roles and Divergent Engagement Models. *Technology Analysis & Strategic Management*, 27 (8): 960 – 974.

[12] Botsman, R., Rogers, R. (2010) *What's Mine Is Yours: The Rise of Collaborative Consumption*. London: HarperCollins.

[13] Boudreau, K. and A. Hagiu. (2009) Platform rules: Multisided platforms as regulators. In Gawer, A. (Ed.), *Platforms, markets, and innovations ed. A. Gawer*. Cheltenham: Edward Elgar.

[14] Brinkley, I. (2015) Ditch your assumptions about Uber and Airbnb: the "gig economy" is no gamechanger. URL http: //www. theguardian. com/sustainable-business/2015/aug/19/gig – economy – no – game – changer – impact – uber – airbnb (accessed 1. 7. 16).

[15] Caillaud, B., Jullien, B. (2003) Chicken & egg: Competition among intermediation service providers. *RAND Journal of Economics*, 34 (2): 309 – 328.

［16］Ceccagnoli, M. , Forman, C. , Huang, P. , Wu, D. J. (2012) Co - creation of value in a platform ecosystem: The case of enterprise software. *MIS Quarterly*, 36 (1): 263 - 290.

［17］Cennamo, C. (2016) Building the Value of Next - generation Platforms: The Paradox of Diminishing Returns. *Journal of Management*, 44 (8): 3038 - 3069.

［18］Cerf, V. (2012) Remarks at the digital broadband migration: The dynamics of disruptive innovation. *Journal on Telecommunication High Technology Law*, 10 (1): 21.

［19］Chintakananda, A. , McIntyre, D. P. (2014) Market entry in the presence of network effects: A real options perspective. *Journal of Management*, 40 (6): 1535 - 1557.

［20］Cockayne, D. G. (2016) Sharing and neoliberal discourse: The economic function of sharing in the digital on - demand economy. *Geoforum*, 77, 73 - 82.

［21］Cohen, B. , Muñoz, P. (2016) Sharing cities and sustainable consumption and production: Towards an integrated framework. *Journal of Cleaner Production*, 134 (1): 87 - 97.

［22］Darking, M. , Whitley, E. A. , Dini, P. (2008) Governing diversity in the digital ecosystem. *Communications of the ACM*, 51 (8): 137 - 140.

［23］Dattée, B. , Alexy, O. , Autio, E. (2017) Maneuvering in poor visibility: How firms play the ecosystem game when uncertainty is high. *Academy of Management Journal*, 61 (2): 466 - 498.

［24］De Reuver, M. , Sørensen, C. , Basole, R. C. (2017) The digital platform: A research agenda. *Journal of Information Technology*, 33 (2): 124 - 135.

［25］Demb, A. , Neubauer, F. F. (1992) The corporate board: Confronting the paradoxes. *Long Range Planning*, 25 (1): 9 - 20.

［26］Eaton, B. D. , Elaluf - Calderwood, S. , Sørensen, C. , Yoo, Y. (2015) Distributed tuning of boundary resources: The case of Apple's iOS service system. *MIS Quarterly*, 39 (1): 217 - 243.

［27］Eisenberg, M. A. (1976) Private ordering through negotiation: Dispute - settlement and rulemaking. *Harvard Law Review*, 89 (4): 637 - 681.

［28］Eisenmann, T. R. , G. Parker, Van Alstyne, M. W. (2009) Opening platforms: How, when and why? In Gawer, A. (Ed.), *Platforms, Markets, and Innovations*. Cheltenham: Edward Elgar.

［29］Eisenmann, T. R. , Parker, G. , Van Alstyne, M. W. (2011) Platform envelopment. *Strategic Management Journal*, 32（12）: 1270 – 1285.

［30］Evans, D. S. （2012）Governing bad behavior by users of multisided platforms. *Berkeley Technology Law Journal*, 27（11）: 1201 – 1250.

［31］Frenken, K. （2017）Sustainability perspectives on the sharing economy. *Environmental Innovation and Societal Transitions*, 23（1）: 1 – 2.

［32］Frenken, K. , Meelen, T. , Arets, M. , van de Glind, P. （2015）Smarter regulation for the sharing economy. URL https: //www. theguardian. com/science/politicalscience/2015/may/20/smarter – regulation – for – the – sharing – economy（accessed 4. 13. 16）.

［33］Gawer, A. , Cusumano M. A. （2008）How companies become platform leaders. *MIT Sloan Management Review*, 49（2）: 28 – 35.

［34］Gawer, A. , Cusumano, M. A. （2014）Industry platforms and ecosystem innovation. *Journal of Product Innovation Management*, 31（3）: 417 – 433.

［35］Gawer, A. , Cusumano, M. A. （2002）*Platform leadership: How Intel, Microsoft and Cisco Drive Industry Innovation*. Boston, Massachusetts: Harvard Business School Press.

［36］Ghazawneh, A. , Henfridsson, O. （2013）Balancing platform control and external contribution in third – party development: The boundary resources model. *Information Systems Journal*, 23（2）: 173 – 192.

［37］Ghazawneh, A. , Henfridsson, O. （2015）A paradigmatic analysis of digital application marketplaces. *Journal of Information Technology*, 30（3）: 198 – 208.

［38］Gruszka, K. （2017）Framing the collaborative economy: Voices of contestation. Environment Innovation and Societal Transitions, Working Paper Series 23, 92 – 104. doi: 10. 1016/j. eist. 2016. 09. 002.

［39］Gupta D. , Buzacott J. A. （1989）A framework for understanding flexibility of manufacturing system. *Journal of Manufacturing System*, 8（2）: 89 – 97.

［40］Hagiu, A. （2006）Pricing and commitment by two – sided platforms. *Rand Journal of Economics*, 37（3）: 720 – 737.

［41］Hagiu, A. （2014）Strategic decisions for multisided platforms. *MIT Sloan Management Review*, 55（2）: 71 – 82.

［42］Heller M. A. （1998）The tragedy of the anticommons: Property in the transition from Marx to markets. *Harvard Law Review*, 111（3）: 621 – 688.

［43］Heller, M. A. , Eisenberg, R. S. （1998）Can patents deter innovation?

The anticommons in biomedical research. *Science*, 280 (5364): 698 – 701.

[44] Henfridsson, O., Bygstad, B. (2013) The generative mechanisms of digital infrastructure evolution. *MIS Quarterly*, 37 (3): 907 – 931.

[45] Iansiti, M., Levien, R. (2004) *The keystone advantage: What the New Dynamics of Business Ecosystems Mean for Strategy, Innovation and Sustainability*. Boston, Massachusetts: Harvard Business School Press.

[46] Iansiti, M., Levien, R. (2004) Strategy as ecology. *Harvard Business Review*, 82 (3): 69 – 78.

[47] Jacobides, M. G., Knudsen, T., Augier, M. (2006) Benefiting from innovation: Value creation, value Appropriation and the role of industry architectures. *Research Policy*, 35 (8): 1200 – 1221.

[48] Kallinikos, J., Aaltonen, A., Marton, A. (2013) The ambivalent ontology of digital artifacts. *MIS Quarterly*, 37 (2): 357 – 370.

[49] Kallis, G. (2014) AirBnb is a rental economy, not a sharing economy. URL http://www.thepressproject.net/article/68073/AirBnb – is – a – rental – economy – not – a – sharing – economy (accessed 1.7.16).

[50] Karhu, K., Gustafsson, B., Lyytinen, K. (2018) Exploiting and defending open digital platforms with boundary resources: Android's five platform forks. *Information Systems Research*, 29 (2): 479 – 497.

[51] Kauffman, R. J., H. Mohtadi. (2004) Proprietary and open systems adoption in e – procurement: A riskaugmented transaction cost perspective. *Journal of Management Information Systems*, 21 (1): 137 – 166.

[52] Keasey, K., Thompson, S., Wright, M. (1997) Corporate Governance: Economic and Financial *Issues*. Oxford, UK: Oxford University Press.

[53] Kenney, M., and B. Pon. (2011) Structuring the Smartphone Industry: Is the Mobile Internet OS Platform the Key?. *Journal of Industry, Competition and Trade*, 11 (3): 239 – 261.

[54] Laffan, L. (2011) A new way of measuring openness, from Android to WebKit: The Open Governance Index. Vision Mobile, July 29.

[55] Landsman, V., S. Stremersch. (2011) Multihoming in two – sided markets: An empirical inquiry in the video game console industry. *Journal of Marketing*, 75 (6): 39 – 54.

[56] Le Masson, P., B. Weil, A. Hatchuel. (2009) Platforms for the Design of Platforms: Collaborating the Unknown. In Gawer, A. (Ed.), *Platforms,*

Markets and Innovation. Cheltenham: Edward Elgar.

[57] Mainelli, M., Smith, M. (2015) Sharing ledgers for sharing economies: An exploration of mutual distributed ledgers (Aka Blockchain Technology). *The Journal of Financial Perspectives*, 3 (3): 38 – 69.

[58] Manner, J., Nienaber, D., Schermann, M., Krcmar, H. (2012) Governance for mobile service platforms: A literature review and research agenda, in: The Proceedings of the International Conference on Mobile Business.

[59] Martin, C. J. (2016) The sharing economy?: A pathway to sustainability or a nightmarish form of neoliberal capitalism?. *Ecological Economics*, 121 (2): 149 – 159.

[60] Martin, C. J., Upham, P., Klapper, R. (2017) Democratising platform governance in the sharing economy: An analytical framework and initial empirical insights. *Journal of Cleaner Production*, 166 (7): 1395 – 1406.

[61] McAfee, R. P. McMillan, J., Whinston, M. D. (1989) Multiproduct monopoly, commodity bundling, and correlation of values. *Quarterly Journal of Economics*, 104 (2): 371 – 383.

[62] McIntyre, D. P, Srinivasan, A. (2017) Networks, platforms, and strategy: Emerging views and next steps. *Strategic Management Journal*, 38 (1): 141 – 160.

[63] McLaren, D., Agyeman, J. (2015) *Sharing Cities: A Case for Truly Smart and Sustainable Cities.* Cambridge Massachusetts: MIT Press.

[64] Nalebuff, B. (2004) Bundling as an entry barrier. *Quarterly Journal of Economics*, 119 (1): 159 – 187.

[65] Nambisan, S., Sawhney, M. (2011) Orchestration processes in network – centric innovation: Evidence from the field. *Academy of Management Perspectives*, 25 (3): 40 – 57.

[66] Nocke, V., M. Peitz, K. Stahl. (2007) Platform Ownership. *Journal of the European Economic Association*, 5 (6): 1130 – 1160.

[67] Ondrus, J., Gannamaneni, A., Lyytinen, K. (2015) The impact of openness on the market potential of multi – sided platforms: A case study of mobile payment platforms. *Journal of Information Technology*, 30 (3): 260 – 275.

[68] Parker, G., Van Alstyne, M. (2018) Innovation, Openness, and Platform Control. *Management Science*, 62 (7): 1 – 18.

[69] Parker, G. G., Van Alstyne, M. W. (2016) Platform strategy. In M.

Augier, D. J. Teece (Eds.), *The Palgrave Encyclopedia of Strategic Management*. New York: Palgrave Macmillan.

[70] Parker, G. G., Van Alstyne, M. W., Choudary, S. P. (2016) *Platform Revolution: How Networked Markets Are Transforming The Economy And How to Make Them Work For You*. New York: W. W. Norton.

[71] Parker, G. G., Van Alstyne, M. W. (2000) Internetwork externalities and free information goods. Proceedings of the Second ACM conference on Electronic Commerce, Association for Computing Machinery, 107 – 116.

[72] Pon, B. Seppälä, T., Kenney, M. (2014) Android and the demise of operating system – based power: Firm strategy and platform control in the post – PC world. *Telecommunication Policy*, 38 (11): 979 – 991.

[73] Raynor, M. E. (2008) *The Strategy Paradox: Why Committing to Success Leads to Failure*. New York: Currency.

[74] Richardson, L. (2015) Performing the sharing economy. *Geoforum*, 67, 121 – 129.

[75] Rochet, J., J Tirole. (2003) Platform competition in two – sided markets. *Journal of the European Economic Association*, 1 (4): 990 – 1029.

[76] Rysman, M. (2009) The economics of two – sided markets. *Journal of Economic Perspectives*, 23 (4): 125 – 143.

[77] Salinger, M. A. (1995) A graphical analysis of bundling. *The Journal of Business*, 68 (1): 85 – 98.

[78] Sanchez, R. (1995) Strategic flexibility in product competition. *Strategic Management Journal*, 16 (SI): 135 – 159.

[79] Schilling, M. A. (2002) Technology success and failure in winner – take – all markets: The impact of learning orientation, timing and network externalities. *Academy of Management Journal*, 45 (2): 387 – 398.

[80] Scholz, T. (2016) Platform Cooperativism: Challenging the Corporate Sharing Economy. URL http://www.rosalux – nyc.org/wpcontent/files_ mf/scholz_ platformcooperativism_ 2016.pdf (accessed 4.18.16).

[81] Schor, J. B. (2014) Debating the Sharing Economy. URL http://www.greattransition.org/publication/debating – the – sharing – economy (accessed 2.23.16).

[82] Schrage, M. (1991) Archaic patent laws need to be rewritten. *Los Angeles Times*, October 24.

［83］Schreieck, M., Hakes, C., Wiesche, M., Krcmar, H. (2017) Governing platforms in the Internet of things. Springer, Cham 8th International Conference on Software Business.

［84］Sharp, D. J. (1991) Uncovering the hidden value in high – risk investment. *Sloan Management Review*, 32 (4): 69 – 74.

［85］Strahilevitz, L. J. (2006) Information asymmetries and the rights to exclude. *Michigan Law Review*, 104 (8): 1835 – 1898.

［86］Sun, M., E. Tse. (2009) The resource – based view of competitive advantage in two – sided markets. *Journal of Management Studies*, 46 (11): 45 – 64.

［87］Sundaramurthy, C., Lewis, M. (2003) Control and Collaboration: Paradoxes of Governance. *Academy Management Review*, 28 (3): 397 – 415.

［88］Tee, R., Woodard, J. (2013) Architectural control and value migration in layered ecosystems: The case of open – source cloud management platforms. Paper presented at the Vienna Conference on Strategy, Organizational Design, and Innovation, June 22, University of Vienna, Vienna, Austria.

［89］Teece, D. J., Pisano, G., Shuen, A. (1997) Dynamic capabilities and strategic management. *Strategic Management Journal*, 18 (7): 509 – 533.

［90］Teece, D. J. (1986) Profiting from technological innovation: Implications for integration, collaboration, licensing and public policy. *Research Policy*, 15 (2): 285 – 305.

［91］Teece, D. J. (2018) Profiting from innovation in the digital economy: Standards, complementary assets, and business models in the wireless world. Berkeley, California: Haas School of Business, University of California, Berkeley, Working Paper Series No. 16.

［92］Tilson, D. Lyytinen, K., Sørensen, C. (2010) Research commentary – Digital infrastructures: The missing IS research agenda. *Information Systems Research*, 21 (4): 748 – 759.

［93］Tilson, D. Sørensen, C., Lyytinen, K. (2012) Change and control paradoxes in mobile infrastructure innovation: The Android and iOS mobile operating systems cases. Proceedings 45th Hawaii International Conference on System Sciences.

［94］Tiwana, A. (2013) *Platform Ecosystems: Aligning Architecture, Governance, and Strategy*. Waltham, Massachusetts: Murgan Kaufman Publishers.

［95］Tiwana, A., Konsynski, B., Bush, A. A. (2010) Research commentary – platform evolution: Coevolution of platform architecture, governance, and environmental dynamics. *Information Systems Research*, 21 (4): 675 - 687.

［96］Tracy, A. (2015) Apple says iOS 9 adoption rate is the fastest ever, running on 50% of devices. http://www. forbes. com/sites/abigailtracy/2015/09/21/apple - says - ios - 9 - adoption - rate - is - the - fastest - ever/ - 53d242bf2727.

［97］Trigeogis, L. (1996) *Real options: Managerial Flexibility and Strategy in Resource Allocation*. Cambridge, Massachusetts: MIT Press.

［98］Upton D. M. (1994) The management of manufacturing flexibility. *California Management Review*, 36 (2): 72 - 89.

［99］Van Alstyne, M. Parker, G. G. , Choudary, S. P. (2016) Pipelines, platforms, and the new rules of strategy. *Harvard Business Review*, 94 (4): 54 - 63.

［100］Wareham, J. Fox, P. B. , Cano Giner, J. L. (2014) Technology ecosystem governance. *Organization Science*, 25 (4): 1195 - 1215.

［101］West, J. (2003) How open is open enough? Melding proprietary and open source platform strategies. *Research Policy*, 32 (7): 1259 - 1285.

［102］Williamson, O. E. (2002) The lens of contract: Private ordering. *American Economic Review*, 92 (2): 438 - 443.

［103］Williamson, P. , De Meyer, A. (2012) Ecosystem advantage: How to successfully harness the power of partners. *California Management Review*, 55 (1): 24 - 46.

［104］Ye, G. R. L. Priem, and A. A. Alshwer. (2012) Achieving demand - side synergy from strategic diversification: How combining mundane assets can leverage consumer utilities. *Organization Science*, 23 (1): 207 - 224.

［105］Yoo, Y. Lyytinen, K. Thummadi, V. , Weiss, A. (2010) Unbounded innovation with digitalization: A case of digital camera. Conference Paper In Annual Meeting of the Academy of Management, January.

［106］Zuboff, S. (2015) Big other: Surveillance capitalism and the prospects of an information civilization. *Journal of Information Technology*, 30 (1): 75 - 89.

［107］罗珉, 杜华勇. (2018) 平台领导的实质选择权. 中国工业经济, 35 (2): 39 - 51.

［108］罗珉, 何长见. (2006) 组织间关系: 界面规则与治理机制. 中国工业经济, 23 (5): 87 - 95.

第十章　数字化业务转型与战略

　　当下，数字化转型（Digital Transformation，DT）已经成为一个世界性的话题。在位厂商组织进行数字化转型和新创企业采用数字化平台经营模式，推动了平台商业模式创新，数字化已经成为移动互联网时代推动经济和社会发展的最重要的厂商经营方式，并代表着一种新兴商业模式的兴起。例如，在德国，制造企业的数字化转型被称为"工业4.0"（Kagermann et al.，2014），而在美国，"产业互联网"常常与数字化转型一词混用（Evans & Annuziata，2012）。在西方发达国家，数字化转型已经成为企业界战略性转型的主流（Kagermann，2014）。

　　从学术分类上看，数字化转型属于组织变革（Organizational Change）的范畴，意味着组织观念与行为的转变，而数字化转型战略属于组织发展战略的范畴，代表的是厂商组织未来的发展方向问题。数字化转型标志着第二个机器时代的来临，它描述了数字技术对现代服务业与产品制造方式的重大影响（Brynjolfsson & McAfee，2014），数字化变革在特定的商业领域受到了广泛的关注（Venkatraman，2017）。

　　可以这样说，信息通信技术（ICT）与信息技术（IT）对传统厂商组织转型的驱动或数据对商业生态系统构建的驱动，以及数字化平台经营模式的推进，冲击了传统产业的发展模式，从根本上改变了消费者的期望和行为，给传统厂商组织带来了巨大的生存压力，且平台跨界经营也扰乱了众多的产业市场。例如，2008年10月瑞典声田（Spotify）流媒体音乐服务平台的正式上线大幅度改变了音乐行业的市场格局（Wölmert & Papies，2016）；数字录像设备TiVo和视频媒体平台奈飞（Netflix）扰乱了电视广播和电影行业（Ansari，Garud & Kumaraswamy，2016），滴滴出行（DIDI）和优步（Uber）颠覆了出租车市场；预订网站爱彼迎（Airbnb）从根本上改变了酒店业。以出租车市场为例，滴滴出行是一家全球领先的手机预约乘车出行平台，提供的服务包括出租车、快车、专车、拼车、公交、代驾、企业用车、共享单车、租车、跑腿、外卖服务及金融服务，服务全球超过5.5亿用户。截止到2018年底，滴滴出行平均日乘车次数2450万次，活跃用户9253万人。从消费品零售市场来看，阿里巴巴（Alibaba）、京东、亚马逊（Amazon）和易趣（eBay）等电子商务平台的快速发展，对传统零售商产生了巨大的冲击，并加速了克莱尔（Claire）等多家传统零售业巨头的破产。

随着移动互联网的发展，包括宽带互联网、智能手机、Web2.0、搜索引擎优化、云计算、语音识别、在线支付系统和加密货币等相关技术的应用，推动了以电子商务为代表的消费类数字化平台的发展。联合国贸易和发展会议（UNCTAD）表示，2018年全球电子商务销售额达25.6万亿美元，同比增长8%，相当于当年全球GDP的30%。2018年有14.5亿人在线购物，同比增长9%。美国、中国和英国主导着对消费者的电子商务销售，其中中国在线购物人数最多，达6.1亿人。2018年，约3.3亿人进行了跨境在线购物，跨境在线购物占总在线购物的比例从2016年的17%上升到2018年的23%。

然而，这些在线零售商并不局限于传统零售业，它们正在利用自己的数字资源进入之前被认为与零售业完全无关的市场，实施平台的跨界经营，以寻求进一步增长的机会。在广告市场上，据Statista数据，2020年美国数字广告支出的市场份额达到广告行业总支出的61%，到2023年，美国数字广告将首次超过广告行业总支出的2/3。

应当看到，在位厂商组织进行数字化转型实施平台化经营，新创企业以信息技术驱动或以数据驱动来构建商业生态系统，进行商业模式创新的行为，正在改变厂商组织的发展模式、产业组织形式和厂商组织的经营格局，数字化转型以及由此产生的商业模式创新对厂商组织的生存与发展管理带来了巨大的影响，传统产业的厂商组织正遭遇第二次产业革命以来的"百年变局"。

第一节　数字化转型的概念和意义

一、数字化转型的概念

厂商组织的转型是一个比较宽泛的称谓，一般指厂商组织的长期经营战略方向、商业运作模式及其组织方式、资源配置方式的整体性转变，是厂商组织调整自身的运作模式及组织方式，重塑竞争优势和价值创造方式，以提升社会价值，达到新的厂商组织形态的过程。其近似词汇有厂商组织转型（Firm Transformation）、战略变革（Strategic Change）、商业模式创新（Business Model Innovation）或重塑、战略转换（Strategic Transition）等。

厂商组织往往是由于外部环境变迁所导致的自身竞争优势衰退和竞争能力降低、利润降低及营业额下降而变革，以提升自身的竞争生存能力；或由于所处行业的衰退、消费需求的变化、市场转移、厂商组织发展前景黯淡而主动或者被动地采取产业转移的战略；或由于发现消费需求的痛点和行业盲点而主动进行跨产业经营，以寻求新的经济增长点，获得新的生机。

当下，学者对数字化转型下的定义，可谓是数不胜数。比较有代表性的定义有：

"数字化转型是利用技术从根本上提高企业的经营绩效或覆盖面。"（Westerman et al.，2011；Westerman et al.，2014；Karagiannaki et al.，2017）

"数字化转型就是利用数字技术从根本上改善公司的经营业绩。"（Bekkhus，2016）

"数字化转型是一种进化过程，利用数字能力和技术，使商业模式、操作流程和顾客体验能够创造价值。"（Morakanyane et al.，2017）

"数字化转型既包括注重效率的过程数字化，也包括注重现有实物产品的数字创新。"（Berghaus & Back，2016）

"数字化转型是企业活动、流程、能力和模式的深刻而加速的变革，以战略性和优先性的方式充分利用数字技术带来的变革和机遇及其对社会的影响。"（Demirkan et al.，2016）

"数字化转型是使用新的数字技术（社交媒体、移动、分析或嵌入式设备）实现重大业务改进（如增强顾客体验、简化运营或创建新的商业模式）。"（Fitzgerald et al.，2014；Liere－Netheler et al.，2018）

"数字化转型是对技术和商业模式的重新调整或投资，以便在顾客体验生命周期的每个接触点更有效地吸引数字顾客。"（Ratna，2015）

"数字化转型包括利用数字技术来实现主要的业务改进，例如提高顾客体验或创建新的商业模式。"（Piccinini et al.，2015b）

"数字化转型是指数字技术可能给公司的商业模式带来的变化，从而导致产品或组织结构的变化，或流程的自动化。这些变化可以从基于互联网的媒体需求的不断增长中观察到，这导致了整个商业模式的变化（例如在音乐行业）。"（Hess et al.，2016）

"数字化转型包括销售和沟通渠道的数字化，这些渠道提供了与顾客互动的新方式，以及公司产品（产品和服务）的数字化，这些产品和服务取代或增加了实物产品。数字化转型还描述了通过数据驱动的洞察力触发战术性或战略性的业务活动，以及启动新方法获取价值的数字商业模式。"（Haffke et al.，2016）

"数字化转型是企业利用数字技术来开发新的数字商业模式，以帮助企业创造和适当增加价值。"（Kane，Palmer，Philips，Kiron & Buckley，2015；Liu，Chen & Chou，2011；Schallmo，Williams & Boardman，2017）

"数字化转型不是软件升级，也不是供应链。这是一个有计划的数字冲击，可能是一个合理运作的系统。"（Andriole，2017）

加拿大管理学家 Vial（2019）认为，在已有关于数字化转型的定义中存在着大量不明确的术语，如"数字技术""数字化""数字化能力""数字冲击""循环"或"转型"等，其结果是造成了概念及其数字化转型所产生的影响之间的混淆。

我们认为，这些具有代表性的数字化转型定义，有几个突出的特点：

一是数字化转型的对象是厂商组织，或主要与厂商组织的商业模式有关。数字化转型改变的是厂商组织的观念与行为，在位厂商组织与新创业厂商组织的商业模式，以及价值创造方式与经营业绩的改变。

二是数字化转型是"一个破坏性的或增量的改变过程。它从采用和使用数字技术开始，然后演变为一个组织的隐性整体转型，或有意追求价值创造"的过程（Henriette，Feki & Boughzala，2016）。数字化转型意味着厂商组织内部和外部的彻底变革（Schweer & Sahl，2017）。这些变革的前提条件是观念的转变，其重要基础是资源应用程序的转换，即资源必须在数字化转型的意义上进行分配，因为数字化转型创新是关于"信息、计算、通信和连接技术的组合"（Bharadwaj et al.，2013）。

三是数字化转型涉及的不仅仅是技术类型问题（Horlacher et al.，2016；Westerman et al.，2011），更重要的是涉及厂商组织经营层面的商业模式转型、价值创造方式转型。因此，各个学者对数字化转型的定义存在重大差异（Andriole，2017；Piccinini et al.，2015b），他们从不同的视角来看待数字化转型。

四是学者们公认应当使用"数字技术"来推进厂商组织实体的变革。

我们更为欣赏的数字化转型的定义是格雷戈里·维亚尔（Vial，2019）的数字化转型定义，他认为"数字化转型就是信息、计算、通信和连接技术的结合触发实体属性的重大改变，从而改进实体经营与管理的过程"。这里，实体可以是单个厂商组织实体，也可以是商业生态系统或数字化平台商业模式。

我们认为，在当今移动互联网时代的商业世界中，厂商组织的管理者越来越多地面临着新的数字技术的挑战，这些数字技术模糊了市场边界，改变了代理人的角色，催生了新的商业模式。例如，顾客变成了合作者，雇员变成了合伙人，竞争对手变成了合作者，运用数字技术垂直整合或跨界经营所形成的新的商业模式，可使新进入者绕开现有在位的优势厂商。在实践中，数字化转型涉及厂商组织的多个方面，包括厂商组织的商业模式、组织结构、信息技术、供应链和市场营销等，因此，数字化转型是对工商管理多学科知识的综合运用。

我们将数字化转型定义为：数字化转型就是厂商组织利用数字技术来开发新的数字商业模式或平台商业模式，以帮助厂商组织在移动互联网时代创造和适当增加价值的经营管理过程。

这个定义说明：

（1）数字化转型是一个过程，是厂商组织在经营管理过程中不断地对其商业模式提出问题、发现问题、分析问题和解决问题的全过程。这一过程包括厂商组织利用社交网络、移动互联网、大数据、物联网等新的数字技术，彻底改变其商业模式或运作方式等。这主要涉及核心商业运营模式的变化、产品和业务流程再造，以及组织结构的调整等。厂商组织应该通过这一管理实践过程进行这些复杂的转型（Matt et al.，2015）。

（2）数字化转型的目标实体是厂商组织实体（Agarwal et al.，2010；Hanelt et al.，2015b；Pagani，2013），也包括厂商组织所在的商业生态系统，即受数字化转型影响的分析单元。

（3）数字化转型主要依靠数字技术来实现（Bharadwaj et al.，2013）。厂商组织的转型是对包含了社交网络、移动互联网、数据分析、云计算技术和物联网（Social – Mobile – Analytics – Cloud – Internet of Things，SMACIT）的数字技术的运用而产生的变革效应（White，2008）。从这个意义上说，数字化转型实质上是数字技术和厂商组织商业模式的融合，或者说数字化转型是数字经济中数字技术和业务流程的整合（Liu et al.，2011）。

（4）数字化转型的结果是厂商组织构建新的数字商业模式或平台商业模式，即目标实体属性内发生的转型变化。

（5）利用数字技术来改变厂商组织价值创造与价值获取的方式是数字化转型的关键，即目标实体属性内发生的变化程度。

二、数字化转型的意义

要对厂商组织的数字化转型提供管理指导，我们必须加深对厂商组织如何利用特定资源获得持续竞争优势，厂商组织应采取哪些战略和什么样的商业模式在市场上取胜，以及厂商组织内部组织结构如何改变以支持这些战略的理解。

近年来，在位厂商组织或从业企业（Fitzgerald et al.，2014；Westerman et al.，2011）进行数字化转型的重要意义已经得到学术界与企业界一致的认同（Bharadwaj et al.，2013；Piccinini et al.，2015a）。在较为宏观的层次上，数字化转型包含了数字技术在社会和行业中推动厂商经营模式发生的深刻变化（Agarwal et al.，2010；Majchrzak et al.，2016）。"数据化"（Datification）（Galliers et al. , 2015；Newell & Marabelli，2015）渗透到人们生活的所有领域，使人们将个人、厂商组织、设备和政府联系起来，更方便地进行交易、协作和社会互动，并产生大量可访问的数据资源（Shirky，2008）。在移动互联网时代，人类正在变成"行走中的数据发生器"（Walking Data Generators）（McAfee & Brynjolfsson，2012），且通过所谓的带有传感器和 IP 地址的物联网实现对象之间的交互，由此组织和社会中增加了大量的数据资源。在微观组织层面，厂商组织必须通过利用高速发展的数字技术、高质量的数据设计"接受数字化转型的影响并产生更好的运营绩效的战略"，找到利用这些技术进行创新的方法（Hess et al. , 2016）。

吴敬琏、李铁等多位中国经济学家认为，中国的厂商组织应当探讨数字化转型的战略意义，强调数字化转型未来将在我国经济中发挥越来越重要的作用；数据要素的正确应用，关键在于如何把新的技术创新变成改善供给侧效率的动力；外部环境变化让中国数字经济的发展面临着较大的不确定性，需要学术界和政策制定者长期研究关注、科学应对。

我们认为，推动厂商组织数字化转型具有重要的意义：

第一，厂商组织利用高速发展的数字技术、高质量的数据设计先进的服务系统，将有助于商业模式和经营管理方式的创新（Boyd & Crawford，2012；Brynjolfsson & McAfee，2014）。

2019 年 4 月 18 日，中国信息通信研究院发布《中国数字经济发展与就业白皮书（2019 年）》，这是继 2015 年以来，中国信息通信研究院连续第五次发布数字经济白皮书。该白皮书显示，2018 年，我国数字经济规模达到 31.3 万亿元，按可比口径计算，名义增长 20.9%，占 GDP 的比重为 34.8%。数字经济发展对 GDP 增长的贡献率达到 67.9%，贡献率同比提升 12.9 个百分点，超越部分发达国家水平，成为带动我国国民经济发展的关键力量。

在移动互联网时代，诸如宽带互联网、智能手机、Web2.0、搜索引擎优化、云计算、语音识别、在线支付系统和加密货币等技术的应用极大地推动了数字经济的发展和消费的数字化转型，加强了以电子商务为代表的消费类数字平台的发展。大数据的无所不在（Dong & Yang，2020；Wedel & Kannan，2016）和诸如 5G、人工智能（AI）、区块链、物联网（IoT）和机器人技术等新兴数字技术的出现，必将对厂商组织的经营方式和商业模式的变革产生深远影响（Chen, Chiang & Storey，2012；Iansiti & Lakhani，2014；Ng & Wakenshaw，2017）。此外，这些新的数字技术还可能影响厂商组织的成本结构。在服务交付过程中，厂商组织可使用人工智能和区块链（AI and Blockchain）优化物流流程和降低供应链成本。2017 年世界经济论坛发布的《第四次工业革命对供应链的影响》白皮书指出，数字化变革将使制造业企业成本降低 17.6%、营收增加 22.6%，使物流服务业成本降低 34.2%、营收增加 33.6%，使零售业成本降低 7.8%、营收增加 33.3%。

当下，谷歌的安卓和苹果的 iOS 移动操作系统已经成为移动通信行业的重心。以移动支付市场为例，支付宝、微信支付、贝宝、苹果支付和 Square 等数字支付平台正在扰乱和颠覆传统金融业的竞争格局。据《Statista 数字市场展望报告》，2020 年将有超过十亿的中国人在各种实体商店、咖啡厅和餐馆使用手机付款，这意味着移动支付渗透率超过 32%，为全球最高；印度、越南等亚洲发展中国家的移动支付渗透率通常高于世界平均水平，但人均消费较低。优步、爱彼迎和跑腿兔（TaskRabbit）等点对点数字平台的出现更是创造了一种所谓的共享经济，共享单车平台 Lyft 的用户叫车次数从 2013 年的 270 万次增加到 2016 年的 1.626 亿次，年增长率接近 300%（Business Insider，2017b）。

随着厂商组织的数字化转型和平台经营模式的发展，新的数字化平台被整合到更大的数字基础设施中，各类数字化平台正变得越来越复杂（Evans & Basole，2016）。数字化平台的生成性，促进了指数级增长的应用程序开发者生态系统的产生，从而创造出比任何传统产业生态系统都大若干个数量级的商业生态系统（Sørensen & Landau，2015）。随着数字化平台在技术架构的多个层次上展开竞争，如在移动操作系统和浏览器领域，指定适当的战略分析单元变得越来越困难（Pon et al.，2014）。作为平台提供商的阿里巴巴、腾讯、谷歌、脸书、亚马逊和易趣等互联网巨头正在将互联网分割成事实上的封闭领域，这意味着这些巨头们在所有厂商组织的数字化转型过程中的话语权更大（Eaton et al.，2015）。

第二，数字技术造成了市场竞争格局的巨大变化，厂商组织为其生存与发展，必须进行数字化转型。这种市场竞争格局的急剧变化，是第二次产业革命以来从未有过的，堪称市场竞争格局和厂商组织经营方式变革的"百年变局"。

在全球经济一体化的背景下，厂商组织所面临的竞争是全球性市场竞争，这种竞争不再是单个厂商组织之间的竞争，而是平台生态系统之间的竞争。加入任何平台生态系统中的厂商组织必须比世界上任何一个角落里的同类厂商组织的成本更低、性能更优、功能更多、响应市场变化最快，才能够在特定的平台生态系统中生存与发展。图 10-1 是麦肯锡咨询公司对数字技术可能给厂商组织带来的潜在价值的预测。

以搜索平台为例，谷歌搜索平台的用户搜索量从 1999 年的 10 亿次增长到 2016 年的 2 万亿次，这意味着在 17 年的时间里，谷歌的年增长率为 50%（Digital，2017）。在零售业，数字技术已经完全颠覆了原有的市场竞争格局，将绝大多数消费品的销售转移到相对年轻的数字化平台上，亚马逊、易趣、淘宝、天猫和京东等品类丰富的电子商务平台已经主导了消费品零售行业（Tiwana，2014；

Parker et al.，2016）。以社交服务平台为例，微信、微博、抖音、脸书和推特这样的社交媒体平台改变了人们互动和分享经验的方式。微信 2011 年启动时的月活跃用户数只有 0.5 亿个，到 2020 年 1 月底，其月活跃用户数突破了 11 亿个，成为中国用户量最大的社交服务平台。美国社交服务平台脸书（Facebook）活跃用户的数量在 2009 ~ 2017 年每年增长约 25%（Statista，2018）。

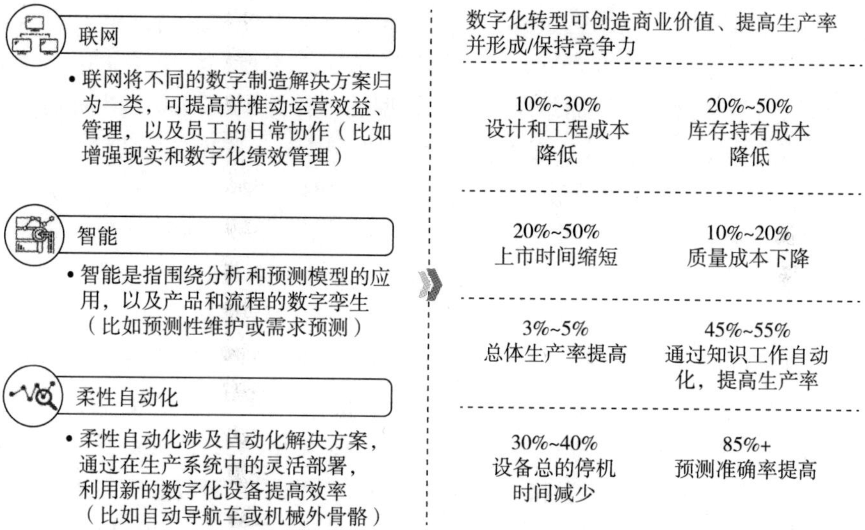

联网

- 联网将不同的数字制造解决方案归为一类，可提高并推动运营效益、管理，以及员工的日常协作（比如增强现实和数字化绩效管理）

智能

- 智能是指围绕分析和预测模型的应用，以及产品和流程的数字孪生（比如预测性维护或需求预测）

柔性自动化

- 柔性自动化涉及自动化解决方案，通过在生产系统中的灵活部署，利用新的数字化设备提高效率（比如自动导航车或机械外骨骼）

数字化转型可创造商业价值、提高生产率并形成/保持竞争力

10%~30% 设计和工程成本降低	20%~50% 库存持有成本降低
20%~50% 上市时间缩短	10%~20% 质量成本下降
3%~5% 总体生产率提高	45%~55% 通过知识工作自动化，提高生产率
30%~40% 设备总的停机时间减少	85%+ 预测准确率提高

图 10 - 1　数字技术给厂商组织带来的潜在价值的预测

资料来源：麦肯锡咨询公司。

当下的市场，不仅竞争范围扩大到全球，竞争的激烈程度也空前加剧，且资本市场和投资者更加青睐苹果、谷歌、微软、亚马逊和脸书这些高科技数字公司，资本市场上的公司估值变化就反映了这种转变。2010 年，标准普尔 500 指数的前几大公司包括中国石油、埃克森美孚（Exxon）、微软、中国工商银行、沃尔玛、中国建设银行等，其中只有微软一家是真正的数字化公司。2019 年，标准普尔前几大公司均为数字化公司，包括微软、苹果、亚马逊、谷歌、脸书、阿里巴巴和腾讯控股等。仅占标准普尔 500 指数 1% 的 FAANG 股票[①]在 2017 年 3 ~ 5 月就造成了 2600 亿美元的市场估值的飙升，而其余 99% 的公司同期相对损失了 2600 亿美元（Insider，2017a）。可以发现，一个颠覆性的变化，就是经营数字产

---

① FAANG 股票是首字母开头的脸书（Facebook）、苹果（Apple）、亚马逊（Amazon）、奈飞（Netflix）和谷歌（Google）五家数字化公司的简称。

品的厂商组织占据了社会经济生活的主流。

第三，面对消费者价值主张与消费行为的变化，厂商组织必须以战略和商业模式方面的创新积极回应。

数字化时代，消费行为呈现出"量子态"（Quantum State）：消费行为各不相同、消费痛点随时变化、消费方式多态叠加。消费市场与消费行为的变化，给厂商组织了解和掌握消费者的价值主张与消费行为带来了巨大的挑战，互联网技术、大数据技术等数字技术已经成为厂商组织生存与发展的必备武器。当前，基于大数据的顾客画像、精准营销、自动推送等数字技术被广泛应用，这实质上就是消费市场与消费行为对厂商组织数字化转型的一种倒逼。2020 年 5 月初，中国互联网络信息中心（CNNIC）发布了第 45 次《中国互联网络发展状况统计报告》，报告显示中国网民数超过 8.9 亿人，超过 99% 都是手机网民。这就意味着接近 70% 的中国人已经成为数字居民，他们的生活方式、消费行为决定着厂商组织的选择。

市场消费数据显示，消费者正将线下购买转向在线商店。2019 年中国家用电器市场规模的同比增长率为 2.3%，零售规模达到 8291 亿元，其中消费者网上购买量超过整个市场销售量的 40%。在所有的交易中，数字接触点（Digital Touchpoints）在顾客消费过程中扮演着重要角色，影响着线上和线下销售（Kannan & Li，2017）。在新的搜索和社交媒体工具的帮助下，消费者变得更加易于联系、知情和活跃（Lamberton & Stephen，2016；Verhoef et al.，2017）。数字技术允许消费者通过设计和定制产品共同创造价值，执行最后 500 米的分销活动，并通过分享产品评论帮助其他消费者购买（Beckers，van Doorn & Verhoef，2018；Grönroos & Voima，2013）。移动设备已成为消费重要的组成部分，这些设备有助于展示顾客的消费行为，即离线检查商品，然后在线购买（Gensler，Neslin & Verhoef，2017）。消费者也强烈依赖应用程序（App）和基于人工智能的新的数字技术，如亚马逊的 Echo 和谷歌主页，正进入消费者的生活。这些新的数字技术很可能在市场消费结构上改变消费者的行为（Hoffman & Novak，2017；Verhoef et al.，2017）。

数字经济的核心理念是 Drucker（1954）所倡导的"创造顾客"（Create Customers），这个理念颠覆了传统的"顾客就是上帝"（Customers is God）的经营理念，即厂商组织不再是被动地适应顾客需求，而是更加强调主动地、创造性地挖掘消费者的需求痛点，寻找行业的盲点，积极、主动和能动地去引导消费、创造顾客。全球公认的工业 4.0 标准强调，厂商组织不仅要关注产品如何被制造出来，更要关注顾客如何使用好这个产品，为顾客提供最佳的使用体验，追求产品全寿命周期顾客价值的最大化。无处不在的物联网技术能够实时获取产品使用过程的数据，大数据分析技术能够从这些数据中挖掘用户的偏好、习惯和感受。因此，使用新的数字技术很容易形成新的规范，并冲击与反抗传统的商业规则。如果厂商组织不能适应这些变化，那么其对顾客的吸引力就会降低，很可能会被利用新的数字技术的公司所取代。

第四，数字化转型将为厂商组织带来商业模式的变革，形成组织间的互补创新，对组织决策和日常运作产生了重大影响。

当下，厂商组织收集、挖掘和利用各种内部和外部的数据。据美国市场研究公司 ComScore 2013 年报道，全球每月有超过 1750 亿次的搜索查询，其中超过 1150 亿次是通过谷歌进行的。这意味着每个搜索者每月有 100 多个查询请求。查询短语反映了某人的意图或兴趣。"Google Trends"提供了公开可用的报告，显示了搜索短语的查询量。智能手机、"应用程序"或传感器的应用为厂商组织收集和利用数据，进而创新提供了新的机会（Baesens et al.，2014；Michael & Michael，2011；Newell & Marabelli，2015）。

第五，数字化转型将改变厂商组织的管理决策模式及员工的工作方式。数字化和大数据分析相结合可能会带来新的机遇，同时也会给管理决策带来新挑战，其方式类似于工业化时代所面临的挑战。

在传统的厂商组织管理决策模式下，组织中"最高薪酬者的意见"（Highest Paid Person's Opinion，HiPPO）[①] 往往就是组织的最后决策，但数字化转型意味着厂商组织能以经营管理过程中的数据"预测当前"，甚至在某些假设情况下可以预知未来（Varian & Choi，2009），从而影响管理决策和其他认知过程。因此，数据驱动的管理决策取代了组织中最高薪酬者的意见，这已经成为一种组织决策的常态（McAfee & Brynjolfsson，2012）。同时，数字化转型对员工个人的生活和工作也产生了重大影响（Koch et al.，2012）。这包括日常工作模式的改变、弹性工作时间的增加、工作—社会—生活平衡所带来的益处的获得"倦怠风险"（Burnout Risk）和"自由经济"（Freelance Economy）的在线挑战（Galliers et al.，2015）。因此，数字化和大数据分析带来的新机遇和挑战广泛存在于个人、组织和社会层面中（Gerardo et al.，2013）。

第二节　数字化转型的过程

了解厂商组织数字化转型的过程必须先搞清楚 Informatization、Digitization、

[①]　组织中"最高薪酬者的意见"（Highest Paid Person's Opinion），简称"河马"（HiPPO）。

Digitalization 和 Digital transformation 等几个英文词汇的准确含义，这些词汇在厂商组织的数字化转型中一直纠缠在一起。

对厂商组织数字化转型的过程，不同的学者有不同的看法。中国石化信息化管理部副主任李剑锋认为，数字化转型可以分为四个阶段，即赋能、优化、转型和再造。所谓赋能是通过实践，培育企业的数字化文化，提高员工的数字化意识和对转型的信心，这是数字化转型的初级阶段和必要阶段。所谓优化通常是在数字化的基础上，利用数字化建模技术对一个或多个业务的流程进行优化。优化可以在部分流程上展开，也可以全流程优化。所谓转型就是把原来"转不动"的传统业务，经过数字化技术的赋能和润滑，实现轻松转身。所谓再造，一是企业内部与数字化生产力相适应的生产关系的再造，可以是企业内部某一独立的业务单元（如产品销售板块），也可以是企业整体，再造可使古老的企业焕发青春，数字化生产力得到充分的释放；二是打破企业边界，以并购、融合、创新等跨界方式实现企业的商业模式再造。

我们认为，厂商组织的数字化转型可以分为四个阶段：信息化（Informatization）、数码化（Digitization）、数字化（Digitalization）和数字化转型（Digital Transformation，DT）。在这四个阶段中，数字化转型是结果阶段，前三个阶段是储备力量阶段、积累阶段，或者说是增量阶段（Loebbecke & Picot，2015；Matt et al.，2015；Parviainen et al.，2017）。

一、信息化阶段

Informatization 通常翻译为信息化。按照维基百科（Wikipedia）的定义，信息化（Informatization）通常指现代信息技术应用，特别是促成信息技术的应用对象或领域（比如厂商组织或社会）发生转变的过程。

信息化的概念起源于 20 世纪 60 年代的日本，最早是由日本学者梅棹忠夫（Tadao Umesao）提出来的。1963 年，梅棹忠夫在《信息产业理论：外胚层产业时代来临的曙光》（*Information Industry Theory：Dawn of the Coming Era of the Ecto-dermal Industry*）一文中指出，"信息化是通信现代化、计算机化和行为合理化的总称"，其中：行为合理化是指人类按公认的准则与规范行事；通信现代化是指社会活动中的信息交流基于现代通信技术进行的过程；计算机化是社会组织和组织间信息的产生、存储、处理（或控制）、传递等广泛采用先进计算机技术和设备管理的过程，而现代通信技术（ICT）是在计算机控制与管理下实现的。

美国学者 Zuboff（1988）将信息化时代称为智能机器时代，他认为信息技术具有改变社会经济生活与厂商组织经营方式的潜力。美国财务专家 Dehning 等（2003）基于 Zuboff（1988）的开创性工作，认为信息技术的战略作用分为四个主要类别（见表10-1）。

表10-1　信息技术的战略作用

类别	作用
自动化	描述：取代人类劳动 目标：提高现有能力、效率和有效性 成果：清晰可识别，可测量
通报情况	描述：向最高管理层提供信息 目标：改进决策，协调和协作 结果：很难预测，因为它们可能包括无形的好处
信息发布	描述：向整个公司的员工提供信息 目标：改进决策，协调和协作 结果：很难预测，因为它们可能包括无形的好处
变革	描述：重新定义公司的业务模式、业务流程和关系 目标：改变现有能力，在内部获得新的竞争能力（通过重新配置），外部（通过战略伙伴关系）获得协同能力 结果：难以预料，包括有形和无形的利益，从根本上改变公司的结构

资料来源：笔者对 Dehning（2003）进行整理所得。

　　Lucas 等（2013）评估了信息技术在三个领域（金融市场、医疗保健、客户体验）的变革性影响。他们认为，随着流程、市场结构和价值网络的变化，金融市场和客户体验这两个领域发生了深刻的变革。在医疗保健方面，研究者们观察到"一个由信息技术推动的医疗改革才刚刚开始，而且不能太快发生"（Agarwal et al.，2010）。在数字支付方面，2019 年全球数字支付市场规模已经达到 4.1 万亿美元，无现金创新应用正在不断涌现。中国现在平均每天会产生 5.43 亿笔无现金交易。

　　当下，人们对信息化的认知逐渐上升到国家生产力层面与厂商组织的竞争能力层面。1997 年，首届全国信息化工作会议将信息化和国家信息化定义为：信息化是指培育、发展以智能化工具为代表的新的生产力并使之造福于社会的历史过程。国家信息化就是在国家统一规划和组织下，在农业、工业、科学技术、国防及社会生活各个方面应用现代信息技术，深入开发广泛利用信息资源，加速实现国家现代化进程。2006 年，中共中央办公厅、国务院办公厅印发的《2006—2020 年国家信息化发展战略》对信息化的定义是：充分利用信息技术，开发利用信息资源，促进信息交流和知识共享，提高经济增长质量，推动经济社会发展

· 273 ·

转型的历史进程。

学术界与实业界一般认为，厂商组织的信息化是指企业以业务流程的优化和重构为基础，在一定的深度和广度上利用计算机技术、网络技术和数据库技术，控制和集成化管理企业生产经营活动中的各种信息，实现企业内外部信息的共享和有效利用，进而提高企业的经济效益和市场竞争力，这涉及企业管理理念的创新、管理流程的优化、管理团队的重组和管理手段的创新。

从产业视角看，厂商组织的计算机化和信息的数码化（Digitization）是衡量厂商组织是否进入信息化的重要标志。信息化是将厂商组织的生产过程、物料移动、事务处理、现金流动、顾客交易等业务过程通过各种信息系统、网络加工生成新的信息资源。它可以使厂商组织内部各个层次的人员清楚地了解当前业务的真实情况，从而做出有利于生产要素组合优化的决策，合理配置资源，增强厂商组织应变能力，获得最大的经济效益。

在工业经济时代，厂商组织虽然已经开始进入信息化，但其活动还以物理世界为主，人们的思维模式还是线下的流程化思维，信息化是为线下的物理世界的活动服务的。这时的信息化还仅仅是一种工具、一种手段，并没有改变业务本身。

在实践中，构建一个良好的信息系统是信息化的关键环节。按照美国信息技术专家 DeLone 和 McLean（1992）的信息系统成功模型，信息系统成功包括三个层次："系统质量"衡量技术成功；"信息质量"衡量语义成功；"使用、用户满意度、个人影响和组织影响"衡量有效性成功。信息系统会影响个人，最终影响整个组织。由此可知，信息系统成功模型不仅针对厂商组织运作的效率与成本，更重要的是它始终瞄准厂商组织的战略利益。2003 年，DeLonet McLean 基于电子商务成功的因素得出信息系统成功模型包括三个维度：系统质量、信息质量和服务质量（见表10-2）。

表 10-2　信息系统成功模型的成功因素

来自 D&L 模型的维度	电子商务的成功因素
系统质量	适应性、可用性、可靠性、响应时间、可用性
信息质量	完整性、易于理解、个性化、相关性、安全性
服务质量	保证、同理心、责任

资料来源：DeLone 和 McLean（2003）。

从表 10-2 中可以看出，DeLone 和 McLean（2003）对电子商务信息系统的研究，确定了 13 个成功因素。其中，决定性的服务质量被添加到信息系统成功模型的维度中。我们认为，这些因素在数字化转型领域具有非常重要的作用，是数字化编码阶段的起点，该模型也在不同的场景中得到了验证（Iivari，2005；Urbach et al.，2009）。在实践中，推动厂商组织数字化转型的因素可分配到技术、组织和环境框架中（Tornatzky & Fleischer，1990），数字化转型不仅影响技术，还与环境高度相关，它本身也会影响组织结构和组织流程。技术因素包括：IT 基础设施、系统的可靠性，数据的相关性、适应性、安全性，信息的完整性、可用性等方面；组织因素包括：试点项目、为未来做的准备、客户需求、员工、文化、（大）数据使用政策、管理支持、技术与任务配合的可用性、跨职能管理等方面；环境因素包括：网络的连通性、进行数据交换所需要的信任的透明度、与外部厂商的协作、行业标准等方面。

从技术维度上看，DeLone 和 McLean（2003）开发的信息系统模型对厂商组织数字化转型的解释是成功的，但厂商组织数字化转型是一个非常复杂的现象，他们所给定的因素主要涉及技术与软件系统，因而并不能解释所有的问题。因此，我们需要从更广的视角来看待数字化转型，要重点考虑数字化转型的组织和环境因素。

目前，我国厂商组织应用的企业信息化管理系统主要有：OA 办公自动化系统；用于管理客户关系的 CRM 系统；ERP 企业资源规划系统；MES 制造执行管理系统等。在实践中，各个厂商组织的信息化程度存在着较大差异，主要有以下几种情况：一是厂商组织还处于 MIS 系统（OA，财务软件等）建设阶段，信息系统基本是分散独立建设，初步实现了手工作业的电子化，信息化主要聚焦于提高效率、节约人工，这类企业的信息化程度低，企业数量较少；二是厂商组织处于 ERP 集中建设阶段，信息化聚焦于解决不同部门之间的沟通问题，这类企业占据制造业的主流；三是部分厂商组织处于 IT 资源整合 IaaS 化和应用系统 PaaS 化阶段，因而信息化聚焦于分析数据和决策支持，这类企业的信息化程度较高，大多属于非制造业的现代服务企业和消费类数字平台。

由此，可以总结出我国厂商组织信息系统的建设有三种模式：一是早期的以满足部分管理职能的烟囱式建设模式，这种建设模式现在已经不多见了。二是模块化集成的建设模式，这种建设模式虽然系统性强，但并没有从厂商组织本身的业务模式或商业模式出发来构建信息系统，许多厂商组织都是在信息技术集成商的带动下为集成而集成，并没有解决厂商组织的经营痛点。可以说，这两种建设模式都是一种先建设后治理的建设模式。三是从厂商组织本身的业务模式或商业模式出发来构建信息系统，这种信息系统是联结了 B 端、C 端、G 端等端点的跨厂商组织、跨行业的战略信息系统（SIS）。

随着移动互联网、大数据、云计算和物联网的发展，工业经济时代的物理世界正在被重构到数字化世界中，无论是价值创造还是价值获取都是通过数字化平台来呈现，数字技术和数据化过程推动了人们思维模式的转变。信息化，首先是计算机化，进而人们才能够利用数字化技术将物理世界重构、建模到数字化世界，人类劳动中的分工与协作、人际交流与沟通、产品创意设计与生产，才可以通过数字化技术在数字化世界里实现。

二、数码化阶段

Digitization 和 Digitalization 这两个英文词汇翻译成中文时，一般多译为"数字化"。实质上两者是有区别的：Digitalization 的本意是"数字化"。Digitization 的本意，是将模拟信息转换为数字信号，即"模数转换"，翻译成"数码化"更合适。

加特纳咨询公司认为，数码化（Digitization）是从模拟形式转变为数字形式的过程，也称为数字实现。换言之，数码化是把一个模拟过程转换为数字形式，而过程本身没有发生任何实质性的改变。

早在 1996 年，美国计算机科学家尼古拉斯·尼葛洛庞帝（Nicholas Negro-ponte）就出版了《数字化生存》（*Being Digital*）一书，被誉为 20 世纪信息技术及理念发展的"圣经"。尼葛洛庞帝在书中预言："数字化生存是现代社会中以信息技术为基础的新的生存方式。在数字化生存环境中，人们的生产方式、生活方式、交往方式、思维方式、行为方式都呈现出全新的面貌。"数码化（Digitization）的最初含义描述了技术意义上的模拟信息到数字信息以及物理系统在计算机系统中仿真虚拟过程的转换（Negroponte，1995）。然而，数码化所带来的是厂商组织既定运作模式的变革，可以看作是对以前的概念和术语的演变。数码化的结果是使大数据分析成为分析和解释任何数字信息的手段，大数据分析技术的进步在很大程度上决定了当今数字产品和服务的功能，对于发展复杂的人工智能、认知计算能力和商业智能至关重要（Loebbecke & Picot，2015）。

我们认为，所谓数码化（Digitization）是将模拟信息转换为数字信息的行为过程。具体地说，数码化是将模拟信息编码成数字格式（即 0 和 1），以便计算机能够存储并传输这些信息（Dougherty & Dunne，2012；Loebbecke & Picot，2015；Yoo，Henfridsson & Lyytinen，2010）。例如，产品或服务的订购使用数字表格或数字应用程序进行内部财务申报。通常，数码化主要是将内部和外部的文档流程数字化，但它不会改变价值创造和价值获取的活动。这个定义说明：

（1）数码化是一种"信息的数字化编码"过程，是人们将模拟信息转换为数字信息的行为。

（2）数码化是一种将信息从模拟形式转变为数字形式的数字赋能或数字驱

动过程。

（3）数码化虽然可以实现信息技术与现有业务的集成，但在这一过程中并不会改变价值创造和价值获取的行为。

Google 词条对数字化和数码化进行了区分：数码化是模拟到数字的转换，而数字化是使用数字技术和数字化数据来影响工作的完成方式，改变客户和公司的互动方式，并创造新的（数字）收入流。

许多研究者将数码化称为模拟任务向数字任务的转变（Li，Nucciarelli，Roden & Graham，2016；Sebastian et al.，2017），或将其概念化为信息技术与现有任务的集成。从更广义的视角看，数码化是开发或促成具有成本效益的资源配置（Lai，Wong & Cheng，2010；Vendrell - Herrero，Bustinza，Parry & Georgantzis，2017）。

在厂商组织实践中，数码化就是将模拟任务转化为数字任务，用数据刻画业务，用数据指导业务，最终形成业务数字化、数字业务化。事实上，经营业务本质就是价值创造与价值获取，数码化就是要通过使用数字技术和数字化数据来影响经营业务和管理工作的完成，转变厂商组织员工的观念与行为，改变交易过程中客户和公司的互动方式，创造数字收入流。

我们认为，数码化最重要的意义在于，其有能力改变几乎任何形式的人类劳动和生活方式（Frey & Osborne，2013；Rifkin，2014）。数码化产生的复杂的算法和软件促进了基于机器学习的数据解释，这使厂商组织能在其自主决策和价值创造活动中，更深入地集成大数据应用程序。

三、数字化阶段

数字化（Digitalization）描述了如何使用信息通信技术（ICT）或数字技术（DT）来改变现有的业务流程（Li et al.，2016）。例如，创建新的在线或移动通信渠道，使所有顾客都能轻松地与公司联系，改变了传统的厂商组织与顾客的关系（Ramaswamy & Ozcan，2016）。这种变化通常涉及使用软件等数字人造物（Digital Artifacts）的厂商组织运营新的社会技术结构，这离开数字技术是不可能的（Dougherty & Dunne，2012）。

我们认为，对 Digitalization 一词，加特纳咨询公司给出的定义比较准确：数字化是"利用数字技术来改变商业模式，提供新的收入和价值创造机会；它是向数字化商业转移的过程"。

数字化就是要把物理系统在计算机系统中虚拟地体现出来，利用数字技术驱动组织商业模式创新，驱动商业生态系统重构，驱动厂商组织服务大变革。数字化通过改变现有厂商组织与消费者的界面（Ramaswamy & Ozcan，2016；Van

Doorn et al.，2010）、分销（Leviäkangas，2016）或业务关系管理（Baraldi & Na-din，2006）使厂商组织抓住发展新业务的机会，实现价值创造模式或价值获取方式的根本性变革。厂商组织应用数字技术可优化现有业务流程，使流程之间的协调更有效，和/或通过增强用户体验来创造额外的客户价值（Pagani & Pardo，2017）。因此，数字化不仅着眼于成本节约，还着眼于流程改进，以改善顾客体验。

在实践中，厂商组织必须依次回答以下几个问题：①我们是否能用数字化的方式来刻画目前这些业务环节。②如何才能准确地反映这些业务的健康度和竞争力。③我们的这些业务，是否已经在用数据而非经验的方式进行运作与管理。数字化的好处，是可用数据告诉我们需要关注的领域。数字化监控，可以在异常值出现的第一时间就向我们预警，提醒我们这个是问题的苗头，还是机会的开始。而靠经验，可能时间窗口已经过去太久。④数字化是否使我们的经营业务形成了一种数据竞争力。

许多厂商组织的"数字化"是基于大量的运营数据分析进行的，即对厂商组织的商业逻辑进行数学建模、优化，反过来再指导厂商组织商业模式的创新。从某种意义上说，"数字化"的过程，是计算机系统反复分析厂商组织的数据和运营模式，了解厂商组织的经营特点，并反过来指导厂商组织的运营。

四、数字化转型阶段

数字化转型（Digital Transformation，DT）是最后一个阶段。在这一阶段，厂商组织通过对数字技术的深入运用，数字化转型构建一个全感知、全连接、全场景、全智能的数字世界（Digital World with Full Perception，Full Connection，Full Scene and All Intelligence），进而优化再造物理世界的业务，对传统管理模式、业务模式、商业模式进行创新和重塑，实现业务成功。

我们可以将数字化转型定义为"信息、计算、通信和连接技术的结合触发实体属性的重大改变，从而改进实体经营与管理的过程"。我们认为，数字化转型的本质特征是业务转型，这是一场在信息技术驱动下的业务、管理和商业模式的深度变革和组织重构，其数字技术是支点，业务转型是内核，而实体可以是厂商组织，也可以是商业模式。转型的根本目的是提升产品和服务的竞争力，让厂商组织获得更大的竞争优势。

中国石油化工集团公司信息化管理部副主任李剑锋认为，推进厂商组织数字化转型，厂商组织内部的 IT 建设模式必须首先转型，进而才能满足转型过程中厂商组织对数字技术的需求。转型的方向就是全面推进"数据＋平台＋应用"的新的建设模式。这一模式的基础是数据，核心是平台，应用则是轻量化的

APP。这完全颠覆了传统的以应用为核心的建设模式。"数据＋平台＋应用"的新模式，强调了厂商组织数据资产的统一治理和共享，大幅度提升了厂商组织数据的资产价值。所有新的开发建设都在统一的平台上，按照标准的接口规范进行组件式开发，形成业务组件和技术组件的积累和共享复用，各类业务的应用APP由各类组件构建而成，大幅度降低了开发成本、提升了对业务需求的响应速度。

李剑锋强调，厂商组织率先进行 IT 建设是厂商组织成功进行数字化转型的基础。因为从技术上看，数字化转型就是平台化转型，厂商组织打造自身的工业互联网平台，能够加速厂商组织设备设施、业务流程、管控模式的数字化进程，深化人工智能、物联网、AR 等信息技术与业务的融合，提升全员数字化意识，为数字化转型做好全方位的准备。

我们认为，数字化转型的实质是厂商组织商业逻辑的变革，厂商组织通过实施新的商业逻辑来创造和获取价值，引入了一种新的商业模式（Pagani & Pardo，2017；Zott & Amit，2008）。这种变革的呈现形式可能是焦点厂商组织的数字化平台的构建或行业新事物的出现。因此，数字化平台的构建只是厂商组织数字化转型的表现形式，数字化转型不仅是一种创新，其核心内涵应当是商业逻辑的变革。厂商组织通过商业模式创新进行市场竞争，并获得竞争优势（Casadesus - Masanell & Ricart，2010）的含义是"厂商组织如何为顾客创造和交付价值，然后将收到的付款转化为利润"（Teece，2010）。

在我们看来，数字化转型是一种厂商组织运作模式与组织结构的变革，而这种变革是实现组织绩效和运营效率的必要步骤。然而，已有的关于数字化转型的研究往往侧重于创新（Innovation）而不是变革（Change）。我们认为，根据 Dehning 等（2003）信息技术驱动转型的标准，厂商组织商业模式是一个多维度的概念，其变化恰恰反映了一种运作模式与组织结构的变革。例如，算法决策是数字化转型中的重要内容，它本身可以视为是自动化的一种变革形式。正如 Newell 和 Marabelli（2015）所言，数字化转型的影响远不止于此。当下，数字化平台和平台生态系统大量涌现，数字技术已经显著改变了厂商组织创造价值和获取价值的方式（Tan et al.，2015a）。即使是制造实体产品的厂商组织现在也迫切需要将服务和软件作为其核心产品的一部分，将其实体产品转化为生成、收集和交换有价值的数据的渠道（Porter & Heppelmann，2014）。

应当看到，数字化驱动的转型与信息技术驱动的转型既有联系又有区别，具体如表 10-3 所示。

表 10 -3　信息技术驱动转型和数字化驱动转型的比较

项目	信息技术驱动的转型	数字化驱动的转型
动力	组织决策	社会和行业趋势；组织决策
目标实体	组织及其即时价值网络	组织、平台、生态系统、产业和社会
范围	在某些情况下，变革可能是深刻的，但通常仅限于一个组织的流程及其即时价值网络（如供应商）	这种转变可能是深刻的，并具有超越组织直接价值网络（如社会、客户）的影响
手段	单一的信息技术	数字技术的组合
预期成果	业务流程得到优化，效率得到提高；在某些情况下，重点组织的业务模式被改变。现有机构保持不变	业务流程被转换，焦点组织的业务模型被改变；在某些情况下，业务流程被优化。转型在更高层次对当前机构的诸如监管框架、道德操守的相关性等重要问题产生影响
不确定性的焦点	内部：聚焦组织内部	外部（第一）：聚焦组织外部内部（第二）：聚焦组织内部
案例说明	公司购买 ERP，并根据行业实践以及制度化的会计原则重新设计其业务流程。ERP 的实施也有助于增加合作公司与其供应链合作伙伴之间的关系	随着消费者越来越依赖移动设备购买商品和服务，一家公司决定利用这一趋势，开发一个移动应用程序与客户接触。同时，它还通过捕获和分析客户与它们的移动应用程序交互生成的数据，增强客户体验

资料来源：Gregory Vial（2019）。

数字化转型影响着厂商组织的经营方式（Amit & Zott，2001），包括战略方向、组织结构（Selander & Jarvenpaa，2016）、流程（Carlo et al.，2012）和组织文化（Karimi & Walter，2015）等，这些方面都将产生创造价值的新途径（Svahn et al.，2017a）。一句话，数字化转型超越了数字化——简单组织流程和经营业务的改变。数字技术的实施，使数字化转型与商业模式的变革有着内在的联系（Sebastian et al.，2017）。数字化转型需要重构厂商组织价值创造和价值获取的流程，以改变数字化转型的商业逻辑（Li，Su，Zhang & Mao，2018），包括价值主张和商业模式。例如，医疗保健行业的数字化转型表现为对信息技术的广泛和深入使用，从根本上改变了医疗服务的提供方式（Agarwal，Gao，DesRoches & Jha，2010）。信息技术的使用具有变革性，会使厂商组织现有的业务流程、程序和能力发生根本性的变化，并允许医疗保健提供商进入或退出当前市场（Li et al.，2018）。此外，数字化转型可以使厂商组织利用数字技术实现与供应商、顾客和竞争对手跨国界、跨产业界限的互动（Singh & Hess，2017）。因此，数字技术可以通过改变组织现有的核心能力或帮助其开发新的核心能力使其获得竞争优势（Liu et al.，2011）。

数字化转型是一种厂商组织范围内的现象，具有广泛的组织含义，其中最显著的是，厂商组织的核心商业逻辑和商业模式会随着数字技术的使用而发生变化（Agarwal et al.，2010；Iansiti & Lakhani，2014；Li，2020）。在追求数字化转型的过程中，厂商组织寻求并实施商业模式创新。

数字化转型四个阶段的特征具体如表 10 - 4 所示。

表 10 - 4　数字化转型四个阶段的特征

类型	行为	数字资源	组织结构	数字增长战略	指标	目标
信息化	建设计算机信息系统，将传统业务中的流程和数据通过信息系统来处理，通过将技术应用于个别资源或流程来提高效率	利用信息技术，开发利用信息资源，促进信息交流和知识共享	自上而下的层次结构	信息化为线下的物理世界的活动服务	信息的数字化编码	借助信息化手段实现效率的提升、成本的节约和流程的改进
数码化	自动化惯例和任务；将模拟信息转换为数字信息	信息的数字化编码形成数字资产	标准自上而下的层次结构	基于市场开发，产品开发	传统的 KPI：成本到服务，ROI，ROA	节省费用；更有效地为现有活动部署资源
数字化	在生产中使用机器人；在产品或服务的提供中添加数字组件；引入数字分发和通信渠道	数字资产 + 数字敏捷性，数字网络能力	分布式、精益和敏捷化业务单位	基于数字化平台的市场渗透，与供应商和消费者共同创造平台	传统和数字 KPI：用户体验，独特的客户/用户，活跃的客户/用户	节约成本和增加收入：通过业务流程的重新设计提高生产效率；增强客户体验
数字化转型	引入新的商业模式，如"产品服务"、数字平台和纯数据驱动的商业模式	数字资产、数字敏捷性，数字网络能力 + 大数据分析能力	形成具有高度灵活性的组织形式，内外部共享信息和构建业务功能区的独立单位	与供应商和消费者共同创造多样化的数字平台	数字 KPI：数字分享、规模和动力、共同创造者情感	新的成本收益模型：重新配置资产以开发新的业务模型

资料来源：笔者对 Verhoef 等（2019）进行整理所得。

第三节 数字化转型战略

一、数字化转型战略的实质

数字化转型在广义上被理解为"使用新的数字技术（社交媒体、移动、分析或嵌入式设备）来实现诸如增强客户体验、简化运营或创建新的商业模式等的重大业务转型"（Fitzgerald，Kruschwitz，Bonnet & Welch，2014）。数字化转型不仅包括技术的使用，还包括厂商组织的经营业务与组织结构、环境的协调（Matt，Hess & Benlian，2015）。为了管理这种复杂的、跨职能的重大变革，有必要制定一个数字化转型战略，以实现有计划的战略性转型（Kane，Palmer，Nguyen Phillips，Kiron & Buckley，2015）。

尽管不少研究者们声称数字化转型战略与厂商组织的经营战略有着一致性，但制定数字化转型战略仍然是一个具有挑战性的过程（Bharadwaj，El Sawy，Pavlou & Venkatraman，2013；Hess，Matt，Benlian & Wiesbock，2016；Schwab，2017）。事实上，大多数的学术研究都将数字化转型视为一种内生性现象，认为其是厂商组织利用数字技术提供机遇的举措（Tan et al.，2015a）。

我们认为，数字化转型还应当被视为对在位厂商组织（Incumbent Firm）的一种外生性威胁（Li et al.，2016；Lucas & Goh，2009；Sia et al.，2016）。作为在位厂商组织的外生性威胁，数字化转型被描述为一种更高层次的现象，其他厂商的数字化转型都会扰乱产业的竞争环境，需要在位厂商组织或部分创新型厂商组织做出积极的战略反应。虽然战略的一般概念经常被用来解释这些反应（Yoo et al.，2010b），但我们认为数字化转型背景下的两个新概念是与战略密不可分的：数字化经营战略和数字化转型战略。

美国埃默里大学古兹维塔商学院（Emory University – Goizueta Business School）教授 Bharadwaj 等（2013）认为，数字技术要求研究人员研究厂商组织战略和信息系统战略之间的融合（Kahre et al.，2017），而不是两者的一致性。他们观察到，厂商组织之间的竞争越来越依赖于其利用数字技术实现其愿景的能力（Mithas et al.，2013），而将厂商组织战略和信息系统战略分离可能会降低其协同增效的潜力。为此，他们提出了数字化经营战略（Digital Business Strategy，DBS），定义为"通过利用数字资源创造差异化价值，来制定和执行的组织战略"。

我们认为，数字化经营战略或数字化转型战略在本质上并没有多少区别，两者可以看成是同义词。它们都着眼于"厂商组织有计划地利用数字技术实现其愿景的商业模式，以增强其实现愿景的能力和推进实现其宗旨与目标的进程"。这个着眼点强调厂商组织战略和信息系统战略之间的适配或匹配。人们通常认为，战略性适配的需求与厂商组织弹性的需求存在冲突，这主要是因为人们对适配与弹性的关系还不清楚，对其定义与价值尚乏共识。Nadler 和 Tushman（1988）将适配定义为：一个组成与另一组成的需要、需求、目标、标的或结构一致性的程度。Baird 等（1983）认为组织适配较佳者效率或效能较佳。Sanchez（1995）将"弹性"定义为：企业对于外在动态竞争环境中各种不同需求的响应能力。美国经济学家 Teece 等（1997）认为，在动态的环境中，厂商组织必须重新架构厂商组织的资产结构并完成必要的内外在转换，高弹性厂商组织能够扫描产业环境、评估市场与竞争者，在竞争来临之前迅速完成架构与转换。我们认为，战略适配或匹配强调厂商组织面对复杂动态的环境和竞争越来越依赖于其利用数字技术的能力，需要弹性以适应多元与变动的需求。战略弹性是指厂商组织快速响应环境，重新进行资源配置的能力。战略适配与战略弹性对提升厂商组织的效能都很重要，因为战略管理的挑战是要持续地利用适应，以实现厂商组织与其外部环境间的适配来处理变动（需要弹性）。从这个观点出发，数字化经营战略或数字化转型战略是要发展和增强厂商组织利用数字技术的能力，以适应平台化经营的需要和急剧变动的市场竞争格局。因此，数字化转型战略的主要任务之一，应该是提升厂商组织与竞争环境需求的适配度。

在 Bharadwaj 等（2013）之后，数字化经营战略在理论和实践研究中获得了一定的关注（Holotiuk & Beimborn，2017；Leischnig et al.，2017；Mithas et al.，2013；Oestreicher-Singer & Zalmanson，2012；Sia et al.，2016）。在数字化经营战略三篇代表性的研究文献中，数字化经营战略是推动厂商组织数字化转型的一个新兴的概念（Chanias，2017；Henfridsson & Lind，2014；Yeow et al.，2017）。例如，新加坡社会科学大学教授 Yeow 等（2017）研究了一家将 B2C 模式纳入其现有 B2B 模式的公司，该厂商组织的现有资源和其新兴的数字化经营战略之间不适配，之后通过调整得到了解决，这与数字化转型是一个"旅程"（Journey）（Kane，2017c）的观点一致，而不是一个项目（Gray et al.，2013）。

德国慕尼黑大学教授 Matt 等（2015）提出了数字化转型战略（Digital Transformation Strategy，DTS）的概念，强调数字化转型战略"聚焦于新技术对产品、流程和组织方面的转变"。

按照 Matt 等（2015）的观点，数字化经营战略与数字化转型战略之间存在着微小差别：数字化经营战略侧重于厂商组织的"未来状态"（Future States），而数字化转型战略"是一个蓝图，支持厂商组织管理因数字技术集成而产生的变革，以及转型后的运营"（Matt et al., 2015）。Matt 等（2015）认为，数字化转型战略与"信息技术战略及所有其他组织战略和职能战略"是分开的，将数字化转型战略定义为"厂商组织结构的变化"。

应当指出，传统的战略管理理论是将厂商的"信息化战略"视为职能性战略，甚至现在中国许多企业进行数字化转型时，仍然将"数字化转型战略"视为职能性战略，把数字化转型战略看成是"信息化战略"的升级版本，这是不正确的。我们可以发现，马特等（Matt et al., 2015）是将数字化转型战略作为一种特殊的战略，既不是公司层战略，也不是具体的职能性战略，而是一种涉及"厂商组织结构变化"的战略。我们认为，数字化转型战略是涉及厂商组织结构变化的战略，更重要的是，它是涉及厂商组织"商业逻辑变化"的战略。

基于 Matt 等（2015）的概念，美国北卡罗来纳州立大学格林斯伯勒分校（The University of North Carolina at Greensboro）教授 Hess 等（2016）研究了三家德国媒体公司的数字化转型，发现每个公司内部存在的特定财务限制对其各自使用数字技术的能力有重要影响。研究发现，数字化转型战略强调的是一个公司利用数字技术重新定义其商业模式的转型过程。

我们认为，从数字化转型战略的角度看，"商业模式创新"和"运营转型"是关键性主题。寻求数字化转型的厂商组织，需要明确商业模式创新的方向，以符合转型战略的需求：①厂商组织需要从"业务"的角度看待转型，而不是将其作为数字技术解决方案来驱动；②从"运营"的角度来看，转型的关键主题是理解和深度挖掘客户需求和期望，优化"引入客户"的流程；③数字化转型需要应用相关信息技术（IT）和信息通信技术（ICT），以确保内部系统和外部数字系统集成并能够"相互对话"。

二、数字化转型战略的战略行为方向

从数字化转型战略着力的方向看，至少有以下四种战略行为（Loonam, Kumar & Parry, 2017）：

一是以战略（商业模式）为中心的战略行为。根据 Westerman 等（2014），数字化转型战略通常有五种典型的商业再造模式：①重塑行业（Reinventing Industries），数字技术从根本上扰乱了行业，类似于爱彼迎重塑酒店和酒店业；②替代产品或服务（Substituting Products or Services），即将厂商的核心产品或服务用新的数字格式所取代，如微信取代通信市场中的短信服务；③创造新的数字业务，创造新的或改造现有的产品和服务，从而产生额外的收入和业务，如华夏银行龙商货案例；④重新配置价值交付方法，对产品、服务和数据进行重组，以

改变厂商在价值链中的作用，如特易购（Tesco）① 的案例；⑤重新思考价值主张，即厂商组织部署数字技术以满足客户的需求，如通用电气（GE）、汽车产业的沃尔沃（Volvo）和全球农业机械巨头约翰·迪尔（John Deere）重新定义自己的案例。后三种是数字化转型实践中关键的商业模式创新。

二是以消费者为中心的战略行为。实践表明，以消费者为中心的战略行为有种：①从外部到内部设计客户体验；②接触和吸引客户和在线社区；③混合物理和数字（或虚拟）客户体验。在某些案例中，重新设计整个客户体验是数字化转型的关键。WhatsApp 和微信（WeChat）（针对中国）可以进一步支持组织的这种"由外而内"的客户体验（Dubois et al.，2016）。在数字化转型期间，与客户和在线社区接触也是以客户为中心的一个重要的战略行为。例如，飞利浦希望从一家以产品为基础的公司转变为以客户为中心的公司，"在数字技术的帮助下，公司正在围绕互联产品构建一个生态系统，称为'利益共同体'"（Sharma，2015）。

三是以组织为中心的战略行为。研究发现，在引入数字化转型战略时，有三种以组织为中心的战略行为：①认识到培养数字文化的重要性；②清楚地了解数字化转型的关键因素；③专注于组织而不是技术来实现变革。这三种战略行为实质上是将数字化转型战略与组织变革结合起来了。

四是以技术为中心的战略行为。研究发现，采用以技术为中心的战略行为对推进数字化转型非常重要。具体而言，有三种关键战略行为：①综合整个组织的系统；②从数据分析中获得见解；③跨平台构建，数字技术可以无缝交互。

为了配合协调组织结构和业务流程所做的努力，厂商组织必须对内部系统进行整合，以便最大限度地实现数字化转型。企业资源计划系统（ERP）、客户关系管理系统（CRM）和供应链管理系统（SCM）等信息系统有助于组织提供其业务流程的单一视图。这样，系统就可以与数字技术相连接，客户的偏好和要求就可以被价值链上的每一项活动获知。

需要注意的是，跨平台构建具有非常重要的作用。在实践中的跨平台上，所有的客户接触点都可以到达。正如美国管理学家 Berman（2012）所说："在网上，客户在电子邮件和社交网络之间来回切换。他们改变平台和渠道，前一分钟在智能手机上比较价格，下一分钟在实体店试穿鞋子，然后在个人电脑或平板电脑上进行交易。"我们认为，跨平台构建实质上在微调竞争的赛道，在数字化转

---

① 特易购（Tesco）推出了"点击并收集"信息亭（Diosks）、移动应用程序、Facebook 账户、Pinterest、Google + 和 Twitter 账户，旨在采用一种多样的数字化社交媒体战略，使该厂商组织能够接触并吸引各自的客户和在线社区。提供信息和反馈问题的客户将获得俱乐部卡奖励。参见：Satish, D., M. V. Kumar. (2015) Tesco's Digital Transformation. IBS Centre for Management Research.

型过程中，这种凝聚客户的力量，是必不可少的。

三、在厂商组织经营关键领域的关键选择

在厂商组织经营实践中，数字化转型战略要求厂商组织在几个关键领域做出适当的选择：

（1）从厂商组织经营的视角看，必须设计和制定一个基本的数字化商业模式，明确长期目标，而且要超越对快速增长的简单追求。与此密切相关的是，厂商组织要对竞争厂商进行对标分析，做出变革商业模式的潜在需求评估与选择，找出执行新战略或新模式的目标与当前能力之间的差距，区分潜在问题、漏洞和相关危险，提出相应的措施与解决方案（Kaufman & Horton，2015；Basu，2015）。

（2）在数字化商业模式改变厂商组织的经营状况并给其带来新的竞争优势时，对创新的技术选择迫在眉睫。实践表明，新的竞争优势在厂商组织经营中发挥着重要作用，可帮助厂商组织实现重要目标。厂商组织需要评估数字技术的使用对用户需求、自身竞争能力与投资的影响，以便能够预先确定数字技术对其经营业务可能产生的影响（Kane et al.，2015），提出特殊的变革计划，以保证组织与技术同步发展（Webb，2013）。

（3）厂商组织在与顾客沟通过程中，必须做出各种重要的选择。学者们呼吁，各个厂商组织应当认真研究其实施了数字化转型战略，对产业价值链下游厂商组织或客户企业进行数字化改进所产生新的竞争优势的影响（Valdez-de-Leon et al.，2016）。这可以通过调查所有的顾客接触焦点，并在不同的数字和物理阶段交叉整合厂商组织与顾客的沟通方式来实现（Berman，2012）；通过展示数字化升级的物品和管理方式进行改进来改变顾客体验（Hess et al.，2016）；通过加强研发投入和提升研发兴趣，增强预见顾客需求的能力，并创建数字化答案，而不仅是对顾客现有需求做出反应（Sebastian et al.，2017）。

（4）做出一系列管理决策。评估当前的数字化平台货币收支的权重，对货币收支如何支持数字化转型做出管理决策（Matt et al.，2015）；考察增强厂商组织竞争优势的各个因素（Basu，2015）；转换厂商组织全体员工的思想观念，以适应新的商业模式（Westerman et al.，2012）；统筹发挥不同能力的作用，即具体执行能力、权威能力、创新能力、项目相关能力和数字化能力（Bonnet et al.，2017）。通过一个数字焦点来观察组织的重要资源和能力，可以使董事们确定哪些现有资源可以利用，哪些能力可以以新的方式利用，以及新的能力是否应该引入组织（Ross et al.，2017）。如果数字鸿沟得到克服，厂商组织就能够进入许多发展中国家进行产品分销，增加其顾客群，并形成贸易伙伴关系（Watkins et al.，2018）。

应当看到，不同的厂商组织在进行管理决策时受到自己的文化和价值观束缚，但优秀的组织文化都鼓励员工发挥创造性精神与能力，尽可能扩大员工的能力边界范围以及向下级授权。厂商组织应调查建立数字化转型的要求，并保证人员资源的有效配备（Kane et al.，2015），定期从发展的角度对工人的工作能力进行考察（Von Leipzig et al.，2017），这有助于厂商组织对自身的数字化发展进行分类，并进一步变革。当然，决策者需要对本组织经营方式的变化做进一步的思考，以配合新的经营进展。

第四节　本章小结

事实上，数字化转型一词在当代商业媒体中已被广泛使用，表示数字技术对厂商组织的商业模式、产品/服务、客户体验的变革或颠覆性影响（Boulton，2018；Boutetiere & Reich，2018）。更广泛地说，数字化转型表明，现有在位厂商组织可能需要从根本上改造自己，以便在新兴数字世界的市场竞争中占得先机并取得成功（Fischer & Reuber，2011；Huang et al.，2017；Lyytinen et al.，2016；Rayna et al.，2015；Srinivasan & Venkatraman，2018；Von Briel et al.，2018；Younkin & Kashkooli，2016）。

数字技术的快速发展推动了许多产业厂商组织的数字化转型（Hirsch – Kreinsen，2016），但传统制造业与消费、娱乐、信息技术等更为敏捷的行业相比，来自传统工业分支机构的厂商组织还在应用新的数字技术方面苦苦挣扎（Dremel，2017）。

在过去十年左右，一系列新颖而强大的数字技术、数字化平台和数字基础设施的出现，极大地改变了商业模式和现有产业的市场格局，迫使在位厂商组织进行数字化转型，提升了厂商组织创新和创业的热情。实践表明，数字化转型具有广泛的组织和政策意义（Nambisan，2017；Nambisan et al.，2017；Yoo et al.，2010）。诸如美国通用电气（GE）、沃尔沃（Volvo）、工业自动控制巨头江森自控（Johnson Controls）、全球农机老大约翰·迪尔（John Deere）、全球最大的工程机械和矿山设备生产厂家、燃气发动机和工业用燃气轮机生产厂家卡特彼勒（Caterpillar）和波音（Boeing）等行业老牌在位厂商组织重新定义自己，彻底重组了创新战略，以应对数字技术、数字化平台和数字基础设施的冲击，成功实施了数字化转型（Fitzgerald et al.，2014；Svahn et al.，2017）。

在我国，华夏银行的数字化转型为在位厂商组织的数字化"裂变"提供了较好的案例。在金融服务全面线上化的背景下，如何借助金融科技的力量让小微服务在线上突围，这是中国所有在位银行面临的难题。服务小微企业，是以"中小企业金融服务商"为定位的华夏银行的特色优势之一。2017 年 6 月，华夏银行和腾讯宣布签订全面战略合作协议。2017 年 10 月，双方在打造小微金融新产品方面达成了共识，华夏银行正式启动"龙商贷"项目，2018 年 5 月正式上线。腾讯云为龙商贷提供了强大的技术支撑：龙商贷的 IaaS 与 PaaS 部分由腾讯云的技术体系来支撑；腾讯云还依托腾讯的数据资源和能力，做了行业客群的分类建模，对客户群质量进行分析，这些工作在银行业都没有先例。除了技术支撑，腾讯云还为龙商贷提供了大量的资源与团队支持。龙商贷是腾讯公司基于大数据 AI 风控能力助力商业银行开展互联网金融业务的首次尝试，使用了腾讯云的人脸识别及反欺诈等技术。在数字化转型初期，华夏银行和腾讯针对存在的问题快速优化、快速迭代升级，最终实现了线上"三分钟申请贷款，服务到煎饼摊"的服务能力。到 2019 年末，华夏银行普惠小微贷款余额为 1001 亿元，同比增长 18.27%；普惠小微贷款户数约 9 万户，同比增长 25.8%。这个案例充分说明，就在位银行而言，下沉到微小企业，靠传统模式是行不通的，需要借助金融科技的力量。华夏银行与腾讯云的合作，为龙商贷提供了支撑，并为在位银行进行数字化转型提供了成功的经验。

参考文献

［1］Agarwal, R., Guodong, G., DesRoches, C., Jha, A. K. (2010) The digital transformation of healthcare: Current status and the road ahead. *Information System Research*, 21 (4): 796 – 809.

［2］Amit, R., Zott, C. (2001) Value creation in e – business. Strategic Management Journal, 22 (6/7): 493 – 520.

［3］Andriole, S. J. (2017) Five myths about digital transformation. *MIT Sloan Management Review*, 58 (3): 20 – 22.

［4］Ansari, S., Garud, R., Kumaraswamy, A. (2016) The disruptor's dilemma: TiVo and the US television ecosystem. *Strategic Management Journal*, 37 (9): 1829 – 1853.

［5］Baesens, B., Bapna, R., Marsden, J., Vanthienen, J., Zhao, J. (2014) Transformational issues of big data and analytics in networked business. *MIS Quarterly*, 38 (2): 629 – 631.

［6］Baird, L., Meshoulam, I., DeGive, G. (1983) Meshing human resources planning with strategic business planning: A model approach. *Personnel*, 60 (5): 14 – 25.

［7］Baraldi, E. , Nadin, G. (2006) The challenges in digitalising business relationships: The construction of an IT infrastructure for a textile – related business network. *Technovation*, 26 (10): 1111 – 1126.

［8］Basu, K. K. (2015) The leader's role in managing change: five cases of technology – enabled business transformation. *Global Business and Organizational Excellence*, 34 (3): 28 – 42.

［9］Beckers, S. F. M. , Van Doorn, J. , Verhoef, P. C. (2018) Good, better, engaged? The effect of company – initiated customer engagement behavior on shareholder value. *Journal of the Academy of Marketing Science*, 46 (3): 366 – 383.

［10］Bekkhus, R. (2016) Do KPIs used by CIOs decelerate digital business transformation? The case of ITIL. Digital Innovation, Technology, and Strategy Conference, Dublin, Ireland.

［11］Berghaus, S. , Back, A. (2016) Stages in digital business transformation: Results of an empirical maturity study. Mediterranean Conference of Information Systems, Cyprus.

［12］Berman, S. J. (2012) Digital transformation: opportunities to create new business models. *Strategy Leadership*, 40 (2): 16 – 24.

［13］Bharadwaj, A. , El Sawy, O. , Pavlou, P. , Venkatraman, N. (2013) Digital business strategy: Toward a next generation of insights. *MIS Quarterly*, 37 (2): 471 – 482.

［14］Bonnet, J. , Subsoontorn, P. , Endy, D. (2012) Rewritable digital data storage in live cells via engineered control of recombination directionality. *Proceedings of the National Academy of Sciences of the United States of America*, 109 (23): 8884 – 8889.

［15］Boulton, C. (2018) What is Digital Transformation? A Necessary Disruption. CIO December. https: //www. cio. com/article/3211428/digital – transformation/ what – is – digital – transformation – a – necessary – disruption. html.

［16］Boutetiere, H. , Reich, A. (2018) Unlocking success in digital transformations. McKinsey Digital October. https: //www. mckinsey. com/business – functions/organization/ our – insights/unlocking – success – in – digital – transformations.

［17］Boyd, D. , Crawford, K. (2012) Critical questions for big data. *Information, Communication and Society*, 15 (5): 662 – 679.

[18] Brynjolfsson, E. , McAfee, A. (2014) *The Second Machine Age: Work, Progress, and Prosperity in a Time of Brilliant Technologies.* New York: W. W. Norton Press.

[19] Business Insider (2017a) . 5 companies are carrying the S&P 500. http: //www. businessinsider. com/5 - companies - are - carrying - the - sp - 500 - 2017 - 5? international = true&r = US&IR = T.

[20] Business Insider (2017b) . Lyft tripled its rides in 2016, https: //www. businessinsider. de/lyft - tripled - its - rides - in - 2016 - 2017 - 1.

[21] Carlo, J. L. , Lyytinen, K. , Boland Jr, R. J. (2012) Dialectics of collective minding: Contradictory appropriations of information technology in a high - risk project. *MIS Quarterly*, 36 (4): 1081 - 1108.

[22] Casadesus - Masanell, R. , Ricart, J. E. (2010) From strategy to business models and onto tactics. *Long Range Planning*, 43 (2 - 3): 195 - 215.

[23] Chanias, S. (2017) Mastering digital transformation: The path of a financial services provider towards a digital transformation strategy. European Conference of Information Systems, Guimaraes, Portugal.

[24] Chen, H. , Chiang, R. H. , Storey, V. C. (2012) Business intelligence and analytics: From big data to big impact. *MIS Quarterly*, 36 (4): 1165 - 1188.

[25] Davenport, T. (2014) *Big Data at Work: Dispelling the Myths Uncovering the Opportunities.* Boston, Massachusetts: Harvard University Press.

[26] David, A. Nadler, D. A. , Tushman, M. L. (1988) *Strategic Organization Design: Concepts, Tools and Processes.* Glenview, Illinois: Scott, Foresman.

[27] Dehning, B. , Richardson, V. J. , Zmud, R. W. (2003) The value relevance of announcements of transformational information technology investments. *MIS Quarterly*, 27 (4): 637 - 656.

[28] DeLone, W. H. , McLean, E. R. (1992) Information systems success: The quest for the dependent variable. *Information Systems Research*, 3 (1): 60 - 95.

[29] DeLone, W. H. , McLean, E. R. (2003) The DeLone and McLean Model of information systems success: A ten - year update. *Journal of Management Information Systems*, 19 (4): 9 - 30.

[30] Demirkan, H. , Spohrer, J. C. , Welser, J. J. (2016) Digital innovation and strategic transformation. *IT Professional*, 18 (6): 14 - 18.

[31] Dong, J. Q. , Yang, C. H. (2020) Business value of bid data analytics:

A systems – theoretic approach and empirical test. *Information and Management*, 57 (1): 1 – 8.

[32] Dougherty, D., Dunne, D. (2012). Digital science and knowledge boundaries in complex innovation. *Organization Science*, 23 (5): 1467 – 1484.

[33] Dremel, C. (2017) Barriers to the adoption of big data analytics in the automotive sector. Proceedings of AMCIS, Boston, Massachusetts.

[34] Drucker, P. F. (1954) *The Practice of Management*. New York: Harper and Row Press.

[35] Dubois, D., I. Chae, J. Niessing, J. Wee (2016) AccorHotels and digital transformation: Enriching experiences through content strategies along the customer journey. INSEAD Business School.

[36] Eaton, B. D., Elaluf – Calderwood, S., Sørensen, C., Yoo, Y. (2015) Distributed tuning of boundary resources: The case of Apple's iOS service system. *MIS Quarterly*, 39 (1): 217 – 243.

[37] Evans, P. C., Annuziata, M. (2012) Industrial internet: Pushing the boundaries of minds and machines, General Electric. http://dx.doi.org/.

[38] Evans, P. C., Basole, R. C. (2016) Revealing the API ecosystem and enterprise strategy using visual analytics. *Communications of the ACM*, 59 (2): 23 – 25.

[39] Felix, Richter (2013) Google Handles 115 Billion Searches a Month https://www.statista.com/chart/898/number – of – searches – handled – by – search – engines – worldwide.

[40] Fischer, E., Reuber, A. R. (2011) Social interaction via new social media: (How) can interactions on Twitter affect effectual thinking and behavior?. *Journal of Business Venture*, 26 (1): 1 – 18.

[41] Fitzgerald, M., Kruschwitz, N., Bonnet, D., Welch, M. (2014) Embracing digital technology: A new strategic imperative. *MIT Sloan Management Review*, 55 (2): 1 – 4.

[42] Frey, C., Osborne, M. (2013) The future of employment: How susceptible are jobs to computerisation. *Technological Forecasting and Social Change*, 114, 254 – 280.

[43] Galliers, R., Newell, S., Shanks, G., Topi, H. (2015) Call for papers for the special issue: The challenges and opportunities of "datification"; Strategic impacts of "big" (and "small") and real time data – for society and for organization-

al decision makers. *Journal of Strategic Information Systems*, 24 （2）: II – III.

［44］ Gerardo, A. , Okhuysen, D. , Lepak, K. , Ashcraft, G. , Labianca, Smith, V. , Steensma, K. （2013） Theories of work and working today. *Academy of Management Review*, 38 （4）: 491 – 502.

［45］ Gray, P. , El Sawy, O. A. , Asper, G. , Thordarson, M. （2013） Realizing strategic value through center – edge digital transformation in consumer – centric industries. *MIS Quarterly Executive*, 12 （1）: 1 – 17.

［46］ Haffke, I. , Kalgovas, B. J. , Benlian, A. （2016） The role of the CIO and the CDO in an organization's digital transformation. International Conference of Information Systems, Dublin, Ireland.

［47］ Henfridsson, O. , Lind, M. （2014） Information systems strategizing, organizational sub – communities, and the emergence of a sustainability strategy. *Journal of Strategic Information System*, 23 （1）: 11 – 28.

［48］ Henriette, E. , Feki, M. , Boughzala, I. （2016） Digital Transformation Challenges. Proceedings of the Mediterranean Conference on Information Systems （MCIS）, Paphos, Cyprus.

［49］ Hess, T. , Matt, C. , Benlian, A. , Wiesboeck, F. （2016） Options for formulating a digital transformation strategy. *MIS Quarterly Executive*, 15 （2）: 123 – 139.

［50］ Hirsch – Kreinsen, H. （2016） Digitization of industrial work: Development paths and prospects. *Journal for Labour Market Research*, 49 （1）: 1 – 14.

［51］ Holotiuk, F. , Beimborn, D. （2017） Critical success factors of digital business strategy. Wirtschaftsinformatik Conference, St. Gallen, Switzerland AIS Electronic Library.

［52］ Horlacher, A. , Klarner, P. , Hess, T. （2016） Crossing boundaries: organization design parameters surrounding CDOs and their digital transformation activities. Americas Conference of Information Systems, San Diego, California.

［53］ Huang, J. , Henfridsson, O. , Liu, M. J. , Newell, S. （2017） Growing on steroids: Rapidly scaling the user base of digital ventures through digital innovation. *MIS Quarterly*, 41 （1）: 301 – 314.

［54］ Iansiti, M. , Lakhani, K. R. （2014） Digital ubiquity: How connections, sensors, and data are revolutionizing business. *Harvard Business Review*, 92 （11）: 90 – 99.

［55］ Iivari, J. （2005） An empirical test of the DeLone – McLean model of information system success. *ACM Sigmis Database*, 36 (2): 8 - 27.

[56] Kagermann, H. (2014) Chancen von Industrie 4. 0 nutzen. In T. Bauernhansl, M. ten Hompel, B. Vogel – Heuser (Eds.), *Industrie 4. 0 in Produktion, Automatisierung und Logistik* (pp. 603 – 614). Fachmedien, Wiesbaden: Springer.

[57] Kagermann, H., Riemensperger, F., Hoke, D., Helbig, J., Stocksmeier, D., Wahlster, W., Schweer, D. (2014) Smart service welt. Umsetzungsempfehlungen fur das Zukunftsprojekt Internetbasierte Dienste fur die Wirtschaft. Acatech – Deutsche Akademie der Technikwissenschaften, Munchen.

[58] Kahre, C., Hoffmann, D., Ahlemann, F. (2017) Beyond business – IT alignment – digital business strategies as a paradigmatic shift: A review and research agenda. Hawaii International Conference on System Sciences, Waikoloa Beach, Hawaii.

[59] Kane, G. C., Palmer, D., Philips, A. N., Kiron, D., Buckley, N. (2015) Strategy, not technology, drives digital transformation. MIT Sloan Management Review and Deloitte.

[60] Kane, G. C. (2017c) Digital maturity, not digital transformation. http: //sloanreview. mit. edu/article/digital – maturity – not – digitaltransformation/.

[61] Kannan, P. K., Li, H. A. (2017) Digital marketing: A framework, review and research agenda. *International Journal of Research in Marketing*, 34 (1): 22 – 45.

[62] Karagiannaki, A., Vergados, G., Fouskas, K. (2017) The impact of digital transformation in the financial services industry: Insights from an open innovation initiative in fintech in Greece. Mediterranean Conference of Information Systems, Genoa, Italy.

[63] Karimi, J., Walter, Z. (2015) The role of dynamic capabilities in responding to digital disruption: A factor – based study of the newspaper industry. *Journal of Management Information System*, 32 (1): 39 – 81.

[64] Kaufman, I., Horton, C. (2015) Digital transformation: leveraging digital technology with core values to achieve sustainable business goals. *European Finance Review* (December – January): 63 – 67.

[65] Koch, H., Gonzalez, E., Leidner, D. (2012) Bridging the work/social divide: the emotional response to organizational social networking sites. *European Journal of Information Systems*, 21 (6): 699 – 717.

[66] Lai, K. H. , Wong, C. W. Y. , Cheng, T. C. E. (2010) Bundling digitized logistics activities and its performance implications. *Industrial Marketing Management*, 39 (2): 273 – 286.

[67] Lamberton, C. , Stephen, A. T. (2016) A thematic exploration of digital, social media, and mobile marketing: Research evolution from 2000 to 2015 and an agenda for future inquiry. *Journal of Marketing*, 80 (6): 146 – 172.

[68] Leischnig, A. , Wölfl, S. , Ivens, B. , Hein, D. (2017) From digital business strategy to market performance: Insights into key concepts and processes. International Conference of Information Systems, Seoul, South Korea.

[69] Leviäkangas, P. (2016) Digitalisation of Finland's transport sector. *Technology in Society*, 47 (1): 1 – 15.

[70] Li, F. (2020) The digital transformation of business models in the creative industries: A holistic framework and emerging trends. *Technovation*, (4/5): 92 – 93.

[71] Li, F. , Nucciarelli, A. , Roden, S. , Graham, G. (2016) How smart cities transform operations models: A new research agenda for operations management in the digital economy. *Production Planning & Control*, 27 (6): 514 – 528.

[72] Li, L. , Su, F. , Zhang, W. , Mao, J. Y. (2018) Digital transformation by SME entrepreneurs: A capability perspective. *Information Systems Journal*, 28 (6): 1129 – 1157.

[73] Liere – Netheler, K. , Packmohr, S. , Vogelsang, K. (2018) Drivers of digital transformation in manufacturing. Hawaii International Conference on System Sciences, Waikoloa Beach, Island of Hawaii.

[74] Liu, D. Y. , Chen, S. W. , Chou, T. C. (2011) Resource fit in digital transformation: Lessons learned from the CBC bank global e – banking project. *Management Decision*, 49 (10): 1728 – 1742.

[75] Loebbecke, C. , Picot, A. (2015) Reflections on societal and business model transformation arising from digitization and big data analytics: A research agenda. *Journal of Strategic Information Systems*, 24 (3): 149 – 157.

[76] Loonam, J. Kumar, V. , Parry, G. C. (2017) Towards digital transformation: Lessons learned from traditional organizations. *Strategic Change*, 27 (2): 101 – 109.

[77] Lucas Jr, H. C. , Goh, J. M. (2009) Disruptive technology: How Kodak missed the digital photography revolution. *Journal of Strategic Information System*, 18 (1): 46 – 55.

［78］ Lucas Jr, H. C. , Agarwal, R. , Clemons, E. K. , El Sawy, O. A. , Weber, B. (2013) Impactful research on transformational information technology: an opportunity to inform new audiences. *MIS Quarterly*, 37 (2): 371 – 382.

［79］ Lyytinen, K. , Yoo, Y. , Boland Jr. , R. J. (2016) Digital product innovation within four classes of innovation networks. *Information System Journal*, 26 (1): 47 – 75.

［80］ Majchrzak, A. , Markus, M. L. , Wareham, J. (2016) Designing for digital transformation: lessons for information systems research from the study of ICT and societal challenges. *MIS Quarterly*, 40 (2): 267 – 277.

［81］ Matt, C. , Hess, T. , Benlian, A. (2015) Digital transformation strategies. *Business Information System Engineering*, 57 (5): 339 – 343.

［82］ McAfee, A. , Brynjolfsson, E. (2012) Big data: The management revolution. *Harvard Business Review*, 90 (10): 60 – 68.

［83］ Michael, K. , Michael, M. (2011) The social and behavioural implications of location – based services. *Journal of Location Based Services*, 5 (3/4): 121 – 137.

［84］ Mithas, S. , Tafti, A. , Mitchell, W. (2013) How a firm's competitive environment and digital strategic posture influence digital business strategy. *MIS Quarterly*, 37 (2): 511 – 536.

［85］ Morakanyane, R. , Grace, A. A. , O'Reilly, P. (2017) Conceptualizing digital transformation in business organizations: A systematic review of literature. 30th Bled eConference, Bled, Slovenia.

［86］ Nambisan, S. (2017) Digital entrepreneurship: Toward a digital technology perspective of entrepreneurship. *Entreprenourship Theory and Practice*, 41 (6): 1029 – 1055.

［87］ Nambisan, S. , Piller, F. T. , Radziwon, A. , Rossi – Lamastra, C. , Sims, J. , Wal, A. L. J. T. (2017) The open innovation research landscape: Established perspectives and emerging themes across different levels of analysis. *Industrial Innovation*, 24 (1): 8 – 40.

［88］ Negroponte, N. (1995) *Being Digital*. New York: Vintage Books.

［89］ Newell, S. , Marabelli, M. (2015) Strategic opportunities (and challenges) of algorithmic decision – making: A call for action on the long – term societal effects of "datification". *Journal of Strategic Information System*, 24 (1): 3 – 14.

［90］ Ng, I. C. L. , Wakenshaw, S. Y. L. (2017) The internet – of –

things: Review and research directions. *International Journal of Research in Marketing*, 34 (1): 3-21.

[91] Oestreicher-Singer, G., Zalmanson, L. (2012) Content or community? A digital business strategy for content providers in the social age. *MIS Quarterly*, 37 (2): 591-616.

[92] Paavola, R., Hallikainen, P., Elbanna, A. (2017) Role of middle managers in modular digital transformation: The case of SERVU. European Conference of Information Systems, Guimaraes, Portugal.

[93] Pagani, M., Pardo, C. (2017) The impact of digital technology on relationships in a business network. *Industrial Marketing Management*, 67 (11): 185-192.

[94] Parker, G. G., Van Alstyne, M. W., Choudary, S. P. (2016) *Platform revolution: How Networked Markets are Transforming the Economy and How to Work for You*. New York: Norton and Co.

[95] Parviainen, P., Tihinen, M., Kääriäinen, J., Teppola, S. (2017) Tackling the digitalization challenge: How to benefit from digitalization in practice. *International Journal of Information Systems and Project Management*, 5 (1): 63-77.

[96] Peter, C. Verhoef, Thijs, Broekhuizen, Yakov, Bart, Abhi, Bhattacharya, John Qi, Dong, Nicolai, Fabian, Michael, Haenlein. (2021) Digital transformation: A multidisciplinary reflection and research agenda. *Journal of Business Research*, 122: 889-901.

[97] Piccinini, E., Gregory, R. W., Kolbe, L. M. (2015a) Changes in the producer-consumer relationship-towards digital transformation. Wirtschaftsinformatik Conference, Osnabrück, Germany: AIS Electronic Library.

[98] Piccinini, E., Hanelt, A., Gregory, R., Kolbe, L. (2015b) Transforming industrial business: The impact of digital transformation on automotive organizations. International Conference of Information Systems, Forth Worth, Texas.

[99] Pon, B., Seppala, T., Kenney, M. (2014) Android and the demise of operating system-based power: Firm strategy and platform control in the post-PC world. *Telecommunications Policy*, 38 (6): 979-991.

[100] Porter, M. E., Heppelmann, J. E. (2014) How smart, connected products are transforming competition. *Harvard Business Review*, 92 (11): 64-88.

[101] Ramaswamy, V., Ozcan, K. (2016) Brand value co-creation in a digitalized world: An integrative framework and research implications. *International*

Journal of Research in Marketing, 33 (1): 93 – 106.

[102] Ratna, G. (2015) Merck: Leveraging digital transformation. Amity Research Centres.

[103] Rayna, T., Striukova, L., Darlington, J. (2015) Co – creation and user innovation: The role of online 3D printing platforms. *Journal of Engineering and Technology Management*, 37 (1): 90 – 102.

[104] Rifkin, J. (2014) *The Zero Marginal Cost Society: The Internet of Things, the Collaborative Commons, and the Eclipse of Capitalism.* New York: Palgrave Macmillan.

[105] Ross, J. W., Sebastian, I. M., Beath, C. M. (2017) How to develop a great digital strategy. *MIT Sloan Management Review*, 58 (2): 7 – 9.

[106] Rouibah, K., Ould – Ali, S. (2002) Puzzle: A concept and prototype for linking business intelligence to business strategy. *Journal of Strategic Information Systems*, 11 (2): 133 – 152.

[107] Sanchez, R. (1995) Strategic flexibility in product competition. *Strategic Management Journal*, 16 (SI): 135 – 159.

[108] Schallmo, D., Williams, C., Boardman, L. (2017) Digital Transformation of business models: Best practice, enablers, and roadmap. *International Journal of Innovation Management*, 21 (8): 1740014.

[109] Schwab, K. (2017) *The fourth industrial revolution.* First ed. New York: Crown Business.

[110] Schweer, D., Sahl, J. C. (2017) The digital transformation of industry: The benefit for Germany. In F. Abolhassan (Ed.). *The drivers of digital transformation.* Cham: Springer.

[111] Sebastian, I. M., Moloney, K. G., Ross, J. W., Fonstad, N. O., Beath, C., Mocker, M. (2017) How big old companies navigate digital transformation. *MIS Quarterly Executive*, 16 (3): 197 – 213.

[112] Selander, L., Jarvenpaa, S. L. (2016) Digital action repertoires and transforming a social movement organization. *MIS Quarterly*, 40 (2): 331 – 352.

[113] Sharma, N. (2015) "Philips" driving digital transformation to redefine the business. Amity Research Centres.

[114] Shirky, C. (2008) *Here Comes Everybody: How Change Happens When People Come Together.* London: Penguin Books.

[115] Sia, S. K., Soh, C., Weill, P. (2016) How DBS Bank pursued a

digital business strategy. *MIS Quarterly Executive*, 15 (2): 105 – 121.

［116］ Singh, A., Hess, T. (2017) How chief digital officers promote the digital transformation of their companies. *MIS Quarterly Executive*, 16 (1): 1 – 17.

［117］ Srinivasan, A., Venkatraman, N. (2018). Entrepreneurship in digital platforms: A network – centric view. *Strategic Entrepreneurship Journal*, 12 (1): 54 – 71.

［118］ Statista. (2019) Retail e – commerce sales worldwide from 2014 to 2021 (in billion U. S. dollars). https: //www. statista. com/statistics/379046/worldwideretail – e – commerce – sales.

［119］ Svahn, F., Mathiassen, L., Lindgren, R. (2017) Embracing digital innovation in incumbent firms: How Volvo cars managed competing concerns. *MIS Quarterly*, 41 (1): 239 – 253.

［120］ Sørensen, C., Landau, J. (2015) Academic agility in digital innovation research: The case of mobile ICT publications within information systems 2000 – 2014. *Journal of Strategic Information Systems*, 24 (3): 158 – 170.

［121］ Tadao, Umesao. (1987) Information Industry Theory: Dawn of the Coming Era of the Ectodermal Industry. Information and Civilization. Collected works of Tadao Umesao. Translated from the Japanese by N. G. Rumak, 14, 24 – 42. ［日］梅棹忠夫. (1977) 国立民族学博物館における研究のあり方について. 国立民族学博物館研究報告, 1 (4): 896 – 938.

［122］ Tan, B., Pan, S. L., Lu, X., Huang, L. (2015) The role of IS capabilities in the development of multi – sided platforms: the digital ecosystem strategy of Alibaba. com. *Journal of the Association for Information System*, 16 (4): 248 – 280.

［123］ Teece, D. J. (2010) Business models, business strategy and innovation. *Long Range Planning*, 43 (2/3): 172 – 194.

［124］ Teece, D. J., Pisano, G., Shuen, A. (1997) Dynamic capabilities and strategic management. *Strategic Management Journal*, 18 (7): 509 – 533.

［125］ Tiwana, A. (2014) *Platform ecosystems: Aligning Architecture, Governance, and Strategy*. Waltham, Massachusetts: Morgan Kaufmann.

［126］ Tornatzky, L. G., Fleischer, M. (1990). *The Processes of Technological Innovation, Issues in Organization and Management Series*. Lexington, Massachusetts: Lexington Books.

［127］ Urbach, N., Smolnik, S., Riempp, G. (2009) The state of research on information systems success: A review of existing multidimensional approaches. *Business & Information Systems Engineering*, 1 (7): 315 – 325.

[128] Valdez – de – Leon, O. Christensen, C., Valdez – de – leon, O. (2016) A digital maturity model for telecommunications service providers. *Technology Innovation Management Review*, 6 (8): 19 – 32.

[129] Van Doorn, J., Lemon, K. N., Mittal, V., Nass, S., Pick, D., Pirner, P., Verhoef, P. C. (2010) Customer engagement behavior: Theoretical foundations and research directions. *Journal of Service Research*, 13 (3): 253 – 266.

[130] Varian, H., Choi, H. (2009) Predicting the present with Google trends, Google research blog. *Economic Record*, 88 (S1): 2 – 9.

[131] Vendrell – Herrero, F., Bustinza, O. F., Parry, G., Georgantzis, N. (2017) Servitization, digitization and supply chain interdependency. *Industrial Marketing Management*, 60 (1): 69 – 81.

[132] Venkatraman, V. (2017) *The Digital Matrix: New Rules for Business Transformation Through Technology*. Vancouver, Canada: Greystone Books.

[133] Verhoef, P. C., Stephen, A. T., Kannan, P. K., Luo, X., Abhishek, V., Andrews, M., Zhang, Y. (2017). Consumer connectivity in a complex technology – enabled, and mobile – oriented world with smart products. *Journal of Interactive Marketing*, 40 (11): 1 – 8.

[134] Vial, G. (2019) Understanding digital transformation: A review and a research agenda. *Journal of Strategic Information Systems*, 28 (2): 118 – 144.

[135] Von Briel, F., Davidsson, P., Recker, J. (2018) Digital technologies as external enablers of new venture creation in the IT hardware sector. *Entrepreneurship Theory and Practice*, 42 (1): 47 – 69.

[136] Von Leipzig, T. Gamp, M. Manz, D. Schöttle, K. Ohlhausen, P. Oosthuizen, G. Palm, D., von Leipzig, K. (2017) Initialising customer – orientated digital transformation in enterprises. *Procedia Manufacturing*, 8 (2): 517 – 524.

[137] Watkins, M., Ziyadin, S., Imatayeva, A., Kurmangalieva, A., Blembayeva, A. (2018) Digital tourism as a key factor in the development of the economy. *Econ. Ann. – XXI*, 169 (1 – 2): 40 – 45.

[138] Webb, N. (2013) Vodafone puts mobility at the heart of business strategy: Transformation improves performance of employees and organization as a whole. *Human Resource Management International Digest*, 21 (1): 5 – 8.

[139] Wedel, M., Kannan, P. K. (2016) Marketing analytics for data – rich

environments. *Journal of Marketing*, 80（6）: 97 – 121.

［140］Westerman, G., Bonnet, D., McAfee, A. （2014）The nine elements of digital transformation. https: //sloanreview. mit. edu/article/the – nine – elements – of – digitaltransformation/.

［141］Westerman, G., Calméjane, C., Bonnet, D., Ferraris, P., McAfee, A. （2011）Digital transformation: A roadmap for billion – dollar organizations. MIT Center for Digital Business and Capgemini Consulting, November 17.

［142］Westerman, G., D. Bonnet, A. McAfee（2014）*Leading digital: Turning technology into business transformation*. Boston, Massachusetts: Harvard Business Review Press.

［143］Westerman, G., Tannou, M., Bonnet, D., Ferraris, P., McAfee, A. （2012）The digital advantage: how digital leaders outperform their peers in every industry. MIT Sloan Management and Capgemini Consulting, Massachusetts. https: // www. capgemini. com/wp – content/uploads/2017/ 07/The＿ Digital＿ Advantage＿ ＿ How＿ Digital＿ Leaders＿ Outperform＿ their＿ Peers＿ in＿ Every＿ Industry. pdf.

［144］White, H. C. （2008）*Identity and Control: How Social Formations Emerge*. 2nd ed. Princeton: Princeton University Press.

［145］Wölmert, N., Papies, D. （2016）On – demand streaming services and music industry revenues – Insights from Spotify's market entry. *International Journal of Research in Marketing*, 33（2）: 314 – 327.

［146］Yeow, A., Soh, C., Hansen, R. （2017）Aligning with new digital strategy: A dynamic capabilities approach. *Journal of Strategic Information System*, 27（1）: 43 – 58.

［147］Yoo, Y., Henfridsson, O., Lyytinen, K. （2010）The new organizing logic of digital innovation: An agenda for information systems research. *Information Systems Research*, 21（4）: 724 – 735.

［148］Younkin, P., Kashkooli, K. （2016）What problems does crowdfunding solve?. *California Management Review*, 58（2）: 20 – 43.

［149］Zott, C., Amit, R. （2008）The fit between product market strategy and business model: Implications for firm performance. *Strategic Management Journal*, 29（1）: 1 – 26.

［150］Zuboff, S. （1988）*In the age of the smart machine: The future of work and power*. New York: Basic books.